湛庐文化
Cheers Publishing
a mindstyle business
与思想有关

政府行为　知名人物　重要企业　关键创新

伦·巴菲特
rren Buffett

国

罗克买断麦
并迅速扩
造成了世界
企业之一。

沃尔顿在阿
设第一家沃

18
发出
何等

1992 年，万维网诞生，互联网的应用迅速普及。

2003 年，奥普拉·温弗瑞成为第一个登上福布斯全球亿万富豪榜的非洲裔美国女性。

奥普拉·温弗瑞
Oprah Winfrey

Facebook

2005 年，马克·扎克伯格将他在哈佛时创建的社交网站更名为“Facebook”。

1971 年，美国西南航空公司成立。

1980 年，泰德·特纳创立有线新闻网（CNN），CNN 是第一家提供 24 小时新闻报道的电视台。

比尔·盖茨
Bill Gates

1981 年，IBM 推出第一台个人电脑，该个人电脑的操作系统来自比尔·盖茨创立的微软。

1987 年，霍华德·舒尔茨在西雅图收购了一家叫作星巴克的咖啡公司。

184　965–1985　1990–2010

了在美国新罕布什尔州的布
际货币基金组织和国际复兴
出。

国会通过了《证券交易法》，

2001 年，网络公司的股市泡沫破灭，结束了一段对互联网企业投机的狂热时期。在 2001 年之前已经接近 12 000 点的道琼斯工业平均指数在 2001 年跌破 9 000 点。

2008 年，全球金融危机变成了一场迅速蔓延、影响深远的经济衰退。信贷、产品和劳动力市场的不确定性因为住房、股票和其他资产的价值下降而不断加剧。

THE
STORY OF
AMERICAN
BUSINESS

FROM THE FRONT PAGES OF
THE NEW YORK TIMES

百年商业头条

从《纽约时报》窥见美国商业繁荣之路

[美] 南希·科恩（Nancy F. Koehn）◎编 施铁◎译

浙江人民出版社
ZHEJIANG PEOPLE'S PUBLISHING HOUSE

FROM THE FRONT PAGES OF
THE NEW YORK TIMES

THE STORY OF AMERICAN BUSINESS

引 言

百年商业，生生不息

随着 21 世纪的到来，商业已成为全球舞台上最强大的“角色”之一。企业组织几乎可以影响到我们生活的每个方面——生活圈在何处、吃什么东西、呼吸怎样的空气、居住在怎样的地方、从事什么工作、怎样规划和使用我们的钱；它们决定着我们大部分人每天都离不开的技术、左右着我们喜欢或讨厌的娱乐活动、影响着我们对社会公平、对政治和经济形势的看法。“美国人民最大的事（business）就是做生意（business）。”1925 年，时任美国总统柯立芝如是说。这句话点出了产业、金融和商业在决定美国国家面貌方面的新兴作用，80 多年以后，美国人已经对这种重要性习以为常了。如今，不管对哪个行业的美国人来说，关心、影响和追随各大公司的命运已经成为他们日常生活不可缺少的一部分，而且这种情形变得越来越明显。

商业影响力的广度和深度尚未表现出任何衰落的迹象。随着全球资本化速度的加快以及其影响力的扩大，人们正把商业视为新世纪的推动力量。我们本能地知道，随着信息革命形成浩荡洪流、创造性破坏重构全球金融市场，启发我们、让我们担扰和筋疲力尽的经济、技术、社会和精神变化的终点便在企业。在北京、在布鲁塞尔、在东京、在纽约，人们怀着浓厚的兴趣注视着企业，促使它们达到新标准、作出新举措。毕竟，在这个动荡年代，这些组织的生存越来越成为问题，而它们正是决定人们职业生涯、经济来源和梦想的实体。通过目前正在发酵的大危机，人们正在以前所未有的警惕目光审视着整个商业。

我们并不是第一批对公司及其管理者感到振奋、困惑和担忧的人。美国人应对这些问题已经有上百年了——至少得从 19 世纪六七十年代算起，当时电报和铁路等影响深远的颠覆性创新为工业化和现代大规模商业奠定了基础。在这些年里，美国可以说是“培育”新企业的温床，《纽约时报》便是在这个时候在美国最有活力的城市创办的。通过这份报纸以及它对公司、公司领袖和公司竞争舞台的实时记录，本书才得以展现美国商业史的起落回合。

《纽约时报》创办于 1851 年，最初是一张廉价的大众报纸，目标是客观地报道新闻，杜绝像其他出版物那般哗众取宠以及时不时地玩弄些文字游戏。《纽约时报》对美国南北战争的深度报道（它以头版刊登了林肯葛底斯堡演说的全文）以及对坦慕尼协会（Tammany Hall）腐败案的强力调查，让它在诸多竞争对手中脱颖而出，赢得了一大批忠实的知识分子读者。

19 世纪 90 年代初，在发行量更大的竞争对手的连续打击下，《纽约时报》陷入了惨淡经营。但在 1896 年，《查塔努加时报》（*Chattanooga Times*）的阿道夫·奥克斯（Adolph Ochs）以 7.5 万美元的价格买下了苦苦挣扎的《纽约时报》，开始向纽约市民提供“不偏不倚、不褒不贬的新闻”（他在头版打出了“没有不适合报道的新闻”的口号）。奥克斯的算盘是，只要他投资于品质——包括作者和编辑、设备和其他组织功能，利润就会滚滚而来。自此以后，他的继任者们一直沿着这条路前进，直至今日，《纽约时报》仍是世界领先的报纸。《纽约时报》以出色的编辑队伍、及时的事件跟踪报道以及对突发事件的谨慎分析而闻名天下，它荣获过 96 尊普利策奖，比其他任何报纸都多（比如 2001 年，它因对“9·11”恐怖袭击事件的报道而赢得6尊普利策奖）。本书借助《纽约时报》的出色报道帮助我们理解美国商业激动人心的重要历史，以及商界人士和商业事件对重要的动荡时刻有着怎样的意义。

本书中的报道覆盖面相当广泛：奋发图强、极具创造力、不知疲倦的企业家；技术突破；金融成就、危机和丑闻；消费品数量和品种的大爆发；以及数不清的男女为生存、照顾家庭、捍卫他们在瞬息万变的经济和社会中的地位所做的努力。

在观察过去150年中的人和事时，我们可以利用“事后诸葛亮”的视角，也可以利用《纽约时报》上的第一手现场观察和分析。这两大工具使得我们能够在审视美国商业史的过程中同时考虑几大范围广泛的主题；它们还向我们提供了一些关于这场“大戏”中的具体人物和事件在当时周围人眼中是什么样的信息——当然，这些信息免不了会有一些主观选择性。

本书分为3个部分，分别对应3个主题：现代企业的发展史、美国商业和工作性质的变迁以及技术性变革。综合来看，这几个方面可以为我们提供一个广角镜，观察某些（尽管不是全部）重要人物和事件如何决定了美国商业史，而这反过来又对我们的时代和我们所面临的机会带来重大影响。比如，我们会发现，影响深远的金融危机并不是新鲜事。在美联储成立之前、政府在管理经济方面的作用还不那么积极的时候，美国曾被一系列金融恐慌袭击，每一次都造成了严重的经济衰退。其中，最大的金融危机——如果用长度来衡量的话，是1929年股市大崩盘，即大萧条的前奏，美国政府对这场危机的应对措施包括成立证券交易委员会、建立社会保障体系等，这些措施影响了今天的经济结构和政府在经济中的角色。正如小说家威廉·福克纳（William Faulkner）所说：“过去从未死去，甚至不曾过去。”

企业，推进社会的引擎

现代企业最早出现于19世纪晚期，正是第二次工业革命进行得如火如荼的时代。从19世纪50年代一直持续到20世纪早期，大量供给面创新——包括电报、铁路和其他技术进步，大大增强了美国的生产能力。这些创新有助于制造和分销大量商品和服务，并催生了许多新产业，如百货商店、大众零售店、炼油厂、投资银行以及汽车制造业。

与此同时，收入的上涨、人口的增加和城市化的深入改变了经济的需求面，影响了消费者的所欲和所求以及他们的消费方式。需求面和供给面的这些变化的终极结果是美国经济面貌的焕然一新。到 19 世纪和 20 世纪的世纪之交，以农业和独立前就开始提升美国国力的商品贸易为基础的分散式、联系松散的地区经济，让位给了规模空前、横跨整个大陆、涵盖 8 000 万人口的全美市场。“第二次工业革命”一词所说的正是运输业的深远意义。

所有这些变迁的中心就是现代企业，或者从今天的角度看，是大企业（Big Business）。在 1850—1920 年间，大规模组织开始在各个部门出现。这些企业几乎清一色地诞生于创业者的车库（或者诸如此类的地方），它们因创业者的远见、魄力和独创性而不断繁荣：如约翰·洛克菲勒，他的标准石油公司对石油产业的决定作用胜过其他任何一家企业；如亨利·克莱·弗里克（Henry Clay Frick），他和安德鲁·卡内基拼命地蚕食着年轻的钢铁市场；又如林肯·法林（Lincoln Filene），他的商业想象力催生了现代百货大楼。

在此期间，现代企业进入了许多年轻的行业，并首先在铁路行业有了兴盛和衰败。20 世纪初开发的庞大的铁路网需要全新规模的经营活动和预算，而筹集、投资和管理铁路公司规模的资金产生了一个重要的副作用。一方面，这类活动帮助建立了美国资本市场，特别是促进了纽约证券交易所的成立，其运营方式至今没有重大改变。在铁路行业兴盛以前，纽交所在正常情况下每天会有 50 笔交易，且大多是保险公司和银行股以及政府债券；而到 19 世纪 50 年代，纽交所每周都会有数十万股股票和证券易手，大部分是铁路、银行和市政证券。另一方面，铁路股的快速成长有助于现代投机客杀出一条血路。在伊凡·博斯基（Ivan Boesky）、迈克尔·米尔肯（Michael Milken）和卡尔·伊坎（Carl Icahn）在美国经济史上留下自己的痕迹之前 100 多年，杰伊·古尔德（Jay Gould）和丹尼尔·德鲁（Daniel Drew）便已因为依靠股票交易改变了铁路公司的结构和战略而闻名天下（其中一些交易助长了过度的投机风，这也是导致 1869 年大范围金融恐慌的原因）。铁路企业的扩张还催生了一大批新金融工具、会计技巧和监督实践，共铁路管理者和投资者使用。

所有这些创新反过来又成为大企业发展的核心因素，通用电气、强生、可口可乐、卡内基钢铁（即后来的美国钢铁公司）、通用汽车、金宝汤（Campbell Soup）、计算 - 制表 - 记录公司（Computing-Tabulating-Recording Company，即后来的 IBM）、加州香水公司（California Perfume Company，即后来的雅芳）、兰开斯特焦糖公司（Lancaster Caramel Company，即后来的亨氏集团）应运而生。它们都诞生于 1880—1920 年，即第二次工业革命期间，其中一些是白手起家，另一些则通过并购活动（这是 19 世纪 90 年代的大热门）建立。不论起步如何，这些公司有很多至今仍活跃在各自的行业中。

工作，塑造个体的力量

19 世纪，工业革命不仅改变了现代企业，也给家庭带来了重要改变：人们的工作模式与以前不同了，消费习惯也发生了变化，日常生活旋律也有所不同了；美国人关于地方和可能性的观念也在变迁。商业行为和工作、消费和国民身份性质的变迁，这种使人着迷的动态过程至今仍在进行着。

几百年来，大部分家庭——包括土生土长的美国人以及随后到来的欧洲移民和非洲裔美国人，都靠土地过活，他们或是农民、或是牧民、或是南方各州的农场主或奴隶。17、18 世纪期间，波士顿、纽约、费城和萨凡纳等大城市出现了商贸企业，经营跨大西洋贸易。但在早期美国经济中，商业活动所占比重很小。如果用 GDP 和劳动力分布等现代衡量标准看，农业才是当时当之无愧的最重要的部门。比如，在 1800 年，大约有 75% 的劳动力（不管是自由人还是奴隶）从事农业生产。

19 世纪初，工作模式发生了突变：到 1920 年，只有 25% 的工作人口还在田间地头劳动（在 21 世纪初，这一比例已经下降到了不足 2%），其余的人口在制造、贸易、运输（特别是铁路）、服务业讨生活，美国生产率体现了这一长期模式的变化。美国内战结束时，农业产出要占私人国内生产总值的近 40%（国民产出减去政府产出）。与此形成对比的是，1920 年的农业产出只占 14%，其余部分都由制造、贸易等其他部门贡献。

这些数字变化的背后原因就是工业化。19 世纪中叶，美国人开始离开田间地头，越来越多地涌向城市，1880—1920 年间到达美国的千百万移民也是如此。这些人都想在纽约、匹兹堡和芝加哥这样的大城市重新开创人生，为自己和家庭创造更好的生活。随着他们在城市定居，他们中的绝大多数人都告别了原来的生活方式，进入了大为不同的生活新旋律。其中一项重大不同就是速度：城市生活的节奏远远快于农村。经济和社会的快速变化的影响也随处可见：贫富的鲜明对比、物质生活改善的永恒吸引力、一夜暴富和一夜致贫。记者兼小说家西奥多·德莱塞（Theodore Dreiser）这样描述 19 世纪末的芝加哥：

> 散发着恶臭的泥土、冷酷无情的贫困在大声呼喊，但这里绝非衰败死寂的悲惨世界。凛冽的风吹过广袤的荒凉草原，男人们在用猫皮和狗皮制革，而他们的妻子在购买时髦的长毛绒相册、红丝绒罩灯具和蓝色或绿色的地毯……这里就是芝加哥。

在芝加哥和其他城市，人们忙于在工厂、商店和办公室寻找岗位，在这新的约束和环境中工作。很多人发现，自己的日子与市场力量的兴衰绑在了一起，这给他们的生活带来了不确定性。在工厂和办公室，千百万美国人靠着反复做着一两项专门化的任务生存，通常还会受到领班和其他管理者的监督；他们每天工作若干小时，工资由机构决定——工时和工资随时都可能变化甚至消失。所有这些都与灵活而相对自由的农活形成了鲜明对比。就连时间的流逝似乎也因为工业化的到来而变得与以前不一样了，钟表和工厂哨声，而不是日出和日落，代表着产业工人每天的开始与结束。

与此同时，许多行业的企业家和管理者试图提高工人的效率、增加企业的生产率。福特公司的流水线和泰勒的科学管理便是两次尝试，并为后世广泛效仿，成为大规模生产的象征和基础。这些及其他创新让美国的商业产出和平均真实工资有了极大提高（将价格变动因素考虑在内，美国的 GNP 在 1889—1919 年间翻了 3 倍）。

但是，生产率的改善并不意味着大部分美国人的工作体验也有所改善，更常见的情形是，流水线让人身心俱疲。比如，在福特公司位于底特律城外的工厂中，20 世纪 20 年代的年人员流动率高达 300%~400%，因为这个高效的生产商需要的就是单调的重体力劳动。早期的工业劳动还很危险，20 世纪初，在政府开始监管之前，工人们几乎得不到任何安全保障。结果，不同工厂、不同行业的工人工作环境大相径庭：肉制品加工行业、钢铁行业和矿业是风险最高的职业。

工人们开始单独或集体地关心起工作体验，开始关心自己在产业经济中的利益。对工业化集体反应的最重要结果之一是现代劳工运动的发展。19 世纪 80 年代末，工会运动风起云涌，美国劳工联合会（AFL）成立。在魅力超凡、足智多谋的塞缪尔·冈珀斯（Samuel Gompers）的领导下，AFL 成为跨地区组织，试图联合各部门的高技能工人为更高的工资、更安全的工作环境等基本目标而斗争。1920 年，AFL 已有 400 万成员，成为美国最大的劳工协会，但它仍然只能代表全美 13% 的非农劳动力，还不如大部分西欧国家：西欧国家的工会不论在经济上还是在政治上都要更为强大（今天也是如此）。

20 世纪 20 年代和 30 年代初，美国矿工联合会（United Mine Workers）的约翰·刘易斯（John Lewis）等几位 AFL 领导人试图按行业的不同将低技能工人组织起来。这造成了 AFL 内部的长期紧张和冲突，之前，AFL 一直是由高技能工人按各自行业联合起来的。1935 年，产业工人的冲突彻底爆发，约翰·刘易斯等人被赶出了 AFL。他们成立了一个竞争性的工会联盟，即产业工会联合会（CIO），并开始招募成员。1936 年 10 月 30 日，新成立的全美汽车工人联合会（UAW，为 CIO 旗下组织）在通用汽车位于密歇根州弗林特的工厂组织了一次静坐罢工。UAW 成员静坐在工作设备上，宣布除非通用汽车管理层把承认工会的合法地位，否则拒绝复工。在长达 6 周的对峙后，通用汽车高管同意与 UAW 谈判。不久，美国钢铁公司也同意承认钢铁工人组织委员会（Steel Workers Organizing Committee）的合法地位。20 世纪 30 年代后期，美国工会成员数量激增，到 30 年代末，已达 900 万人的规模；50 年代中期，AFL 和 CIO 合并，“大工会”对大企业的长期渐进性反应的成果，已经站稳了脚跟。

大企业的崛起和工业革命还带来了其他影响。其中最重要的影响之一是实现了数不清的消费品的大规模生产：成衣、缝纫机、软饮料等。创造了新产品的创新技术同样让已有产品（枪、手套、锁、瓷器等）变得更廉价、更精美、更易获得。19 世纪末，普通家庭已经可以在新式商铺里买到这些新式商品了。在 19 世纪的大部分时间里，人们用的大多数东西都是从当地商店购买的，店员们帮助购物者灌装、称重、包装所需数量的物品。但是，19 世纪 80 年代，亨氏、宝洁和家乐氏等公司开始包装自己的产品，打上商标并在全美分销。与此同时，新的分销渠道也遍地开花，比如百货商店、连锁商店和邮购公司。马歇尔·菲尔德百货公司（Marshall Field’s）、沃纳梅克百货公司（Wanamaker’s）、大西洋和太平洋茶叶公司（A&P）、西尔斯·罗巴克公司（Sears & Roebuck）、蒙哥马利·沃德百货公司（Montgomery Ward）等零售商向顾客提供琳琅满目的新的现成商品。许多大众营销企业很快就发展成全国性企业。

大规模分销的到来对女性的生活影响尤大。在百货商店和精品店，城市女性购买食品、衣物和各种装饰品——这些东西早已不在家中生产了，消费成为家务的核心部分，并且主要由女性负责，这也形成了女性重要的新公共角色。（这一社会变迁等一段时间后才慢慢传播到边远地区，在那些地方，直到进入 20 世纪很久以后，男性才逐渐淡出杂货店主力消费者的角色。）1920 年，美国制造业、零售业、广告业、社会学家和家庭都已经发现，在大部分国家，女性已是消费品的主要购买者。从此以后，女性购买力一直影响着营销行为、社会态度甚至是两性关系。

20 世纪初，大部分美国家庭的生活水平较 1800 年或 1850 年有了很大水平的提高。虽然家庭收入的大部分——平均高达 67%，仍消费于衣食住上，但与前几代人相比，美国人在买什么方面有了更多、往往也更好的选择。从前被大部分美国人目为奢侈品的东西，比如钟表和弹簧床，在 50 年之后已经成了必需品，即使是穷人也消费得起。1930 年，汽车、洗衣机、收音机等在 19 世纪还闻所未闻的商品已经进入了众多城市和农村中产阶级家庭。尽管假期仍是富人才有的专利，但中产阶级工作人口也开始有了游乐场一日游或花上几小时去戏院看场电影。

20 世纪初叶，大部分家庭选择面的扩大不仅是一种经济现象，也是一种文化现象。推动工业化、城市化和经济增长，以及改变众多美国人的工作、扩大他们关于物质可能性的想象力的力量也创造了徜徉于大众市场的消费者，这些消费者从前只是通过个人关系在地方经济中形成互动的顾客。在这片新天地中，同时强调物质和精神进步的前工业化老文化开始削弱，取而代之的是现代消费社会，人们更关注通过物质消费和经济繁荣实现自我满足。

美国社会在第二次世界大战之后有了突飞猛进的发展。在私人部门生产率提升、美国联邦政府财政和货币政策稳定以及巨大的国际市场的推动下，1946—1970 年间，美国真实 GDP 实现稳步增长。美国人用增加的收入来购买新物件，其中一些新物件，比如大轿车和留声机，已经问世了数十年，但一直都在大部分家庭的承担能力之外；其他一些物件，比如电视、速冻食品和避孕药，则相对较新。

美国人对“下一个新玩意儿”的兴趣在 21 世纪初更加浓厚了。从拿铁咖啡到黑莓手机再到麦克豪宅（McMansion），千百万美国人继续用消费来满足自己的功能性需求，并彰显自己的价值和身份以及自己在快速变化的世界中的地位。尽管平均真实工资在 20 世纪末开始停滞不前，但很多消费者还是不停地买东西，经常“升级”小物件——酿造啤酒、等离子电视、高速互联网服务等。为了给这些东西埋单，美国人严重依赖从万事达卡到住房净值额度的各种信用，而这些都是以前的美国人得不到的。结果到 2006 年，家庭消费平均信用赤字达到了两万美元（不算按揭债务）。直到 2008 年全球金融危机快速蔓延至整个美国经济之前，美国人还一直在消费。

美国人赚钱和花钱的地方在 20 世纪末也发生了很大变化。最大的变化是大量女性成为受薪员工。在 1920 年之后的 80 年里，女性占劳动力总数的比例增加了 3 倍多。其中一部分增长是井喷式的：在 20 世纪上半叶，女性开始从事因大企业的崛起而被创造出来的文书和速记工作；第二次世界大战期间，300 多万女性出现在以前只有男性员工的工厂和车间里；20 世纪七八十年代，社会各界的女性纷纷要求为自己争取更重的社会和经济角色。到 21 世纪初，大约 60% 的 16 岁以上美国女性从事着受薪工作，在各行各业赚取薪酬——从消防工作到经营公司，从教小孩到打扫楼道，还有自主创业。但平均来看，女性的薪酬仍然不及男性，但差距在 20 世纪后半期有所缩小，到 2004 年，女性 - 男性薪酬比已经从 1979 年的 62% 升至 80%。

另一个重大转变是产业工作的性质。20 世纪 50 年代，几乎 33% 的全职工人受雇于制造业，只有 13% 在服务业工作；到 20 世纪末，情况正好调了个个儿：约 15% 的全职工人在制造业工作，而有近 30% 效力于服务业。大部分服务业员工没有工会代表，而在 20 世纪中叶达到高峰的工会参与度也在持续下降（到 20 世纪 90 年代末，只有 12.5% 的美国工人加入了工会）。在卫生和信息技术等扩张性部门、在呼叫中心和快餐厅，21 世纪的美国人的谋生方式较父辈有了天翻地覆的变化，签订着截然不同的雇用合同——不管是成文合同还是不成文合同。

这些变化都是向服务型经济大转型的结果。向服务型经济大转型的特征是：贸易更自由、全球竞争更激烈、对信息技术的依赖性更大、金融市场和整体经济的联系更紧密、雇员和雇主[①]之间出现了新安排。1960 年，进出口只占美国 GDP 的不到 10%；40 年后，这一比重达到了 25%。与此同时，跨境金融资本流的频繁度和规模也有所增加。到 21 世纪初，美国及其经济也许比历史上任何时候都更深地融入了全球经济中。这一长期变化对美国商业及从业人员带来了深刻的影响。影响之一是外包的兴起，即将某些商业活动转移到海外低工资国家去进行，以及由此导致的美国制造业和部分服务业的衰落。更大的全球交换和更激烈的全球竞争的另一个不太直接的影响是裁员，从 20 世纪 80 年代开始，大量美国大公司开始裁撤员工，且通常以突发性大量裁员的形式进行。对高层管理者来说，裁员是一石数鸟之计，可能的效果包括跟上新兴低成本国际竞争者的节奏、提高高管薪酬，若是上市公司，还可以提振股价。裁员也可能是应对信息技术创新的手段，比如电子邮件、自

① 原文为 employee，疑有误，似应为 employer（雇主）。——译者注

动取款机、电话树一人打电话联系多人的技术，如客服电话）等，这些技术创新让千百万蓝领和白领员工丢掉了工作。

21 世纪伊始，大部分美国人发现，保住饭碗、稳定的收入以及已有的生活标准比老一辈人难了不少。许多公司的福利以及许多家庭在第二次世界大战后所期待的福利水平也下降了不少。在 20 世纪 90 年代发展起来的社会契约——工人在一两家公司奉献时间以换取长期就业（通常还包括某种形式的医保和退休金）的形式，到 2009 年时已不复存在，千百万工人因此不得不从事第二职业来补贴自己和家庭。也有一些人用参加更多培训、开发与现有职位无关的更多技能和人脉来防止失业。新问题因此产生——在公司会议室中、在办公室咖啡间里、在厨房餐桌周围，人们开始讨论美国工人和商业组织到底谁欠了谁。也许这是自 19 世纪以来，关于商业的社会角色和责任的争论最激烈的时刻。

技术，撬动时代的杠杆

1850 年之后的美国商业增长至少部分受着技术创新的推动。许多最重要的创新——铁路、电话、无线电、汽车、电视、飞机、电脑和互联网，都发生在交通和通信领域。这些创新无不影响了基础设施的发展和完善；无不为企业家和老牌公司创造了新的机会和挑战；无不催生了新产品、新过程、新组织和新的竞争方式。技术变迁和商业发展之间的强大动态链推着美国经济一步步走进了现时代。在信息革命的第二阶段和第三阶段，互联网正在改变商业活动的范围、规模和速度，一如铁路在第二次工业革命中所做的那样。

从很多角度看，电报和铁路是第二次工业革命（亦称运输革命和通信革命）背后的推动力。铁路的诞生也成为美国商业史上最重大的进步之一，铁路不仅对大企业的结构和融资方式产生了重大影响，还催生了一个全新的、更快、更有活力的经济。1869 年，媒体和公众在犹他州普罗蒙特利庆典上共同欢庆“金色道钉”的落锤仪式，它象征着第一条横跨北美大陆的铁路完工。火车机车运送着客流和物流，也决定和推动着美国商业的发展。

铁路的发展离不开电报的支持。电报发明于19世纪三四十年代，其先驱是塞缪尔·莫尔斯（Samuel Morse），利用电力沿着两地之间所架设的线路输送信号和信息编码。电报的快捷性和可靠性马上让它成为许多企业的不可缺少之物。铁路从这项技术中获益尤多，因为电报让道路调度员能够以更有效、更安全的方式调度火车。1869年，全美电报线网络超过16.8万公里，很多线路就设在铁路沿线。

随着第二次工业革命的展开，其他技术也在让人类、组织和地区以新的方式联系起来。1876年，亚历山大·贝尔抢得电话专利。电话利用电通过线路传递声音而不是信号。不久，即时通信的潜在好处就获取了商人的芳心，渐渐地，普通家庭也开始使用电话。到19世纪和20世纪的世纪之交，电话发明者的公司——贝尔电话公司（即后来的美国贝尔电话公司）也踏上了成为巨型企业之路。1885年，贝尔公司合并美国电话电报公司，后者成为前者的全资子公司，后来，子公司变成了母公司，并采用了后来人们耳熟能详的名称缩写——AT&T。

另一个技术的决定性时刻——无线电热起于19世纪90年代。在意大利发明家伽利尔摩·马可尼（Guglielmo Marconi）的领导下，科学家和管理者将一个可以通过无线电波频谱收发信号的系统实现了商业化。首先使用这项技术的是航运业，它们使用无线电作为船和陆地的通信工具。第一次世界大战中，无线电大显身手，敌对双方都使用这一年轻的新技术联络部队、舰船、指挥中心和补给线。战争结束后，美国国会、军方和其他方面出面组建了一家独立于外国所有者的美国无线电公司，这就是美国无线电公司（RCA）。在曾在马可尼公司效力的俄罗斯移民大卫·沙诺夫（David Sarnoff）的带领下，RCA公司的电子部门有了长足发展。20世纪20年代中期，沙诺夫协助建立了无线电基站网络，并开始向家庭和其他客户出售收音机，消费者接受了无线电所带来的新奇感和新可能。20年代末，40%的美国家庭拥有了这个可以收听天气预报、宗教布道、政治演讲、音乐和其他内容的广播机器。

尽管无线电业务大热，但沙诺夫和其他人并没有停下脚步，他们认为技术还可以有所突破，同时传递声音和影像信号。一个名叫费罗·法恩斯沃斯（Philo T. Farnsworth）的电子奇才发明了电视机，但其商业化还是主要归功于RCA公司的研发。大萧条期间，许多公司开始削减包括研发在内的各种支出，而沙诺夫坚持进行电视机的研发，在纽约市内外建立了一批转播站。第二次世界大战结束后，电视机产量猛增。在20世纪40年代末和50年代和平与繁荣的推动下，美国人接受了电视和其他多种产品，1959年，80%美国家庭拥有了电视机。人们在这个影响力极大的新技术中观赏新闻报道、肥皂剧、体育节目，当然还有广告。21世纪伊始，几乎所有美国家庭都拥有了电视机，很多家庭还不止一台，美国人平均每天看电视的时间长达8小时。

另一项技术突破——汽车，在决定美国商业和日常生活面貌方面的作用一点不亚于电视。1900年，汽车在美国还只是利基市场，30家成立不久的新公司为一小部分富豪消费者生产汽车（1899年，全美大概只卖掉2 500辆汽车）。30年的时间，汽车行业就发展为美国最大的产业，1929年汽车产量超过了450万辆。两位令人振奋、绝顶聪明且富有干劲的企业家推动着汽车业的发展：福特公司的亨利·福特和通用汽车公司的小艾尔弗雷德·斯隆（Alfred Sloan）。1908年，福特推出了T型车，该车型的设计简单而可靠，深受消费者喜爱。T型车的问世是为了实现创始人建设“大众汽车时代”的梦想。福特公司再接再厉，生产出数百万辆标准化汽车——每一辆都是黑色，规模效应的强大力量使得T型车可以以极低的价格出售。1925年，第1 000万辆T型车在福特密歇根工厂驶下流水线；美国家庭可以以290美元的价格购买一辆福特车，比1908年便宜67%。

在福特公司专注于将T型车日益标准化、让其价格日益下降的同时，小艾尔弗雷德·斯隆开始采取完全不同的策略。20世纪20年代中期，67%以上的美国家庭拥有了汽车，其中很大一部分是T型车。斯隆意识到，接下来，游戏规则要变了，其主要目标将不再是卖给消费者人生中的第一辆车；重点应该放在升级换代上，包括以旧换新以及满足消费者日益增长的对地位、舒适度和汽车外形的要求。斯隆以与其对手福特公司同样的决心和专注力，将通用汽车从由相关公司组成的松散企业集团转型为单一的、组织紧密的企业，从而能够快速而有效地生产一系列汽车。到20年代末，通用汽车的产品线已经包括了雪佛兰、庞蒂亚克（Pontiac）、别克、奥尔兹莫比尔（Oldsmobile）和凯迪拉克诸多车型，能够满足不同品位和收入的消费者的需求。美国人对这些汽车趋之若鹜，到 1929 年，通用汽车的市场份额已升至 32%，而 1921 年只有 13%。与此同时，福特公司的市场份额从 4 年前的 40% 下降到 31%。通用汽车继续前进，后来成为美国最大的汽车制造商（有时也是美国最大的公司）。美国人民对汽车以及来自汽车的交通便利性和个人自由感的热爱一直持续到 21 世纪。

飞机旅行的商业化是运输业的第二场革命。在莱特兄弟 1903 年的北加州基蒂霍克（Kitty Hawk）海滩飞行后的 40 年中，飞机制造一直在稳步成长。两次世界大战——特别是第二次世界大战，极大地刺激了飞机的发展。比如，二战期间，美国生产了 33.2 万架飞机，比战前 5 年总产量还要高 10 倍。二战还刺激了航天研究和开发，美国政府和波音等公司在飞机引擎还没有从工厂中下线时，便开始考虑如何改善军用飞机的速度和表现。飞机引擎的发展或许是这方面努力的最重要的成果。战争结束时，波音、道格拉斯（即后来的麦克唐纳·道格拉斯公司）和其他飞机制造商开始开发商用飞机，美国航空业就此诞生，航空旅行获得了长足的发展。1950 年，美国航空公司大约实现了 80 亿人英里的客运周转量，1970 年，这一数字增长到 1 040 亿人英里，2007 年更是达到了 8 350 亿人英里。[①]

如此深刻的变化毫无疑问会改变美国人关于时间和距离的概念。21 世纪初，横穿美国的意义和一个世纪前根本不是一回事。毫无疑问，9 000 多米高空的空间仍显得狭促而拥挤，飞行服务业不见得舒适，晚点更是家常便饭。但整个旅行只需要 6 小时，而不是 6 天，且对大多数旅客而言，横穿美国在经济上也不过是小菜一碟。

另一项技术突破——计算机技术注定要改写我们对速度、联系和可能性的观念。第一批数字计算机是 20 世纪 40 年代出现的类似电子数字积分计算机（ENIAC）之类的机器。和现代个人电脑相比，ENIAC 是一个臃肿的庞然大物：它需要 1 800

① 人英里是运输业的一个衡量指标。人英里总数 = 人的数量 1× 运输距离 1+ 人的数量 2× 运输距离 2+……——编者注

多平方米的房间来存放，需要用电缆、交换机实现程序应用，每次使用新程序都必须重新布线，需要 6 名全职技术人员能来伺候它。ENIAC 的设计初衷是用来计算原子武器和天气应用，起初是政府任务（特别是军事方面）专用计算机。第一批用于商业目的的电脑——可选顺序电子计算机（SSEC）及其后的通用型自动计算机（UNIVAC）出现于 20 世纪 40 年代末 50 年代初。保险公司和人口普查局等政府机构是第一批购买这类机器的客户，它们做起计算来比上一代机器更快、更高效。20 世纪 50 年代初，大型机已经成为成千上万家大企业和政府部门的必备设备。IBM 和雷明顿兰德（Remington Rand）等公司在这个不断增长的市场中争夺着市场份额，到 50 年代末，IBM 巩固了其领先计算机制造商的地位。

就在 IBM 脱颖而出、成为越来越重要的大型机行业的主宰者的同时，研究者们在绞尽脑汁创造更小的电脑。20 世纪 60 年代，数字设备公司（DEC）研发出一系列被其称为“微电脑”的东西，每台重量大约 90 千克——比大型机可轻多了，来用于专门的研究。1969 年，微处理器的发明，小型计算的局面一下子被打开了。在新成立的英特尔公司，微处理器的原创者特德·霍夫（Ted Hoff）和其他工程师找到了怎样将一片硅芯片转变为电脑的中央处理中心，或曰大脑。这项创新打消了为个别操作设计专门电路的必要性，从而奠定了计算能力彻底分散化的基础。

1974 年，第一台个人电脑 Altair 紧随微处理器的诞生而问世。3 年后，苹果公司推出了兼具功能性和用户友好的个人电脑 Apple II。Apple II 获得了巨大的商业成功，开创了一个横扫发烧友、科技怪才、商业客户和家庭的市场。1981 年，IBM 也对个人电脑需求的不断增加作出回应，推出了自己的个人电脑，并聘请一家位于西雅图的名叫微软的年轻公司为它设计操作系统。从推向市场的第一天起，IBM 电脑就获得了巨大的成功，开创了个人电脑的第一个大众市场。20 世纪 90 年代初，个人电脑已经成为企业的固定配置，并进入了 25% 的美国家庭。2008 年，每 1 000 个美国人就拥有 850 台个人电脑——普及率高达 85%，与 DVD 播放机相同。

在私人部门的工程师研发、商业化、优化、小型化电脑的同时，大学和政府机构——如美国国防部下设的高级研究计划局（ARPA），研究者把目光投向了一个能将全球各地电脑互相连接以便使用者交换信息、图像和其他内容的系统。20 世纪 90 年代初，第一代浏览器（即万维网）问世，互联网大爆发的条件成熟了。互联网也真的发生了大爆炸，不仅在美国，而是在全世界。2007 年，70% 以上的成年美国人接入了互联网，他们利用互联网足不出户走遍全球，为家庭寻找健康方案、阅读最新新闻报道、上传视频、买各种各样的东西和服务。互联网改变了我们关于联系、时间和距离的概念，冲破了传统的界线——朋友和陌生人之间的界线、工作和生活之间的界线、公共和私人之间的界线。其中一些未被探索过的处女领域为我们带来更高的效率和前所未知的好处。比如，在 2008 年总统大选中，奥巴马使用互联网与千百万名年轻选民互动，促使他们加入到选举中来，积极行使公民权利。与此同时，互联网实力的越来越强激起了人们对隐私的担忧。互联网也增加了各地员工的压力，他们感到得每天 24 小时、每周 7 天随时待命。互联网的商业应用还导致许多工作岗位消失，以及更多的工作岗位即将消失。

从现在回顾过去，我们可以看到美国商业波澜壮阔的发展历程。纵观 150 多年的历史，我们发现几个有助于我们认清过去、同时从中获得关于未来方向的提示的主题。

第一大主题是商业已成为全球变迁的一股重要力量。不论是从资源角度，比如人力、创新、动力、资金和执行；还是谁拥有什么来应对当今紧迫挑战的角度，比如全球变暖、各国收入不公以及金融相互依赖所带来的机会和挑战，企业都是世界舞台上最重要的演员。没有哪类其他机构拥有能和企业相比的资源、广度以及现成的知识和能力去应对我们现在所遇到的问题。在 20 世纪大部分时间里充当世界领头羊的美国商业将继续担任领导之责，即使美国的地缘政治主导力有所衰落。

第二大主题是经济的需求面。消费者的实力比 19 世纪末大众市场刚刚萌芽时有了翻天覆地的变化。真实收入的上升、技术和其他方面的进步让消费者群体如虎添翼，在现时代继续不断地成长。数十亿规模的消费者、选民和其他行为人，特别是千禧一代，渴望的是新鲜和独特，他们会利用自己的实力去影响商业各方面的未来。

第三大主题是透明度的大爆发。商业领袖和他们的组织的运营环境越来越像是玻璃房子，比洛克菲勒在 19 世纪七八十年代创建标准石油公司时更暴露、激起的反响也更大。在洛克菲勒身后 100 年，全球媒体、连通性的大跃进、全球金融动荡，以及新生代要求商业按新标准运作的全球公民不但改变了企业经营的环境，也改变了企业的经营模式。我们可以从《纽约时报》网站上一睹这一转变是如何展开的：在上面，记者、专栏作家和读者都在参与实时的内容输入。

第四大主题是如今在美国和世界其他地方，人们希望看到无价的领导力，看到并不完全受市场需求影响的人和组织。我们可以从针对银行高管及其薪酬的民粹主义声讨浪潮中间接地看到这一点。更显而易见的是沃伦·巴菲特和奥普拉·温弗瑞（Oprah Winfrey）等人经久不衰的影响力，他们持续的成功部分是因为远见卓识，是因为他们的表现超越了市场挑选赢家的要求，他们证明了卓越管理的力量。

这些主题的重要性体现于谷歌、好市多和西南航空等公司身上，这些企业满足了范围极广的相关利益者的需求，而不仅仅是股东。这些主题的重要性也体现于开始形成影响力的创始企业。企业家精神向来是美国商业的基石，在今天也没有改变。看看摇滚歌星波诺（Bono）和鲍比·施莱弗（Bobby Shriver）创立的 RED 以及麦特·弗兰纳里（Matt Flannery）和杰西卡·杰克丽（Jessica Jackley）创办的微贷款商 Kiva，它们代表了美国商业的前进方向。RED 以全球抗击艾滋病、结核病和疟疾基金会的形式，综合了大企业、新客户的有限需求以及社会变革实施者的力量，其目标是刺激商业和消费者支出，以帮助非洲消灭致命疾病。Kiva 将全世界小额贷款商（许多贷款额度甚至还不到 50 美元）联系起来，替他们和发展中国家最有前途的企业家牵线搭桥：2005 年成立的 Kiva 不出 3 年就为萨摩亚和厄瓜多尔等地的 18 000 多家企业提供了资金。

这些企业成功的基础是创新、活力、创业信念以及有担当的领袖。从历史角度看，这些力量——美国商业的动力源泉，与过去 150 年来决定着现代美国经济的力量别无二致。尽管波澜壮阔的美国商业史舞台已经发生了改变，但现时代的许多大规模机会、挑战和结局与我们的父辈有着惊人的相似性。通过阅读过去的故事，我们可以更清楚地了解如今我们正在目睹变化的世界，正如马克·吐温所说："历史不会简单地重复自己，但旋律总是惊人地相似。"

扫码关注"庐客汇"，回复"百年商业头条"，参与随书测试，看看关于百年来的美国商业，你的了解有多少。

FROM THE FRONT PAGES OF
THE NEW YORK TIMES

THE STORY OF AMERICAN BUSINESS

目录

美国商业简史

美国商业简史

FROM THE FRONT PAGES OF
THE NEW YORK TIMES

美国商业简史

PART 第二部分 PART

工作，塑造个体的力量

07 CHAPTER /277

不断变化的工作场所

PART 第三部分 PART

技术，撬动时代的杠杆

美国商业简史

FROM THE FRONT PAGES OF THE NEW YORK TIMES

美国商业简史

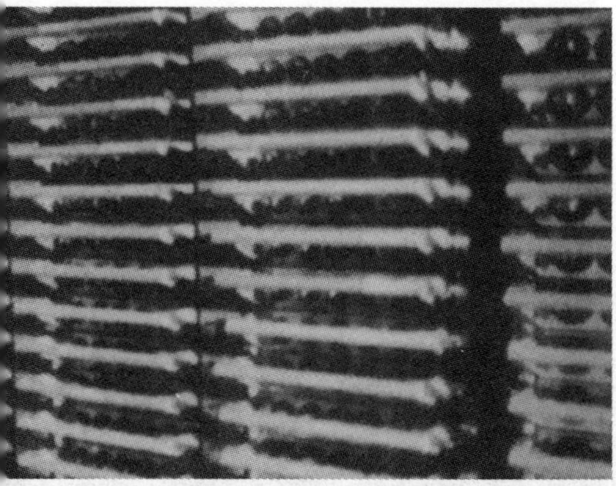

扫描二维码，
加入湛庐文化读者群，
与同城、同类、同好的庐客们同读共进。

THE STORY OF AMERICAN BUSINESS

|第一部分|

企业，推进社会的引擎

FROM THE FRONT PAGES OF THE NEW YORK TIMES

01

大型企业的崛起

FROM THE FRONT PAGES OF
THE NEW YORK TIMES

THE STORY
OF AMERICAN
BUSINESS

THE STORY OF AMERICAN BUSINESS

FROM THE FRONT PAGES OF THE NEW YORK TIMES

■图为1889年的北芝加哥轧钢厂，它后来被合并到了美国钢铁公司。通过合并规模较小的企业的资金以及其他资产，20世纪初的大型托拉斯为产品的大规模运销铺平了道路。（美国钢铁公司）

美国企业向来繁荣，但在19世纪中叶以前，大多数企业的商业行为的规模与范围一直相对较小。18世纪末到19世纪初，各种各样的个体商人和制造业者在波士顿和纽约等繁忙的大西洋沿岸城市做着买卖。保险商和律师们促进了美国的国内和国际贸易，但他们得一笔一笔地处理交易，工作速度与现代标准比起来可以说是慢如蜗牛。这些个体户要么在只有一个房间的办公室工作，要么干脆居家办公。在城市特种商店和百货铺，店主把商品存货摆在一间屋子（通常是他们自己家）里出售，这间屋子既当店面又当仓库。在远离城市市场的农村，商店里的货品通常更少，顾客也更加稀少。比如，一家位于密苏里领地（Missouri Territory）的百货铺，在1818年的某个开门14小时的营业日中，只接待了9位顾客，这些老主顾购买的东西包括钉子、咖啡、条纹棉布等。

- 1802 杜邦公司在美国特拉华州建成火药厂
- 1826 罗德与泰勒百货以干货店的形式起步成立
- 1837 威廉·波克特和詹姆斯·甘保创办宝洁公司
- 1859 A&P公司的前身——大美利坚茶叶公司成立
- 1872 第一份邮购商品广告目录开始发行

尽管大部分商业活动一开始的规模都相对较小，但也不乏一些显著的例外，棉花种植业和制造业便是两个典型例子。到19世纪中叶，这两个行业都已经出现了不少大型企业。美国的棉花大部分生长在由白人所有的南方种植园，但那里的工作都是由非洲裔奴隶完成的。到1860年，不少棉花种植园都拥有超过100名奴隶。在纺织制造业产业链的下游，珍妮纺纱机和蒸汽机等技术创新的出现使得弗朗西斯·洛厄尔（Francis Cabot Lowell）等企业家得以建立能雇用数百名工人的工厂，雇员大部分是未婚女性。从当时的标准看，南方种植园和早期纺织厂规模不可谓不大，但很快便被1850年之后出现的大企业比了下去。大企业在数量级、管理层级、整合性以及规模经济、范围经济方面均要远远高于种植园和纺织厂。

大企业来了，它在美国南北战争结束后的70年里冒了出来，带着低沉的雷鸣——有时还有闪电。历史学家为什么是19世纪晚期大企业崛起的关键推动力争论不休：技术、管理、大众市场以及规模经济和范围经济等，但事实是，大型企业飞快地成长起来，给企业和个人工作者带来了持久的影响。一个有趣的现象是，如今名列《财富》500强名单的公司成立于19世纪晚期，也即在铁路和电报给美国运输和通信基础设施带来巨大变化之后。西尔斯·罗巴克（Sears Roebuck，现称西尔斯控股[Sears Holdings]）、固特异、百事、西屋电气（现为哥伦比亚广播公司的一部分）等公司均成立于1880—1900年。福特、波音、UPS、麦格劳·希尔和吉列（现为宝洁公司的一部分）等公司则紧随其后。

铁路公司孕育了新的商业秩序，因为其规模和地理延伸意味着必须采取新的管理模式。铁路管理者和投资人花了很长时间才学会了如何经营这些情况复杂、地理分布广泛的企业，其中大部分公司要求投入数量空前的财务和人力资本。在1850年之后的30年中，数以百计的铁路公司因为财务、经营和竞争等方面的原因走向了破产。但到了19世纪80年代，宾夕法尼亚铁路公司和纽约中央铁路公司等成功的铁路公司逐渐建立了新的公司模式，由不同的部门来承担不同的管理责任，并发展出了一套追踪和衡量企业绩效的方法。

随着大型铁路公司在美国内陆的扩张，它们以梦幻般的方式把人、地和货物串联了起来。铁路公司带来的最重要的变化之一便是全美市场的开放，而全美市场的开放又使得制造和配送企业冲破了历史局限的藩篱。比如，铁路是将洛克菲勒炼制的原油得以从克利夫兰运往美国东海岸的关键。随着洛克菲勒的

1881 肉类加工商古斯塔夫斯·斯威夫特引进冷藏车厢

1886 约翰·彭伯顿发明可口可乐

1895 推销员 C.W. 波斯特创办谷物公司

1916 卡夫申请干酪加工工艺专利

1917 美国加入第一次世界大战

企业在19世纪末的成长，洛克菲勒要求某些铁路公司要为他大幅调降运输费用——他的要求得到了满足，而作为交换，他必须保证运输量。这加强了公司的竞争力，从而有助于其更快地发展，到1878年，标准石油公司已经控制了美国总炼油产能的80%。随着标准石油公司的扩张，它成为组织效率和生产巨头的典范。洛克菲勒及其同事的创新性举动——收购竞争对手、生产设施合理化、追求规模经济、先整合后拆分、投资研发、打入外国市场，以及公司产品线多元化，也成了增长策略的教科书。到20世纪伊始时，打出美国第一批油井的小型个体炼油商要么因储藏量开采殆尽而消失了，要么被庞然大物标准石油公司吞并了。

铁路和石油产业很早就开始了整合。但是，当时已经成型的部门，比如零售业，也在差不多的时候开始因增长而转型。比如，1858年，手上刺满文身的前捕鲸船船长罗兰·梅西(Rowland H. Macy）在纽约开出了一家精品店，这便是日后大繁荣的连锁百货公司的滥觞。同一年，也是在纽约，乔治·吉尔曼（George Francis Gilman）开了第一家皮草店。几年后，吉尔曼决定专营茶叶生意，他和合伙人乔治·哈特福德（George Huntington Hartford）开了一批新店，将他们的公司起名为大西洋和太平洋茶叶公司（A&P)，并纳入了一批杂货店。到20世纪伊始时，A&P已在美国28个州开出了近200家连锁店。其他零售连锁紧随其后，比如辛辛那提的大西方茶叶公司（Great Western Tea Company，后来称为克罗格公司[Kroger Company]）和西夫韦公司。到1928年，美国已有整整1/3的杂货店被连锁零售公司控制。

大规模物流业与其他部门一样，也在新技术和流程的推动下加快了业务节奏，提高了业务效率。比如，19世纪70年代，芝加哥企业家古斯塔夫斯·斯威夫特（Gustavus Swift）日思夜想，想将自己的分割牛肉业务扩张到东部市场。他花了数年的时间改进冷藏火车车厢，以确保牛肉能够安全地运送，而不必担心活牛运输途中所产生的严重损失。到1880年，斯威夫特已经在美国东北部建立了一个储藏、出售和运送其产品的分支网络，而所有的屠宰工作全部在他位于芝加哥牧场的大型屠宰场里完成。不出几年，他的分销系统便已经遍布全美，从波士顿到旧金山，不论你身居何处，都可以吃上在中西部“分解线”上被屠宰和处理的牛肉。

30年后，亨利·福特率先采取了另一种类型的连续作业。为了生产广受欢迎的T型车，他开发出了一套组装流水线，极大地缩短了汽车制造时间。1913年，组装一辆T型车需要12个半小时；

1923 华特·迪士尼创办迪士尼兄弟工作室

1926 詹姆斯·麦肯锡创办管理咨询公司

1933 富兰克林·罗斯福就任美国总统

1941 美国加入第二次世界大战

1950 威廉·罗森伯格开办第一家唐恩都乐

一年后，流水线开始全面运转，组装时间缩减到了一个半小时。组装流水线和其他改进极大地提高了产量、压缩了成本。1908年，即投产的第一年，T型车售价为850美元；而到了1924年，售价变成了265美元。

福特公司在长达20年的时间里只专注于T型车一种产品，但这只是例外。大部分在第二次工业革命期间成长起来的企业均随着规模的扩大而开始提供多元化的产品（用经济学家的话说，它们不仅搞纵向整合，也搞横向整合）。一个典型的例子是杜邦公司。第一次世界大战期间，杜邦公司的销售额出现了爆炸式增长，从8 000万美元上升到3亿多美元。在战争结束前，杜邦高层便开始未雨绸缪，他们心知肚明，现在的需求大爆发迟早要结束。总裁皮埃尔·杜邦（Pierre du Pont）和其他高管决定在战后开始制造油漆。先前从事军火生意的杜邦公司开始投重金于研发，并最终开发出尼龙和特氟龙（Teflon）等产品。为了管理多产品公司，杜邦和同事们发展出了一套新的管理结构——事业部制，每个产品都拥有自己的事业部和事业部经理。其他公司，包括年轻的通用汽车，也跟着杜邦亦步亦趋，采取了事业部制的组织形式来管理日益增长的业务。

19世纪末20世纪初公司实力和资本集中化的出现，促使美国政府出台了一些基本规则。1890年，美国国会通过了《谢尔曼反托拉斯法》（*Sherman Antitrust Act*），“以保护贸易和商业免受非法限制和垄断的束缚”。1914年，美国联邦贸易委员会（FTC）成立。同一年，《克莱顿法案》（*Clayton Act*）被通过，该法案的目的是监管大企业日益膨胀的实力。这些措施与其他政府举措一道，在一定程度上限制了企业的管理权力，但并没有逆转企业增长的强大推动力，比如全球化和并购活动，甚至连限制都没有。有时候政府甚至为企业扩张提供了便利。比如，第二次世界大战期间的战备动员所带来的需求的剧增（经通胀调整后，GNP在1939—1944年间增加了93%）。

到20世纪中叶，把企业限制在一国或一个行业内的看似不可逾越的旧壁垒已逐渐被克服和抛弃。通用汽车和宝洁等公司大举进军国际市场，在多个国家开设了生产线。与此同时，以ITT公司和RCA公司为典型代表的企业集团出现了，它们会把完全不相干的业务集中到同一个实体下。基本上，只要股市出现了大幅上涨，公司间的并购活动也会随之活跃。比如，在20世纪90年代，银行、传媒和通信部门的并购大行其道。

到21世纪早期，老牌企业以及一些新企业已成就名副其实的商业帝国，并在积极通过与其他力量的联合获取更大的利益。在20世纪70年代和80年代，像微软、苹果和戴尔一样的技术和计算机公司已经在美国国内商业舞台上崭露头角，并迅速成长为各自目标市场上的主导者。成立于1911年的IBM最初是销售如打卡机和肉片切割机这些产品的；但是到2007年，IBM已经成长为一家高新技术产品和服务公司，且收入超过910亿美元。第三次工业革命，就像100年前的第二次工业革命一样，改变了大企业的管理方式、传播方式以及生产和销售产品的方式。这一切变化背后的推手就是互联网，它推动了eBay、亚马逊和谷歌这样的公司的产生和迅速崛起。2000年，美国在线与媒体巨头时代华纳的合并标志着技术对新、旧企业的业务影响已经广泛普及。

自大企业于19世纪中叶出现以来，美国人便一直对“大”怀着矛盾的感情。许多人欢迎大企业的成长所带来的物质资料的大繁荣，比如商品、工作岗位和增加的收入。自19世纪末以来，数不清的企业家怀揣过缔造能够领导市场、影响社会的大企业的梦想。但不论在过去还是现在，都有许多人质疑大企业的实力整合。与此同时，在过去150年里，随着大企业的成长和改变，工人们必须以更一般化的视角重新想象自己在组织和社会中的角色。这通常不是一件容易的事，不管从实践上还是从感情上讲都是如此。尽管有着这样那样的成长烦恼，但我们并没有回头路可走。企业的壮大就在我们眼皮底下发生着。

May 11,1869

THE STORY OF AMERICAN BUSINESS

FROM THE FRONT PAGES OF THE NEW YORK TIMES

“道钉将被敲下”

•横跨北美大陆的大铁路竣工•普罗蒙特利的最后工作和庆祝活动•

•新闻通过电报瞬间传遍全美•

犹他州普罗蒙特利，5月10日——期待已久的时刻终于到来了，太平洋铁路正式完工，至此，大西洋沿岸和太平洋海边的居民将成为一家。记者正在描写普罗蒙特利的盛况，周围是山呼海啸般的欢呼，耳边是滴答滴答响个不停的电报。当天的流程是这样的：

- 皮茨菲尔德的牧师托德医生做祈祷，愿上帝祝福太平洋铁路。
- 铺设两条相向的铁轨，一条属于联合太平洋铁路公司，另一条属于中央太平洋铁路公司。
- 哈克尼斯医生、F.A.弗里特尔阁下和州长萨福德分别代表加利福尼亚州、内华达州和亚利桑那州向两大公司赠送道钉。
- 斯坦福州长代表中央太平洋铁路公司答谢。
- G.M.道奇将军代表联合太平洋铁路公司答谢。
- 两家公司打下最后一颗道钉；其中，中央太平洋公司的道钉将以电码方式钉入。随着最后一锤的落下，太平洋铁路完工的消息将通过电报传向全世界。
- 电告美国总统。
- 电告美联社。

电报室里的竣工仪式

华盛顿，5 月 10 日，星期一 ——太平洋铁路竣工的消息今天吸引了公众全部的目光，其他一切都显得不值一提。人们对这项伟大工程的完工感到由衷高兴。华盛顿并未组织群众庆典仪式，但西联电报公司做了完美的安排：在最后一刻道钉敲下的同时发出竣工电报堪称完美。华盛顿时间今天下午 2 点 20 分，全美所有电报公司都收到了奥马哈电报室的通知，做好接收关于敲下连接纽约和旧金山的铁路纽带的最后一颗道钉的最后一锤的消息的准备。为此，西联电报公司华盛顿电报室经理廷克在公共大厅里放置了磁力电报钟，将它连上电报线，通知全美电报室，华盛顿已经准备就绪。电报钟马上传来了新奥尔良的回复，随后是纽约。

下午 2 点 27 分，全美电报室开始不断地打听奥马哈的消息，奥马哈方面回复道：“诸位：请保持安静。当普罗蒙特利的最后一颗道钉钉下时，我们会说‘完成’。请不要离线，静待最后一锤落下的信号。”距离华盛顿 3 800 多公里的普罗蒙特利向聚集在全美各地电报室的人群说道：“准备就绪。请脱帽。开始祈祷。”

接下来是为祈祷保持肃静的时间。3 点 40 分，电报钟再次传来声音，普罗蒙特利现场电报室说：“祈祷完毕，接下来是赠钉仪式。”

芝加哥电报室：“明白。东部一切准备就绪。”

普罗蒙特利电报室：“一切准备就绪。道钉将被敲下。钉钉仪式开始的信号是 3 个点。”

接着，设备陷入了沉寂。随后，磁力电报钟响了起来“1、2、3”，信号来了。接着，又是几秒钟的沉寂，然后，一道光束瞬间穿越了从两条铁路接合处到华盛顿的 3 800 多公里，点亮了东部，铁锤敲打道钉的声音立刻从华盛顿的电报钟里传了出来。下午 2 点 47 分，普罗蒙特利发出了信号——“完成”，北美大陆被铁轨连在了一起。陆军部的军事电报室也举行了相同的仪式，罗林斯部长（Rawlins）、谢尔曼将军（Sherman）和汤森（Townsend）等人出席，总统先生因为事先有约而遗憾地没有亲自出席。军事电报室的扬声器也传出了锤子敲打道钉的声音，当普罗蒙特利现场观众的耳边还在回响着这声音时，华盛顿便已经获悉了这一伟大工程完工的讯息。

未来，无与伦比

纽约，5月10日上午10点——纽约商会期盼今天中午与旧金山商会一起感恩无所不能的上帝，庆祝横跨美利坚联邦领土、连接地球两大洋的大陆铁路竣工；并一起隆重讨论这一交通大动脉给工业和商业、道德和政治、美国和全世界带来的无与伦比的好处和祝福。

就这样，这条新的高速路已经呈现在我们面前。它能够开发新资源、扩大商业、提升实力、增进自尊，让我们的共和国永远紧密相连。非但如此，从更广泛的关系上看，这条铁路是世界融合圈的一部分，将欧洲民族和亚洲民族直接联系在了一起，将对现时代的启蒙和先进文明产生实质性的推动作用。

大型铁路公司为其他产业打开了运输和交通的方便之门，铁路公司自身也变成了大企业，如北太平洋铁路公司有着分割明确的事业部制，成为当时大型现代企业的标准“配置”。（北太平洋铁路公司供图）

January 20,1883

THE STORY OF AMERICAN BUSINESS

FROM THE FRONT PAGES OF THE NEW YORK TIMES

是活牛，还是分割牛

•铁路公司决定限制这一市场的供给•

被铁路影响的餐桌

本地爱吃牛肉的人听到这则消息一定很高兴：前不久出现了一个新事物，从此以后他们可以选择来自芝加哥的牛肉，价格要比当地市场价低得多。在这里，我们有必要来探寻一下历史。大概在3年前，两家公司——斯威夫特兄弟公司和E.C.哈蒙德公司（E. C. Hammond），加入了从西部城市向新英格兰地区运输牛肉的业务。其中一家公司受大干线铁路保护，另一家则受纽约中央铁路公司保护。这两家公司开展的业务从一开始就遭到了屠户的反对，屠户们说，它们所提供的牛肉质量不如就近屠宰的牛肉。但最终的事实证明，从芝加哥用冷藏车厢送到市场中的牛肉与就近屠宰的牛肉品质不相上下。在两家公司站稳脚跟后，彼此之间便展开了激烈的竞争。激烈到什么程度呢？如果不计冷冻和其他支出，它们的牛肉在新英格兰的售价甚至要低于在芝加哥出售的成本价。这两家敌对公司均发现，对方财大气粗，减价策略根本不会令对方就范，于是它们决定按正常的市场价格出售牛肉，这就是现在的情况。纽约是整个联邦最大的牛肉消费城市，芝加哥的牛肉商都铆足了劲儿想满足这里的市场需求。毫无疑问，它们能够以合理的价格向消费者提供牛肉，但纽约市的本地屠宰公司、牲口贩子和居间商反对，不过影响最大的还要数铁路公司。明眼人都能看出，铁路公司不会让芝加哥分割牛肉大量涌入纽约。对它们来说，运送活牛的利润更大。如果运的是分割牛，那么一开始，它们的运量就得下降近 40%，现在用来运输活牛的车皮也将变为一堆废铁。如果本地屠户被挤出市场，我们将不得不仰仗芝加哥提供提前杀好的牛肉，那么铁路公司将不得不制造冷藏车厢来进行牛肉运输。在纽约和新泽西建造的大量牛栏马上也得废弃，而沿线所有牛栏——用于每 12 小时的卸载、喂水和喂食，也将丢掉目前油水颇丰的生意。

不难理解，斯威夫特兄弟公司经伊利铁路运来的芝加哥分割牛肉数量为何被限制在每周 15~20 节车皮。如果我们想以与本地牛肉一样便宜的价格享受芝加哥牛肉的高品质，那么首先必须协调好屠户和铁路公司的利益。

《纽约时报》记者走访了位于西华盛顿市场的斯威夫特兄弟公司，但公司老板并不在那里。他们的代表人指出，他们生意兴隆，除此之外，他们不再做任何评论。富尔顿市场（Fulton Market）有名的屠户威廉·奥特曼（William Ottmann）认为，如果能以与芝加哥一样的价格在纽约出售牛下水——如牛头、牛心、牛肝、牛肚等，那么在芝加哥将牛宰杀、小心冷冻，保质保量地运往纽约出售可以让每磅价格下降 0.25 美分。出于对牛肉品质的担心，活牛运输距离越短越好。长途火车运输会导致牲口生病、焦躁和相互踩踏。活牛必须经历上市准备过程，通常会被喂食大量的干草料和盐分，整整 12 个小时滴水不进，然后才被推向市场，在上市销售之前，活牛会被引向饮水槽，喝下大量的水，体重会增加 100~150 磅（1 磅 ≈ 0.45 千克）。奥特曼说，为保证牛肉的良好品质，在经历了长途运输之后，屠宰前必须让它们得到充分的休息。他说，他会让活牛在通风良好的有盖牛棚里待上四五天，备足草料和水，让它们尽情享用，以便在经历了长途跋涉后恢复正常的身体状态，然后再宰杀。他说，到目前为止，芝加哥牛的运量有限，质量也较为低下。

March 14,1929

THE STORY OF AMERICAN BUSINESS

FROM THE FRONT PAGES OF THE NEW YORK TIMES

让可口可乐大战来得更猛烈一些

有朝一日，孜孜不倦地探寻美国禁酒期（1920—1933）起源和原因的历史学家，会给已故的阿萨·坎德勒（Asa Griggs Candler）生产的一种名为可口可乐的“软饮料”留出一个有趣的段落。在长达20年的时间里，坎德勒和他的饮料一直是南方大争论的核心。在福特公司的T型车驶上南方公路之前，没有哪种商品能够像可口可乐那样闻名。

坎德勒买下了可口可乐配方，并在销售中运用了自己卓越的产业思维，很快，他的生意就如同井喷，每一家小药店都加入了供应这种来自亚特兰大的会冒气泡的糖浆的销售大军中。在地方选择权运动[①]熄火后，因啤酒和威士忌被禁而心痛不已的人们被名流们——其实是广告的巧妙设计，建议在颜色如同勃艮第红酒的可口可乐中寻找与酒精一样强的刺激，还能避免酒精的副作用。可口可乐的消费热潮到了什么程度呢？由于坎德勒对禁酒运动的公开大力支持，怒不可遏的酿造商和蒸馏商[②]散布谣言说，在坎德勒的软饮料中含有某种有害药物。

这场争论持续了好几年。每一个小镇都分成了两个阵营。纯净食品管理当局也插了手。老审视员们一边啜饮着草药糖浆，一边激烈反对这种来自亚特兰大的液体进入年轻人的胃里。热忱的女信徒则捍卫可口可乐，一边喝，一边站在布道

① 即美国各州自行选择是否采取禁酒令。——译者注

② 啤酒是酿造酒，威士忌是蒸馏酒。——译者注

台上宣传可口可乐是无辜的，它和啤酒和朗姆酒绝不相同。乐于冒险的年轻人和洗心革面的酒徒巴不得“暴风雨来得更猛烈一点”，乡村医生们也按捺不住地加入了战团。许多南方城镇出现了将酒精和可口可乐一起归类为恶魔的“圣徒”团体。1890—1910年，这场战斗一直在激烈地进行着，由此产生的广告效果让坎德勒成了百万富翁，其中很大一部分是从反对朗姆酒的福音派教徒那里赚来的。接着是地方和郡县选择权运动，最后是全美范围的禁酒令终于来到了可口可乐的地带；再接着，《韦伯-凯尼恩法案》（*Webb-Kenyon Act*）禁止向禁酒区输入酒精饮料，这使得可口可乐一举占领了市场。习惯了姜啤的外国游客来到南方时，无不对美国人才有的对姜啤的渴望感到新奇。

大约在全国禁酒令生效的同一年，坎德勒将他的股份卖给了一家东部的公司，而这种将南方搅得天翻地覆的饮料也占领了公路和铁路旁的广告牌，壮大了众多教堂，其所属企业也步入了大企业的行列，一直强盛到今天。但是，有心的社会学家至今仍能在南方小镇广场上找到满脸忧伤的老者，在他们心中，坎德勒和他的软饮料正是导致酒神巴克斯（Bacchus）和甘布赖纳斯（Gambrinus，传说中的啤酒发明者）沦为非法的罪魁。

April 29,1928

THE STORY OF AMERICAN BUSINESS

FROM THE FRONT PAGES OF THE NEW YORK TIMES

山姆大叔，当之无愧的世界商业领袖

• 美国公司在全球各地开工厂、设分号，并大量进行海外收购以为企业提供原材料 •

埃文斯·克拉克（Evans Clark）

如今，有 800 家英国药店被同一家美国企业所有和控股，这家企业总部设于波士顿，在美国经营着 10 000 家类似药店；美国某著名连锁店的红色招幡飘扬在柏林和伦敦的街角；圣路易斯某化工企业生产的漱口水可以在马德里买到；底特律某制造商在大阪开设了工厂组装美国汽车；纽约某石油公司的油罐和加油站为苏门答腊、叻屿呷[①] 和泰国提供服务；54 家巴西剧院被曼哈顿、布鲁克林和皇后区的连锁经营影院纳入其中。所有证据表明，山姆大叔如今已经成为世界商业领袖。

10 多年前，一家名叫“美国国际公司”的企业在纽约成立。它的名字以及它将美国生意做到全世界的目标立刻引起了人们的关注。这一想法看上去就像是天方夜谭。但如今，实际上可以说所有美国大公司都是“美国国际公司”。上一代人目睹了美国大企业跨越州界；而如今，超级大企业顺应着不可阻挡的历史潮流走出了国门。1928 年，巴黎、里约、柏林、布宜诺斯艾利斯、墨尔本和加尔各答都可以看到美国公司的影子，成为与芝加哥、新奥尔良和费城等量齐观的美国企业活跃区。

---

① Strait Settlements，即海峡殖民地，包括今马来西亚和新加坡等地。——译者注

海外自主经营的新潮流

美国企业在全世界市场上兜售产品，这早已不是什么新闻，无非是销售量在第一次世界大战爆发后出现了暴涨。但是，除了一小撮开路先锋，我们的出口商原先都利用外国公司作为分销商。但在过去几年中，美国公司开始在海外大量自主经营——有的通过分公司和工厂，有的通过美国所有但根据外国法律运营的子公司。英国药店门口长期标示的“Boots”符号会让人们误会，其实它们属于美国联合医药公司（United Drug Company）；法国凯斯公司（Case Compagnie de France）是凯斯打谷机公司（Case Threshing Machine Company）的欧洲子公司；甚至著名的伦敦登喜路公司，实际上也是舒尔特雪茄公司旗下企业。

与我们日新月异的工业发展的许多阶段一样，这一潮流要比公众所能理解的程度迅猛得多，更不用说经济学家和政府统计师了。美国人是世界银行家，这一点早已为人所知了。我们在世界国家之林的新地位所带来的影响，引起了国内外高层人士的密切关注。但我们作为世界商人的新角色及其影响还没有完全进入公众的视野范围。

全方位的网状渗透

实事求是地说，外国人要比普通美国人更清楚美国在世界的地位，他们目睹了美国人的全方位渗透。在英国的广告牌上，你看到的是 Palmolive 肥皂、Sun-Maid 葡萄干、Underwood 打字机、柯达胶卷、福特汽车、吉列安全剃须刀、箭牌口香糖以及美国橡胶公司（United States Rubber Company）的产品。伦敦的沙福兹贝里大街（Shaftesbury Avenue）被称为“纽约街”——在这条街上的 7 家剧院中，有 6 家正在上映美国片。你可以站在就近的街上，看到几个街区之外的“笔店区”，那里有威迪文（Waterman）钢笔和 Dixon 铅笔出售；在其他地方你还可以看到阿莫尔公司（Armour）、英格索尔手表公司（Ingersoll Watch Company）、柯达公司、丹尼森制造公司（Dennison Manufacturing Company）、伍尔沃斯公司、得克萨斯石油公司（Texas Oil，即后来的德士古公司）和其他 6 家美国公司的产品。美国杂志报道英国新闻，与英国刊物一起摆在英格兰街头销售。

美国应该成为世界商人，从某种程度上说，这一点比美国成为世界银行家更重要。正如蜘蛛会在身后留下蛛网，流向国外的每一美元——其总量有近 150 亿，且不算战争贷款，将美国与世界其他国家连成了一张错综复杂的共同的权利和义务网。不是这里受压，就是那里被挤破，牵一发而动全身。但商业的流动是双管齐下的。不仅包括美元，也包括产权和生活：土地、建筑、蓝领和白领以及让企业运转起来的整个复杂结构。

石油与机械，美国商业的开路先锋

石油和机械一直是美国对世界商业最大的贡献。诚然，它们不如大规模的农产品那样容易为人所知，但从这些产品身上你可以领略到美国人的创造天才和组织热情，这简直是上天赋给美国人的天分。美国石油和农机公司是国际商业的开路先锋，早在 19 和 20 世纪的世纪之交，它们就已经满世界开办分公司了。而如今，美国汽车在世界各地的街道上行驶；美国电力设备已成为普遍的标准；美国办公机器主宰着世界市场；美国的缝纫机、电梯、留声机、制鞋机、印刷机、气闸、气动工具和铁路信号产品遍及 7 大洋；电影业是美国最新征服的领域，没有哪个其他领域（至少在规模上），美国的主宰地位如此稳固。

石油公司可谓美国企业海外扩张的典型。在美国陆军飞行员①完成著名的环球飞行时，他们可以在任何着陆点获得燃油补给——西雅图、奇格尼克（Chignik）、横滨、巴格达、贝尔格莱德、巴黎、斯卡帕湾（Scapa Flow）。纽约的标准石油公司在英国、中国和阿根廷都开有分公司，在天津经营着一家蜡烛厂，在日本、中国、荷兰、东印度、叻屿呷、缅甸、印度、锡兰（斯里兰卡）、叙利亚、土耳其、保加利亚、希腊、澳大拉西亚②和南非控制着 3 000 余家仓储和分销站。

23 年前，得克萨斯公司（Texas Company）还没有国外营销分支。如今，它已经成立了 12 家分公司，分别在比利时、英国、新南威尔士、巴西、南非、波多黎各、古巴、丹麦、法国、意大利、菲律宾群岛和瑞典，总投资高达 2 700 万美元，处理着公司 25% 的业务总量，它有 14 个国外仓储和分销中心，海外员工总数超过 3 000 人。

在地球的另一边——澳大利亚的悉尼和墨尔本以及新西兰的奥克兰和威灵顿，大西洋炼油公司（Atlantic Refining Company）和联合石油公司（Union Oil

① 美国空军在第二次世界大战后才成立，在此之前隶属于陆军。——译者注

② 包括澳大利亚、新西兰和诸多太平洋岛国。——译者注

Company）正在大量建造海运中心，油罐车将从那里出发，给两家公司旗下的澳大利亚和新西兰加油站加满油，而这些油罐车所使用的化油器大多也是美国货。

汽车制造，从美国走向全球

美国汽车已经进入了每一个人口大国。在 5 大洲各大都市的林荫大道上，你都能看到美国汽车公司的销售网点。通用汽车在澳大利亚至少有 5 家装配厂，分别在阿德莱德、布里斯班、墨尔本、珀斯和悉尼；在伦敦、斯托克霍姆、哥本哈根、安特卫普、柏林、布宜诺斯艾利斯、蒙得维的亚、南非伊丽莎白港、新西兰威灵顿、日本大阪和爪哇巴达维亚也开有装配厂。

福特公司也将分公司和工厂开到了全世界各个角落。其海外工厂将运自美国或购自当地的零部件组装成汽车，埃及亚历山大港、安特卫普、巴塞罗那、柏林、布宜诺斯艾利斯、哥本哈根、科克、曼彻斯特、墨西哥城、鹿特丹、智利圣地亚哥、巴西圣保罗和横滨都有工厂。销售分公司则分布在克里斯托瓦尔（巴拿马运河区）、哈瓦那、芬兰赫尔辛弗斯、秘鲁利马、蒙得维的亚以及里约热内卢、上海、斯托克霍姆和的里雅斯特（Trieste）。

农业，跨国企业的中坚力量

农机公司，特别是国际收割机公司（IHC），是跨国公司的中坚力量。国际收割机公司在法国克罗伊（Croix）、德国诺伊斯（Neuss）和瑞典北雪平（Norkoping）设有大型制造厂，在不同国家 18 个城市设有仓库；在阿根廷、巴西、澳大利亚、丹麦、意大利、英国、拉脱维亚、新西兰、挪威、西班牙和瑞士设有制造和销售子公司。

原来的“5 大”屠宰公司，现在已是“4 大”了，因为阿莫尔公司和莫里斯公司（Morris）已经合并，成为世界肉联产品的销售商。它们发现，从南美输入生产过程所需原料供给是很重要的。在巴西所有被宰杀的动物中，每四头牛中就有一头属于芝加哥 4 大屠宰公司。它们还控制着阿根廷 50% 的肉产品贸易，并在乌拉圭经营着屠宰工厂。阿莫尔公司一家就在全世界 12 个不同国家控制着 100 家子公司，斯威夫特公司则供应着英国肉产品总量的 45%。

办公室设备业，如假包换的美国“自留地”

在如假包换的美国“自留地”——办公室机器和设备行业，打字公司领导着海外生意。雷明顿公司合并了兰德公司和卡迪斯公司（Cardex），组成了一家国际公司，供应全品类办公室设备。仅该打字公司一家在全世界就拥有 1 000 个销售部，在 10 个国家拥有销售子公司，包括印度和缅甸。安德伍德打字机和埃利奥特 - 费雪记账设备公司（Elliott-Fisher）在其国际细分领域也进行了类似的合并。

4 大橡胶公司——固特异、百路驰、美国橡胶和凡士通（Firestone），均有分布广泛的海外持股，既是为了给自己供应原材料，也是为了营销成品。固特异公司的产量占全球橡胶产品总产量的 1/7，它在 135 个国家和殖民地拥有子公司；百路驰通过子公司在加拿大、英国、法国和德国直接拥有工厂；美国橡胶公司在苏门答腊和马来半岛拥有大面积橡胶园；凡士通在利比里亚的特许权不啻独立的小王国。

越专业，越垄断

在公共事业领域，国际电话电报公司拥有着为数最大的海外产业。通过其控股公司和联盟公司，该公司运营着西班牙、墨西哥、智利和波多黎各的国家通信系统，为巴西一个州和蒙得维的亚提供服务，在古巴经营电话业务，上个月还拿下了布宜诺斯艾利斯的通信系统。除此以外，国际电报电话公司还控制着 3 家国际有线公司和广播公司和 14 家电力设备公司，在巴西、伦敦、上海、东京、马德里、米兰和布达佩斯拥有工厂。这个商业大帝国的海外员工总数在 5 万人以上。

在一些高度专业化的领域，美国公司事实上垄断着世界产出和销售。辛格缝纫机公司（Singer Sewing Machine）、国家收银机公司（National Cash Register）以及两家领先留声机公司的连锁网、分公司、工厂和代理商遍布全球。仅胜利公司（Victor Company）一家的海外投资额就高达 900 万美元，在阿根廷、巴西和智利拥有在建或运营中工厂，并持有欧洲最大制造商——英国留声机公司（Gramophone Company）的少数股份，在法国、西班牙、捷克斯洛伐克、德国、意大利、澳大利亚和印度拥有工厂。

梅西百货公司：风雨 75 年

• 梅西百货 75 周年庆之际，请关注这家为美国消费者提供服务的伟大企业 •

罗宾斯（L. H. Robbins）

起点低、形式相对较新的百货店已成为影响现代日常生活方方面面的重要机构。因此，本周梅西百货成立 75 周年这一盛事，会引起历史学家、商业与社会趋势学者的兴趣。

75 年前，1858 年，罗兰·梅西船长在第 6 大道临近第 14 大街的地方开了一家小商品精品店。此后很久，世界上都没有百货商店这种形态。当时，纽约并不缺乏商场巨头，但他们都是专营店，最具代表性的便是女装及女装配饰店。

历史学家对于百货商店的实际开端并不完全确定，他们会提到巴黎的乐蓬马歇百货（Le Bon Marché）；但在纽约百货店史的章节中，他们会提到，在 1874 年，年轻的斯特劳斯父子公司（L. Straus & Son Co.）租下了当时规模尚小的梅西百货的底层，用来陈列瓷器、玻璃器皿和陶器。历史学家指出，这是美国历史上头一遭出现服饰和家私摆在同一层销售的情景。

1874 年之前，梅西船长已经收购了毗邻的两家小建筑，添上了男装和玩具。他一度还兼营杂货。梅西船长身材健硕、蓄须，是个花样美男。有人说他神似诗人朗费罗（Longfellow），除了手背上的刺青之外。另一个不同点是，梅西船长有时候会穿着衬衣、叼着黑色雪茄迎候顾客上门。他曾经是楠塔基特岛捕鲸船船长，他的刺青、他的名号，还有商店门上的红色幸运星都来自这段经历。一开始，他全家住在商店楼上，这是当时商人的习惯。

纽约，1858

1858 年，曼哈顿还大部分位于第 52 大街。马车颠簸在各条大街上，运送着住在中央公园的居民，与 500 辆公共汽车竞争生意。当时，黑烟滚滚、引擎声隆隆还铺着电车轨道的 El 路尚未出现，哈德孙河铁路沿着钱伯斯大街西侧前进，纽约 - 哈莱姆路和纽约 - 纽黑文路送来市政厅附近的乘客，纽瓦克（Newark）和伊丽莎白（Elizabeth）地区的顾客则乘船前来。

1858 年，女性血拼族所逛的商店数量一点儿都不亚于现今：她们在这家买手套，在那家买香水，在第 3 家店买邦巴津①，在第 4 家店买扫帚。长长的购物单驱使她们必须逛完整个曼哈顿，无论走进哪家商店，男性侍者早已在那里恭候多时了。不多久，成百上千的男侍者走上了南北战争的战场，他们的职位则由女侍者顶替。今天，百货商店的柜台后已经看不到男性了，这一现象可以追本溯源到 19 世纪 60 年代的危机。

在商人时代，讨价还价的行为是可以接受的。如果商人对一块麻纱叫价一先令六便士，而顾客出价一先令，那么在一番扯皮之后，很可能会以顾客的出价成交。折扣是稀松平常之事，赊账对于任何体面的市民来说也是理所当然的要求，现金回款的过程十分漫长。梅西船长瞧不上这样的方式。他的路数是明码标价、概不还价，“只收现金”。

定价 1.98 美元

梅西船长的另一项创新是用小数来为商品标价，比如将价格定在 1.98 美元而不是 2 美元。世界对此的反应是：“哦，是吗？”——在 1858 年，这是嗤之以鼻的意思。人们认为，这种标价的目的是造成幻觉；但是，研究表明，这一创新的目的是为了监督员工。梅西船长的理由是，这样做，销售员被告发的机会更大，而当员工必须打开现金盒找零时，他们私吞货款的诱惑也会降低。

① bombazine，一种斜纹织物。——译者注

1858年，纽约百货店店员工作时间很长，工资却很低，往往必须从日出一直站到日落。百货店是个高档场所，而店员的职责是庄严的。售货员之间不能说话。讨论伊甸园博物馆和巴纳姆博物馆里有什么之类的话题得等到天黑后，售货员们一瘸一拐往家走的时候才能进行。你也听不见“现金女孩”的笑声，她们头戴红色帽子，头发梳成辫子，从早到晚都在跑差。她们的职责非常严肃，容不得她们搞笑。这些筋疲力尽的侍者没有休息室，没有属于自己的储物柜，也没有医疗保险。

在百货店只包括地下层和第一层的时代自然不会有电梯和自动扶梯。照明使用煤气灯。1878年前后开始使用弧光灯，最早采用的弧光灯并不是为了照明，而是为了搞怪。第一部商场电话也是灾难一场，顾客们纷纷跑去体验这个令人新奇不已的新鲜玩意儿。“市内送货乃易事一桩。”一位商人说。梅西船长的手推送货车至今仍然保存着，推着它送货的送货员直到1874年还在梅西百货工作。

梅西百货就是以如此低的起点，在很久以前开始崛起的。本周，它将迎来75岁生日。正是从如此低的起点，崛起了当今商界最显赫的部门——大型百货商店。

大型百货商店，岂止于大

大型百货商店动辄占据整个城市街区；它们通常拥有地上20层外加低下4层，楼层面积动辄百万平方英尺（1平方米≈11平方英尺）；它们的员工数量动辄上千。拥有150多个部门的百货商店不在少数，如此规模的百货店供货商超过3.5万家，在假期需要调动1.4万人为顾客提供服务，一年的营业额高达8 000万美元。

从商品的品种上说，它们足以满足贪得无厌的埃及艳后：它们出售摩托艇，也出售玫瑰花束。纽约最大的百货商店销售的东西足以覆盖字母表：鱼缸、气压计、《圣经》、照相机、时钟、长沙发、公仔、小型升降机、画架、旗帜、皮草、高尔夫俱乐部、凝视球、保湿雪茄盒、园艺软管、长筒袜、冰袋、烫衣板、密封圈、珠宝、木丝棉、卡其布、女式内衣、长柄望远镜、信箱、唱片、针线、隐形口罩、工装裤、旅行小提箱、斗篷、大酒杯、城市地图、地毯、俄式茶具、马刺、挂毯、打字机、尤克里里琴、雨伞、保温瓶、百叶窗、风向标、窗格玻璃、码尺、蕾丝披肩、男士服装、加蛋烤面包[①]，此外还有大概800中商品类别。

① 这些物品的英文首字母包括了a~z的26个字母，原文中是按照字母排序的。——译者注

要数清楚它们运送的每样东西，你必须掌握高深的数学才行。通常，纽约百货商店每天要运送 16 万单货品，其自有卡车送货范围就超过 100 英里。邮寄服务更是覆盖全球，连伊斯坦布尔、亚丁、马尼拉、香港、布宜诺斯艾利斯和坦桑尼亚的坦噶尼喀都能送到。

是商店，更是社会中心

希望研究在同一地点所能收集到的最大规模美国人口截面数据的心理学家和社会学家，都应该到大都市百货商店去。就算是不景气的营业日，也会有 12.5 万人涌入百货商店的大门，这个数字足以把耶鲁碗[①]填满两次。假期期间，顾客数量可能高达 25 万人。在纽约，不止一家百货商店的每日顾客人数足以让它成为一个“城市”，与奥尔巴尼（Albany）、叙拉古（Syracuse）、帕特森（Paterson）和哈特福德（Hartford）等城市相媲美。在现时代，百货商店可以自豪地宣称自己是最大的社会中心。

为了应对如此大的贸易量，百货大楼需要有各式各样的部门，但与顾客所看到的部分比起来，这些幕后部门规模并不大。在每一层不为公众注意的地方，便是百货商店构思、计划、执行和支持销售活动的地方。供应前台商店的存货仓库和前台商店一样活跃繁忙，并有着琳琅满目的商品。这些幕后部门要时刻保持活力和警戒，一如富丽堂皇的前台商店。

75 年前，店主本人也是采购员；如今，他们把这个工作委托给了高薪专家，虽然他们无不拥有成为完美商人的充足知识，但还是按现代组织的玩法，实行了专业化。一家百货商店可能会拥有 11 名采购员，其中一大半为女性。在采购员办公室门外，制造商销售人员带着样品毕恭毕敬地等着，每次只放行 50 人，就像是在教室外等待面试的学生。每天上门求见的销售员可能高达 600 人。

老式商人常依赖自己的感觉来挑选商品，百货商店则使用科学方法，用测试实验室来评估采购。进入采购员考察范围的材料和物品都会受到精密仪器的磨、擦、拉、扭，以测试纸张、线、衣料或晒衣绳的抗拉性，针织品和梭织品的破裂点，毛毯的导热性，纺织品在光照和水洗作用下的抗褪色性，等等。

---

① Yale Bowl，耶鲁大学的体育场，后来成为美国体育场的标准。——译者注

他们会检测数百种服饰面料的穿着质量，从鞋底皮革到丝绸；他们会检测网球和汽车轮胎的弹性、高尔夫球的韧性。他们甚至配备了恒温箱用于繁育飞蛾，然后用它们来检测防蛾产品的效果。在纽约，一家百货商店的实验室在 6 年时间里进行了 7.9 万项检测。

所有这些都只是对这个诞生未久、不需要多大年纪就能回忆起整个发展过程的伟大行业细节的粗略描述。购物的百货商店运动带来的影响不用再多说了。百货商店吸引着大量顾客，而人天生是社会动物，所以大量顾客能够吸引更大量的顾客。

很多人去百货商店只是为了去开开眼界。已故的约翰·达纳（John Cotton Dana）把百货商店称为“最伟大的现代艺术博物馆”，他所指的不是墙上镶着金框的艺术品，而是日常生活用品——椅子、地毯、服装面料、餐具、厨具、墙纸、鞋子，的艺术。他说：“只要有人精通，那就是艺术。”

一个理所当然的存在

19 世纪 60 年代的商人不会理解如今人们已习以为常的百货商店行为模式。他们会看到面向初级店员的再教育、面向员工的舞会、讽刺剧、夏令营和度假农场；为外国顾客提供翻译服务的语言专家，为暂住饭店的旅行者提供的小时达宅急送服务，为赶时间的顾客提供的个性化服务，以及为百货大楼送货卡车司机设计的心理测试。

他们还会惊讶于夏天的空调、在顾客亲眼见证下创造美丽艺术品的设计工作室，垂钓季节出现的养着各种鱼的小鱼池。在商场里的某处，他们会看到从地窖到阁楼一应俱全、装修豪华的住宅样板间。他们还会不解地看到，在一家大型百货商店，400 名大学毕业生干着卖东西的工作。

毫无疑问，他们会惊掉下巴。但对现在的普罗大众来说，百货商店早已是理所当然的存在了。

标准石油公司，美国最大的垄断者

•标准石油如何掠夺公众•资深观察家对这一情况的观点：洛克菲勒旗下公司经营概观•

•它是如何成长并繁荣起来的•

克利夫兰，11月17日——很少有人会知道标准石油公司在最近的石油市场骚动中赚了多少钱。那些了解所有“一碗炒”交易内幕以及结果的股东必须与那个只有洛克菲勒才有钥匙的“密室”紧紧地站在一起。毫不夸张地说，标准石油公司是美国最大的垄断者。在石油领域，它就像政府一样，其总裁牢牢控制着世界原油和成品油市场，它的路数和交易是天下最严格的秘密，想在规模和经营范围上向它靠拢的公司根本无从得知这些信息。标准石油公司什么都不怕，唯独怕口水，它的经理们最不愿意看到的就是在公众出版物的广告页上露脸。

一位经验丰富的资深观察家透露了他对标准石油公司在当前市场环境中境况的观点。

> 去年7月，原油价格是49.75美分。假设那时候标准石油公司——毫无疑问，他们肯定这么做了，囤了300万或400万桶，在价格达到65美分的时候，我敢说他们已经囤了有800万~1 000万桶；然后他们会反向操作，在这个价位上卖出。一买一卖，他们就赚钱了。他们有内幕消息，又控制着市场，我坚信在油价达到96美分的时候，标准石油公司的操盘手们至少为公司出货了800万桶。

当初标准石油公司根据俄亥俄州法律成立的时候，其股本金是100万美元，1879年，这笔股本已经增加至350万美元。过去4个月，这笔股本已经突破了7 000万美元，而且已经可以流通，不过没人拿到华尔街上去卖罢了。现在其价值大概要打个八折，也就是5 600万美元。在股本金增长的同时，所有资产和分支都变成了普通股——比如为数众多的工厂、管道、石油等。

如果用财富、权力和资源这样的标准来衡量这个垄断者的话，那它的起步确实低了点。1864—1865年宾夕法尼亚州石油狂热刚开始时，克拉克-洛克菲勒公司（Clark & Rockefeller）在克利夫兰河区做着佣金买卖。两名合伙人是高大的英国人莫里斯·克拉克（Morris P. Clark）和中等身材的长脸苏格兰酷佬约翰·洛克菲勒。这两人和其他成千上万人一样，对石油起了兴趣，来到宾夕法尼亚，买了块土地。我不知道他们用了什么法术，反正不久之后他们的投机事业就有了转机。有个叫山姆·安德鲁斯（Sam Andrews）的批发商，人精路子广，克拉克和洛克菲勒同他做了笔交易，试着在克利夫兰炼油。他们建了个蒸馏厂，由安德鲁斯管理。安德鲁斯负责管理和生产，而公司负责钱和买卖。一开始，一切都是小打小闹。安德鲁斯试验了一段时间，找出了一个更好、更廉价的炼油法。他们的业务一点点壮大，逐渐地，不仅是他们，其他人也开始打石油市场的主意。大概在这个时候，克拉克和洛克菲勒在土地问题上遇到了困难，前者卖掉了股份退出了。洛克菲勒和安德鲁斯继续携手前进，扩张并改进业务。又过了一段时间，弗莱格勒（H. M. Flagler），也就是标准石油公司现任董事长秘书，成了新的合伙人，公司也改名为洛克菲勒-弗莱格勒公司。克拉克对这行很了解，知道这是个大金矿，因此他也成立了一个新公司，叫克拉克-佩恩公司（Clark, Payne & Co.），第二合伙人是奥利佛·佩恩上校（Col. Oliver H. Payne），即标准石油公司现任财务主管。

不知是谁先想出了获得如此巨大成功的经营机制，但人们总说这是洛克菲勒的发明。他即便不是提出者，也是推行者。克拉克-佩恩公司被洛克菲勒-弗莱格勒公司赶超，后来成立标准石油公司的想法也开始实施。两家公司以对等的地位合并了。此次合并让他们获得了其他任何公司都不具有的优势，而他们可不是会让优势白白浪费之人。仅次于其后的克利夫兰公司赶了上来，并被他们纳入其中，但获得的待遇就不像最初两家公司彼此给得那么高了。从那时起，当规模较小的追随者赶上的时候，标准石油公司就会以命令的口气和它谈判："你的厂子就值那么多，你们交易那么多。要是你乖乖就范，我们会根据这个给你股份，要不然就等着吃不了兜着走吧。"这就是他们的口气，而小心翼翼的外来者远远地就能望见危险，不得不接受条件换取庇护。不识抬举的公司会拒绝标准石油公司的提议，等着它们的将是破坏性竞争，最后的结果也总是尽落下风的它们以倒闭告终。标准石油公司掌握着生杀予夺的大权，他们的发达之门就这样敞开了。

当代零售业：大企业独领风骚

•通过全国性连锁店服务全美的巨头公司正在取代社区零售店
——批量分销时代正在掀起美国销售模式新革命•

埃文斯·克拉克

曾几何时，街角香烟店就是香烟店；如今，这家香烟店很可能只是某连锁香烟店的一家，而这家连锁香烟店可能遍布整个北美大陆，并可能通过超级托拉斯拥有其他连锁店，比如药店、糖果店、快餐店，甚至饭店。

过去是批量生产（mass production）的时代，从小工厂的互相竞争中走出了今天的巨型托拉斯。钢铁、石油、肉制品、汽车、铜业……这个复杂文明社会的绝大多数必需品，如今都由规模巨大的聚合资本在全美甚至跨国规模上经营着。

如今是批量分销（mass distribution）的时代。全美 1/3 的杂货零售业务已从街角社区杂货店手中流失，落入了把整个美国都作为目标消费者的大企业囊中。席卷杂货铺的托拉斯的崛起过程正在零售业重演。药店、鞋店、餐厅、服装店、糖果店、家具店和百货店，所有这些都被卷入了不可抗拒的兼并洪流中。如今，零售业的每 1 美元销售额中就有 17 美分落入连锁公司的腰包。

这一潮流何时才会结束，谁也无法确切知道。美国最著名的商人之一爱德华·法林（E. A. Filene）预测，全美主要城镇的百货铺兼并潮将催生一个超级连锁托拉斯，它的网店将遍布全美，提供全品类商品服务。

但是，连锁店运动只不过是经济革命显而易见的一面而已。这场经济革命正在改变整个产业结构。连锁店只是分销机器上的一个齿轮。但如今，整个机器正在经历脱胎换骨。对我们的先人来说，美国最精明的商业头脑都是用在让生产体系更加完美上的。这个任务大致上已经完成了——估计全世界都得对此感到不可思议吧。如今，美国产业界最精明的头脑正以相同的激情关注着我们的分销体系。

打了水漂的 80 亿营销资金

如今，美国商人热衷于计算在分销上出现的成本浪费，正如他们的父辈计算在生产商出现的成本浪费。根据时任商务部长赫伯特·胡佛（Herbert Hoover）[①] 的数字，每年因营销效率低下而打了水漂的资金高达 80 亿美元——比美国的出口总额还要高。事实上，营销上的损失实在是太大了，都快把提高生产效率所省下来的储蓄吞噬殆尽了。美国人一直专注于降低制造成本，直到最近才发现，卖东西的成本一直在稳步抬升。从某种程度上说，是批量生产本身使批量分销成为必不可少之物。伴随批量生产到来的是对低价的现实需求——只有低价才能让批量购买成为可能，而大量购买正是批量生产的前提。但最终消费者，也即出钱购买制成品的人——既要承担制造成本，也要承担销售成本。随着分销支出的上升，价格难以继续下降，从而削弱了批量生产的主要优势，也破坏了美国繁荣的复杂结构。

毫不奇怪，这一不可能错过的潮流唤醒了美国产业界。

销售业务如今的状态与首批大型托拉斯形成时的制造业如出一辙，当然，那些自产自销的大公司除外。正如标准石油公司出现之前的昙花一现的经营者，以及美国钢铁公司成立之前的众多小型钢铁企业，在每个城镇，成百上千家零售店互相倾轧，争夺渺茫的成功机会。几乎每家零售店都是根据其所有者拍脑袋想出来的计划在经营，它们没有什么采购实力，没有价格控制实力，也没有资本购买劳动力节约型设备，最终能逃避倒闭命运的十不及一。而在它们与制造商之间的是大量批发商和批发零售商，这些人之间也在为生存斗得不可开交。一些连锁店出资人认为，分销最大的浪费原因在于经营规模太小、竞争太激烈。要证明他们的观点正确，就必须跳出小打小闹，做大生意。

---

① 即后来的胡佛总统。——译者注

即使是自己负责销售业务的美国制造商，也被当前分销体系批评者指责犯有浪费罪。

当营销成为一门科学

但美国产业界已经看到了曙光。在连锁店战略家开始改造分销机器的结构时，制造业高管们也在竭尽全力改革其自身的销售方式。批评家们指出，销售支出中流向广告和超级销售员的比重正在日益增长，首次启发制造商们开始进行投入-产出分析。甚至主要广告商和出版商也在帮助它们的客户将营销打造为一门科学。

比如，拥有15种技术杂志的麦格劳希尔出版公司就组建了一支市场顾问团队，为其广告客户提供诸如市场环境和怎样用尽可能小的支出换取最大数量购买者之类的建议。克罗威尔（Crowell）和柯蒂斯（Curtis）等出版公司对各城市购买力进行了统计研究，包括零售店、银行、汽车、电灯等诸多市场指数。智威汤逊公司（JWT）和乔治·巴顿公司（George Batten）等广告商收集诸多领域的批发商和零售商一致预期，并基于所得税回报进行了购买力评级。

美国商务部也通过全美范围的营销手段调查在这方面做着开创性工作。它创造了一个机构目录，跟踪那些如何让销售更有效率的公司数量——这一名单上的公司数量已经达到了令人咋舌的544家。

比这类耐心研究及其应用（绝大部分是由内部团队躲在不为外人所知的办公室中作出的）更加令人瞩目的是连锁店战略家所取得的成就。

世界上最大的零售托拉斯很可能是大西洋和太平洋茶叶公司（A&P)。这家大得出奇的企业几乎在每个城市、城镇和村庄都有分店，总数不低于15 700家，据一家期刊编辑的估算，1928年该公司业务量可达7.5亿美元。如今，每100家美国杂货店中有5家属于A&P公司。

纽约，连锁店的振兴之地

A&P公司的成长是过去几年来美国连锁店行业快速扩张的写照。纽约市是连锁杂货店和连锁香烟店的发祥地。A&P公司创始人乔治·哈特福德是批量分销领域的伟大开路先锋。他的事业起步于1859年，一开始，他是乔治·吉尔曼红色香料和茶叶店负责人。1917 年哈特福德逝世时已经是 3 200 家连锁零售店的店主了。但在他死后，他的事业继续狂飙突进，扩张速度比他在世时还要快一倍。

7 年前，A&P 连锁店数量是 4 500 家——这是在此前 62 年缓慢而扎实地打下的江山；但此后，A&P 旗下连锁店数量开始了突飞猛进，目前已有 17 500 家。

每况愈下的独立杂货店

杂货店领域的另一家领导企业是克罗格公司，它旗下拥有 3 765 家商店，主要分布于中西部，每年营业额高达 16 亿美元多；还有美国商店公司（American Stores），它在宾夕法尼亚和新泽西拥有 2 000 家店铺，每年毛收入为 1.2 亿美元；以及西海岸的西夫韦公司，它拥有 916 家店铺，每年要卖 7 600 万美元的东西。其他东部知名连锁店也在大步向前，尽管没能进入行业榜单的前 6 名。

小猪扭扭公司（Piggly Wiggly）提出了自助服务店的概念。如今，已有超过 2 500 家此类零售店开门营业，其中 540 家由小猪扭扭公司直接拥有和经营或以付费使用其名号和专利设备的方式加盟经营。另一家叫作 Roly Poly 的公司提出了零售店主动出击寻找客户而非静待客户上门的新理念：流动杂货店就好比是当年由小贩推着，沿乡村小道沿路叫卖的蔬菜小轮车的现代版。很多公司都拥有好几百家店铺，时刻盯着公众的钱包。

此类连锁店在大城市发展得极为迅速。在纽约和费城，公众在杂货上消费的每 1 美元中有 70 美分流入了连锁零售店公司的腰包。竞争已不再局限于连锁店与独立店之间，因为独立零售店已不再是真正的市场因素，而是在于连锁店之间。一半以上的杂货店业务是由波士顿、巴尔的摩、华盛顿、芝加哥、堪萨斯城、洛杉矶、旧金山和其他 8 大美国城市完成的。如今，全美的连锁杂货店公司数量超过 850 家，它们经营着至少 6.4 万家店，年营业额高达 23.56 亿美元，超过美国杂货贸易总量的 1/3。

联合医药公司是药店领域的领先者，也是所有大型零售公司中海外持股最高的。它除了在美国和加拿大分别拥有 465 家和 37 家店铺之外，还在英国城市和城镇拥有 800 家药店。27% 的美国连锁药店销售额由联合医药公司完成，每年大约为

5 800 万美元。其所有权结构有一个很有意思的地方——由 9 500 位药店业主持有，他们联合起来成立了雷氏（Rexall）药店公司共同行动。据说 25% 的美国人口享受着雷氏联合集团的服务。

大量分销，零售贸易结构的新模式

伍尔沃斯是当前量贩连锁结构的始作俑者。如今，其年营业额高达 2.7 亿多美元，在美国和加拿大拥有 1 600 家店铺，在英国有 300 家店铺，在德国有 20 家店铺，在古巴有 6 家店铺。

伍尔沃斯的规模比其他任何一家量贩连锁公司都要大一倍以上，但克雷斯基（Kresge）、克雷斯（Kress）和麦克罗里（McCrory）也是该领域的大公司。克雷斯基公司一家就拥有 440 家店铺，年营业额为 1.23 亿美元；麦克罗里和克雷斯大约拥有 200 家连锁店，每年毛销售额为 4 000 万 ~ 8 000 万美元。这类连锁店大多从单体店的低起点起步，但已有十多家达到了大公司的水平，它们和铁路、钢铁和石油公司一样在华尔街上市交易，颇受公众欢迎。

在杂货店、药店和量贩连锁店的推动下，批量分销的思想正在整个零售领域蔓延。托姆·麦克安（Thom McAn）、约翰·沃德（John Ward）、兰博勒（Rambler）以及其他耳熟能详的商店名号见证了连锁鞋店的快速增长。在过去 3 年中，这种类型的店铺数量从 1 600 家增加到了 7 000 余家。餐厅和茶铺也纷纷组成联合体，它们所提供的餐饮份数一点儿都不亚于鞋厂和轮胎厂的产量。仅蔡而兹餐饮连锁公司（Childs）一家每年就要在遍布东西海岸的 34 个城市供应 5 000 万份餐食。糖果店多以动人的女性名字命名，如梵妮·法默（Fanny Farmer）、玛丽·李（Mary Lee）和莉迪亚·达拉（Lydia Darrah），它们如雨后春笋一般在全美迅猛发展。光是 75 家幸福小铺（Happiness）每年就要卖掉价值 700 万美元的糖果。

这些数字已充分说明了批量分销的形势。连锁店已不再是什么新鲜事物了，它们已开始成为整个零售贸易结构的新模式（见表 1-1）。

表 1-1　零售领域商店形态变化举例　单位：家

领域	连锁公司数量	连锁店数量
杂货店	800	64 000
量贩连锁（30~81）	780	8 100
鞋店	596	6 402
药店	415	3 475
雪茄和香烟店	30	2 850
百货商店	180	2 489
女装店	215	2 036
餐厅和茶室	166	2 000
饭店	400	1 500
糖果店	33	731
肉店	52	598
女帽店	46	596
制衣店	29	531
面包店	12	523
五金和体育用品	52	511
男帽店	24	465
音乐和电台	46	435
文具店和书店	17	356
家具店	18	179

未来，路在何方

什么才是大量分销背后的终极原因，我们不得而知；但大量分销的巨大影响早已引起了人们的注意。如今，大型连锁店公司不但开始重视中间人的作用，而且将其引入到制造领域。A&P 公司自己生产罐头、自己烘焙面包；联合医药公司的商品存货中有很大一部分是自己生产的；克罗格店里的肉制品是在其自己的屠宰场屠宰的——这让芝加哥屠宰商很受伤。即使是最大的零售公司，其高管也不太愿意担起制造之责，这一潮流也尚未形成很大气候，但至少问题已经被提出了。

另一个需要关心的问题是独立零售店的命运。显然，它们对于经济演化进程毫无影响力，但很多独立零售店主因为形势变化给自己带来严重冲击而感到沮丧。但新潮流的辩护者指出，尽管他牺牲了独立性，但可以获得财务上的回报和安全感。他们认为，至少从经济角度看，担任连锁店的受薪经理、背靠手握百万现金的雇主总要好过如履薄冰地经营属于自己的生意。

商场内外，道德标准不变

• 国家饼干公司的公告直指双重标准 •

• 员工即股东 •

刚刚发布的非常规报告披露，大企业员工拥有 6 666 股。国家饼干公司[①]昨天披露年报，年报中有一些关于大公司及其高管道德的非常规内容。报告说：

> 现时代，走向公司生活已是不可阻挡的趋势。只有通过公司，我们国家的丰富资源才能被合理开发。从这个角度讲，我们有一个伟大的任务需要完成。果真如此的话，那么美国的未来财富在相当程度上就必须依赖于这些公司如何运营。而我们相信，每位公司管理者都应该致力于管理工作，这样，他们的公司才会为美国人民造福，而最终，美国人民对这些公司就会报以友好而不是敌对的态度。为了达到这一目标，对我们来说最关键的在于，公司不应该从管理其事务的个人手里分隔出去，这些个人必须把约束自己私生活的规则带入到公司管理中去。
>
> 他们不应该在作为公司管理者和作为私人个体之间采取双重标准。他们不仅要遵守法律，更应该积极地支持法律。这就是本公司管理者用来指导管理活动的理想。

---

① National Biscuit Company，即后来的纳贝斯克公司（Nabisco），为亿滋公司所属子公司，旗下有趣多多、奥利奥等品牌。——编者注

宝洁，创始人家族掌权 134 年后终退隐

• 连襟造就象牙皂公司 •

宝洁公司成立于 1837 年，其创始人是两位连襟——英国蜡烛商威廉·波克特（William Procter）和爱尔兰肥皂商詹姆斯·甘保（James Gamble），他们在辛辛那提签署了一份合伙协议，每人出资 3 596.47 美元。宝洁就这样诞生了。

两位合伙人都有儿子，到 19 世纪中叶，第二代开始掌权。美国内战期间，联邦政府指定宝洁为西路军提供所需蜡烛和肥皂。1879 年，象牙皂问世。几年后，“9944/100 纯度——能浮上水面”的广告词诞生。

1911 年，宝洁将业务拓展到香皂之外，推出了第一款食物产品 Crisco；1930 年，宝洁销售额超过两亿美元，在同一个 10 年，宝洁开始销售第一款合成清洁剂 Dreft 和第一款合成洗发水 Drene；1946 年，汰渍问世，宝洁在全世界建厂生产这一强力去污洗涤剂。

20 世纪 50 年代初，宝洁进军牙膏、家用烫发膏、起酥油和花生酱市场。不久，随着对 Duncan Hines、Charmin Paper 和 Clorox 等公司的收购，烘焙混合料、纸制品和漂白剂也进入了宝洁的业务范围。

1965 年，宝洁销售额突破 20 亿美元，并有超过 14 个运营部门。1967 年，在美国最高法院的判决下，宝洁不得不与 Clorox 分离。

20 世纪 60 年代末，酶开始被用于洗涤剂和浸泡剂。1971 年，在消费者团体和民意的压力下，宝洁开始逐渐舍弃使用酶添加剂。

去年，宝洁公司净销售额为 1 978 750 000 美元、利润 211 907 000 美元，拥有 4.2 万名员工和 8.5 万名股东。

19 天前，宝洁又越过了一座里程碑：134 年后，宝洁第一次迎来了没有波克特和甘保家族成员的董事会和高管层。

56 岁的辛辛那提律师、创始人詹姆斯·甘保的曾孙大卫·甘保（David G. Gamble）的董事职位被美国铝业公司主席约翰·哈珀（John Harper）取代。

美国商业简史

1802 法国移民 E.I. 杜邦在美国特拉华州建成火药工厂。到 1812 年时，杜邦经营着美国规模最大的工业企业——杜邦公司。

1826 塞缪尔·罗德（Samuel Lord）和乔治·华盛顿·泰勒（George Washington Taylor）在纽约创办了一家干货店，这家干货店就是罗德与泰勒百货连锁公司（Lord & Taylor）的前身。

1837 威廉·波克特（Willian Procter）和詹姆斯·甘保（James Gamble）在辛辛那提创办了一家消费品公司——宝洁。

1859 乔治·吉尔曼在纽约创办大美利坚茶叶公司，后更名为大西洋与太平洋茶叶公司（A & P)。1903 年，A & P 已有 200 家连锁店，除了卖杂货，还卖茶叶和香料；1930 年，A & P 在全美范围经营超过 15 000 家门店。

1871 艾伦·蒙哥马利·沃德（Aaron Montgomery Ward）在芝加哥开办了一家零售业务公司，该公司的第一份邮购商品广告目录于第二年开始发行。

1875 肉类加工企业斯威夫特兄弟公司的创始人古斯塔夫斯·斯威夫特在芝加哥创办公司。1881 年，他引进了能够把精加工的牛肉从芝加哥运输到波士顿的冷藏车厢。

1886 在佐治亚州亚特兰大，药剂师约翰·彭伯顿（John Stith Pemberton）发明了刺激但不含酒精的可口可乐饮料。

推销员 C.W. 波斯特开办了一家谷物公司。他在两年后推出了葡萄果仁麦片（Grape-Nuts）。1929 年，公司重组为通用食品公司。

1895

奶酪商詹姆斯·卡夫（James L. Kraft）并购了位于芝加哥的 J.L. 卡夫兄弟公司（J. L. Kraft & Bros）。1916 年，他获得了干酪加工工艺专利。

1909

美国加入第一次世界大战。

1917

堪萨斯城破产后，漫画家华特·迪士尼搬到了好莱坞。之后，与他的弟弟罗伊一起创办了迪士尼兄弟工作室。

1923

芝加哥大学原会计学教授詹姆斯·麦肯锡（James O. McKinsey）创办了一家管理咨询公司。

1926

富兰克林·罗斯福就任美国总统，并启动了一系列立法来解决大萧条时期遗留的经济、社会和政治问题。

1933

美国加入第二次世界大战。

1941

在马萨诸塞州昆西，威廉·罗森伯格（William Rosenberg）开办了第一家唐恩都乐（Dunkin' Donuts）。

1950

02

华尔街：起源、崛起和演化

FROM THE FRONT PAGES OF
THE NEW YORK TIMES

THE STORY
OF AMERICAN
BUSINESS

THE STORY OF AMERICAN BUSINESS

FROM THE FRONT PAGES OF THE NEW YORK TIMES

1979年10月29日，纽约证券交易所正在纪念“黑色星期二”50周年，庆祝金融系统从股市大崩盘（当天有1 600万股股票被卖出）中恢复。

熊市和牛市、敌意收购者和天使投资者、强盗资本家和公司侵夺者，华尔街通过美国证券市场以及支持证券市场的投资公司，极大地影响着美国的商业和整体经济。资本市场最早的活动可以追溯到18世纪初美国刚刚独立时。但华尔街真正开始形成现代形式、产生重要影响力是在19世纪中叶，步铁路公司和美国第一批大企业的后尘。在这中间的170年里，华尔街还影响了美国的民族心理。华尔街的玩家因创造财富而受到赞美，因助长金融灾难而受到谴责。这个公开市场的历史、它的融资人和批评者以及它对各种股东的影响，都是美国历史不可或缺的一部分。

美国的第一批真正意义上的证券交易集中于为独立战争以及随后的年轻美国政府融资而发行的债券。在此期间开始交易股票和债券的美国商人沿用了欧

1791 美国国会特许美国第一银行开业

1873 杰伊·库克公司宣布破产

1882 道琼斯公司成立

1893 外国投资者抛售美国证券换取黄金，金融恐慌接踵而至

1913 美国联邦储备系统建立

洲的现成传统。当时，欧洲特别是伦敦和阿姆斯特丹的证券市场已经开张了数10年之久，并已经发展出了成熟的交易所。18世纪末19世纪初，费城、波士顿、纽约和巴尔的摩等港口城市纷纷成立了交易所。

很快，纽约的交易所就成了银行、保险公司和一些新出现的业务的大本营。早期的交易者们聚集在位于下曼哈顿华尔街一带的咖啡馆和其他会面场所交易。1792年，随着投机泡沫的产生以及随后的崩盘，股票拍卖人和交易者开始尝试对这个年轻的市场使用更正规的结构，并引入了会员制度。他们在位于今天华尔街68号的一棵梧桐树下签订的契约如今被称为“梧桐树协议”（*Buttonwood Agreement*）。1817年，这一协议被重新商议，并成立了最早的交易者协会。这次商议促成了纽约证券交易委员会的成立，它由19位经纪人参与，每天上午进行拍卖。

19世纪初，纽交所里交易的基本上都是政府债券、银行和保险公司证券。初始的交易活动在规模、速度、成交量和节奏上都与如今的资本市场不可同日而语。如果今天的人穿越到19世纪二三十年代参观纽交所，一定会因为那里的缓慢节奏而感到昏昏欲睡。比如，1830年3月的某一天，纽交所只成交了31只股票。

但是，从19世纪40年代开始，铁路公司的崛起不但给美国运输业带来了革命，也让资本市场面目一新。建设、维护和管理铁路线（先是地区线，后来又发展到全国线）的巨大财务需求是任何个人或小投资人集团所无法承担的。铁路公司推销者和高管唯有转向机构市场寻找资金。它们确实这么做了，在19世纪中叶的几十年中，纽交所为它们筹集了一次又一次的千万美元级别资金。（到1860年，私人所有铁路的投资总额已经超过了10亿美元，相当于现在的210亿美元）。铁路证券的大量上市和出售使得纽交所也获得了茁壮的成长。19世纪50年代，纽交所月成交量已经超过了100万股，即每天5万股。铁路公司的资金需求还催生了各种投机技巧。华尔街的玩家学会了买空卖空、学会了保证金交易、学会了使用看涨和看跌期权。与这些技巧一起出现的是投机客，他们是一群试图通过在兴旺而缺乏监管的市场中买卖证券而攫取财富的男人——也有一些女人。田纳西·克拉芬（Tennessee Claflin）和维多利亚·伍德哈尔（Victoria Claflin Woodhull）姐妹是第一批女性股票经纪人。1870年，她

1929 股市崩溃

1933 《1933年证券法》和《1933年银行法》通过

1944 IMF在布雷顿森林会议上成立

1956 道琼斯工业平均指数收盘首次突破500点

1967 缪里尔·赛博特成为纽交所第一位女性成员

们在科尼利厄斯·范德比尔特（Cornelius Vanderbilt）①的支持下开办了自己的公司。但是，直到一个世纪后，纽交所才迎来了第一位拥有席位的女性——缪丽尔·赛伯特（Muriel Siebert）。

美国内战后，不少金融大佬利用市场攫取了大笔个人财富，其中一些人的行为对美国经济造成了深远的影响。比如，瘦骨嶙峋的农场主之子，被称为“华尔街的靡菲斯特”②的杰伊·古尔德通过股票操纵重组了整个铁路行业。在抢夺主要铁路控制权的过程中，古尔德强迫竞争对手进行整合和扩张，与此同时，他又发动了激烈的价格战。1869 年，古尔德炮制了一场逼空黄金市场的阴谋，并造成了股市崩盘（尽管时间很短）。20 多年后，金融家 J.P. 摩根——他也是铁路和其他新兴行业的主要投资者，用另一种方式操纵了摇摇欲坠的市场，不过他的目的是平息 1893—1895 年的黄金恐慌并维持美钞价值的稳定。在 19 世纪和 20 世纪之交，摩根组建了世界上第一家规模超 10 亿美元的大公司——美国钢铁公司，该公司通过一系列兼并而成，其中包括安德鲁·卡内基的钢铁公司。1907 年，又一场货币危机爆发，摩根组织情况稳定的银行发放了 1 900 万美元贷款，稳住了陷入麻烦的金融机构的阵脚。在美联储和政府大规模监管诞生以前，摩根几乎以一人之力承担了中央银行的职责，对美国经济造成了极大的影响。

如此权威并不是从未受到过挑战。许多美国人不相信金融家的权威和他们所控制的财富。摩根等最显赫的银行家被指控组织“资金托拉斯”，即对全美信用的垄断。为了回应民意和其他压力，国会在威尔逊总统的敦促下采取了行动，于 1913 年通过了《联邦储备法》（*Federal Reserve Act*）。该法案成立了一家中央银行，创造了地区储备银行制度，并授予美联储董事会成员决定货币和信用的权力。这一法案给美国金融体系带来了灵活性和稳定性，这两大特性后来成为美国及其经济成长的关键。

20 世纪 20 年代，越来越多的美国人开始参与资本市场。他们买卖由各种机构发行的证券——不仅包括政府债券和铁路股，也包括公共事业、制造商、金融服务公司和通信公司发行的证券。许多人开始将储蓄投资于股票，到 20 年代末，大牛市形成了，这次牛市吸引

① 想了解范德比尔特更多传奇故事，推荐阅读《第一大亨》。本书中文简体版已由湛庐文化策划、浙江人民出版社出版。——编者注

② Mephistopheles，《浮士德》中的恶魔角色。——译者注

1987 迈克尔·米尔肯赚得 5.5 亿美元

2001 “9·11”恐怖袭击

2001 安然公司在财务指控和道德谴责中崩塌

2001 网络公司股市泡沫破裂

2008 全球金融危机演化为一场影响深远的经济衰退

了大量国内外投资。股价在这个10年稳步上涨，并在1928年和1929年上半年一飞冲天。从事后诸葛亮的角度看，1928年初股市便已形成了泡沫，证券价格上涨的速度远高于期望利润和其他经济指标。在这18个月中，大量投资者对形形色色的警示信号，如商业存货上升、消费支出放缓、工业产出下降等，视而不见。市场已经沸腾了。1929年9月，《纽约时报》具体工业股票平均价格指数触及452点，比1928年初的水平上涨200多点。

1929年10月，市场开始动摇并逐渐下跌。10月24日是恐慌抛盘日。但金融专家仍然充满了信心，胡佛总统更是断言美国商业基础“坚挺而繁荣”。1929年10月29日，前一周开始的股票大抛售达到了高潮，形成了壮观的“黑色星期二”大崩盘，当天有1 600万股股票被卖出（当时的正常日交易量为300万股）。接着，市场又下跌了两周。到11月中旬，股票价格已从两个月前的基础上腰斩，《纽约时报》平均价格指数为224点（该指数在1932年7月跌至最低点——58点）。

股市大崩盘以及接踵而至的大萧条击碎了公众对资本市场以及金融系统的信心。“整整一代美国人，”罗伯特·索博尔（Robert Sobel）写道，“得到了不要相信证券的教训。”加强对华尔街的监管的呼声日渐高涨。为了回应民意，20世纪30年代初，国会通过了一系列里程碑式的法律以重建证券市场。1933年《证券法》（*Securities Act*）和1934年《证券交易法》（*Securities Exchange Act*）要求公司以年报的形式向政府和股东披露详细的、经独立审计的财务信息。《证券交易法》还促成了证券交易委员会的成立，直到今天，所有证券交易所都必须在该委员会注册。1933年通过的《格拉斯-斯蒂格尔法案》（*Glass-Steagall Act*）旨在通过分离商业银行和投资银行业务结束金融机构的投机行为。华尔街第一次纳入了联邦监督的问责制度下。

第二次世界大战刺激了美国的工业和经济，但总的来说，美国人在20世纪40年代初仍对华尔街充满了怀疑。不过，第二次世界大战结束后，股市比以前活跃了很多。全美各大交易所都出现了交易量的增加，地方交易所还通过兼并诞生了地区交易所，如太平洋沿岸证券交易所（Pacific Coast Stock Exchange）。医保和退休金计划等员工福利也随着经济增长和工会谈判能力的提升而有所扩大。随着中产阶级的壮大，更多的小投资者开始将储蓄投入市场，共同基金等专业化的金融产品开始兴盛。1940—1961年，美国最重要的交易所——纽交所年交易量从2.08亿股增加到10亿股以上（见表2-1）。

1974年，美国国会通过了《雇员退休收入保障法》（ERISA），该法旨在监管日渐增长的退休基金投资。新法案要求所有出资退休金计划的公司要成立用于支付当前和未来所有退休雇员福利的信托基金，且必须与公司资产分离。它的一大影响便是形成了一批坐拥巨额资金的资本池，需要寻找债券（股票也日

表 2-1　纽交所日均成交量　单位：百万股

年份	成交量
1900	102.4
1910	161.1
1920	227.6
1930	810.6
1940	207.6
1950	524.8
1960	766.7
1970	3 122.79
1980	11 700.27
1990	39 748.32
2000	260 265.80
2006	402 116.40

益常见）的投资机会；它的另一个影响是共同基金的大量涌现，共同基金使得参与其中的公司的雇员有机会将闲置资金投资于一揽子范围极广的证券，以此增加退休后的福利。这反过来又扩大了股票所有者范围，社会各界的美国人都可以体验到华尔街对自己的财产和未来的影响。到20世纪90年代末，一亿多美国人——超过总人口的1/3，持有股票。2005年，美国共同基金资产总额高达8.9万亿美元。

正如铁路公司的财务需求让华尔街在19世纪中叶发生了巨变，共同基金的增长以及资本的可获得性改变了20世纪下半叶的证券市场。20世纪六七十年代，总体而言，机构投资者和大型个人投资者从相对低风险的投资级债券上获得了稳定但低下的收益。但随着共同基金数量的快速增加，货币管理人开始无法满足富人的要求——他们手中的钱对于投资低风险低收益证券来说太多了。

在这样的背景下，新玩家、新风险模式和新金融工具出现了。20世纪70年代末到80年代，兼具天才和努力的交易员迈克尔·米尔肯（Michael Milken）为非投资级债券，即“垃圾债券”创造了一个巨大的市场。随着高收益市场的成长，米尔肯发行、购买和出售的高风险、高潜在回报债券开始被用于各种用途。比如为特纳广播公司的泰德·特纳（Ted Turner）这样的企业家融资、重组美泰公司这样的陷入困境的老牌公司等。垃圾债券还被用于敌意收购，于是卡尔·伊坎这样的公司掠夺者、KKR这样的专长杠杆收购的私募股权公司得以控制大公司。这类交易中规模最大之一是1988年价值250亿美元的雷诺烟草 - 纳贝斯克（RJR Nabisco）杠杆收购案。米尔肯所在的德崇证券（Drexel Burnham Lambert）高收益部从交易总额中抽走了50亿美元。

20世纪80年代末，米尔肯是美国资本市场上最有实力的个人之一。他的某些行为——买卖证券、与资金管理人互动，发生在法律的灰色地带，在这些领域，已有的法规尚未触及新工具和新行为。从80年代末开始，米尔肯和其他一些人因违反《证券法》受到了相关机构的指控。1990年，米尔肯承认了6项重罪。他被罚款6亿美元，禁止从事证券行业，并被判处10年有期徒刑。凭借米尔肯的能力和实力叱咤风云的德崇证券也因米尔肯的入狱而倒闭，于1990年被清盘。

随着20世纪的临近尾声，互联网获得了广泛应用，新成立的技术公司激起了华尔街的激情。许多新公司从风险资本家和私募股权公司那里获得融资，后两者干的正是在上市前向新公司提供资金的行当。只要首次公开发行（IPO）成功，这些投资者和创始企业家就能坐收数以百万计的收益。在20世纪90年代末的报道中，一些具有新奇概念的新技术公司便可以获得比拥有庞大资产负债表和有形资产的老牌实业公司高得多的估值。一些高技术股票被证明是被高估了，到20世纪末，互联网泡沫破裂了。与此同时，2001年休斯敦的能源企业安然企业几乎在一夜之间倒闭，罪魁祸首便是寡廉鲜耻、极尽粉饰之能事的领导层。如此巨头的倒闭让媒体、公众和联邦政府重新把目光投向了会计实务、高管薪酬和华尔街伦理。

纽交所喜迎“梧桐树协议”175周年签订纪念

亚历山大·哈默（Alexander R.Hammer）

一切开始于1792年5月17日，24位商人和拍卖者同意每天聚在华尔街的一棵梧桐树下进行证券交易。这就是纽交所——世界上最大的证券市场的滥觞。今年，纽交所将迎来“梧桐树协议”签订的175周年纪念。

24位创始成员所交易的证券数量很少，其中包括了8 000万规模整合了美国独立战争债的债券发行。其他交易证券包括保险公司、亚历山大·汉密尔顿的第一合众国银行、北美银行和纽约银行的股票。

在“梧桐树协议”之前，纽约的股票交易活动是在各种咖啡馆和拍卖公司进行的，且往往缺少组织。人们对投资证券非常犹豫，因为没有人能保证他们可以顺利卖出。

成立伊始，纽交所多次变更地址。但在1865年，纽交所就已经搬进了现址——百老汇街和华尔街交叉口的一栋大楼。

在纽交所刚成立的20年里，证券交易是否让交易所经纪商很繁忙？这是件颇为可疑的事情。当时的美国经济从根本上说是土地经济，达到足以公开上市融资标准的企业很少。

直到1812年的战争之后，美国的经济实力才被解放。随着美国进入战后繁荣，商业也获得了快速增长。商业活动蓬勃发展起来，企业规模成倍增长，而投机活动也开始兴起。

为支付伊利运河和其他运河股票而发行的纽约州债券是纽交所在 19 世纪 20 年代的新发行证券主力。30 年代，铁路证券开始大量发行，并在 19 世纪主宰着纽交所。如今，铁路股大概只占纽交所上市交易股票总数（110 亿股）的 2.2%，这充分说明了铁路作为经济主要力量的衰落。

自我监管的不断完善

为了跟上工业革命的节奏，1860 —1875 年，纽交所拉开了自我监管的运动。喊价制度，即所有上市股票都由经纪人在一天的规定时段喊出要价和出价——很快力不从心，并被连续竞价取代。

1869 年初，纽交所推出了更严格的上市标准。当年 1 月，纽交所将伊利铁路股票取消挂牌，因为该公司没有满足所有流通股都必须注册的监管要求。

当年晚些时候，纽交所成立了一个股票上市委员会，并起草了过户、注册、排版和印刷的标准。与此同时，对于证券上市交易的公司，纽交所开始着手制定公司财务信息披露政策。

如今，任何寻求让其证券在纽交所上市的公司都清楚，向公众披露相关财务信息是其应尽的义务。

登顶美国最核心证券交易场所

1867 年，第一批股票报价机在纽交所出现；11 年后，纽交所安装了电话。这两项技术让纽交所如虎添翼，成为美国最核心的证券交易场所。

19 世纪 90 年代，人们在纽交所感受到了工业革命的又一项新成果——上市交易的现代企业股票。20 世纪的到来还伴随着美国第一家 10 亿美元规模企业，即美国钢铁公司的诞生。结果，纽交所股票成交量也持续扩大。1903 年，使用至今的交易所大楼建成；1906 年，平均日交易量突破 100 万股，这一纪录直到第一次世界大战后才被打破。

一战后，交易所的活动再次活跃起来，因为经济扩张需要大量资本。1924 年底，纽交所挂牌交易股票数量共 4.334 亿股，总市值 270 亿美元。

到了 1929 年底，已有 11 亿股票在纽交所上市，总市值 647 亿美元。同一年，一个纽交所席位售价 62.5 万美元，至今都没有被超越。最后一笔纽交所席位转手交易发生在 4 月 14 日，成交价 33 万美元。

1929 年秋，纽交所经历了其历史上最严峻的考验。10 月 29 日，星期二，纽交所历史上最可怕的崩盘发生了，共 1 600 万股股票被转手，创下了前无古人的纪录。

这次市场动荡是世界经济大萧条的一部分，也扫清了国会通过的 1933 年和 1934 年证券法的障碍，而这两部法律增强了政府对证券市场的控制。

标准普尔公司，因事实而繁荣

• 标准普尔的百年历史彰显财务信息重要性的起落 •

• 标准普尔让人人开始关注公司报告 •

理查德·鲁特（Richard Rutter）

“本公司没有给出过报告，也没有发布过报表。在过去 5 年中没有做过任何类似的事情。”

一个多世纪前，纽交所向当时全美最大的铁路公司之一索要关于公司经营状况的信息，这是纽交所第一次针对在该所上市的公司作出此类尝试，而本文的第一段就是该公司对纽交所的回复。当时，该公司的看法是，公司业务如何是自己的事情，与他人无关，而证券投资也被认为是有钱人的特权。一位观察家后来写道：“这就是为什么所有的经纪行就像沙龙一样，都有后门。”

一场揭开管理者神秘面纱的战斗

但时代和观念在变化。如今，经营情况是大家的事，投资者的主要进出通道也不再是后门，而是大门。毫不夸张地说，标准普尔公司的历史就是人们观念转变的历史。

本月即将迎来成立 100 周年纪念的标准普尔公司也许是世界上最大的金融出版机构，提供最全面的投资建议服务，它出版了 30 余种日刊、周刊和月刊。据说，它的纽约总部存放着世界上最大规模的私人财务信息库。

标准普尔公司花了大半个世纪收集这些信息，在很长一段时间里，这是一个事倍功半的任务。事实上，直到 1935 年，很多公司才在联邦法律的要求下向证券交易委员会披露关于财务状况的报告。

亨利·普尔（Henry Varnum Poor）至少比他的时代领先了 75 年。作为一名训练有素的律师，1849 年他成为《美国铁路杂志》（*American Railroad Journal*）的编辑。当时，铁路公司是美国公共融资领域的领头羊。普尔产生了一个在当时看来颇为幼稚的想法：既然公众准备把钱投资于一家公司，那么他们就有权利知道公司发生在做些什么。而当时的公司报告通常极为简略，是否披露也没个准儿。

从此，亨利·普尔就开始了掀开挡在所有者眼前的管理者神秘面纱的历程。他是一个人在战斗。他给铁路公司寄去了调查表，索要相关财务和其他经营数据。在大部分场合，他得到的回答是愤怒的回绝，就像上文中的纽交所一样。但坚持不懈的普尔表现出了足够的韧劲。1860 年，他出版了《美国铁路和运河史》（*History of the Railroads and Canals of the United States*），该报告通常被认为是投资刊物的鼻祖。

在经历了美国内战时期的间断后，1868 年，《美国铁路手册》（*Manual of the Railroads of the United States*）问世。随后，亨利·普尔和儿子亨利·威廉又推出了年刊《普尔美国官员名录》（*Poor's Directory of American Officials*，1886 —1895 年出版）和《普尔证券投资手册》（*Poor's Handbook of Investment Securities*，1890 —1892 年出版），后者将财务分析的对象从铁路扩展到各种产业活动。

并购时代，顾问服务新起点

20 世纪是并购的世纪，投资出版和咨询顾问领域也不例外。

“标准普尔”中的“标准”来自曾是电报操作员的卢瑟·布莱克（Luther Lee Blake）于 1906 年创建的标准统计局（Standard Statistics Bureau）。卢瑟·布莱克在纽约老卡鲁梅特饭店（Calumet Hotel）的一间客房中开始了创业之路。在这间客房中，布莱克用不同的卡片收集了约 100 家公司的数据，以每月 5 美元的价格雇用饭店服务员递送给银行和经纪行。1913 年，布莱克收购了巴布森股票和证券卡片系统（Babson's Stock and Bond Card）；1914 年，他收购了标准统计公司。

值得注意的是，普尔和标准统计公司都预见了1929年10月份的大崩盘。当年3月，普尔建议所有客户清仓。过了几周，标准统计公司警告订户，不仅要全部卖掉可疑的股票，而且“在目前的高价位上，蓝筹股也已经体现了合理的长期折价”。

接着，大崩盘、大萧条和第二次世界大战接踵而至。1941年，标准统计与普尔出版公司合并。

去年，公司的资料库增添了2.3万多份公司财务报告和4 895份市政财政报告。标准普尔收到了3.3万次信息查询要求，寄出了向公司索要报表的19 800封信件。新闻剪报部门每天要从数不清的报纸、杂志和期刊中遴选2 000余则内容。

在标准普尔1 100万美元的年业务量中，大约25%来自顾问服务。该服务由计划投资部门负责。标准普尔估计，其覆盖的证券总市值大约为30亿美元。

不久前，《普尔董事和高管黄页》（*Poor's Register of Directors and Executives*）的编辑收到一封来自一位非洲部落酋长的询问函。他的部落从事象牙雕刻工作，需要一份销售邮件列表来开展出口业务。这份黄页记录着7.3万多位官员和董事的业务关系和地址信息，而这些，正是这位酋长想要的。

December 3,1892

THE STORY OF AMERICAN BUSINESS

FROM THE FRONT PAGES OF THE NEW YORK TIMES

海盗大亨杰伊·古尔德传奇

•令人瞩目的商业生涯传奇•

春风得意的华尔街时光

古尔德1836年5月27日生于纽约州罗克斯伯里（Roxbury），父亲是农场主。孩提时代，古尔德受过一些教育。十来岁时，他先是从事测量工作，然后又干起了制革。1859年，23岁的古尔德来到纽约寻找大机会。在纽约，他遇到了成功商人之女海伦·米勒（Helen Miller）并和她喜结连理。几年后，古尔德开始对方兴未艾的股市产生了兴趣。

23岁，古尔德来到华尔街，成为一名经纪人。在他开始从事证券投机时，已经有了一笔可观的私房钱，也赢得了两三位大资本家的信任。他在一间小工作室开始了华尔街生涯，常常与街边经纪人厮混在一起。古尔德赚钱非常顺利。1860年，他认识了华尔街的大人物亨利·史密斯（Henry N. Smith），并和他成为密友。不久以后，史密斯-古尔德-马丁公司（Smith, Gould & Martin）成立，从一开始就生意兴隆。

丹尼尔·德鲁是史密斯-古尔德-马丁公司的一大客户。通过德鲁，古尔德注意到了伊利铁路。伊利铁路很缺钱，股价非常便宜。古尔德倾囊扫货，当德鲁和范德比尔特船长为伊利铁路所有权争得不可开交时，古尔德已经成为伊利铁路最大的股东之一，并被德鲁任命为董事。他帮助德鲁以可转债的形式发行了价值数百万美元的新股票。1867 年春，当范德比尔特试图逼空伊利铁路时，德鲁和古尔德将这几百万美元的未授权股票投入市场，不仅挫败了逼空，也重创了范德比尔特。

随之而来的是各种起诉和强制令，很快，汹涌的舆情就让德鲁和古尔德在纽约无以为继。1867 年 3 月 11 日，他们和伊利铁路的大部分其他董事一起逃到了泽西市（Jersey City）。古尔德随身携带了 700 万美元现金。几天后，伊利铁路改换门庭，将总部迁往泽西市，成了新泽西州的公司。

“无论何时我都是伊利铁路人”

1867 年 7 月初，古尔德和小詹姆斯·菲斯克（James Fisk, Jr.）完全控制了伊利铁路。他们把德鲁赶出局，古尔德成为公司总裁。当时的账目显示，伊利铁路欠古尔德 400 万美元，其中绝大部分是古尔德多次垫付的预付款。

古尔德很快发现伊利公司有一项优势——并经常因此受到起诉：它与坦慕尼协会（在纽约市政坛极具影响力的民主党团体）关系密切。于是他任命威廉·特威德（William M. Tweed）和彼得·斯威尼（Peter B. Sweeny，两人都是坦慕尼协会首脑）为公司董事。“伊利印钞机”就此启动，又发行了数以百万计的新股。伊利铁路成了股市投机客的最爱。

古尔德一直认为自己有责任发行尽可能多的伊利铁路新股以保证自己对公司的控制权，并阻止范德比尔特控制公司的图谋。在此期间，古尔德当着立法部门的面说出了那句名言：“我和共和党打交道的时候是共和党，和民主党打交道的时候是民主党。但不论什么时候我都是伊利铁路人。”

后来古尔德被诉从伊利铁路不当得利 1 100 万美元。在经历了旷日持久的拖延后，走投无路的古尔德赔了这笔钱。伊利铁路从未获得过运输公司的股票，“赔偿账户”也从来没有接近过这个数字。据说，古尔德在“赔偿”之后由于伊利股票大涨而大赚了一笔。

重创华尔街的逼空大战

或许与杰伊·古尔德这个名字挂钩的最大胆、最壮观的举动是 1869 年试图锁定全美黄金的投机性大“逼空”。

1869年3月，黄金价格跌到了120.25，为3年中的最低点。当时身为伊利铁路公司总裁、第10国民银行（Tenth National Bank）大股东的古尔德手中掌握着巨额资金。他向投机客吉姆·菲斯克（Jim Fisk）建议利用黄金价格低迷的机会“逼空”它。菲斯克认为这个计划不可行，一开始拒绝加入。后来他重新思考了一番，并全身心地投入其中。古尔德在132的价格上买入700万美元黄金，将价格推高到140。他鼓动其他经纪人大量买入，不出几天，黄金就上涨到了144，但很快又跌回136。古尔德计划中有一个不确定因素：政府出售黄金的政策。也就是说，不论何时，只要政府释放一些国库金条，任何“逼空”都不可能成功。

从众议院调查黄金恐慌委员会的听证词来看，古尔德及其同伙炮制了一批虚构的文章，说推高黄金价格是当局的意思。黄金价格开始上扬，情况很快就演变为疯狂。结果激起了民愤，人们开始谴责推高金价的黑手。古尔德几位同伙被吓坏了，开始在市场上出货。古尔德被迫不停地买入黄金以保护自己。

古尔德集团的黄金买入操作在9月23日星期四，也就是著名的“黑色星期五”前一天，达到了高潮。星期五上午，古尔德收到格兰特总统的小舅子亚伯·科本（Abel Corbin）的警告，政府不会再容忍他的捣乱行为。古尔德来到下城，他打定了主意，要尽快将手上的大量黄金仓位脱手。他没有将此事告诉费斯克或其他任何人，但当他们根据事先安排好的计划买入所有搞得到的黄金时，古尔德利用沸腾的市场出货了。

在那个将被永远铭记的上午，黄金交易场的氛围相当令人激动——事实上可以用“混乱”来形容。

中午时分，华盛顿下达一份指令，要求助理财政部长丹尼尔·巴特菲尔德（Daniel Butterfield）卖出400万美元的黄金。几乎是在同时，著名苏格兰银行家詹姆斯·布朗（James Brown）来到黄金交易场，要求卖出数百万黄金。“逼空”就此破产，15分钟内，黄金价格从166跌至133。黄金交易被暂停，几乎半个华尔街都受到重创……古尔德及其同伙花了好大的劲才从“街上”脱身，逃进了大歌剧院（Grand Opera House）。秘密卖出黄金让古尔德免遭财务灾难。不过，菲斯克拒绝掏钱为自己的亏损合约埋单。此后很长一段时间，华尔街都对黄金逼空者怒目相向。

联合太平洋铁路的幕后推手

古尔德后来说，当他开始入股太平洋铁路时，他发现这些公司“财务十分不堪”。他控制了几家铁路公司，主要有联合太平洋公司、堪萨斯太平洋公司、丹佛太平洋公司和密苏里太平洋公司，并对它们进行注资，成效显著。

在控制联合太平洋公司时，古尔德的策略是大幅削弱堪萨斯太平洋铁路的盈利能力，后者天然需要依靠前者。结果，堪萨斯太平洋公司的可交易股票市值惨跌至几乎为零。古尔德大量扫货。接着出现了将堪萨斯太平洋公司和丹佛太平洋公司与联合太平洋公司合并的建议。古尔德正是幕后推手。在合并完成前，古尔德已经控制了密苏里太平洋公司，尽管他仍是联合太平洋公司的董事，但却威胁要建一条连接堪萨斯太平洋地区和科罗拉多中部的铁路，从而与密苏里太平洋公司一起组成一条极具竞争力的通向太平洋沿岸的铁路线。这吓坏了联合太平洋公司的波士顿股东，他们敦促古尔德赶快行动，要求他为整合协议做好准备。古尔德后来证实，他给了那些波士顿人 100 万美元的支票，要求他们离开整合协议，但他们拒绝了这一要求，直到古尔德签署了一份准备好操作整合协议的具有约束力的合同后才放过他。在 1887 年对太平洋铁路委员会所做的证词中，古尔德伤心地说，放弃密苏里太平洋公司扩张计划对他来说就好像丢掉了一块宝贝。与此同时，他坦诚，此计划若是成功，将导致政府对联合太平洋公司的 1 700 万美元债权打水漂。

当联合太平洋铁路整合完成后，人们发现，其旗下各条线路证券的最大持有者都是古尔德。

全美电报系统的控制者

古尔德掌控西联电报公司有些不情不愿，如果他关于此事的说法是真实的。1888 年，他甚至在美国参议院调查委员会面前信誓旦旦地说，他收购西联控股权是为了让朋友托马斯·罗伯特将军（Gen. Thomas T. Robert）当总经理。

古尔德迅速抓住机会，大肆收购西联电报的股票，目前他已成为最大股东。他常常说，他在铁路上的巨大产业要求他不得不控制美国电报系统，因为铁路和电报是天然盟友，共同驱动美国前进。继西联电报之后，他又将共联电报（Mutual

Union）、巴尔的摩、俄亥俄州不少电报公司收入囊中。西联电报股价翻了一番，使其总额达到了 8 000 万美元。其中，古尔德多年持有部分在 1 600 万 ~ 2 000 万美元之间。

亿万富豪的光荣退休

近几年来，关于古尔德到底有多少财富的猜测众说纷纭，最保守的估计是 4 000 万 ~ 5 000 万美元，但了解古尔德生意状况的人认为这一数字应接近 1 亿美元。银行家罗素·塞奇（Russell Sage）常说，古尔德之富远超大部分人的想象。几个月前，一名消息灵通的华尔街人士指出，古尔德拥有价值 2 800 万美元的西联电报的股票，约价值 1 800 万美元的曼哈顿铁路公司的股票，价值 1 200 万 ~ 1 500 万美元的密苏里太平洋公司股票，以及价值 4 000 万美元（甚至更多）的债券和其他各种股票。

过去几年来，古尔德一直活跃在投机界。1886 年，他从科纳公司（W. E. Connor & Co.）退出，并宣布正式从“街上”退休。尽管此后他的名字仍频繁地被人们与华尔街各公司联系起来，却无任何证据证明古尔德曾做过任何保护自身利益之外的事情。

上流社会名媛加入投机大军

·一份宣传册激起“美好社会”千层浪·

昨天，纽约市里涌现出大量风言风语，有赞美声，也有讨伐声——这都是由一本自称来自某刚刚开张的私人证券交易所的宣传册引起的。这个交易所由费沃夫人（M. E. Favor）在其位于西24号大街40号的住处开设，专为女性服务。收到宣传册的均是不凡的女性，其中不少是大名鼎鼎的金融业人士和专业人士之妻。宣传册说，该交易所“由声名卓著的女士管理，她拥有股票投机领域的长期成功经验”，并“通过著名银行和资本充足、绝无倒闭之忧的经纪行”在华尔街开展业务。一位男士如此评价这份宣传册：“许多女士大概会因此变卖钻石，或者牺牲房子和老公的财富，去追求信口开河的财富承诺。”

《纽约时报》记者造访了费沃夫人的住处。费沃夫人告诉记者，她只是散发了一份业务宣传册，与各交易所在派对上分发宣传册争取客户并没有本质区别。她说，各路女性不断敦促她早点开张，因此交易所在几周前已经办了起来。这些女士拥有多年的华尔街投机史，通常是亏钱的，因为她们的信息渠道不像男士那样畅通。费沃夫人只是交易所的受薪经理，交易所的利润与她无关，开支也不用她负责。身份崇高的女士们（有已婚的、也有未婚的，有的自己拥有财富，有的则是知名律师、医生甚至银行家的妻子）在营业时间来到这里，根据市场状况下达买入或卖出指令。交易会根据严格的商业原则进行，新客户只有通过介绍或得到熟人担保才会被接纳。

这里不接受 100 股以下的指令，因此，没钱的女士即使想投机也不可能在这里实现愿望。费沃夫人拒绝透露对该交易所感兴趣的究竟是哪些女士，又有哪些女士是这里的客户，并说股票投机对于那些有钱的女士来说颇为平常。她认为，该交易所之所以恶评如潮，是因为下城经纪人发现大批有利可图的客户把业务转到了其他地方，因此嫉妒不已。

April 14,1907

THE STORY OF AMERICAN BUSINESS

FROM THE FRONT PAGES OF THE NEW YORK TIMES

七旬翁 J.P. 摩根的坚持之道

“摩根从华尔街退休了”，过去 5 年来，空头在纽交所散布这一消息已经无数次了。每当他们有投机的需要，要搞出一些在当日或当前一小时可以借以卖空的环境时，就会炮制这一消息。

“据消息灵通人士报告，关于 J.P. 摩根先生退休的消息都不真实。”反驳公告很快就会出现，接着，若双方都不能证实自己的消息为真，那么市场会很快忘掉这一令人不安的消息，将注意力转向其他消息——这就是华尔街的运行方式。

但是，摩根今天的生活和他在 20 世纪之初追逐繁荣时的生活间存在本质区别。纽交所已经很久没有出现他的身影了。坐在他的位子上的是另一位摩根：和他父亲一样高大，并且继承了乃父所有的金融魔力和工作狂精神，他就是“小 J. P.”，人们用这个绰号把他和“老头”（Old Man，摩根在华尔街的外号）相对比。儿子在熟悉的办公桌前进行着业务通话，而父亲则在位于麦迪逊大道的家庭图书馆中享受生活，徜徉于书海、画卷和珍贵的手稿之间。

对许多纽约人来说，这些个人细节可能并不是无关紧要的事，而是具有重大意义的事。其奥秘在于，你所听说的那个人被绝大部分人认为是美国近代金融史上最强大的人物，他是价值的创造者，也是财富的创造者，不论对他自己还是对其他人来说，都是如此。

选择独立奋斗的富二代

这一问题的产生再自然不过了：他怎样做到了这一点，为何做到这一点——是什么让他持续地付出如此多的努力，即使这需要“金鳞终非池中物”般的金融天才才只能做到。这个问题是在前不久一次主要由金融界人士参加的晚宴中被提起的。讨论的内容转移到了这个与美国金融相伴相生一整代人时间的人的早期职业生涯。人们开始回忆，约翰·洛克菲勒的事业始于杂货店店员，安德鲁·卡内基最开始是匹兹堡传信仔，詹姆斯·希尔（James J. Hill）是加拿大一个小村庄的木工，利瓦伊·默顿（Levi P. Morton）是干货店店员，亨利·弗里克是乡村小店店员。与会者逐一梳理了这些人在发迹过程中雄心的发展历程，最后的结论是，他们都兼具了与生俱来的超级能力、充沛的精力以及取得常人所不能取得的成就的雄心，这些是让他们走到今天的原动力。

但 J.P. 摩根呢？他不是“穷二代”；相反，他继承了 500 万 ~1 000 万美元的财富。在 19 世纪 50 年代，这是一笔令人咋舌的财富，而当他在 60 年代初开始涉足商业时，他已经有了一份完全称得上令人尊敬又十分舒适的工作，这份工作足以让他晚年无忧。但 J.P. 摩根并没有选择这份工作，而是选择了一份在当时没什么人做的事业，这么做只是为能在 70 岁的时候让自己看看，一个人要么选择继续工作，要么马上就会死。

初入华尔街

要考察摩根的发迹史，我们得回到 1835 年。当时，康涅狄格州哈特福德市城市饭店（City Hotel）业主约瑟夫·摩根（Joseph Morgan）出手将安泰火险公司（Aetna Fire Insurance Company）救出财务困境，并对其进行了重组。整个过程中，约瑟夫赚到了 15 万美元。他把其中的 5 万美元给了儿子 J.S. 摩根（Junius Spencer Morgan），让他用这笔钱买了一家贸易公司的股份。J.S. 摩根在 15 年内赚了 30 万美元，然后用这笔钱买了一家波士顿贸易行的股份。J.P. 摩根生于其父 J.S. 摩根在哈特福德所做的第一笔交易后的两年，在波士顿接受教育，并于 1854 年毕业于英文高中。

年轻的 J.P. 摩根被同学称为“好人”（Pip），高中毕业后，他进入哥廷根大学，一毕业就回到了华尔街，在邓肯 - 谢尔曼公司（Duncan, Sherman & Co.）任职，其时为 1859 年。几年后，他正式开始属于自己的商业冒险，成立了达布尼 - 摩根公司（Dabney, Morgan & Co.）。

铁路交易赚到的第一桶金

但是，在那个问题之年（1869 年）中，一整年摩根都在设法营救老牌公司奥尔巴尼 - 萨斯奎哈纳铁路公司（Albany & Susquehanna Railroad）。奥尔巴尼 - 萨斯奎哈纳铁路公司的所有者是杰伊·古尔德和菲斯克，他们把它作为伊利铁路的附属物来利用。最终，营救行动成功了。于是，摩根旗下第一家铁路公司诞生了。1870 年 2 月，奥尔巴尼 - 萨斯奎哈纳铁路公司被租给了特拉华 - 哈德孙铁路公司（Delaware & Hudson），而这条铁路至今仍然存在。

达布尼摩根公司在重组中大发利市，但随后就被解散了。著名的瑞士保守主义精英集团费城德雷克塞尔（Drexels）将年轻的摩根吸收为合伙人，让他做纽约分部的主管，并成立了德雷克塞尔 - 摩根公司（Drexel, Morgan & Co.）此外，威廉·范德比尔特也对这个年轻的金融家起了兴趣，很快就和他组成了美国金融史上最著名的商业联盟。

稍有金融知识的人都知道，1880—1890 年这 10 年中，美国铁路系统发生了范围最广、最具破坏性的竞争。在此期间，J.P. 摩根抓住了机会，公开建立了他此后一直遵守的铁路事务政策。1885 年，摩根凭借著名的西岸交易一举立威。该交易终结了纽约中央铁路和西岸铁路系统的斗争，即使在那个以价格战和家族实力相拼的时代，这两家铁路公司间的斗争之惨烈也是无与伦比的。

西岸路线是唯一连接纽约、奥尔巴尼和布法罗等未被中央铁路公司捷足先登的城市之间的铁路，19 世纪 80 年代初开通伊始，范德比尔特就开始了赤裸裸的破坏。1885 年，争夺的焦点只剩下一个问题：哪条铁路可以最后通到乘客面前。就是在这个时候，J.P. 摩根介入了。这不是个容易的任务，因为当时的范德比尔特家族生性好斗，让他们让步简直是天方夜谭。摩根的方案，也是他可以获得这些资产的唯一方法，是代表纽约中央铁路的利益收购西岸铁路，而他本人不从中获得任何报酬。1885 年 12 月 5 日，西岸铁路被并入新成立的纽约 - 西岸 - 布法罗铁路（New York, West Shore & Buffalo），然后出租给纽约中央铁路公司，租期 475 年，前者拥有续租权，租金即其 5 000 万美元债券的利息。

中央铁路获得了总共 1 000 万美元的资本存量。范德比尔特对此很高兴，给了他的银行家高达 30 万美元的丰厚报酬。随后，交易破裂，也没有替代交易出现。

但 J.P. 摩根在抑制破坏性竞争方面的活动决不仅限于他在其中有直接银行业务利益的铁路业。1884—1889 年间的铁路业充满了全美铁路公司大佬之间的“君子协定”，对于这些协议，J.P. 摩根“贡献”颇多。

拯救财政部，开辟美国金融史新纪元

美国财政部在 1895 年伊始陷入了严重的困境，据当局称，这次困境比 1879 年重启黄金支付以来所有时候都要严重。

摩根 - 贝尔蒙特银团（Morgan-Belmont）就此诞生，并向美国政府提供了 65 117 500 美元的黄金，作为交换，银团获得了 62 317 500 美元的年息 3% 的 30 年期债券。银团将负责在必要时进口黄金用于支付债券，并于 2 月 15 日以前将这笔钱转给政府。几乎是一夜之间，情况就出现了大逆转，3 月，银团已经完全控制了美国外汇状况，完全停止了黄金的外流；6 月，银团提前完成了向外国人偿还一半贷款的任务，6 月底之前，财政部的自由黄金储备突破 1.07 亿美元。

1899 年是美国金融史上的新纪元，而 J.P. 摩根是其中的关键人物，因为他谈下了美国历史上第一笔外国贷款。这笔贷款的内容是偿还墨西哥的所有国民债务，总额为 1.1 亿美元。第二年，美国又参与了 2 500 万美元的英国战争贷款，这笔贷款通过 J.P. 摩根和巴林 - 麦古恩公司（Baring, Magoun & Co.）操作完成。

于是，新世纪伊始，J.P. 摩根轻松成为大西洋此岸（若非全世界的话）最显赫的金融人物。

1901 年，大事件开始了。1 月，摩根宣布收购泽西中央铁路公司（Jersey Central Railroad）并对其进行重组，连同其价值极高的煤炭所有权一起并入雷丁铁路（Reading）。不久，市场上又曝出宾州煤矿公司（Pennsylvania Coal Company）、山麓煤矿公司（Hillside Coal Company）和其他公司被收购并并入伊利公司的消息。这两笔收购将燃煤交通完全纳入了摩根的势力范围。接着，华尔街又起了传闻，说北太平洋铁路、大北铁路和圣保罗铁路即将进行整合；但同一个月晚些时候又曝出了卡内基将在俄亥俄州康尼奥特（Conneaut）开办钢铁厂生产“标准锻制管”和摩根的联邦钢铁公司（Federal Steel Company）以及约翰·盖茨（John W. Gates）的美国钢铁和钢缆公司（American Steel and Wire Company）竞争的消息，和这个消息一比，三大铁路合并的消息又变得不足一提了。

重要的是潜力

20 年来，J.P. 摩根的精力一直花在了铁路上，因此，对于这个美国最重要的工业企业，很多人都感到摩根的成就不可思议。如果你想知道为什么要质疑摩根居然还能挤出时间来完成这一成就，只需看看美国钢铁公司的形成需要有多大的动力就行了。2 月出现的美国钢铁公司初始资本规模达到了 1.54 亿美元，合并了卡内基钢铁公司、联邦钢铁公司、美国钢铁和钢缆公司、美国锡板公司（American Tin Plate）、美国钢帽公司（American Steel Hood）、美国钢板公司（American Sheet Steel）和其他很多小公司。

美国钢铁公司是起步规模最成功的公司，尽管在 1901 年夏其市值有所增加，同年夏又经历了钢铁工人罢工，但在来年 5 月，美国钢铁公司的初始银团成员仍然可以瓜分高达 1 000 万美元的利润。美国钢铁公司刚成立时，该银团随时准备在必要时出资两亿美元。如今这笔钱的实际增幅达到了 2 500 万美元。

美国钢铁公司或许可以作为 J.P. 摩根一生乐观的明证。美国钢铁的筹资是在人们预期美国有史以来最繁荣年份的状况可以无限期延续下去的时候完成的。1903 年萧条到来时，美国钢铁股价大跌，最低时，其分红率高达 7% 的优先股价格还不到 50，而无分红的普通股价格更是跌到了 8。一位银行家跑去问摩根，感觉如何。

“我从不关注美国钢铁的股票所处的股市环境，”摩根冷冷地回复说，“但我可以告诉你，钢铁行业的前景和从前一样光明。”

这句话可谓摩根所持原则的真实写照——摩根做企业，看的是美国这个国家的潜力。

1928，波澜壮阔的金融投机年

•1928 年美国在贸易和产业、信用市场和
证券交易所领域所取得的成就•

毫无疑问，1928 年在美国金融史上的地位将主要由这一年波澜壮阔的股票投机决定。其他年份也有过证券交易所反常的兴奋情景，特别是距今较近的几个经济时期，如 1925 年、1919 年和 1916 年；但在这几次兴奋期中，股票繁荣起源于并伴随着金融业其他领域同样壮观的运动。1928 年的股市投机风潮在范围、程度和兴奋度上都是无与伦比的，它几乎席卷了美国社会的每个角落。华尔街所讨论的金融现象毫无规则可言，也完全忽视了在过去被识别过的先期警示信号。

纽交所全年股票交易量大约达到了 9 亿股，而 1927 年的 5.2 亿已然是当时的历史新高。纽交所单日股票成交量在 11 月的某一天达到了 695.4 万股，此前的最高纪录是 1926 年某日的 378.6 万股，而 1925 年之前的最高纪录是 1901 年某日的 327 万股。一些被各路投机客同时盯上的个股在 1928 年上涨了四五倍；在去年的最高点，《纽约时报》平均价格指数较去年 2 月上涨了 32%，较 1927 年之前的最高水平上涨了 61%。

为了武装和引导这前所未有的投机潮，纽交所经纪商贷款量在 2 月 ~ 11 月间增加了 20.69 亿美元或 48%，仅仅是在秋季的 3 个月，贷款量就增加了 13.53 亿美元或 27%。贷款的大幅扩张还体现在美联储所记录的事实中：2 月至 11 月增加的美元

中 14.16 亿美元是贷款，且贷款人不是银行，而主要是贷款扩张没有储备金做保护的个人和公司。

如果没有股票投机，1928 年将主要以货币市场的全面变化被历史铭记。利率升高到了 1920—1921 年通缩期以来的最高值，与之相伴出现的是美联储利率的上升，以及私人银行向美联储再贴现情况的增加。7 月和 12 月，美联储储备金率下降至 1921 年年中以来的最低值。去年的货币紧缩也没有像过去频繁出现过的那样妨碍贸易。

去年，钢铁产量创出历史新高，其中春季和秋季的三四个月中的产量远远超过了以往同期。复苏之势在金属行业全面开花。铜产量达到历史新高，纺织品贸易也出现了缓慢但明显的改善。在汽车业，1927 年的产量较 1926 年下降了 90.4 万辆，为 1922 年以来的最低产量，但从去年 2 月开始回升，到 3 月份，汽车产量已经超过了 1926 年，8 月份更是创出了有史以来的最高月产量。美联储选取了 210 家制造业公司，计算它们的净利润，结果发现，1928 年前 9 个月的净利润比 1927 年同期增加 18%，比 1926 年同期增加 11%。大量额外分红和“拆股”屡见不鲜，幸运的公司采取了类似的行动。

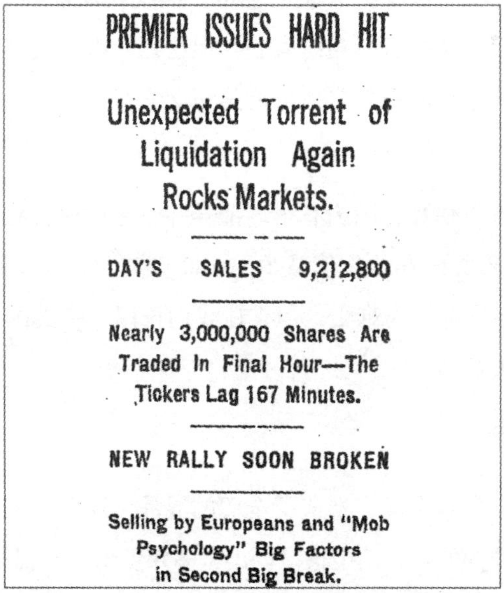

PREMIER ISSUES HARD HIT

Unexpected Torrent of Liquidation Again Rocks Markets.

DAY'S SALES 9,212,800

Nearly 3,000,000 Shares Are Traded In Final Hour—The Tickers Lag 167 Minutes.

NEW RALLY SOON BROKEN

Selling by Europeans and "Mob Psychology" Big Factors in Second Big Break.

■《纽约时报》头版报道了 1929 年 10 月下旬发生的一次股票市场交易情况。

October 29,1929

THE STORY OF AMERICAN BUSINESS

FROM THE FRONT PAGES OF THE NEW YORK TIMES

清盘风暴再袭股市

• 意外清盘大爆发再次袭击市场，日成交量 9 212 800 股 •

• 最后一小时成交量近 300 万股，报价带延迟 167 分钟 •

• 新反弹很快流产 • 欧洲卖盘和“羊群心理”是

第二次崩盘的主要原因 •

4 天以来的第二次清盘风暴昨天袭击股市，这次风暴来势迅猛，破坏力极大，周五和周六的反弹曾让股票持有者略感安心。但这是一次全美公开市场证券价值大崩盘，其跌幅之大、真金白银损失之巨可能是纽交所有史以来破坏力最严重、影响最深远的一次。

证券总损失几何难以估算，因为有很多证券并不在任何交易所上市，但据昨晚的计算，美国所有交易所证券总价值减少了 140 亿美元，其中纽交所证券损失了 100 亿美元。这个数字当然令人难受，但它让我们得以一窥美国市场史上最壮观的暴跌所带来的经济损失。

市场领头股遭受重创

一波又一波的清盘席卷市场，造成了全面的混乱和溃败，美国最著名的产业和铁路公司纷纷跌破上周四的点，其中很多创出了多年新低。买盘很重，但抛盘更重，顶级公司股票纷纷下跌，每一笔成交都要比上一笔下跌 2 点、3 点、5 点甚至 10 点，纽交所和美交所都弥漫着有史以来最悲观的气氛：美国钢铁公司下跌 17.5 点，通用电气下跌 47.25 点，美国工业酒精公司（United States Industrial Alcohol）下跌 39.5 点，标准燃气公司（Standard Gas）下跌 40.25 点，哥伦比亚燃气公司（Columbia Gas）下跌 22 点；空气压缩公司（Air Reduction）下跌 48.875 点，联合化学染料公司（Allied Chemical & Dye）下跌 36 点，巴尔的摩 - 俄亥俄铁路公司下跌 13.875 点，拜尔斯公司（A. M. Byers Company）下跌 30.25 点，切萨皮克 - 俄亥俄铁路公司下跌 23.5 点，纽约中央铁路公司下跌 22.525 点，人民燃气公司（Peoples Gas）下跌 40.5 点，西屋电气下跌 34.25 点，西联电报下跌 39.5 点，卫盛顿泵公司（Worthington Pump）下跌 29 点。

November 1,1938

THE STORY OF AMERICAN BUSINESS

FROM THE FRONT PAGES OF THE NEW YORK TIMES

为保护公众利益，SEC 重拳打击经纪商

• 在纽交所同意 5 天后，SEC 公布新规 •

• 将实行全美中央证券托管制度 •

《纽约时报》独家报道，华盛顿，10 月 31 日——美国证券交易委员会（SEC）今天公布了纽交所历史上最全面的交易所守则修订，此次修订将从根本上改变全美经纪人业务的开展方式。SEC 是在纽交所前主席、现正因严重盗窃罪在纽约州监狱服刑的理查德·惠特尼（Richard Whitney）案件三次报告中的第二次时公布这一消息的。

新规的基本目的是保护公众的资金和证券。

交易所规则提要

新交易所规则的基本大纲如下：

- 提高资本要求，成员公司的负债率不能超过资本的 15 倍（不含承销资本），当前负债比率上限是 20 倍。
- 禁止交易所负责人、官员和职员从任何交易所会员处获得贷款，特殊情况除外。
- 撤销涉及有关会员公司对交易所负责人或委员会委员存在负债问题的调查的负责人或交易所委员会委员职位。
- 在目前的半年报（长期报告）基础上，会员公司必须披露财务状况的季度报（短期报告）。

- 对会员公司进行审计、监督。
- 会员公司必须立刻报告 2 500 美元以上的来自会员、会员公司和普通合伙人的贷款，不管是现金形式还是证券形式，但某些特殊情况除外。
- 若该公司为客户提供开立保证金交易账户服务的话，禁止通过交易所会员公司及其合伙人账户进行保证金交易。
- 任何会员不得为普通合伙人或另一家公司开立账户，除非在此之前获得该另一家公司的其他一般合伙人的书面许可。

周报要求

- 所有会员公司必须向交易所提供与承销有关的债务和因此产生的净头寸方面信息的周报。
- 经纪业务资本和通过成立附属公司处理承销和并购活动实现的作为承销商与并购顾问获得佣金所需要的资本必须分离。

新规还包括禁止会员以个人名义帮助客户开立证券账户（这条规定的影响面仅限于极少数新会员），对交易所会员公司人事更严格的控制，更强的监管和对与业务行为相关的交易所规则的强制实施。

SEC 敦促其他全国性证券交易所以及经纪商和并购顾问组织全国性证券协会，并考虑采取纽交所新规；同时称，SEC 渴望看到具有实践意义的全国性标准出现。

德崇证券高管迈克尔·米尔肯被起诉

威廉·尼德科恩（William S. Niederkorn）

上周，迈克尔·米尔肯被联邦大陪审团起诉违反了联邦诈骗法，检察官提出对他课以前所未有的重罚——18亿美元罚款。米尔肯是德崇证券高管，也是用垃圾债券为公司并购融资的先锋。除米尔肯外，另有两人也被起诉与这一有史以来针对华尔街人士的最大罪名有关，他们是洛威尔·米尔肯（Lowell Milken）——德崇证券高管、迈克尔·米尔肯之弟；以及布鲁斯·纽伯格（Bruce L. Newberg）——德崇证券前高收益高风险债券交易员。三人均不服罪。米尔肯的辩护团将以“伊朗门”听证过程中的参议院法律顾问亚瑟·李曼（Arthur Liman）为首。如果不能达成庭外和解，庭审最早将于今年年底开始。

高收益垃圾债券发明者之一迈克尔·米尔肯是 20 世纪 80 年代美国最炙手可热的金融家。但在 80 年代行将结束的时候，他却因违反《美国证券法》被 98 次庭审。图为 1990 年米尔肯到达宣判庭。(《纽约时报》/ 切斯特·希金斯 [Chester Higgins])

新书《高度自信》上市，揭秘米尔肯背后的故事

弗洛伊德·诺里斯（Floyd Norris）

迈克尔·米尔肯是继 J.P. 摩根后美国最重要的金融家。与摩根一样，他的成就重组了美国商业；与摩根一样，他有着将资本导向他所喜欢的客户的能力。两人都凭借这样的实力为自己带来了巨额财富；然而与摩根不一样的是，米尔肯最终锒铛入狱。

从很多方面来讲，《高度自信》（*Highly Confident*）一书讲的是作者眼中的米尔肯。作者杰西·康布鲁斯（Jesse Kornbluth）写道，他花了数百小时访问这位神秘的金融家，有些是在他入狱前完成的，有些是在他所服刑的加州普莱桑顿监狱完成的（3 月，米尔肯将从该监狱释放）。1990 年，米尔肯承认违反了《证券法》，在 1994 年之前不得假释，直到这个月，他才获得减刑。显然，作者接触到了米尔肯辩护团所找到的关于原告和检察官的所有负面材料，他们的动机和道德被无孔不入地质疑着。在几乎所有关乎事实的问题上，米尔肯都因为怀疑而得到了好处。

尽管如此，这本书还是无法替米尔肯洗脱某些显而易见的罪行。康布鲁斯说，米尔肯与伊凡·博斯基所做的一系列交易“显然违反了《证券法》”。博斯基是并购股投机客、内幕交易者，他因为指控米尔肯而获得了减刑。

关于米尔肯的前一本书、詹姆斯·斯图尔特（James Stewart）的《贼巢》（*Den of Thieves*）的出版引起了不少民愤。很多人把注意力集中于米尔肯本人在一桩流产的西方石油公司（Occidental Petroleum Corporation）和 Diamond Shamrock 公司并购

案中是否犯了内幕交易罪，斯图尔特的结论是肯定的。部分证据来自詹姆斯·达尔（James Dahl）前后矛盾的证词。达尔曾是米尔肯的助手，他作证是为换取豁免。

然而，康布鲁斯并没有纠结于西方石油公司案的细节，显然，他认为检察官的失策让米尔肯逃脱了罪名。他甚至没有向米尔肯问及斯图尔特所提及的他和博斯基的关键电话——在这个电话中，米尔肯向博斯基透露了并购计划。

20 世纪 80 年代，内幕交易是华尔街极为普遍的不法现象，但米尔肯牵涉其中并不是他成为大人物的主要原因。他成功地推而广之的低于投资级别的债券，也是米尔肯所谓的高收益债券，批评者则称之为“垃圾债券”——才是改变美国金融业的东西。在米尔肯以及以他为主要人物的德崇证券公司如日中天的时候，他是地球上最令人畏、也最令人爱的金融家。许多公司都深陷债务泥淖，因为它们担心，如果不这么做，德崇证券极有可能会利用它们未动用的借债能力。

身为《名利场》（*Vanity Fair*）特约编辑的康布鲁斯似乎对米尔肯在德崇证券的角色有些疑问。他援引未具名的米尔肯律师的话，说米尔肯是“控制狂”，对待辩护团队就像指使部门手下一样。但在其他章节中，康布鲁斯将米尔肯描述为一位放权的管理者。当米尔肯得知其助手有不道德行为时，“他对自己说，这些行为是令人遗憾的”，应该被制止，但他并没有这么做。“作为一个所谓的知人之士，他似乎乐得坐在一旁冷眼旁观亲信耍小聪明。”康布鲁斯写道。

曾几何时，米尔肯被称为天才，这也是康布鲁斯在《高度自信》一书中着力刻画的一面。在书中，米尔肯预见到了 1987 年股市大崩盘的到来（他并没有警告客户，而是提前结束了德崇证券旗下一只基金的筹集期，他担心投资者会在大崩盘后撤资）。书中还说，米尔肯警告了德崇证券的其他人，说公司客户负债太重，尽管有些奇怪地他并没有叫停交易。

诚然，德崇证券最可怕的一批交易，即那批为客户造成了巨大损失、也导致了德崇证券自身破产的交易，是在米尔肯去职之后完成的。但《高度自信》一书的读者会得到一个错误印象：米尔肯自己做的交易都是明智的。康布鲁斯只提到了资源整合公司（Integrated Resources）前主席塞利格·则塞斯（Selig Zises）在米尔肯被起诉后组织德崇证券客户集体在“我们相信你”的标语下签名支持米尔肯。但康布鲁斯没有提到的是，这家公司随后被证明只是个皮包公司，它的倒闭让德崇证券客户损失了几百万美元。

直到最后，康布鲁斯也没有解释为何在他眼中正派无比的米尔肯会允许德崇证券干“无可争议的腌臜勾当”。他在《高度自信》一书中的结论是，米尔肯失败的部分原因是不愿意自省，但这样的论点难以服众。米尔肯仍像以前一样是个谜。

安然公司倒闭，触发多米诺效应

艾伦·迈尔森（Allen R. Myerson）

安然最初是家天然气管道公司，但它绝不仅仅只是家能源公司。它的雄心、创新激情以及它对风险永不满足的胃口使得它的触手所及远超竞争对手，即使那些控制着比安然多得多的电厂、手握比安然多得多的天然气储备的对手也无法与之相较。

在过去10年中，安然不但成为全球最大的电能和天然气交易商，还成为了囊括通信公司、投资公司、纸制品和木制品公司以及保险公司的大企业。其去年营收总额超1 000亿美元，是美国第7大公司。

安然在上周的倒闭造成的影响不仅仅限于美国能源业，还波及了零售业、房地产业、保险业、银行业、互联网服务业、新闻出版业，甚至波及了塑料和玻璃制品制造业。

其他能源公司大都满足于提供电能和天然气。安然和包括J. C. Penney和Owens-Illinois在内的几家公司与全世界28 500单客户订有合同，向它们提供能源需求管理服务。通常，安然都会承诺承担价格波动和供给波动的风险。如今，这些客户担心又要靠自己来承担这些风险了。

50层高、美轮美奂的安然公司总部大楼坐落在休斯敦。如今，休斯敦正在承受巨大的负担。上个月，这里的特拉梅尔·克罗公司（Trammell Crow）马上以安然的倒闭为借口叫停了一幢集办公、公寓和购物中心等多功能于一身的34层大楼的奠基计划。该楼就位于休斯敦宇航员队[1]的新主场——安然球场边上。

上周末，与安然有业务往来或以其他方式依赖于安然的各大公司仍在猜测安然倒闭所可能造成的诸多后果。这可不是个简单的任务。考虑到安然自身的财务状况，甚至连马克斯·比亚利斯托克（Max Bialystock）[2]都不一定能看得清情况，安然CEO肯尼斯·莱（Kenneth L. Lay）估计也是一头雾水。

① Houston Astros，美国职业棒球俱乐部。——译者注
② 影片《金牌制片人》主角。——译者注

美国商业简史

1791

美国国会特许美国第一银行开业。

1873

私人银行杰伊·库克公司（Jay Cooke & Co.）破产引发金融恐慌。

1882

查尔斯·道（Charles Dow）、爱德华·琼斯（Edward Jones）和查尔斯·博格斯特莱斯（Charles Bergstresser）共同创办道琼斯公司，为华尔街用户提供每日简报。

1893

外国投资者开始抛售美国证券换取黄金，引发金融恐慌。

1913

美国国会通过《联邦储备法》，建立了联邦储备系统，创立了美国的央行。

1929

10月29日，星期二，美国股市崩溃，造成了一次世界性的经济大萧条。

1933

在罗斯福总统的领导下，美国国会通过了《1933年证券法》，其目的是“为全面、公正地披露州际、对外贸易中以及通过邮递出售的证券之特性，并防止证券销售中的各种欺诈行为”；还通过了以《格拉斯-斯蒂格尔法案》而著称的《1933年银行法》——它将商业银行和投资银行进行了分离。第二年，国会通过《证券交易法》，根据该法，美国证券交易委员会（SEC）创立。

1944 来自44个国家的代表出席了在美国新罕布什尔州布雷顿森林召开的会议，此次会议成为国际货币基金组织（IMF）和国际复兴开发银行（世界银行的前身）成立的基础。这些机构的目的是帮助稳定全球经济体系，防止出现严重程度如30年代经济大萧条一样的冲击。

1956 道琼斯工业平均指数收盘首次突破500点。

1967 缪里尔·赛博特成为纽交所第一位女性成员。

1987 垃圾债券大王迈克尔·米尔肯在投资银行德崇证券获得了5.5亿美元的收入。

2001 恐怖分子袭击了纽约、华盛顿和宾夕法尼亚州，摧毁了世界贸易中心和五角大楼的一部分。

2001 曾一度是美国第7大公司的能源企业安然公司在财务指控和道德谴责中崩塌。在随后的几年中，安然公司创始人肯尼斯·莱和前首席执行官杰弗里·斯基林（Jeffrey Skilling）被指控犯有诈骗罪；前首席财务官安德鲁·法斯托（Andrew Fastow）就通信欺诈和证券欺诈两项指控认罪。

2001 网络公司股市泡沫破灭，结束了一段对互联网企业投机的狂热时期。在2001年之前已经接近12 000点的道琼斯工业平均指数在2001年跌破9 000点。

2008 全球金融危机变成了一场迅速蔓延、影响深远的经济衰退。信贷、产品和劳动力市场的不确定性因为住房、股票和其他资产的价值下降而加剧。

03

席卷全美的并购狂热

FROM THE FRONT PAGES OF
THE NEW YORK TIMES

THE STORY
OF AMERICAN
BUSINESS

THE STORY OF AMERICAN BUSINESS

FROM THE FRONT PAGES OF THE NEW YORK TIMES

■ 1913，在合并了另一家主要的独立电话运营商后，AT&T 成为受美国政府制裁的垄断商。在 1984 年贝尔系统分拆之前，该公司一直是世界最大的电信公司。(《纽约时报》/ 萨拉·克鲁尔维奇 [Sara Krulwich])

在美国建国之初的一个世纪中，私人企业通常是家庭作坊式的，即使有合并，也多是婚姻的副产品。但是，临近 19 世纪末时，大规模的商业整合开始出现，合并的财产规模也大大增加了。一开始，合并的增长大多是横向的，只发生于生产相同产品的公司之间。随后，垂直合并开始出现，很多公司开始收购产品原料提供商、产品运输商以及营销商。最后，出于战略和财务目的，各大公司开始组成迥异的企业合力，或被并入激进的市场行为中。

从 19 世纪 90 年代开始，美国金融市场共发生过 5 次合并潮：第 1 次在 19 世纪末；第 2 次在“奔腾的 20 年代末”；第 3 次在 20 世纪 60 年代后期；第 4 次在 20 世纪 80 年代初；第 5 次在 20 世纪末，合并跨越国界，走向了世界。

19 世纪 40 年代之前，美国企业往

1882 标准石油托拉斯形成

1890 美国烟草公司创立

1890 《谢尔曼反托拉斯法》通过

1901 罗斯福担任美国总统，承诺“公平交易”

1901 J.P. 摩根创办美国钢铁公司，它是世界上第一家规模达 10 亿美元级别的公司往被同一个或一小部分人拥有和经营，影响范围不出乡里。家族企业和合伙企业是常态——现代世界最大的消费品制造商宝洁公司原本就是由两位移民组成的合伙企业，一位是蜡烛商威廉·波克特，另一位是肥皂商詹姆斯·甘保。但我们今天所熟悉的并购仍非常罕见。这类“大企业”直到19世纪中后期才随着铁路成为美国国土的重要组成部分后得已出现。铁路建好后，线路之间的竞争极为激烈，金融家杰伊·古尔德等人的股市投机行为催生了各种各样的并购。

其他类型的整合发生在19世纪六七十年代，当时约翰·洛克菲勒通过在家乡克利夫兰和其他城市收购与之竞争的炼油商以获得战略和成本优势。到19世纪80年代早期，标准石油公司已经成为全美遥遥领先的最大炼油商。洛克菲勒开创了后来为其他行业公司广为仿效的做法：将公司的诸多产业组织为托拉斯。这使得他可以绕过让跨州业务艰难又昂贵的监管。随着19世纪末20世纪初石油需求的井喷——先是用于电灯，后来则用于汽车，洛克菲勒花了大量精力培育和组织的产业也发达起来。

到20世纪伊始，美国商业环境已经相当成熟，大规模合并呼之欲出。随铁路运输和提高外国商品关税而扩大的市场为某些部门的全国性垄断和寡头垄断创造了条件。现代长网造纸机等新技术催生了新的产业。许多新产业经历了毁灭性竞争，发生了死亡循环：暂时性的短缺使得新企业蜂拥而入，大打价格战，随后又发生大量破产。这便是早期铁路、钢铁制造、炼油和造纸业的特征。在这样的环境下，与另一家企业合并形成合力似乎是一个颇有吸引力的办法。1898—1902年，有2 600余家公司被吞并。

也许在此期间最著名的交易便是1901年J.P.摩根收购由安德鲁·卡内基创建和管理的卡内基钢铁公司。1899年时，摩根已经整合了许多家钢铁制成品企业，其中包括85%的美国钢管制造商。为了收购卡内基钢铁公司——这家当时最大、最强的钢铁企业，摩根支付了4.8亿美元的溢价。合并后的公司——它还包括另外几家大型钢铁公司和相关企业，被命名为美国钢铁公司，其资本规模达到了14亿美元（相当于今天的250亿美元）。从真实价值来衡量，这是当时当之无愧的最大规模收购，且这一纪录直到20世纪80年代的并购潮中才被打破。钢铁和其他行业的并购风潮使得资源大大地被集中起来，同样被集中起来的往往还有市场实力。比如，在1906年，100家美国最大企业控制了40%的全美产业资本。

在19世纪末到20世纪初期间，

1908	1911	1914	1933	20世纪60年代
凯迪拉克、奥兹莫比尔以及其他汽车企业合并成立通用汽车	美国最高法院将标准石油托拉斯拆分为34家独立的公司	FTC成立，并通过《克莱顿法案》	旨在分离商业银行和投资银行的《格拉斯-斯蒂格尔法案》通过	美国联邦政府为允许企业集团兼并，调整反垄断政策

美国人越来越担心大公司的数字和规模。美国联邦政府开始行动了。1887年，美国国会通过了意在规范铁路行业的《州际商业法》(*Interstate Commerce Act*)。3年后，国会又引入了《谢尔曼反托拉斯法》，该法禁止“任何托拉斯形式的合同，以及制约某些州的贸易和商业的共谋或者与外国的共谋”。1911年，根据反垄断立法，标准石油公司和美国烟草公司被迫分离；标准石油公司被拆成34家独立公司，其中的新泽西标准石油公司（后来更名为埃克森公司[Exxon Corporation]）和纽约标准石油公司（后来更名为美孚公司[Mobil]）后来在1999年的合并潮中再度合并，成为埃克森美孚公司（Exxon Mobil Corporation）。1919年的《克莱顿法案》将反垄断法又强化了一步，它禁止被认为有害竞争的横向合并活动。同一年，国会成立了联邦贸易委员会（FTC）协助调查和追诉反垄断案件。

美国商业的第二次合并潮发轫于第一次世界大战期间，随后一路愈演愈烈，只在1918年和1921年略有回落，并于1929年达到顶峰。这一时期发生的并购不像19世纪90年代那样风起云涌，联邦政府对并购活动及其对经济的影响总体的态度较为宽松，甚至可以说支持。汽车、卡车、电话和无线电成为人、地、物相互联系的新方式，将19世纪由铁路和电报开创的全国营销模式大大地拓展了。部分是出于对这一变化的反应，企业开始多元化产品线，生产相关产品：国家乳业公司（National Dairy）收购了冰激凌和牛奶生产商卡夫-凤凰奶酪公司（Kraft-Phoenix）；杜邦化学公司在炸药业务的基础上增加了油漆和人造革业务；通用电气也在电气设备的基础上开始生产家用电器。1929年是股票市场崩盘的一年、是大萧条开始的第一年，也是为期10年的并购活动风潮结束的一年。1929年反过来也催生了一系列新的联邦法规，以规范银行和企业在财务方面的放任，提振大量美国工人暗淡的前景。在1935年被判违宪之前，1933年美国《全国工业复苏法》(*National Industrial Recovery Act*）允许企业建立协会并固定价格，以为员工换取最低工资和最长工时等福利。

和这些制造业等传统行业广受欢迎的员工保护计划一起出现的，是越来越多的人支持对新技术行业予以监管。1934年，联邦通信委员会（FCC）成立，其职责是监管包括AT&T等巨头在内的通信企业。1938年，《民用航空法》(*Civil Aeronautics Act*）对《1926年航空法典》(*Air Commerce Act of 1926*）关于安全和资质的规定做了扩充，授予政府监管飞机票价和航班路线的权力。

第二次世界大战后，随着美国商业

1973	1984	1988	2000	2008
OPEC提高石油价格，引发通货膨胀	贝尔系统宣告解体	RJR纳贝斯克集团公司被收购	美国在线宣布将与时代华纳合并	美国银行收购美林证券

和整体经济逐渐复苏，第三次合并风潮开始形成。这一次与前两次的不同之处在于出现了集团合并，即一家企业收购另一家与之关系不太密切或根本毫无关系的企业。比如，1926—1930 年，近 67% 的合并是横向合并，即在相似企业之间发生的合并；只有不到 20% 是集团合并。然而，到了 20 世纪 60 年代初，这一比例正好翻了个个：只有 12.5% 的合并是横向的，而近 67% 属于集团合并。许多管理者喜欢企业集团，因为规模和多元化可以带来稳定性。但是，并不是所有形成于 20 世纪 60 年代的企业集团都能在随后的经济衰退中存活下来，也不是所有的多元化都获得了成功。从更长的历史视角看，垂直整合、产品线彼此相关又积极进行研发的多元企业更容易生存。

企业集团虽然实力强大，但其实力并不是来自于垄断，因此往往较易逃脱反垄断法规的管辖。但在这一时期，政府仍然设法阻止了多起大规模合并。比如，1962 年，美国最高法院在鞋业和零售公司布朗鞋业公司诉美国政府（Brown Shoe Co., Inc. v. United States）案中判美国政府胜诉，法院认为即使是微小的市场集中度增加也会形成非法的实力集中。1967 年，最高法院判决已进行了 10 年之久的宝洁公司和高乐氏公司合并案无效，因为宝洁的电视营销能力给它造成了畸形优势（在该收购发生时，高乐氏已经控制了美国家用漂白剂的最大市场份额）。

跨国企业集团可能影响外国政治事务，这也成为但当时的争论话题之一。1973 年，不受 ITT 公司和安纳康达铜业公司（Anaconda Copper）等美国企业集团欢迎的智利总统萨尔瓦多·阿连德（Salvador Allende）遇刺，在国际社会引起轩然大波，公众纷纷对很大程度上不受监管的企业集团的力量怒目相向。当然，实力超群的跨国公司并不只有美国才有。对美国经济造成持久深度影响的石油危机便是石油输出国组织（OPEC）操纵油价以及其阿拉伯国家成员对美国和其他西方国家实行禁运的结果。在 20 世纪 70 年代中期经济衰退期间，并购势头也大为萎靡。1975 年全年并购活动规模只有 450 亿美元（经通胀调整），而 7 年前的 1968 年并购活动总额（实际值）高达 2 570 亿美元。

但是，在 20 世纪 80 年代初，商品和证券市场的价值低迷促使企业金融家（有时还包括内部管理人）出手收购他们看来可能会升值的企业。在德崇证券，迈克尔·米尔肯借助年轻的高收益债券（或称垃圾债券）市场帮助企业家和高管进行了一系列包括敌意收购在内的并购活动。随着 20 世纪 80 年代债务融资收购活动的爆发，合并风潮愈演愈烈，终于在 1988 年创下了新的高峰——2 470 亿美元（约合今天的 4 290 亿美元）。这一年，最耀眼的并购交易是商人银行 KKR 主导的雷诺烟草 - 纳贝斯克杠杆收购案，其收购价值 247 亿美元（用真实值衡量，约为 430 亿美元），成为美国史上当时最大规模的并购案。20 世纪 80 年代末，合并活动有所冷却；1991 年，并购活动的真实美元价值降至 1 070 亿美元，略低于经通胀调整的 1980 年水平。

从 20 世纪 90 年代中期开始，并购又逐渐抬头，并最终超过了 80 年代并购狂热巅峰时期的水平。苏联解体后，俄亥俄州滚珠轴承生产商铁姆肯公司（Timken）立即开始在亚洲和东欧添置产能。90 年代末的跨国合并比上一个 10 年的实际规模大了 5 倍。在美国国内，巨头之间的合并，如 J.P. 摩根和大通曼哈顿（Chase Manhattan）以及美国航空和美西航空（America West），随着银行和航空业管制的放松而产生。美国联邦政府进行了有选择的干预，对微软公司提起了反垄断诉讼，直到 2001 年达成庭外和解。政府还阻挠了史泰博公司（Staples）和欧迪公司（Office Depot）的合并。不过，没有受到联邦政府干预的行业领先者之间的并购要多得多。比如，2000 年美国在线收购了媒体巨头时代华纳。同一年，并购交易连续第 3 年超过 1 万亿美元的规模。

并购活动随着互联网泡沫的破裂而有所回落。2001 年“9·11”恐怖袭击事件进一步打击了并购活动。但到了 2007 年，合并狂热又一次卷土重来。全球收购之势继续蔓延，印度等地的新兴市场公司也越来越多地加入到并购舞台。其他新玩家还有私募股权公司，它们越来越多地介入了上市公司的收购中。2006 年，私募股权公司完成了 25% 的美国并购交易（2005 年只有 10%）。与此同时，敌意收购，即不为目标公司所愿的收购规模增至 3 510 亿美元，而 2000 年的纪录为 1 170 亿美元。新一波合并潮把公众和媒体的目光吸引到了被收购公司 CEO 所获得的巨额好处上，他们时不时地带着价值几千万美元的“金色降落伞”离开原来的岗位。这些交易为股东创造的价值与之相称吗？这次并购潮仍然注定会迎来消退期吗？这些都是 21 世纪初的上市公司高管、投资者和相关利益方所要面临的问题。

低调的成功者

铜业制造商托拉斯的商道

自标准石油公司开创制造商和生产商抱团推高并维持批发零售价之先河以来，在这方面做得最低调、最成功的要数美国铜业制造商协会（Association of Copper Manufacturers）了。该协会包括了全美所有生产铜板、铜栓、铜环、铜片和特殊铜制品的制造商。它共有14家企业，主要位于康涅狄格州和纽约州，但也有宾夕法尼亚州、马里兰州、马萨诸塞州、密歇根州、伊利诺伊州和其他州的企业加入。

美国铜业制造商协会多年前便已成立。成立之初，它经历了相当程度的动荡，因为和其他厂商组织一样，一些成员对联合会中的盟友缺乏信心，只要自己方便，就会或秘密、或公开地摆脱组织束缚，将价格定在对自己最有利的水平，全然不顾在入会时自己同意的定价方针。为了建立纪律，协会在一个销售季的时间里取消了定价方案，与此同时，所有成员一起竭尽全力向背叛者“开火”，压低“叛徒”的价格，对“叛徒”的销售予以重创，迫使它们就范，随后再给予它们改过自新的机会。

在斗争达到了目的、“叛徒”制造商被迫就范后，协会通过用盛宴和聚会庆祝胜利，定价方案再一次被确立起来，“榨取”公众的过程又开始了。所有这些发生在大约6年前。

接着，协会就进入了和平相处的和谐时代，所有成员都积极维护着既定价格，因为一想起自由竞争的黑暗日子就让它们不寒而栗。协会定价单制定于 1887 年 12 月 10 日举行的一次会议。这一定价单表明，该协会可谓全美最高效的行业联合会，现有产品价格也让铜业成为所有行业中最繁荣的一个。协会对成员课以每磅铜锭 16 美分的税，并强制它们购买足够维持 3 个月的量。这与定价表上所列的铜板最低价格间还有 8 美分的利润空间，这表明——如果轧制这个级别的铜板成本为 4 美分的话，利润将相当丰厚。若与同种级别产品的英国价格相比较，则美国轧铜利润是国外的 2~3 倍。

协会成员在为它们的行为开脱时说，它们做生意是为了赚钱，如果有人认为它们的商品利润太高，大可建设自己的轧铜厂，自负盈亏。但它们表达这层意思的口气让人听来像是在暗示：如果有人冒失地闯进它们的领域，它们就会群起而攻之，让闯入者的最初几年吃不了兜着走；如果闯入者活了下来，那么就迫使它加入协会，而在这个时候，想必闯入者已经十分愿意帮助协会维持定价单了。

电话界的大并购来了

• 将主要独立运营商纳入贝尔系统的计划 •

将主要独立电话系统与AT&T合并的先决步骤已经由银行集团协助贝尔系统完成。昨天，圣路易斯公布了这一消息，并把方案通知给中西部的金洛克（Kinloch）和其他独立电话系统。

该计划并不会立即买下独立电话系统。但是，根据昨天的解释，这将是一种新安排，众多“外部”系统将被纳入进来，与贝尔旗下公司形成一个整体——如果这一整合过程能够被《谢尔曼反托拉斯法》所允许的话。

在过去几年中，独立电话公司茁壮地成长起来，特别是在农村地区，贝尔系统之外的电话线长度相当大，各种整合活动早已出现。独立系统在很多部门存在财务困难。在过去两年中，好几家湖区州公司被并入了J.P.摩根公司。

昨天的方案显示，目前所进行的谈判完全是试验性的，是否成功取决于能否扫清法律障碍以及是否能在估值问题上达成一致。

贝尔系统的市值为5亿美元，其中2.6亿美元为流通股。它控制着从东海岸到西海岸的所有美国领先电话公司。

总统不会向垄断低头

• 政府除诚实守法之外的承诺，“惩罚某些为富不仁”的决心 •

马萨诸塞州普罗温斯顿，8 月 20 日——西奥多·罗斯福总统今天在科德角朝圣者纪念碑（Pilgrims Memorial Monument）奠基仪式上发表演说，普罗温斯顿也随之迎来了有史以来最盛大庆典的最高潮。

在演说中，他提到了政府对垄断的政策，也对清教徒进行了悼念。演说受到了最热烈的欢迎，直到完全结束，听众才慢慢散去。演说进行了大约一个小时，不时被掌声打断。罗斯福总统的演说词如下：

我们不能丢掉新教徒精神

首先，我们应该秉承他们的精神，如同他们在过去那样做我们今天的工作，否则，我们在这里纪念这个国家的创始者就毫无意义。一代又一代人面临的问题有所不同，但如果想要成功地解决问题，那么必须遵循的精神是永远不会改变的。清教徒征服了这片荒野，在原始森林中筚路蓝缕地建立了自由政府。他的后代必须用新工具、新方法来决定我们复杂的工业文明，并最终达到公正和人人平等的结果。他不会仅仅为了创新而废除旧事物，但只要新事物能够有利于达到他的目标，他也会毫不犹豫地予以采用。当他在这个起伏不定的海岸建立联邦的时候，他面对的是全新的环境，他必须想出新的办法来面对这个新环境。如今，我们的社会和工业生活也面临着全新的环境。我们当然不应该仅仅因为从未尝试过某种新机制就把它用来应对新环境；但也绝不能因为新环境只能通过某种新机制来面对而退缩。

我们的国民生活环境发生了彻底的改变，这使我们有必要改变一些法律和治理方式。我们的联邦制政府建立在这样的理论基础上：让每个社区、每个州自己掌握只影响自身成员，且当地人能够最好地应对的事物；同时，对于可能影响整个国家的事物，则由国家规则来约束。在我看来，像国家主权和州权力这样的问题不应该从实证或理论的角度去处理，而应该从所有人的利益出发去看待。支持国家主权应以这种主权为民所用并用于真正的民生和人民福利为界；而州权力应以为民权为界。在处理全体人民和大公司的关系这一问题上，这一点尤为正确，而这正是现代商业环境的最显著特征。

我们需要更有效的控制

经验表明，有必要对跨州商业中巨额财富（主要是公司财富）的商业用途（在现代商业环境中，几乎所有此类财富都是用于跨州商业的）施加更有效的控制。在起草宪法的时候，现代商业环境根本不存在。它们是全新的事物，我们必须创立新机构来有效管理它们。这个民族绝对不会有人反对某人诚实而公平地赚取任何数量的金钱，也不会反对某人依靠特殊技能获得财富，这是对他们所提供的充足服务的报酬。

但一个日渐流行的观点是，任何人都不能通过特权、欺骗和恶行积累财富，目前，防止出现这一现象的手段在于立法。此外，积累起来的财富不能用于反社会的商业用途。大部分大公司的业务都不仅仅局限于某个州。经验表明，仅靠州级行动控制这些公司是无法产生理想的效果的。通常，这类行动要么让公司本身寸步难行，要么让不准备采取同样手段对付这一问题的邻州极为被动。当然，我们必须细心呵护公司的权利，一如我们要强迫它们以实现全面的公共正义作为交换。

我认为应该有一部针对跨州商业的国家级公司法。此外，我认为采取行动的要求最为紧迫的是两类公司，一类是公共运输业公司，它们是准公共部门；另一类是可以通过联邦政府、跨州商业条款或在必要时通过《宪法》邮路条款所授予的权力完全控制的公司。过去几年来，我们沿着对这些铁路公司进行适当监管的方向取得了重大进步；但我们不能因此放慢脚步。联邦政府应该对它们施以类似针对全国银行的监督和控制手段。达到这一目的只有一个办法，那就是沿着最新的全国立法所给出的方向前进。

我们还在摸石头过河

在应对全新环境时，一开始免不了出现犹豫和试验。我们在处理跨州商业所利用的大规模资本集中时已经有了类似的经验。不仅是立法者，法院和大众也需要慢慢学习，以便看到真正的错误在于何处，真正的纠正办法又是什么。几乎所有大企业都从事跨州商业，如此决不允许大企业随意改变所在地，既逃避州级责任，也逃避国家级责任，而这正是过去经常发生的事情。美国人民已经完全同意对这类资本大集聚进行必要的控制，特别是存在垄断倾向的领域，且必须用合适的方法在资本大集聚形成明确势头之前实现控制。通过国会代表，美国人民尝试了两种办法，至少在法院看来，这两种方法有互相矛盾之嫌。

一方面，根据反垄断法律，合并将一刀切地予以禁止，不管对公众有害还是有益。另一方面，跨州商业法正在开始对合并施加监管和控制，以防止出现任何损害国家利益的情形。

《谢尔曼反垄断法》填补了一项空白，它相当于一座过渡时期的桥梁，让美国人下定决心应该在有必要时对大企业施以全面彻底的控制。《谢尔曼反垄断法》的原则（禁止对公众有害的合并发生，不管这种有害性来自合并后的规模还是其性质）应该永远受到保护。最终，我希望美国政府以合理的进展速度通过这样的法律：它既能增加政府的监督和监管权力，又允许有益合并的发生。但绝不能允许此类拯救合并的行为成为整个程序的第二步，而第一步是由美国政府施加更为完善的控制。

不容忽视的富人罪犯泛滥

从道德角度看，许多拥有巨额财富的人都犯有罪行，而且他们的罪行在相当大的程度上应该受到谴责。因为犯下这些罪行之人并没有什么借口作为赎罪理由。当除了道德责任之外，这些人还必须承担足以令法官和陪审团印象深刻的法律责任时，法庭就会竭力判决他们有罪。即使不能判决有罪，法庭也会尽可能地根据实际情形采取最有效的行动。

在过去6年中，我们已经证明，没有哪个个人和公司有如此权力可以凌驾于法律之上。

只要遵守法律，没有哪个个人、也没有哪家公司需要对政府产生任何恐惧。

我希望诸位不要误解这一点。让我不去追究罪犯是绝对行不通的，不管罪犯是穷是富。但我同样强烈地希望你们能够明白，我们过去没有、将来也不会采取冤冤相报的做法，最重要的是，不会采取任何对无辜股东和全体公众造成重大或不必要伤害的做法。

我们的目标是以与终极目标相容的最小伤害的模式行动。对于诚实赚钱、明智用钱的巨富，我们将把他视为模范公民，不吝赞美和尊重。生意只能通过公司在现代环境下完成，我们的目标是衷心地支持善做生意的公司。

我们需要一部关注受薪工人的法律

我真心实意地希望，处理从事跨州业务公司监管的立法将这些公司所雇用的受薪工人的权利和利益问题也包括进来。去年，国会已经采取行动限制铁路员工的工作时数。这部法律是一部良法，但如果实际情况证明有必要强化它，那么就必须强化它。如今，我们已经确保了一部雇主责任法；但说到底我们需要通过一部影响更深远、更彻底的法律。要求因工致残的员工——即使致残原因是该职位必须承担的风险，承担所有损失负担是荒谬的。这一负担应该被分担，决不能让最弱势、最无承担能力的个人独立承担。通过让雇主负责，损失将最终分担给所有该业务的受益者。

高尚的品格是一切的前提

我刚才只提到了一两部法律。在我看来，它们应该作为政府干预的一般机制的一部分，从而更有效地确保美国人与人之间交易的公正和公平。不过，我还得再说几句，尽管在环境决定了我们所有人团结一致才能对付魔鬼时，立法具有不可或缺性，但我们永远都不能忘记，在刚才的分析中，对每个人最重要的因素必然是他自身的人格。这是产生良法和好制度的必要条件；但一切事物最需要的都是拥有高品质的个体公民。

■ 这张照片摄于 1904 年。西奥多·罗斯福总统领导了 20 世纪初的反垄断战，他认为美国联邦政府应该在监管跨州公司方面起到关键作用。（《纽约时报》）

联邦贸易委员会在反垄断中的新尝试

• FTC 意在进行更多非正式调整并解读
反垄断法的真实精神 •

吉尔伯特·蒙塔古（Gilbert H.Montague）

本文作者在FTC的工作程序方面有着丰富的经验。在反垄断法尘埃落定时，他曾作为纽约市商会代表出现在国会面前。他写作本文的立场是支持委员会在人事和思想方面的新变化。

FTC应该被废除吗？还是说，FTC能以新的政策和程序，承担起处理再无其他政府机构可以完成的反垄断的责任？

低调务实，更多地通过非正式会议调整，更真心实意地与商界合作，在采取不利公共行动前给予受调查各方发声的机会——这些便是FTC的新政策。

在这样的程序下，FTC意在撇清所有将在诉诸法庭裁决的纯粹私人纠纷，而专注于公共利益显而易见、无可争议的案件；加速调查过程，从而满足其日渐增加的投诉需求；以及处理所有常规案件和欺诈案件，方法是和被调查方（不公开曝光、不走正式程序）达成协议中止投诉，并规定在被调查方事后违反协议时，确保可以对其实施迅速而猛烈的正式手段的事实。

委员会内外的不和谐声音

在 FTC 内部，大部分成员都支持新计划，少数成员则强烈反对，更喜欢旧政策。

在 FTC 外部，激进参议员——多年来正是他们维持着旧程序，发出的声音是废除 FTC。他们认为，多年来委员会一直被一些受旧方法打击最大的商界人士所影响。在所有冲突和对委员会的批评中，确实存在着风险：这一 FTC 深陷其中的、极其有趣的反垄断实验可能会被彻底抛弃。

1914 年，FTC 成立时，激进派和商界都对美国最高法院的反垄断裁决表示质疑。双方都认为，FTC 比任何法庭更适合处理这类问题。

几年前，美国最高法院在基于《谢尔曼反托拉斯法》审理反垄断案件时接受“合理原则”。从目前已形成有趣的普遍性看法出发，该行为让激进派确信，最高法院不公平地限制着反垄断法，并让商业团体确信，最高法试图以令人绝望的普适原则推行反垄断法。

“合理原则”的概念之争

1914 年的激进派和商界误解了“合理原则”。他们认为这意味着最高法院在未经批准的情况下掌握了宣布什么托拉斯或垄断是“合理”、什么又是“不合理”的权力；因此美国最高法院可以授予它所认为“合理”的垄断以豁免权，尽管《谢尔曼反托拉斯法》明白无误地禁止所有托拉斯和垄断，不管它“合理”还是“不合理”。在商界看来，最高法院的“合理性”立场是含糊不清、无法预测的。

因此，1914 年，由于处理垄断问题方面的担忧，美国最高法院成为千夫所指的对象。因此，当威尔逊总统提出成立 FTC 的建议（至少在一开始，这些问题应该由委员会而不是法庭处理）马上受到了激进派和压到多数的美国商界人士的支持（美国商会当时组织了一次全国公投，结果一边倒）。

激进派希望 FTC 可以更加严格，而商界人士希望 FTC 比法庭更同情它们的处境。为了保证其拥有尽可能大的自由裁量权以满足这些完全矛盾的目的之一（不管哪个），FTC 可拥有更广泛的权力，防止“不公平商业竞争方式”无所不包的内容。

1914年以来，人们有充分的机会比较法庭和FTC在处理反垄断问题上的表现。到目前为止，基于这一比较的结论强烈地支持了法庭，而对委员会不利。

1920年，最高法院最终确定了《联邦贸易委员会法》(*Federal Trade Commission Act*)中的“不公平商业竞争方式”是什么意思。裁定这些方式只包括那些“因为具有欺骗、不诚信、诈骗和压制等特征而有悖于良好道德”的行为，以及那些“由于过度阻挠竞争或产生垄断、造成有害趋势因而有悖于公共政策”的行为。

尽管有了最高法院在1920年作出的裁定，但1920—1925年，FTC继续徒劳地反对这一裁定，试图扩大其被最高法院所规定的管辖和权力范围，并做了一系列失败的尝试，在最高法院和其他联邦法院中屡战屡败。

1925年，证据表明，FTC的政策和程序必须作出改变。多年中，委员会在初期调解、起草及发布投诉、起诉和最终裁决过程中的不作为现象原来越严重。所有这些因素促使它不得不面对现实，于去年3月决定充分利用《联邦贸易委员会法》明确授予的暂扣起诉权，即使该法严格说来已遭到违反，除非“有证据向委员会证明，其所安排的有关程序应该符合公众利益”。

这一授权让FTC处在了一个与反垄断法相关的任何联邦或州级部门都截然不同的地位，授予了它不受限的自由裁量权，可以决定是否暂时扣下起诉状，即使该法在技术上已经受到了违反。

这一独一无二的权力以及这一不同寻常的自由裁量权由美国国会在1924年《联邦贸易委员会法》中明确授予。正是在这方面，1925年3月，委员会获得采取其新政策和程序的最充分的权力。

提高效率的新实验

FTC如今正有意无意地着手进行“前无古人”的反垄断实验。如果这场实验成功，那么它将证明自己拥有法庭、司法部、商业部或任何其他政府部门在处理反垄断问题上所可能拥有的权力和自由裁量权。

从经济的角度来讲，这将极大地加强委员会处理逐年增加的投诉的效率和能力。此前，准备复杂起诉书和旷日持久的程序往往要持续数月甚至数年之久，并要求在全美多个城市听证，并需要花费大量的时间和资金。如今，这笔时间和资金大部分可以省掉，除非所牵涉的案子非同寻常，例如，它或与实际欺诈有关，或案中受调查方坚持庭审。

如果这场实验既有效又能被公众接受，那么就可以证明，FTC可以提供全新形式的服务，以真正的反垄断法精神为美国商业带来更适宜的环境。

政府将如何应对垄断

弗兰克·费恩特（Frank Fayant）

目前，美国政府需要完成的全部任务是为针对近年涌现出来的几百家托拉斯的投诉准备好法律依据，而法院将在财务废墟上再扔上百亿美元规模的大企业尸体。但真会如此吗？年迈的智者挑灯夜战研究着这一问题：当不可阻挡的力量撞上不可摧毁的防护会发生什么？美国目前正面临着这个问题。1890 年《谢尔曼反托拉斯法》是一股不可阻挡的力量；这个国家的大企业是不可摧毁的防护。美国国家财富总量的 20% 以企业联合体形式存在，这便是《谢尔曼反托拉斯法》无法强制执行的证明。

标准石油公司的律师们……耗费了大量时间告诉法庭，联合会带来各种经济好处，如增加财富产量、主宰对外贸易、降价等。但法院对这些东西就像对标准石油公司的罪行列表一样毫无兴趣。如果标准石油公司将所有利润送给穷人，那么情况将会有很大不同。法律宣布它有罪的原因是它规模太大了，这就是全部的理由——全部的恶都来自它的大。

光是列出美国企业“违法者”就可以填满《纽约时报》好几个版面，因为近几年来，几乎所有产业公司都是竞争公司的联合体。它们组织起来的目的是限制交易。一些最大规模的企业联合体被证券市场估值 30 亿美元，年利润高达 5 亿美元（见表 3-1）。

表 3-1　　企业联合体的高额市值与年产值　　单位：百万美元

行业	市值	年产值
钢铁	1 500	100
电话	700	45
石油	650	85
烟草	500	40
皮带盘	110	11
烧烤用具	170	12
铜业	140	6
收割机	150	13
电气产品（通用）	130	11
电报（西联）	120	10
糖业	100	8
橡胶	90	4
皮革	90	5
肉类加工（斯威夫特）	80	18
面粉	75	5
电气产品（西屋）	70	4
电报（麦凯）	70	7
商船	70	7
饼干	60	4
汽车和铸造	60	8
总计	5 000	403

当蒸汽动力的引入使得工厂制度取代手工劳动时，自由竞争是英国工业的一大基石。这一继承自英国的自由竞争思想贯彻在我们的普通法中，也是《谢尔曼反托拉斯法》等反垄断立法的基础。如今，我们有 4 种基本垄断类型：专利和版权，因财富和区位、矿藏或水源的有利地段而形成的自然垄断，特许经营（如铁路、电报和电话等）以及行业垄断。

几年前，区区几千人拥有着美国的大产业。如今，正如《纽约时报》最近所披露的，这些产业的所有者数量达到了数十百万人。由合伙制向上市大企业的转型让每一位勤俭节约的美国人都有机会成为资本家。当初，卡内基钢铁公司的拥有者不过 60 个富翁，如今，数十万大大小小的资本家分享着该行业的利润。

美国工业和商业中的“大”大多与美国人诚实致富的过程相伴而生。钢铁托拉斯教给了公众一个新观点：“大”并不是罪。当拥有前所未有的数十亿资本的钢铁托拉斯诞生时，它成了所有反垄断攻击手的目标，但它顶住了压力，也顶住了一两次恐慌，现在平稳地经营着，就像一家乡村银行一样。美国人越来越能够分清好交易和坏交易，而不再以个人和公司的财富作为标准。

集团兼并，并购新趋势

约翰·埃伯利（John J.Abele）

集团公司是一种能够向收购企业注入新目标、高效率和生产率的大胆的新形式经济单位吗？或者，它是一种新形式的经济垄断，将关键性产业组织集中控制于新的激进管理的组织之手，该组织具有显而易见且永不满足的收购其他公司的胃口？这是联邦贸易委员会（FTC）星期一所公布的针对集团兼并大提速趋势的广泛研究中提出的两个问题。

集团兼并近几年来势头之猛令人困惑。这一趋势已经产生了一批企业巨头，它们的规模堪与本世纪上半叶所产生的巨型企业相比。这一趋势还催生了一批较小的公司，它们希望效仿大型集团公司的成功模式，在众多领域进行一系列并购。

5年前，L-T-V公司（Ling-Temco-Vought, Inc.）还只是达拉斯一家不大的航空器和电子产品公司，年销售额3.25亿美元。去年，L-T-V公司报告销售额为18亿美元，其业务扩展到了肉联、体育用品、化学品和药品、金属制品和航空公司等诸多领域。今年早些时候，该公司收购了美国最大钢企琼斯拉夫林钢铁公司（Jones & Laughlin Steel Corporation）。

海湾西方实业公司（Gulf & Western Industries, Inc.）是另一个快速崛起的典型例子。5年前，它还是一家名不见经传的汽车部件生产和销售商，年销售额1.07亿美元；去年，海湾西方公司销售额达到了13亿美元；它本财年的销售额预计将达到20亿美元。该公司的迅速扩张计划将其带入了电影和电视、糖业、烟草、金属加工器械、工具、轴承、消费金融、保险和造纸等领域。它目前正在出价收购大型农用、电子和建筑设备生产商埃利斯-查默斯制造公司（Allis-Chalmers Manufacturing Company）。去年，L-T-V公司和其他几家公司试图收购该公司，结果未能如愿。

作为集团收购的最大障碍之一，FTC已经发出了它将反对海湾西方实业公司对埃利斯-查莫斯制造公司的出价计划。海湾西方实业公司说，它将与FTC就这一问题展开抗争。

此前的集团并购运动包括德事隆公司（Textron Inc.），该公司的经营范围目前涵盖了从直升机到打火机的各个领域；还有利顿实业公司（Litton Industries, Inc.）这家原先的电子产品公司目前已经扩张到造船、商用机器、餐厅以及工业建筑和工程等诸多领域。

不容忽视的反对之声

今年早些时候出现了对集团公司的批评之声，因为利顿实业公司（它被广泛视为最成功的集团兼并践行者）报告利润大幅下跌，这是该公司历史上首次出现利润下跌的现象。部分原因在于，集团公司的收购者可以向被收购公司移植更高程度管理技巧的关键概念存在困境。利顿实业公司的问题也对集团公司利润可以永远增长的观点浇上了一盆冷水。

集团公司概念的支持者强调，集团公司利润之所以会增长，是因为被收购公司可以通过与规模更大、在不同领域都拥有经验的公司结盟而获得更高级的管理技巧和更丰富的资源。

怀疑派则质疑，管理技巧是否能在不同的行业间传递。他们也质疑利润增长的主要原因到底是经营改善还是因为收购活动，因为被收购企业的利润可以加到此前被收购的公司上去。他们还质疑集团并购经常伴随而生的复杂的财务伎俩。他们发现，“纸金字塔”常常通过包括可转换优先股、可转换和不可转换信用债券以及权证等股票相关交易构造。他们担心，一个弱点就足以导致整个结构的坍塌。

并购，大势所趋

集团公司的基本动机是多样化，将资产分散于多个领域。其中的道理是，即使一个或几个领域出现下滑，公司销售额和利润也能继续保持平稳增长。“我们的所有收购都是在完善的战略规划下进行的，”一家集团公司宣称，“我们寻求打造扎实的经营实体群，各部分能够依赖自身的内部实现增长。目前，我们正准备迎接20世纪70年代中期的经济。”

不过，一些观察者已经察觉到某些集团公司经理好大喜功，急于打造巨型公司帝国。“有好的集团公司，也有坏的集团公司，”一位华尔街证券分析师说，“一些集团公司有高质量、准备充分的收购计划；也有的公司则显示出不健康的取向，它们走得太快太远。”

不管赞成还是反对，财务观察者都认为集团兼并的趋势不会因为FTC的研究而降温。他们预计该研究需要很长时间才能完成，也质疑该研究所证明的经济集中事实是否能带来立法行动。

某华尔街人士认为，该研究的一大影响可能是加速兼并潮流。“这会造成更多更匆忙的兼并，因为各大公司希望在任何法律出台前完成收购。”他说。

史上最大规模的反垄断行动

吉恩·史密斯（Gene Smith）

美国司法部将采取历史上最大规模的反垄断行动，对象是世界有史以来的最大公司——美国电话电报公司（AT&T，毫不奇怪，形容 AT&T 的所有形容词都得用最高级形式）。

11 月 22 日星期五，AT&T 撤销了 6 亿美元的债券发行计划“因为针对 AT&T 的反垄断行动让市场环境变得不安”。这次债券发行是有史以来最大规模的公司固定收益融资计划，其取消也毫无疑问是有史以来最大规模的债券发行取消事件。

美国电话电报公司还保持着以下世界之最：

- 资产：1973 年底为 670 亿美元；
- 利润：1973 年为 29.9 亿美元；
- 雇员数量：101 万人（只有美国联邦政府可以超过它）；
- 股东数量：293 万人；
- 流通股数量：5.58 亿股；
- 私有车队规模：175 560 部汽车和卡车；
- 支付股票分红：1973 年为 20 亿美元；
- 呆账：1.52 亿美元。

事实上，“贝尔大妈”（Ma Bell，金融界对 AT&T 的称呼）实在是太大了，许多人认为政府得考虑要不要拆分它。美国司法部正在试图让 AT&T 放弃其制造部门——西电公司，并要求 AT&T 要么剥离其长途电话业务，要么剥离其 23 家经营公司的一部分或全部。据说，美国司法部希望贝尔电话实验公司拆分成几家公司。AT&T 主席约翰·德巴茨（John D. DeButts）在 11 月 21 日的会议上誓与反垄断法“斗争到底”。“我们不会寻求和解。”他斩钉截铁地说。美国司法部诉讼的目标其实是贝尔系统（见表 3-2），它可以分为 4 个主要部分。

表 3-2　　贝尔系统的下属部门

经营公司	电话数（百万）
纽约电话公司	11.7
新泽西贝尔公司	5.3
费城贝尔公司	7.2
钻石州电话公司	0.4
切萨皮克 - 波托马克（C&P）电话公司	1.0
C&P 马里兰公司	2.8
C&P 弗吉尼亚公司	2.3
C&P 西弗吉尼亚公司	0.7
南方贝尔公司	9.0
中南贝尔公司	7.6
俄亥俄贝尔公司	4.4
密歇根贝尔公司	5.1
印第安纳贝尔公司	1.9
伊利诺伊贝尔公司	6.7
威斯康星贝尔公司	1.9
西北贝尔公司	4.6
西南贝尔公司	12.2
太平洋贝尔公司	12.0
西北太平洋贝尔公司	2.8
芒廷州贝尔公司	5.2
新英格兰电话公司	5.7
辛辛那提贝尔公司	1.0
南新英格兰电话公司	2.2

西电公司：在 20 个州拥有 31 加工厂和服务、分销和数据中心，20.7 万名雇员；

贝尔电话实验室（贝尔系统的研发部门，包括西电公司）：在 10 个州拥有 20 个实验室，1.7 万名雇员；

长途电话部：7 个地区分部，3.5 万名雇员；

其他组成单元包括：电传公司（Teletype Corporation）、桑迪亚公司（Sandia Corporation）、帝国城市地铁公司（Empire City Subway Company）。

AT&T 本身根据许可合约向电话公司提供服务，经营长途电话线并负责不同公司之间的互通。西电公司是整个贝尔系统的制造和采购部门，它也成为本案的核心。

据美国独立电话联盟委员会（United States Independent Telephone Association）的估算，截至去年 1 月 1 日，贝尔系统的总固定资产价值为 755 亿美元，而独立电话系统的总值是 177 亿美元。

据预计，贝尔系统建设费用今年将达到 95 亿美元，而所有独立电话公司该项支出总和为 23 亿美元。光是西电公司便已足够跻身美国最大公司行列。1973 年，该公司销售额略超 70 亿美元，名列《财富》杂志美国实业公司 500 强名单第 12 位。其资产超过 48 亿美元，名列排行榜第 19，而其 3.153 亿美元的净利润可以排到第 18 位。其雇员人数为 206 608，名列所有产业组织第 7 名。

另一个鲜为人知的是 AT&T 的长途电话部，该部门负责管理全国电话网。它实际上并不经营电话业务，但提供连接不同公司（不管是属于贝尔系统还是独立公司）的设施，从而让电话网得以成形。通常，每天会有 2 000 个长途电话需要处理，其中 1/3 是州际长途。长途电话部还传送无线电和电视广播，处理新闻报道、传真、计算机及其他数据。该部门还提供国际长途服务，这一业务目前是电话业增长最快的细分领域。目前，长途电话部门负责为美国各地的电话接通 245 个国家。

近 5 年来，越洋电话数量翻了 5 倍，去年共出现 5 000 万次越洋通话。贝尔系统预测，1980 年越洋电话量将超过 2 亿次，并踌躇满志地宣称，自 1927 年越洋电话刚刚引入时，从美国给伦敦打 3 分钟电话需要花费 75 美元；而如今，这一费用已低至 4.05 美元。

1973 年的年报显示，AT&T 的收入创出了新高，达到了 235 亿美元，其中 96 亿美元来自服务和设备费用，92 亿美元来自长途电话费，13 亿美元来自本地通话费，10.9 亿美元来自私人线路通话费，9.83 亿美元来自其他各种业务，主要是电话查询费（黄页服务），9.4 亿美元来自广域通信服务（WATS）费用，3.16 亿美元来自全国各地的投币电话，1.59 亿美元来自私人电话线服务。

所有这些加在一起，相当于AT&T每部电话每个月平均产生18.18美元的电话费。贝尔系统平均每天要处理4.32亿次通话，相当于平均每部电话通话5.36次（还不包括住宅内的分机）。此外，1973年，长途电话通话总次数为95亿次。

繁荣的收购市场暗藏杀机

伦纳德·希尔克（Leonard Silk）

美国历史上最大的兼并收购潮已经引起了广泛担忧。兼并狂热让1985年的股价涨势远超所有人的预料，但在这一狂潮中，美国商业严重地依赖债务来支付动辄数十亿美元的收购款。公司债务的大幅增长，特别是利用高收益、低于投资评级的垃圾债券融资的收购，已经引起了包括参与大收购案融资的人士在内的广泛警觉。

情况十分棘手，以至于美联储主席保罗·沃尔克（Paul Volcker）现在也想限制垃圾债券的使用了，果真如此的话，高杠杆收购将受到重创。“近来，我们白天频繁地发行债券、回购股票，规模之大前所未有，”沃尔克说，“而在晚上，我们互相交流令人咋舌的小道消息，金融系统的压力信号已经显现。”

但是，沃尔克的立场已经引起了自由市场支持者的反对，特别是里根政府。上周，里根政府在各部门机构的支持下，强调若在下个月开始实施借贷约束，将对市场造成灾难性影响。政府对美联储的批评之猛烈令人讶异，但背后的自由市场哲学并没有什么新奇之处。许多经济学家长期以来一直在说，里根政府的政策，特别是那些对反垄断问题不予重视的政策，极大地刺激了本轮兼并潮。

“美联储的方案会破坏市场对公司的控制，本来，市场可以规范无效的管理行为，并实现股东投资回报最大化。”助理司法部长、司法部反垄断司司长道格拉斯·金斯伯格（Douglas H. Ginsburg）说。

尽管争论愈演愈烈，但并购潮并未停歇。最近宣布的收购大案是通用电气合并RCA，该收购价值63亿美元。从化工业到广播业，今年以来，美国企业界最显赫的人物纷纷因并购活动而被曝光。这与几年前只有石油业才能出现10亿美元规模并购交易的情景形成了鲜明对比。

1985年的并购交易极大地改变了美国企业界的面貌。雷诺公司收购了纳贝斯克；菲利普·莫里斯公司（Philip Morris）收购了通用食品公司；ABC收购了资本城市传播公司（Capital Cities Communications）；而碧翠丝公司（Beatrice）将通过杠杆收购私有化。通用汽车收购了休斯飞机公司（Hughes Aircraft）；联合碳化物公司（Union Carbide）的管理层则在与GAF公司苦苦搏斗。

事实上，1985年至少有24桩10亿美元规模的并购案发生。在这批巨型并购的推动下，道琼斯工业平均指数站上了1 500点。投资银行高盛的数据表明，1984年初以来的市场涨幅中，有70%是并购交易的结果。

“我们迎来了无穷尽的垃圾债券融资”

这一并购潮让公司资产负债表背上了沉重的债务包袱。投资银行所罗门兄弟公司（Salomon Brothers）估计，1985年非金融企业债务总量增加了1 450亿美元，达到了1.6万亿美元——很多批评者担心，一旦经济进入衰退，如此规模的债务将让公司不堪一击。更大的隐患在于，如果经济有所疲软，企业利润下滑，股价也随之下跌的话，许多公司将无法偿付新债务，因为支持债务的股本规模将会缩水。

根据《兼并与收购》杂志（*Mergers and Acquisitions*）的数据，1984年共发生了2 999笔并购交易，涉及金额1 248亿美元。而1985年前3季度已有2 295笔并购交易，涉及金额达到了885亿美元。按照当前速度——通用电气花63亿美元收购RCA或许将在第4季度掀起额外收购热，1985年全年收购交易总金额将达到1 250亿美元，与1984年的水平相当。

公司和公司“掠夺者”，比如布恩·皮肯斯（T. Boone Pickens）、卡尔·伊坎和欧文·雅各布斯（Irwin L. Jacobs），正在用向富豪和储贷银行、退休基金、保险公司及其他机构贷款人发售垃圾债券的方式来为这些交易融资。这些债券通常会借壳上市。壳公司除了收购来的股票之外便无其他资产，而这批股票实际上将成为债券的抵押品——沃尔克想要动刀的即是这样的操作手法。如果该交易涉及以被收购公司股票作为抵押品的贷款的话，他将要求所有收购交易首付比例都不得低于50%。

垃圾债券被用于企业收购其他规模更大的企业，或是高管几乎不花自己一分钱收购股东手中的股份。垃圾债券还催生了原本不会发生的兼并，从而改变了收购游戏。

美联储说，目前企业债务/股本市值之比为71.4%，从历史上看，这属于高水平，但并不是最高的。经济学家认为，这一比例让人感到警觉的地方在于股本和债务水平都处于反常的高水平。尽管自1981年此次兼并潮开始以来，债务出现了大量积累，但股本价值的增长大体上与债务水平保持一致，这主要要归功于股市的上涨和整体经济的扩张。

许多人担心，一旦经济陷入深度衰退而利润开始下降，沉重的债务偿付负担将重挫美国企业。

投资银行瑞德公司（Lazard Freres）资深合伙人，帮助安排了通用电气收购RCA交易的费利克斯·罗哈廷（Felix Rohatyn）说，他认为当前收购潮的最大风险“在信贷领域，在财务结构中，在股市投机狂热中”。即使是包括罗哈廷在内的最忧心忡忡的专家也强调，他们并不是一股脑地反对并购，而只是反对特定类型的并购。

“并购出现在我们周围不是一天两天了，在自由市场经济制度下，它们本身并不存在内在缺陷。”一家律师事务所的律师马丁·利普顿（Martin Lipton）说，他同时为收购方和抵制收购方提供咨询。但是，他说：“大约5年前出现了一种新的收购活动，这种收购行为的目的不是扩张或实现多样化，而是将公司变现，从而立刻获得利润。结果，我们迎来了无穷尽的垃圾债券融资，收购活动也没了规模限制。”

持乐观态度的自由市场经济学家们

但当前的兼并潮自有人为其呐喊助威。大部分自由市场经济学家将收购，以及由此带来的股票价格升水视为健康的、值得追求的现象。他们说，随着剩余公司规模越来越小、竞争力越来越差、股价重新调整到合适水平，并购潮自动就会停止。

“我有个不科学的猜想，市场在两个极端情形时都会有大量并购发生，”纽约大学教授劳伦斯·怀特教授（Lawrence White）说，“20 世纪 20 年代和 60 年代都有兼并潮，当时股市很牛，这让许多证券价值连城，可以轻易地用来收购其他公司。80 年代也有兼并潮，这时很多公司的股票被认为价格太低，应该去捡便宜货。”

罗切斯特大学和哈佛商学院教授迈克尔·詹森（Michael C. Jensen）认为，收购实际上鼓励了对资产的高效使用。他说，并购不会将商业信用从厂房、设备融资和构建垄断势力等用途中挤出。他甚至认为，“金色降落伞”（与在职管理层达成的诱人财务协议，如果收购发生，他们会丢掉饭碗）是个好现象，因为它会遏制管理层对收购的阻挠行为。“收购市场，”他说，“提供了一个独一无二的强大的非人格机制。对于技术和消费者偏好变化所要求的连续不断的资产重组和再配置过程来说，这一机制至关重要。”

这一所谓的收购的积极效应的证据可以从多方面找到。延森和其他认为当前并购潮有助于改善经济绩效的学者的立论基础是关于被收购公司和收购公司股价在收购发生前后表现的分析研究。他们的假设是，股票市场是“有效的”，能够理性地处理所有可获得的信息；因此，当股价在兼并发生后上涨，则市场证明了它对新管理团队的优秀表现有信心。但是，斯沃斯莫尔学院教授、现为布鲁金斯研究所访问学者的谢勒（F. M. Scherer）说，前述研究没有考虑另一种原因：股市低估了被收购公司的股票，这正是它成为具有吸引力的收购对象的原因，即使收购方要为此付出溢价。收购行为是一个信号，表明市场要提高被收购公司的估值。“是股市，而非目标企业管理层犯了错，需要纠正。”谢勒说。

此外，谢勒还认为，里根主义经济学家的观察期都是短期，没有考虑长期视角的研究。他说，这些研究表明，收购公司在收购发生后的一年里，股价会系统性地下跌。

很多金融专家担心债务会扩张，特别是担心股价的快速上涨之势会逆转。美国信托公司（United States Trust Company）的经济顾问詹姆斯·奥莱利（James J. O’Leary）警告说，企业和消费者私人债务总量的年增长率呈现出“爆炸式”势头，达到了 12% 甚至 13%，而 1985 年的名义国民生产总值只增加了 7%。奥莱利说，企业破产率已经达到了大萧条最惨烈时期的4/5。目前尤其令人瞩目的是，如此之高的破产率发生在经济周期的扩张阶段；他担心，当经济周期进入收缩阶段时，还会迎来更严重的破产潮。

什么能够阻止收购行为导致大规模债务增加？一个方案是通过税法，鼓励提高股本。而当前的税法鼓励债务融资、压抑股权融资，因此助长了收购潮。除了修改税法，近距离参与收购游戏的人士还建议了以下方案：

- 改变机构投资者的态度，奖励管理层的长期表现。
- 改变会计规则，不再将收购置于优于研发和资本支出的地位。
- 向金融机构施加更严格的约束，目前它们对美国和世界经济的影响力太大了。
- 避免过多货币和贷款，货币和贷款通过鼓励现金转化为资产和高杠杆助长了兼并潮。
- 防止“滥用”收购，即管理层历史记录良好且经营良好的公司仅因商业利益而被收购。
- SEC应该起草更好的规则，规范兼并收购行为，以确保公开性和公正性。

别了，RJR 纳贝斯克

布莱恩·伯勒（Bryan Burrough）

与斯坦利·库布里克（Stanley Kubrick）和乔·迪马乔（Joe DiMaggio）一样，上周，RJR 纳贝斯克也“寿终正寝”了。这家 14 岁的公司成立于 1985 年，当时雷诺烟草公司（RJR）和纳贝斯克食品公司进行了合并。这一合并先天不足，眼下即将解体，其在国外的烟草公司将出售给日本人，而纳贝斯克将再次独自上路。

1988 年激烈的出价竞争最后演变成一宗 250 亿美元规模的杠杆收购案——在当时为史上最大规模收购案，任何商业史都不会落下这段往事。但 11 年前那个秋天所发生的事情，同样保证了 RJR 纳贝斯克将永远被钉在美国金融耻辱柱之上。

专家说，这是一个时代的终结。确实如此。如今，敌意收购时代已经过去，迈克尔·米尔肯也患上了前列腺癌，不管 RJR 纳贝斯克如今看上去多么粗糙，但这家美国第 19 大公司当时是任何大投资银行家不容错过的肥肉。

第一个加入战团的是希尔森·雷曼公司（Shearson Lehman）主席彼得·科恩（Peter Cohen）。如今雷曼公司本身也已经分裂并早已被人遗忘。与 RJR 爱出风头的总裁罗斯·约翰逊（F. Ross Johnson）合作的科恩决心要为自己抢夺到正在华尔街爆发式发展的收购业务的一块蛋糕。

这激怒了收购界公认的王子、KKR 集团的亨利·克拉维斯（Henry Kravis）将科恩叫到其位于曼哈顿中城的办公室中，要求从这笔尚在酝酿中的交易中分一杯羹，比例为 100%。克拉维斯的傲慢无礼以及随后开出的数十亿美元规模的出价，在几天之内就点燃了让整个华尔街为之侧目的大火。

当商业历史学家回顾 20 世纪 80 年代的时候，毫无疑问，他们将注意到数字之巨、核心业务之疲软，并以此解释 RJR 纳贝斯克的失败。他们是正确的。作为一个需要承担数十亿美元债务的平台，当时的烟草业很快就将受到价格战和 20 世纪 90 年代一系列立法的夹击，无论如何都称不上稳定的买卖。

但 RJR 纳贝斯克的失败是、也只能是人祸所致。商业记者有时候会批评他们的对象“个人化”，是的，比尔·盖茨喜欢摇晃还是搅拌他的马爹利酒，这无关紧要。但只要我们需要，RJR 随时可以拿来充当例子，用以向我们证明是人而不是电脑和资产负债表做着决定公司生死存亡的决定。

带头提出与 RJR 合并的是罗斯·约翰逊，他耻于纳贝斯克落于人后的股价走势，而 RJR 当时是纳贝斯克的难兄难弟。这就好比是两名麻风病患者想通过结婚来治愈疾病。急于赚取中间费的投资银行家像苍蝇一样整日间在约翰逊耳边聒噪，约翰逊因此准备押上所有身家。

约翰逊雄辩地推论说，如果兼并或重组失败，无非意味着几千人丢掉“可移植”的工作，以及公司损失几百万美元。“区区几百万美元，”用约翰逊当时的话说，“总会流失在时间的沙漠中。”合并并没有能够提重振公司的股价，约翰逊又想出了杠杆收购这一招。杠杆收购将付钱给所有公共股东，将公司实际私有化，永久地解决股价问题。

尽管人们纷纷警告说 RJR 不适合杠杆收购，但克拉维斯还是发动了闪电战。多年来，我一直没有忘记其主要对手、从事收购业务的福斯特曼 - 利特尔公司（Forstmann, Little & Company）的普通合伙人西奥多·福斯特曼（Theodore Forstmann）所做的卡桑德拉式（Cassandra）的预言。当年秋天，当出价战升级时，福斯特曼早早地退出了战局，向所有愿意听他话的人宣传这笔交易毫无财务意义可言。他是对的。但在当时，由于“赢家”光环所带来的自负，以及像斯坦利杯[①]一样对待金融交易，商业媒体（包括我自己在内）都不愿意听到福斯特曼恼人的长吁短叹。

---

① Stanley Cup，北美职业冰球联赛最高荣誉。——译者注

RJR 的坠落颇有些讽刺之意。如今，其 CEO 是史蒂文·戈德斯通（Steven Goldstone）——克拉维斯在 1994 年救了他，此君是 1988 年约翰逊出价时的第一法律顾问。某个下午，在约翰逊佛罗里达的住处，戈德斯通徒劳地劝说约翰逊放弃收购。

戈德斯通是整个故事最后一页的完成者，而这个故事他从一开始就不愿意去写。其他人或许会对卡尔·伊坎在 RJR 之死中所扮演的角色报以一阵揶揄的一笑。和大部分企业侵略者同侪一样，伊坎自 20 世纪 80 年代以来便淡出了公众视野。事实上，他成功说服戈德斯通拆分公司或许是这 10 年里公司侵略者最引人注目的成就。这真是再合适不过了，就好像 RJR 是被这位昔日“收购幽灵”本人引上绝路似的。

RJR 纳贝斯克事件马上产生了余波并一直影响至今。这是一桩规模太大、声势太壮、太不可控制的交易；这是一起比其他所有事件——包括米尔肯的锒铛入狱、包括终结了“奔腾的 80 年代”的政府调查，意义更加重大的事件，显而易见，此事件与资产负债表无关，纯粹是人性造成的事件。

RJR 事件引起了人们的恐慌，特别是 CEO 们的恐慌。没人会为约翰逊垂泪——毕竟，他是带着 5 000 美元的补偿金离开公司的，他就像是公祭品，提醒千百首席执行官，谨慎作出事关公司未来的决策。

更大的影响在美国各大公司董事会中。公司董事们开始质疑投资银行家摆到他们面前的轻率草案了，这还是破天荒头一回。在 RJR 事件发生前，许多董事会都让华尔街掮客牵着鼻子走。这一力量的压制是通往增强公司可问责性的转折点，抛开经济问题不谈，增加可问责性是华尔街过剩的 10 年给我们带来的最深刻教训。

反垄断新考验：IBM 磨刀霍霍向微软

埃德蒙德·安德鲁斯（Edmund L.Andrews）

华盛顿，6 月 6 日——哪种情况对竞争的威胁更大，是一家 50 亿美元的公司收购本领域另一家著名公司，还是一家 640 亿美元的公司收购一家没有竞争对手的公司？

近几天来，在联邦反垄断圈中，这个问题的答案很大程度上取决于这家公司是微软还是 IBM。美国司法部刚刚明确表态，它志在成为激进的反垄断斗士，而 IBM 未经邀请就给莲花公司（Lotus Development Corporation）开出了收购报价，并于星期一公之于众，这让政府颇受压力：它必须给感觉得到的技术市场竞争威胁划一道有意义的界线。

三周前，美国司法部的反垄断官员还在为阻止微软收购 Intuit 公司而自鸣得意。Intuit 公司是一家小公司，但它是市场上最受欢迎的开支票和管理家庭预算的软件开发者。在政府方面看来，这笔收购的威胁不仅局限在开支票软件。有官员表示，年收入 50 亿美元的微软公司带来的危险是阻碍电子家庭银行和电子商务的未来市场竞争。

但现在半路上杀出个 IBM，它在 20 世纪 70 年代至 80 年代初曾见证过史上历时最长的反垄断调查，目前其年收入高达 640 亿美元。IBM 正试图收购莲花公司，莲花公司开发的一款名叫 Notes 的多变性软件不存在直接竞争对手。

如果你是“围观群众”，那你可能会认为美国司法部会马上立一个新案，把这桩交易也拉下马。但“围观群众”的看法很可能是错误的。

反垄断专家的传统看法是，美国司法部不会试图阻止 IBM，并称其中的理由的不言而喻的。他们说，尽管 IBM 规模巨大，但在个人电脑软件业上并没有多少实力，而莲花软件程序所代表的也只是一个完全孤立的市场。但很多行业专家表示，IBM 正在采取的敌意收购给联邦反垄断政策带来了新问题。在 IBM 磨刀霍霍转向微软的市场时，微软真的会面临危险吗？如果被收购公司所主导的只是一个新兴市场，那么这笔收购会对竞争形成威胁吗？

抛开不同之处不谈，两笔交易有诸多相似之处。微软和 IBM 都在试探着进入电脑市场中诱人的利基市场。两家公司对当前市场的兴趣远低于新兴市场——融合了计算机和通信技术的市场，该市场上的产品绝不仅仅是软件程序，还包括围绕程序的一系列服务。但最重要的相似之处，且这一点也将一而再、再而三地出现在软件市场上，即微软和 IBM 的目标公司在各自市场上均具备了一定程度的垄断力。

January 11,2000

THE STORY OF AMERICAN BUSINESS

FROM THE FRONT PAGES OF THE NEW YORK TIMES

美国在线与时代华纳并购：史上最大规模传输与内容的联姻

时代华纳和美国在线的 1 650 亿美元并购案只能用一个字形容："大"——美国在线是最大的互联网公司，时代华纳是最大的媒体和娱乐公司，它们的合并将是史上最大的公司合并案。这次合并的影响也将非常大，对股票的估值是如此，对消费者的信息服务方式是如此，也许对 21 世纪公司环境下的娱乐、政治和新闻运作方式也是如此。

一些影响较为显而易见，另一些则并非如此。现在看来，互联网股票繁荣似乎日子不会短。对消费者来说，这笔收购案也不会造成多大威胁，因为两家公司的业务是分开的。不管它们合不合并，消费者都能通过高速电缆获得各种各样的互联网服务。如今，他们可以更快地获得互联网服务，或许价格能更低，选择则会更广。

这是如此规模的传输 - 内容联姻的结果。美国在线为 2 000 万互联网订户提供服务；时代华纳拥有 1 300 万有线电视用户，同时经营杂志、电影和音乐工作室以及不少大名鼎鼎的有线电视频道。美国在线希望将服务进一步扩展，把时代华纳的新闻和娱乐节目纳入其中，通过时代华纳的高速电缆（而不是低速电话线）提供互联网服务。时代华纳眼馋美国在线的互联网用户，广告商眼巴巴地看着这个市场，而时代华纳又没有能力自己建设。

两家公司并不竞争同一群用户，因此此次合并不会有反垄断问题。但该合并案仍有消费者会反对，美国在线主席史蒂夫·凯斯（Steve Case）和时代华纳主席杰拉尔德·莱文（Gerald Levin）在昨天的新闻发布会上以个人信誉担保会解决这个问题。这个问题就是开放接入，根据法律规定，通过电话线接入互联网的用户必须获得互联网服务提供商的无差别对待。但有线公司没有向电话线用户提供无差别接入服务的法律义务，这意味着它们有可能通过控制互联网服务提供商，来控制各个家庭可以从网上看到的新闻和信息的内容。

凯斯已经游说联邦政府要求有线公司提供开放接入，但此前他一直是站在有线世界门外。如今，他将拥有有线服务，而昨天他承诺说，新的公司将实行开放接入。这是一个重要承诺，监管当局应该密切关注。

有了开放接入，就没有任何担心这次合并的经济理由了，但对规模如此巨大的媒体合并的社会影响力的担心正愈演愈烈。类如迪士尼和ABC、时代华纳和美国在线、MCI和世通等公司，这类规模的整合应该不会形成广播、娱乐和互联网服务市场的垄断从而带来严重威胁。巨型公司的产生会带来一个威胁：美国法律允许公司用金钱购买政治影响力。解决这个政治威胁的办法不是阻挠合并，而是修改政治献金法律。

新闻界大型公司面临的挑战正在受到人们关注。几十年来，记者、读者和评论者一直在应对报纸链和网络所有权集中的现象。在这样的环境中，维持广告和新闻部门隔离起到了很好的效果。但要在新兴信息、娱乐和营销巨头的各部门之间建立起隔离墙就不那么容易了。昨天，凯斯说他正在指导莱文学习“互联网时代”，而莱文则教他新闻传统知识。这种互动不仅发生在他们的公司，也将发生在变化速度超过任何人预测的整个媒体业。

2000年美国在线收购时代华纳，这是当时最大的公司合并案，世界最大媒体公司由此诞生。图为美国在线CEO史蒂夫·凯斯出席新闻发布会讨论此事。(《纽约时报》/鲁比·华盛顿[Ruby Washington])

美国商业简史

1882 标准石油托拉斯形成。

1890 美国烟草公司由 5 个相互竞争的烟草制造商合并而成。

1890 美国国会通过了《谢尔曼反托拉斯法》，宣称“任何限制贸易或商业的契约，以托拉斯形式或其他形式的联合或共谋”都是非法的。

1901 时年 42 岁的副总统西奥多·罗斯福成为在威廉·麦金莱（William McKinley）被暗杀后的美国最年轻的总统，并一直任职到 1909 年。他在美国国内实施的政策被称为“罗斯福新政”，其中包括强力推进反垄断监管。

1901 J.P. 摩根的公司收购卡内基钢铁公司，并将它与其他规模较小的公司合并，创建了美国钢铁公司，成为世界上第一家规模达 10 亿美元级别的企业。1911 年针对美国钢铁公司的反垄断诉讼失败。

1911 美国最高法院将标准石油托拉斯拆分为 34 家独立的公司。同年，最高法院分拆了美国烟草公司。

1914 美国联邦贸易委员会（FTC）成立，其目的是管理大企业不断增加的权力。同年，美国国会通过了《克莱顿法案》，旨在通过禁止价格歧视、兼并、股票收购，以及通过相互竞争的公司之间互兼董事阻止垄断。

20世纪60年代

一大批集团公司加快并购步伐。美国联邦政府认为这样的并购可以提高市场的效率和价值，于是对反垄断政策进行了调整。

1973

石油输出国组织 OPEC 提高石油价格，引发了美国金融市场的危机、肆虐的通货膨胀，以及在加油站外长时间的排队等待现象。

1984

贝尔系统被分拆成新的美国电话电报公司（AT&T）和 7 家地区性贝尔运营公司，其中，AT&T 保留了电话制造、长途服务和研发职能。

1988

KKR 集团以 250 亿美元的价格操纵收购了 RJR 纳贝斯克公司，在当时是历史上规模最大的杠杆收购。

2000

美国在线（AOL）宣布计划与传媒巨头时代华纳合并，这场合并将在 2001 年完成。

04

领袖，过去与现在

FROM THE FRONT PAGES OF
THE NEW YORK TIMES

THE STORY
OF AMERICAN
BUSINESS

THE STORY OF AMERICAN BUSINESS

FROM THE FRONT PAGES OF THE NEW YORK TIMES

1971年，在伊利诺伊州奥克布鲁克（Oak Brook）麦当劳总部附近的一家餐厅里，麦当劳创始人兼主席雷·克罗克正大嚼巨无霸。曾经的奶昔制作机销售员克罗克，买下了麦当劳兄弟的小规模餐饮连锁加盟店，并把它打造成了一个产业。(《纽约时报》/乔治·泰姆斯[George Tames])

每一个公司都是从一个想法、一个概念或一个梦想中诞生。创业精神，指不顾当前所能掌控的资源，而执着追求机会的精神，这一定义言简意赅地表达了无数美国商业幻想家的想象力、能量和决心。但这些人中只有一小部分最后成功建立了大型的组织，并让它一直延续到自己撒手人寰之后，而在这一小部分幸存企业中，又只有一小部分能够往下传承超过一两代人。在工业化早期，大部分新企业都倒闭了，没有完成从创造性构想到建成机构的转型。

毫无疑问，我们对于战胜这一宿命的人极有兴趣。借助他们的洞察力、领袖气质、勤奋以及超人的动力，一些个人驾驭了时代的经济和社会潮流，在各行各业开创了百年基业。约翰·洛克菲勒早年目睹了身为小贩的父亲的各种心血来潮，长大后获得了惊人的财富，在混乱的宾夕法尼亚油田建立了秩序，创造了世界上最成功的公司之一。沃克女士（Madam C. J. Walker）是密西西比州前奴隶之女，人到中年仍只是一名洗衣女工，但后来她创建了一个医疗帝国，

1810 科尼利厄斯·范德比尔特开始运营纽约和斯塔滕岛之间的渡轮业务

1848 首富约翰·雅各布·阿斯特去世

1870 约翰·洛克菲勒收购标准石油公司

1871 J.P. 摩根创办德雷克希尔 - 摩根公司

1906 莎拉·布里德洛夫为非洲裔美国妇女开发护发类产品

雇用了大量非洲裔妇女，也让她成为第一位白手起家的非洲裔女百万富翁。在20世纪末，信息革命让包括比尔·盖茨和乔布斯在内的新一代企业家领袖崭露头角，他们拥有着新技能和远见卓识。与此同时，随着CEO和其他高管薪酬的水涨船高，那些生存期远远超过创始人寿命的老牌企业，开始向高级管理人员支付极高的溢价（至少人们的感觉是如此）。进入21世纪，商业仍是关乎个人的事情。正如本章中所描述的企业领袖所证实的，商业一贯如此。

19世纪末，第一批真正意义上的大公司浮出了水面，这批公司的创始人——洛克菲勒、安德鲁·卡内基、杰伊·古尔德等，让美国公众爱恨交织，“强盗资本家”一词充分显示了这一矛盾的大众心理。钢铁、炼油甚至铁路在这些人建立各自的企业帝国之前便已经出现。在新技术的推动、竞争对手不懈的追击、新管理结构的发明，以及对金融市场的操纵等各种因素的刺激下，他们创建了在规模与范围上都难逢敌手的企业，并改变了整个行业。

这一发展势头催生了史无前例的个人财富的快速积累。比如，第一代苏格兰移民卡内基在1863年不满30岁时已经拥有50万美元（相当于今天的650万美元）；1901年，他在收购后来极为成功的钢铁公司时花了4.8亿美元（相当于今天的120亿美元）。他和他的匹兹堡老乡亨利·克莱·弗里克、安德鲁·梅隆（Andrew Mellon）和亨利·海因茨（Henry Heinz）都是白手起家。洛克菲勒也是如此，他稳定并控制了新兴的、尚处在枯荣循环阶段的炼油业，自己也成为美国最富有的人之一。

一方面，这些快速崛起的财富新星似乎是美国机会的最好证明：“黄金万两任君取”。另一方面，大企业让个人财富和地位差距迅速拉大，发迹者对潜在竞争对手以及替他卖命的手下的支配力越来越大。被认为不公平、反竞争的商业行为招致了媒体的严厉批评，也促使政府出台了反垄断法和劳动法。与此同时，富有商业领袖家族通常会投身于慈善事业，当着公众的面大手笔地捐助善款。

但产业管理者和金融投机客并不是19世纪末20世纪初唯一建立起大公司、积累起财富的群体。国民大众市场也向如洛克菲勒专注于效率和控制那般，专注于产品的企业家开启了成功之门。伊丽莎白·雅顿（出嫁前名叫佛罗伦斯·南丁格尔·格雷厄姆[Florence Nightingale Graham]）将化妆和美容用品打造成了民族品牌，还创建了百万美元规模的公司。乔治·伊士曼（George Eastman）发明的柯达相机让摄影走入了千家万户，也造就了领先业界几十年的公司。亨

1914
亨利·福特将工人工资提高到每天5美元

1923
小艾尔弗雷德·斯隆被任命为通用汽车总裁

1954
雷·克罗克成为麦当劳特许经营总代理

1956
沃伦·巴菲特创办一家投资公司

1962
山姆·沃尔顿开办第一家沃尔玛折扣店

利·海因茨十几岁的时候推着手推车叫卖田园蔬菜和母亲的瓶装山葵，在经历了几起几落后，终于将童年爱好变成了老牌企业。与雅顿一样，海因茨明白，经济变化，如快速城市化、工业化以及收入的增加，正在扩大消费品的需求。与此同时，女性开始在家庭预算的决策以及具体实施中扮演重要角色。借助自己敏锐的洞察力，以及生产高品质香料的激情，海因茨开拓了加工食品的大众市场，并建立了业内最大的公司。

米尔顿·好时（Milton Hershey）对制做糖果充满热情。他对甜食事业是如此着迷，尽管两次创业失败，但仍不言放弃，终于找到了更像奶油、味道更鲜美的焦糖。在经历了更多的失败尝试、付出了大量努力之后，他将这个营生做成了百万美元规模的公司，1900 年，他将公司卖掉，只为追求迷人的牛奶巧克力。当时，牛奶巧克力还是一种鲜为人知的新兴产品，其生产配方紧紧地攥在欧洲巧克力商手里。但好时开发了自己的配方，他做出来的牛奶巧克力在 5 美分酒吧出售，迅速便风靡全美。1911 年，好时公司的销售额超过了 500 万美元（相当于现在的 1 亿美元）。接着，永不停歇的好时又将能量和理想主义投向了乌托邦式的工厂区——宾夕法尼亚州好时镇。20 世纪 20 年代，这个年轻的小镇已经有了配有过山车的公园、动物园和资金实力雄厚的学校，居民大部分是好时公司员工。

20 世纪的第 3 个 10 年，商业领袖的舞台变得错综复杂。一方面，劳工工会开始壮大，管理层必须学会与工会打交道。另一方面，自 19 世纪末以来，政府在经济中的角色有了很大的扩展。20 世纪初出台了一系列立法，从洁净食品到药品法再到新证券法，这些立法意在建立新规则、促进企业的透明度。随着大众消费主义的盛行，家庭也开始扮演新角色，不但用选票说话，更用钞票说话。到 20 世纪中叶，企业家开始面临与两代人之前截然不同，即限制性更强的市场。

自 19 世纪末开始美国的机会变多了，对有驾驭能力的创业者个人来说，机会更大了，雷·克罗克就是其中之一。克罗克一开始是奶昔制作机销售员，50 多岁的时候第一次走进了一家由麦当劳兄弟经营的加州汉堡店。麦当劳兄弟并没有兴趣经营连锁店，但最后还是同意让克罗克把他们的汉堡、食品准备流水线和金色拱门标志推向其他州。1961 年，克罗克将麦当劳带出加州，推向全美，利用人们对质量稳定的廉价快餐的大众需求发家致富。到 1984 年他逝世时，麦当劳在全美已经拥有 8 000 家餐厅，年销售额 80 亿美元，“麦当劳”也成了美国的名片。20 世纪 80 年代，绝大部分美国人每年至少会在麦当劳用一次餐，越来越多的年轻人在麦当劳连锁餐厅找到了第一份工作，至今尚没有第二家公司能有此奇迹。尽管这些岗位大多只提供最低工资，但麦当劳同时也为热切的创业家提供颇有吸引力的特许加盟机会。20 世纪 90 年代，非洲裔美国人已占麦当劳特许经营商的 12%。没有哪个当代企业，甚至美国历史上也没有哪个企业能够向麦当劳一样影响美国人的饮食习惯和工作经历。

20 世纪末是各类连锁店大发展的时期，比如山姆·沃尔顿的沃尔玛，它将各种打折商品带进了农村社区和小型市镇；又比如霍华德·舒尔茨的星巴克，它创造了城市和市郊的高端现磨咖啡文化。这两家公司均全面渗入了美国商业，但它们的商业理念南辕北辙。沃尔顿用天天低价吸引中低阶层美国人，而舒尔茨创建了一个强大的品牌，让咖啡成为 3 美元一杯的按需定制办公室饮品。沃尔玛无情地逼迫供货商降价，其低工资和薄福利也广受批评，而星巴克却向咖啡种植商支付优惠价格，还为兼职员工提供医保。但这两家公司均是社会活动家的议论目标，也是更高层次全球贸易伦理争论的导火索。21 世纪初，工会的力量有所收敛，政府总的来说也对商业也颇为友好，但社会活动家和消费者仍然在迫使公司及其领袖以更高的标准对待全世界员工，以及其经营活动所造成的环境影响。

从沃尔玛、星巴克到苹果、通用电气，许多大企业都打上了领袖价值观和个性的印记。但很少有企业像哈珀制片公司（Harpo Productions）一样与一个人的个性关系如此紧密。哈珀公司是电视节目主持人奥普拉·温弗瑞于 1986 年创立的。从各个方面看，奥普拉就是这个企业。她的天赋和个性造就了该公司的招牌产品——《奥普拉脱口秀》（*The Oprah Winfrey Show*）。她与千百万观众的关系造就了一个强大的品牌，其影响远远超出了电视界，而她的价值也帮助了哈珀公司的其他节目。2005 年，温弗瑞把她的媒体帝国版图拓展到了电影、广播和杂志。她的认可——不论是对一部书、一个产品还是一个人，都能造成短暂、热烈、广泛的流行。有一个专门的词形容温弗瑞的影响力：“奥普拉效应”。温弗瑞的个人财富也随着哈珀公司的成功而水涨船高。2003 年，她成为第一位跻身福布斯全球亿万富豪榜的非洲裔美国女性。同时，她一直在做着一系列关于怎样使用财富的重要决定，同时也是影响哈珀公司未来方向的决定。她作出的最重要决定之一，是在 2000 年承诺出资成立南非女孩奥普拉·温弗瑞领导力学院。与她的各种基金会和由她出资在美国各大院校建立的奖学金等其他基于社区的慈善活动一样，这些决定既是个人选择，也是商业选择。关于企业的社会责任这一越来越重要的概念，还有更多例子。

进入 21 世纪，美国人替公司及其领袖树立了新标准。其中一些标准包括了公司对社会和环境的影响；一些标准则事关特定公司如何做生意和保持独立性（20 世纪 90 年代末、21 世纪初的安然、泰科 [Tyco] 和世通丑闻极大地暴露了这方面的问题)。还有一些标准是关于高管薪酬及其与公司绩效的关系的。所有这些都使美国人对公司领袖有了更清醒的认识，美国商界最高层的流动性也因此变大了。2005 年，CEO 平均任职年限从长期平均值 10 年缩短为 5 年左右，减幅高达一半。但从历史的视角来看，21 世纪初高管层的波动从并不新鲜——从英雄主义的力挽狂澜到社会关系项目，再到肆无忌惮的欺诈和跌下神坛。美国人对大企业向来爱恨交织，企业界也总是存在恶棍和英雄。改变了美国工作和生活的产业领袖背负的国民期望最大、最宝贵，他们受到的批评也最严厉。

钢铁天才卡内基

约翰·张伯伦（John Chamberlain）

在《卡内基传》（*The Life of Andrew Carnegie*）这部关于安德鲁·卡内基一生的鸿篇巨制中，著名美国人寿保险史专家伯顿·亨德里克（Burton J. Hendrick）做了两件事：其一，他讲述了钢铁的故事以及钢铁对美国的意义；其二，作为一名耐心而对卡内基深怀敬仰之情的传记作家，他刻画了一个喜怒无常的“白发苏格兰小恶魔”，他对内幕信息的独到见解后来成为美国巨大财富的立基之本。这部两卷本的传记极其详细，笔调平稳老到，既有“官方”传记的优点，也有为尊者讳的常规缺点。也许优点和缺点本就是不可分割的两面；它们都值得欢迎，这才能够满足我们的窥探欲。亨德里克并没有写出真正具有一锤定音意义的卡内基传记，但无论如何，这都是一部优秀的作品。

在亨德里克笔下，卡内基是个生活艺术天才，一个令人不解的人物，但亨德里克被他的英雄所造成的不解迷惑了。作为美国首个纵向托拉斯的创建者，卡内基是让约翰·洛克菲勒抓住合并这一时代机会的最成功的典型。卡内基是无可否认的人上人。像艾伦·内文斯（Allan Nevins）这样的人赞扬他，因为他坚持了曼彻斯特学派经济学家的原则，（尽可能地）放弃组团，一以贯之地试图在萧条时期以最低的价格提供最优质的钢材。对竞争的信奉者来说，卡内基是最诚实的商人，而洛克菲勒则像黑桃 A 一样黑心。但在老摩根看来——直到一年前，约翰·温克勒（John Winkler）还在重申这一点，对于想组成稳定金融联盟的“利益集团”来说，卡内基是他们的心腹大患。卡内基不可或缺的合伙人亨利·弗里克曾心直口快地称他胆小虚伪，因为在 1892 年霍姆斯特德（Homestead）大罢工期间，他逃到苏格兰躲了起来，让弗里克去瓦解钢铁工人联合会。卡内基曾在《论坛》杂志（*Forum*）的一篇文章中提出了劳动的黄金规则："你不能抢邻居的饭碗。"但当弗里克瓦解了霍姆斯特德工厂的工会后，卡内基又批准了雇用非工会成员工人。但亨德里克还是在弗里克的崇拜者面前设法为卡内基开脱：弗里克被误导了，违背了卡内基的本意。一锤定音式的传记，其平衡点应该在何处，我们不得而知。但亨德里克并没有完整描述这一问题的两面，让读者自行取舍。卡内基是个喜怒无常的人，在不同评论者的笔下，他的形象是不同的。一个很有意思的问题是，对于在大部分问题上都有一致认知的人心中，他的形象能有多少种。

也许对崇拜者和批评者来说，这么做彻底错了：没有必要把一个人置于其功能性地位之外。卡内基将柏斯麦转炉引入了美国钢铁工业；他擢升懂得炼钢厂经营之道、能以最低成本生产出最好钢材的人；他打造了美国第一个纵向托拉斯；简言之，他可以和洛克菲勒以及 J.P. 摩根平起平坐，是美国工业化杰出的缔造者之一，这些成就（应该）已经足够伟大。没有必要再往他脸上贴金了。

通过一系列精明的机会主义行动，卡内基成为钢铁行业的金融家。他的显赫不能完全归功于幸运，因为他坚持不懈的精神终会让他迎来成功。美国内战期间，卡内基在宾夕法尼亚铁路公司当职员。这位年轻的苏格兰人在"饥饿的 40 年代"同家人一起离开丹弗姆林（Dunfermline）来到美国。卡内基有幸亲身参与了钢铁行业升级换代的良机。年轻的卡内基与第一家制造卧铺车厢的公司达成交易——西奥多·伍德拉夫（Theodore T. Woodruff）的公司，而不是普尔曼（Pullman）的，并赚到了第一桶金。他在宾夕法尼亚铁路公司的关系让他成功做成了这笔买卖。作为一名匹兹堡居民，卡内基又有幸躬逢德雷克（Drake）为石油先锋开启的无限前景。在洛克菲勒进入该行业之前，卡内基就已经赚了一笔小钱。内战结束后，他开始在钢铁业中打拼。30 岁那年，他已经拥有了很多产业。有 4 家公司——联合钢铁公司（Union Iron Mills）、凯斯通桥梁公司（Keystone Bridge Company）、高级轧钢机公司（Rail Mill）和匹兹堡机车公司（Pittsburgh Locomotive Works），它们基本上全靠卡内基的个人眼光活了下来。此外，他还拥有哥伦比亚石油公司（Columbia Oil

Company)、伍德拉夫卧铺车厢公司、亚当斯快递公司（Adams Express)、数家银行和保险公司，以及全美各地的市内轨道交通公司的股份。1863年，卡内基的年收入为47 860.47美元，这一年他27岁。而按照亨德里克的说法，“巨富”的岁月还远远没有到来。

卡内基在投资方面的精明让他获得了在钢铁领域崛起的资本。一步一步地，这位汤姆·斯科特（Tom Scott）所刻画的“苏格兰小恶魔”建立起了自己的纵向托拉斯——这个托拉斯最后控制了从苏必利尔湖矿床到销售员订单簿的整条钢铁产业链。当然，这个纵向托拉斯并不是类似洛克菲勒在炼油领域所形成的垄断，因为其他具有竞争力的天才人物也可以建立同样的纵向托拉斯。但没人可以建立像卡内基那样的帝国；他总是可以给出比竞争对手更低的价格，因为他不断淘汰旧工艺，采用新程序。19世纪90年代，卡内基公司的纵向托拉斯拥有或租用了西北铁矿石储备，拥有自己的湖面铁矿石船队，经营着自己的伊利湖康尼奥特港，拥有自己通向匹兹堡的铁路，拥有自己的炼钢厂，拥有自己的焦炭供应线（通过将康奈尔斯维尔[Connellsville]的弗里克吸收为合伙人得到)，出售自己的产品给钢管厂、铆钉厂等。1901年，随着美国钢铁公司的成立，钢铁行业迎来了“稳定期”。美国钢铁的成立终结了卡内基式的天才型竞争，卡内基及其盟友只能以巨额高价将产业出售给摩根。自1901年以后直到去世，卡内基一直从事慈善事业，他的善款从哪里来？当然是从将产业出售给摩根所获得的巨额利润中来。

■ 安德鲁·卡内基的钢铁财富来自他所开发的铁路用钢轨，以及对控制成本的狂热追求。晚年，他成为一名热心的慈善家。（戴维斯 [Davis]、斯坦福 [Stanford]）

匹兹堡富翁发家史

• 随钢铁、石油和煤炭行业的兴起
而出现的物质大繁荣 •

1850 年，匹兹堡市的居民对于 100 万美元根本连想都不敢想，即使是估计财富超过 6 位数的人，用一只手也数得过来。25 年后，当石油热处于顶峰的时候，该市控制一百万甚至几百万美元之人达到了 20~25 人。19 世纪的最后 25 年，钢铁行业结出了第一批真正的硕果，1900 年，匹兹堡拥有 150 位百万富翁，而自 20 世纪以来，这一数字大概又翻了一番。白手起家的巨富如同雨后春笋般冒了出来，他们的财富增加之速，看起来就像是《天方夜谭》里的故事。本文将简单地回顾一些过去 25 年间出现的匹兹堡富翁的发家史，他们或是凭借自己的远见卓识而致富，或是因在正确的时间来到正确的地点而发达，从很大程度上说，这些人的故事就是匹兹堡的故事。

亨利·海因茨来自宾夕法尼亚阿勒格尼（Allegheny）最贫穷的家庭。他母亲有一手制作芥末调料的绝活，当亨利足够大的时候，母亲就差遣他去邻居家兜售芥末。他家就靠这样的小买卖过活。芥末的需求不断增加，而海因茨夫人还发现，朋友们不但向她买芥末，也会买果酱。很快，她的全部精力都得花在制作芥末上了。最后，他们把厨房改造成了加工车间，而在冬季没有水果可用的时候，海因茨夫人还会制作碎肉馅饼料。如今，海因茨供应“57 大品类”，身价达到了 2 000 万美元。

这家厨房小作坊已经发展成为超级大工厂，雇用几百名农场雇工。事实上，海因茨的巨额财富全部是在过去 15 年里积累起来的，因为他那时才开始拓展业务。如今，年近六旬的海因茨的生活与穷困潦倒时并没有什么区别。他热衷于参与主日学（Sunday school）工作，业余时间和大部分财富都用在了推广主日学上。

亨利·弗里克是独一无二的，任何不包括他的匹兹堡财富故事都是不完整的。出生时，他是穷人中的穷人，而如今，在耳顺之年，他的财富可以为他过去的岁月每年带去 125 万美元，即总规模达到了 7 500 万美元。弗里克对外部世界不闻不问，是个真正的隐士。多年前，无政府主义者伯克曼（Berkman）用子弹和匕首几乎将弗里克杀死在匹兹堡办公室中，至此以后，弗里克愈加深居简出了。然而弗里克一直不懈地做着无谓的努力，想把伯克曼从 25 年刑期中解放出来，他坚持说，伯克曼只是无知的工具，不应该施以如此重罚。全世界都知道弗里克的财富和他的发家史。但是，很少有人知道，是他自己的勇气和镇静让他在世界百万富翁俱乐部中赢得了一席之地。

40 年前，匹兹堡著名银行家族梅隆家族族长收到了一封来自宾夕法尼亚州欢喜山（Mount Pleasant）附近焦炭工厂的，署名为亨利·弗里克的信。信中要求获得一笔两万美元的短期贷款，且直言这笔贷款并不那么安全。写信人的胆略给梅隆族长留下了深刻印象，他派詹姆斯·科里（James B. Corey，现钢铁公司总裁的亲戚）悄悄前往那里观察这个亨利·弗里克。科里发现，这是个嘴上无毛，住在家徒四壁、前店后屋的简陋窝棚的年轻人。科里到访的时候，弗里克并不在家，因此科里有时间仔细打量这个生意生活二合一的小住处。一切都是如此井井有条，这激起了梅隆家信使的兴趣，要好好看看这位意志坚定的年轻人。弗里克回来了，他征服了科里。他将想法托盘而出——需要两万美元现金，立刻就要。

“给他这笔钱。”这就是科里返回匹兹堡时带回的报告。梅隆银行照办了，这笔贷款给梅隆家族带来的回报已经无法估量，因为从此以后直到现在，弗里克的银行业务便一直主要由梅隆家族打理。不消说，弗里克的第一次大动作，购买炼焦地皮，就获得了成功。

据说将成为美国钢铁公司下任总裁的斯奈德（W.P. Snyder）是匹兹堡真正自力

更生、发家致富的富翁之一。他的财富大概有 1 500 万美元，在过去 12 个月中，光是生铁就为他带来了 150 万美元。论出身，他是穷人中的穷人，是一位牧师的长子。他的财富都是在过去 25 年里积累起来的。如今，他还不到 50 岁，就拥有湖面蒸汽船航线、炼焦炉、煤矿、铁矿、高炉等诸多产业。斯奈德总是可以自力更生，他拥有钢铁般的意志，这便是他成功的基石。多年前，他断然拒绝与美国钢铁公司创始人合作，尽管好友一再告诫他，拒绝将会给他带来毁灭性灾难。斯奈德对此一笑了之，继续我行我素地生产生铁，时至今日，他已经被称为“生铁之王”。他单枪匹马就把美国钢铁公司逼到了墙角，如今，美国钢铁公司正不惜一切高价收购外部生铁，要不是斯奈德控制着生铁市场的话，美国钢铁根本不可能会开出如此高价。斯奈德是个资深宅男，也是匹兹堡最难找到的人。

亚历克斯·皮考克（Alex R. Peacock）称得上是匹兹堡年轻百万富翁的典型。他的财富在 1 500 万美元上下。他的致富有些迅速。十几年前，皮考克还是百老汇干货店的一个小员工，收入低得可怜。有一天，安德鲁·卡内基夫人在采购嫁妆时走进了那家干货店，并和恭迎她的苗条女店员建立了亲密关系。有些东西卡内基夫人想要，但店里找不到。这个女员工找到了名叫皮考克的楼层经理，向他说明了困难。皮考克当时并不知道这位顾客是谁，皮考克说：“如果您想要的话，我会给欧洲去信，女士，让他们为您定做。”他确实也这么做了。卡内基夫人后来和丈夫提起了这个善于应变的年轻人。卡内基开始注意皮考克，很快就把他招到了匹兹堡，后来皮考克成为卡内基钢铁公司的一员。皮考克很快就证明了自己绝不仅仅只会卖丝绸。他与一位客户签订了 60 万吨铁路用钢销售订单，这是当时规模最大的订单。

标准石油公司迎来50华诞

•洛克菲勒及其伙伴50年前创办该公司原型•

1870年1月10日，由约翰·洛克菲勒、亨利·弗拉杰（Henry M. Flager）、塞缪尔·安德鲁斯（Samuel Andrews）、史蒂芬·哈克尼斯（Stephen Harkness）和威廉·洛克菲勒在俄亥俄州克利夫兰市创建的标准石油公司迎来50岁生日。昨天，标准石油公司举行了庆典。庆典包括午宴和晚宴，135位公司和部门主管成为座上宾。许多来宾来自美国边远地区的炼油厂和油田。

上午，标准石油公司主席贝德福德（A. C. Bedford）和新泽西标准石油公司总裁蒂格尔（W. C. Teagle）在百老汇26号迎接各位来宾。午宴后，各位客人来到公司宴会厅，观赏《石油的故事》（*Story of Oil*）的首次完整上映——这是一部描述生产石油及其副产品过程的九卷电影。

昨天晚上，来宾在大学俱乐部（University Club）会议厅举行晚宴。小约翰·洛克菲勒、贝德福德、米尔本（J. G. Milburn）和蒂格尔发表讲话。贝德福德担任宴会司仪。洛克菲勒朗读了一封来自其父、标准石油创始人老洛克菲勒的信。信中说，尽管标准石油饱受争议，但他相信，人们会本能地相信没有哪个公司可以像标准石油那样成长和繁荣超过50年，“除非它的业务建立在全心全意为人民服务的信念上”。

贝德福德赞扬了标准石油的创始人，表示他正是公司成就其伟大和成功的主要原因。贝德福德还说，约翰·洛克菲勒给穷人带去了温暖和光明，从一开始，他就是指路明灯。“但如今，公司致力于服务人类，不管国家、种族和信仰，”贝德福德说，“他致力于办教育以发展人类智能；他与伤害人类身体的疾病作斗争。没有人，不管已逝的还是在世的，能像他那样在改善基本生活条件、让生活值得继续方面作出过如此巨大的贡献。”

来自洛克菲勒的信

在这封写自佛罗里达州奥尔蒙德市（Ormond）的信中，约翰·洛克菲勒说，他和他的弟弟威廉是唯一还在世的见证公司组建的两个人。他回忆了标准石油公司早期、在现代融资方式还远未发展成熟时的奋斗经历。

> 在这里，我也许得带着几分歉意地说，在现代商业企业史上，标准石油公司在向疲弱和破产的竞争对手伸出援手，给它们东山再起的机会，而且不要求它们承担风险方面可谓前无古人。当然投入即使便当时也不再适应较新炼油技术的过时工厂除外。我很高兴地看到，持有标准石油股票的人都成功了，获得了比其他任何做法都更好的发展。我很遗憾，某些人由于担心这个强大而繁荣的公司不可能获得成功，而卖掉了股票。

信中说，反对是意料中的事，因为每一步的节流计划都“带来了经济变革，而这类伟大运动总是或多或少地会招致留恋过时老办法的人的抵制。”

尽管在25年前便已淡出了公司，但洛克菲勒表示，他一直关注着公司的发展。他还说，他相信标准石油“不但能够成为主宰，也对得起公众对它的信心”。

知名零售家林肯·法林逝世

• 领导波士顿专营店的著名零售企业家，他创造了销售帝国 •

• 支持员工在管理中的作用 •

• 他是民意领袖、是慈善家 •

马萨诸塞州，8 月 27 日——出生于亚伯拉罕·林肯任期内的林肯·法林今天在自己的避暑别墅中逝世，享年 92 岁。

法林及其已故兄长爱德华合作经营了由其父创办的威廉·法林之子公司（William Filenes's Sons Company），并将它打造成了世界最大的专营店。

全国性零售网络的形成

在这个年销售额高达6亿美元的全国性零售帝国的创业中，法林与有力焉。同时，他的社会责任感使得他与雇员和社区一起分享收益。

1924 年，他写了一部名为《商人的视角》（*A Merchant's Horizon*）的书，呼吁广泛采用法林在波士顿所采用的让员工参与企业管理的政策。"员工脑筋动得越勤，技能增长得就越快，"他写道，"而这意味着工资的稳步增长。我们理应如此。社会能够轻松支付稳步增长的工资，只要它能因新知识的出现而不断致富。"

法林的商店很早就成立了拥有裁决工作环境纠纷权力的员工组织。1903 年，公司引入了利润分享计划；同时，它还是提高妇女最低工资的先锋。1912 年，法林公司开始实行夏季周六歇业制度，1924 年又在常规夏季假期的基础上增加了冬季带薪假。而且，它也是早期医疗、保险、信用合作和退休金计划的实施者之一。

除了自己经营专营店，法林还协助创办了美国仲裁协会（American Arbitration Association），致力于起草公平商业交易规则，并在州失业保险制度的成立中起到了积极作用。

普鲁士移民之子

林肯·法林的父亲威廉·法林是普鲁士移民，1849 年，他在波士顿开设了一家商店，接着又在纽约和马萨诸塞州的赛勒姆（Salem）和林城（Lynn）开设了商店。林肯·法林于 1965 年出生在波士顿，他原来还有个首名亚伯拉罕，但在 1933 年，他自己将这个首名去掉了。1881 年，威廉·法林回到波士顿；1890 年，他将成长中的商店留给了两个儿子。他们很快就带领这家商店融入到了席卷全美的企业扩张潮中。

1909 年，身为总裁的爱德华·法林推出了“自动廉价商品地下室政策”。根据该政策，高质量商品以低价买卖，定期减价，如果 30 天内无法卖掉，就将它们捐给慈善机构。

身为主席的林肯·法林（他一直在这个位子上干到逝世）负责处理人事。1919 年，他召集其他商人成立了合作组织——零售研究协会（Retail Research Association），接着又成立了世界性的采购公司联合会（Associated Merchandising Corporation）。

1929 年，他不顾兄长爱德华的反对，整合了林肯公司和布鲁克林的亚伯拉罕 - 斯特劳斯公司（Abraham & Straus）以及俄亥俄州哥伦布市的拉扎勒斯公司（F. & R. Lazarus & Co.），成立了联合百货公司（Federated Department Stores）。林肯·法林担任公司主席，直到去年 6 月 12 日。

如今，联合百货公司的网络覆盖了 38 家百货商店，在 11 个州开展业务。在截至去年 2 月 2 日的一年中，联合百货公司的销售额创下了 601 491 511 美元的纪录，其净利润则达到了 23 510 924 美元。

麦当劳创始人克罗克逝世

埃里克·佩斯（Eric Pace）

麦当劳汉堡帝国的缔造者、巧妙改变几十亿片牛排的供应方式，从而改变了美国商业和美国人饮食习惯的雷·克罗克昨天在圣迭戈逝世，享年81岁。他生前住在加利福尼亚州拉荷亚（La Jolla）。

克罗克也是棒球俱乐部圣迭戈教士队的拥有者。麦当劳的一位发言人说，克罗克因心脏病在圣迭戈斯克里普斯纪念医院（Scripps Memorial Hospital）逝世。去世时，他是麦当劳资深主席。

克罗克早年做过钢琴演奏家、纸杯和奶昔制造机销售员，他以永不疲倦的精神，对麦当劳免下车餐厅和快餐店进行着启发式的改造，专注于供应汉堡和其他快餐食品，最终积累了5亿多美元的家族财富。

在规模达数十亿美元、竞争极其激烈的快餐业，克罗克是自动化和标准化经营的先锋。他把目标集中在快速增长的市郊地区。在这些地区，家庭去本地麦当劳餐厅就餐就像去参加部落仪式一样。

1955年，开设第一家麦当劳餐厅

1955年，克罗克在芝加哥开了第一家麦当劳餐厅，如今，麦当劳在美国和其他31个国家和地区拥有7 500家门店。1983年，麦当劳全系统餐厅收入超过80亿美元，75%的门店为特许经营模式。

副总裁兼发言人理查德·斯塔尔曼（Richard Starmann）在伊利诺伊州奥克布鲁克麦当劳总部说，1983 年，这家美国最大的食品服务组织（以销售额和门店数量衡量）实现了盈利。

让克罗克如此成功的，是他带给快餐零售业的众多如艺术家般的风雅元素。他精心选择麦当劳特许经营对象，寻找善于经营人际关系的经理；他不厌其烦地强调质量，决不允许用大豆等填充材料制作汉堡。克罗克还创新性地大量雇用十来岁的兼职员工，他想尽办法压缩成本，从而让麦当劳的诱人低价成为可能。他还像管理职业棒球队那样，将复杂的团队技术引入食品行业经营中。

在美国商业大竞技场上，克罗克的职业生涯显得颇为与众不同，因为他的巨大成功来得如此之晚。他进入汉堡行业时已经过了知天命之年，1955 年，他成为麦当劳公司总裁；1968 年他出任主席，并从 1977 年开始持有资深主席头衔，当时麦当劳每年要卖出 37 亿美元的快餐产品，是其最大竞争对手、品食乐（Pillsbury）所有的汉堡王的 4 倍。

20 世纪 70 年代初熊市来临前，麦当劳股票是华尔街的最爱。1973 年 1 月，麦当劳股价爬上了历史顶峰 77 美元，在 20 世纪 60 年代首次发行时就买入麦当劳的投资者获利超过 60 倍。

多年来，克罗克多次陷入争议。在 1976 年的著作《巨无霸：未授权麦当劳传》（*Big Mac: The Unauthorized Story of McDonald's*）中，两位作者马克斯·博厄斯（Max Boas）和史蒂夫·蔡恩（Steve Chian）指出，麦当劳强迫员工参加测谎测试，还收缴他们的小费。麦当劳门店的建筑风格和食品的营养成分有时也会受到人们的批评。但营养学家让·梅耶（Jean Mayer）曾说："我并不是对麦当劳着迷；但作为周末速食，麦当劳既清洁、又快捷。"

一丝不苟的指挥官

克罗克的发型保持着指挥官的形象，头发齐刷刷地向后梳理，定做西装一丝不苟，双眼总是紧盯着店里的卫生状况。当他双手捧着汉堡大快朵颐的时候，手指上硕大的戒指金光闪闪。"我想，要做一名企业家，你必须有强大的内心、充分的骄傲，并有能力让别人跟随你的领导。”克罗克再一次这样说。但他的领导力促使了很多像他一样的追随者永不停歇地追求卓越和成功。

克罗克把麦当劳总部设在距离芝加哥市郊橡树公园数英里的奥克布鲁克。1902年10月5日，克罗克出生在这里。他的父亲是一位落魄房地产商，克罗克这个姓来自今天捷克斯洛伐克的波西米亚。

“我决定全力以赴”

克罗克在橡树公园的公立学校就读，连高中都没有毕业。第一次世界大战期间，和同样在橡树公园长大的海明威一样，他担任了救护车驾驶员。接着，在做了多种工作之后，克罗克在百合郁金香茶杯公司干了17年，并担任中西部销售经理。但在1941年，“我觉得是时候自立更生了”，克罗克曾回忆说。于是，他成了一种可以同时准备5份奶昔的机器的专属销售员。

接着，在1954年，克罗克听说了理查德·麦当劳和莫里斯·麦当劳兄弟，这两人是加利福尼亚州圣贝纳迪诺（San Bernardino）一家快餐店的所有者，他们的餐馆里有好几台克罗克的奶昔机。

“我去看了麦当劳店的经营状况。”克罗克在《纽约时报》的一篇回忆录中说道。突然间，他在纸杯业和奶昔机行业的多年灵感在脑海中融合在了一起，产生了一个绝妙的主意。“我也不能装作知道这是什么——毫无疑问，这并不是占星测字，”他继续道，“也许这是你的背景和经验、你的本能、你的梦想混合而成的东西。不管这是什么，反正我是在麦当劳店里看到了它。我想，这一刻我变成了一位企业家。我决定全力以赴。”

特许经营模式起航

克罗克开始和麦当劳兄弟谈论以他们餐馆的模式经营特许门店的事宜——汉堡15美分、薯条10美分、奶昔20美分。最后，麦当劳兄弟和克罗克达成了协议，克罗克拿出经营毛收入的些许百分比给麦当劳兄弟。在正确的时间，克罗克开出了第一家餐厅，这家餐厅位于芝加哥另一面市郊的德斯普兰斯（Des Plaines），长期以来，该地一直以卫理公会露营地而著称。

由于业务非常出色，克罗克很快就开设了其他餐厅。第二家和第三家于1955年晚些时候开于加利福尼亚；5年内开了228家，1961年，克罗克买断了与麦当劳兄弟的协议。

在选择管理新门店的特许经营所有者时，克罗克在1971年解释说："寻找与人为善的人；我们宁可选销售员，也不会选会计或厨师。"

克罗克的继承经营者包括他的妻子、拉荷亚的琼；他的一位兄弟，加利福尼亚州圣塔内兹（Santa Ynez）的罗伯特·克罗克博士；他的一位姐妹，印第安纳州拉斐特（Lafayette）的罗琳·戈洛（Lorraine Groh）；他的一个继女、圣迭戈的琳达·史密斯（Linda Smith）以及他的4个孙女。悼念仪式将于星期五在奥克布鲁克举行。

美的追寻者、独立化妆品巨头雅诗·兰黛逝世

理查德·塞韦罗（Richard Severo）

雅诗·兰黛周六在曼哈顿上东区家中逝世，其家族在宣布该消息时说，雅诗·兰黛享年97岁。雅诗·兰黛是最后一位独立化妆品业巨头，一代又一代女性将其美容乳液视为能助她们永葆青春的“希望之瓶”。

“追求美丽是光荣的。”兰黛经常这样说。显然，她同样认为，美的生意同样光荣。唯有心中有信仰之人才能让自己成为与皱纹、下垂、眼袋和斑点抗争的这场古老战争中的国际知名战略家。她的武器是乳液、粉末、软膏、药水和泥，其中许多产品都含有高保密软剂成分。如果它们不能产生预期的效果，她还有一系列成分同样神秘的气味产品，能够让男人猜不出女人的年龄。

兰黛努力的成果是一家1995年上市时估值达50亿美元的公司，而她获得的头衔是创始女主席。2003年，该公司拥有21 500名员工，估值约100亿美元，其产品在130多个国家和地区出售。

“首先，你要爱自己的产品”

雅诗兰黛公司直到1946年才成立，但其历史可以追溯到20世纪20年代，雅诗·兰黛的舅舅约翰·肖茨（John Schotz）在一间小厨房的煤气炉上调成了一款面霜。几年后，这款面霜受到了荷兰出生的实业家阿诺德·范阿梅林根（Arnold L. van Ameringen）的资金和技术支持。20世纪50年代，雅诗兰黛公司推出了一款名

为“青春之露”（Youth-Dew）的浴油，因此名声大噪，这款浴油的诞生多半要归功于兰黛和范阿梅林根。

“我爱我的产品，”有一次，兰黛如是说，“我喜欢触摸乳霜，闻它们、看它们，并随身携带它们。你要让别人爱上你的产品，首先你自己就得爱它。”兰黛也喜欢接触她的顾客。在创业阶段，只要新产品发布，她就会出现在店里，不慌不忙、不疾不徐地拿出一个罐子，蘸点罐子里的东西，涂在充满期待的顾客的手腕或脸上，于是顾客的肌肤会发出“温雅的光辉”。

兰黛深谙慷慨之道。在业内，她以提供免费样品、特别是“附赠商品”的概念而著称。她在事业草创期引入了这些创造性营销手段，一名营销顾问告诉她，她所拿出的 5 万美元广告费用不足以产生任何效果。

尽管对于相信她研制出有效产品的人，她会尽力维护；但对于竞争对手，她向来不惮于犀利的直白——这些人无不面目可憎，而且远没有她活得那么长久。她把露华浓创始人查尔斯·郎佛迅（Charles Revson）称为“我永远不可原谅的宿敌”；称伊丽莎白·雅顿“不是什么好女人，是个吝啬鬼”；她说法贝热（Faberge）的山姆·鲁宾（Sam Rubin）“在女权主义时代仍然不可一世”；尽管海伦娜·鲁宾斯坦（Helena Rubenstein）看起来像是女沙皇，但“她脖子上的皮肤差了点”。

兰黛着迷于让女性的脸变得更完美，也渴望赚大把大把的钱，摆脱童年的困境。“总有一天，我可以想干什么就干什么。”据说她在多年前做过这样的预测。20 世纪 80 年代末，她的个人资产已达 2.33 亿美元，位列《福布斯》美国 400 富人榜。显然，她的预言成为了现实。

朴素的童年生活

雅诗·兰黛在美容产业中创造了魔术般的神话，这让很多女人相信她出生在欧洲的贵族家庭。但事实上她是纽约人，和贵族更是半点关系都没有。根据多部传记的记载，约瑟芬·雅思贴·门茨尔（Josephine Esther Mentzer）1908 年 7 月 1 日出生于位于皇后区科罗纳（Corona）的家中，但其家族所认定的出生年份比这还要早两年。她的父亲名叫马克斯·门茨尔（Max Mentzer），一个五金商人，还开着一家干草和种子商店。她的母亲名叫萝丝·肖茨·罗森塔尔·门茨尔（Rose Schotz Rosenthal Mentzer），一个热衷于美容养颜的女人。门茨尔一家都是努力工作的移民，而雅思贴（后来她以更简短的名字“雅诗”闻名于世）清楚地记得，圣诞节期间父亲把锤子和钉子包装起来，作为礼物送给顾客。

在 1985 年的兰黛传记《雅诗，成功的故事》（*Estée, A Success Story*）中，兰黛回忆母亲是“一位匈牙利美女，母亲是法国天主教徒之女，父亲是匈牙利犹太人”。她把父亲描述为“举止优雅、衣冠楚楚的欧洲君主主义者，来到美国后，每逢星期日仍会戴上手套，拿起手杖”。

多年来，兰黛接受过众多记者的采访，据她透露，她的童年相当温雅而舒适。但李·伊斯雷尔（Lee Israel）在 1985 年出版的未授权传记《魔术之外的雅诗·兰黛》（*Estée Lauder, Beyond the Magic*）中说，兰黛一家生活在意大利工薪阶级社区中，比兰黛所说的要破落得多。

不管童年环境如何，毫无争议的是，娇小的金发女郎雅诗·兰黛以精致的肌肤和永远美丽的志向著称。在她就读于皇后区牛顿高中期间，她开始对舅舅约翰·肖茨的事业感兴趣。

投身化妆品事业

约翰·肖茨 1900 年从匈牙利来到美国，受过大量的化学训练。人们称他为肖茨博士，但他并没有博士学位。不管他的背景如何，反正他创造了许多美容产品，包括“六合一冷霜”“肖茨博士维也纳面霜”和各种香水。

雅诗·兰黛近距离地学习了他的家庭作坊产品，由于肖茨博士没什么经商天分，因此雅诗·兰黛还帮他贩卖这些产品。雅诗·兰黛很少提及奇迹的过去，我们也无从弄清她是否从牛顿高中毕业了。但不管在学校还是离开学校后，她都热衷于充当舅舅的美丽助手。1930 年与约瑟夫·劳特（Joseph Lauter）结婚时（婚前两人谈了 3 年恋爱），雅诗·兰黛仍在帮助肖茨博士推销产品。约瑟夫·劳特是威廉·劳特和莉莉安·劳特夫妇的儿子，从奥地利一个叫加利西亚（Galicia）的地方移民来到美国。劳特经营丝绸和纽扣生意，但不怎么成功。20 世纪 30 年代晚些时候，他把姓改名为“兰黛”。

1939 年，他们的婚姻以离婚收场。但彻底分开已是 1942 年，雅诗·兰黛告诉朋友，兰黛先生是个好男人，“我不知道为什么要和他闹翻”。当年 12 月，他们复婚，直到 1982 年约瑟夫·兰黛去世。

1982 年，雅诗·兰黛向人们展示了她的生活哲学。当她觉得她的红宝石和钻石三重冠看起来与她的蓝绿色裙子极不相衬时，她马上换了一个更合适的黄金和钻石宝冠。“你知道这是怎么回事，”她对《纽约时报》的夏洛特·柯蒂斯（Charlotte Curtis）说，“你总得穿点什么。”

山姆·沃尔顿，零售业新贵

伊萨多·巴尔马什（Isadore Barmash）

阿肯色州本顿维尔——沃尔玛公司创始人，传说中的美国首富山姆·沃尔顿上个月在公司年会上消遣了大众一次。

在本地高中体育馆，他恭迎老朋友，拥抱女性，用从美国国歌《星条旗永不落》到公司之歌的歌声欢迎 1 800 位股东、雇员和客人。“给我一个 W。”他朗诵道。迎接他的山呼海啸般的掌声和欢呼，几乎将体育馆那涂成红、白、蓝相间色彩的大梁震塌。

这还只是开始。当天下午，66 岁的沃尔顿和他的妻子在家中举行了有 700 人参加的烧烤会。晚上，乡村歌手泰米·温妮特（Tammy Wynette）献唱，并请沃尔顿和她一起演唱。第二天，这个深藏于阿肯色州最西北角的小镇举办了各种体育竞赛、一场游船旅行以及一次政治家论坛。

但如果说沃尔玛年会的氛围充满了南方式的轻松，那么公司高管所公布的资产负债表可以算得上老于世故。这是零售业的一次巨大成功，沃尔顿的北方同胞根本无法望其项背。

没有沃尔顿，就没有优秀的沃尔玛超市

这家已有 22 年历史的折扣连锁店多选取在不断扩展的南部和西南部 19 州的 5 000~15 000 人的农村社区开店，它是美国增长最快的零售企业。自 20 世纪 70 年

代末以来，这家本顿维尔公司的销售额、利润、股本回报和其他公司业绩指标均在业内首屈一指。雇员为此感到欢欣鼓舞，因为他们可以从公司慷慨的利润分享计划中获益。

“沃尔玛是极为罕见的管理出色、盈利可观、未来前景看好的销售公司。”纽约第一曼哈顿公司分析师凯瑟林·麦基（Cathleen W. Mackey）说。芝加哥达夫菲尔普斯公司（Duff & Phelps Inc.）分析师斯坦利·艾弗森（Stanley H. Iverson）补充说：“沃尔玛是美国最大的快速增长的大型零售商，也是仅次于凯马特超市（K Mart）的第二大折扣零售商。该公司的管理、积极性、沟通效率和对变化的响应能力均在零售业中无出其右者。”

沃尔玛的成功很大程度上要归功于其 CEO 山姆·沃尔顿。沃尔顿出生于俄克拉荷马州翠鸟市（Kingfisher），是一个靠向美国农村地区兜售折扣商品致富的农家孩子——事实上，他因此而攫取了巨富。去年秋天，《福布斯》杂志将他评为美国最富有的人之一，与洛克菲勒家族、亨特家族和盖蒂家族并驾齐驱。但是，身材瘦高的沃尔顿精力充沛、广受公司上下衷心拥护，他总是充满激情，却不愿意与人讨论。他宁愿谈论零售业，把功劳归于他的员工。

沃尔顿说：“在这一行没有太多的秘密，任何人只要愿意努力工作、学习业务并运用最佳原则，都能做得很好，我就是这么做的。我会走进竞争对手的商店，我进的商店比其他任何人都多。我很幸运，有一些聪明人愿意为我工作，我们避免了其他人所犯的错误。我们从其他人的教训中学习，也从自己的教训中学习。”

和这次年会一样，沃尔玛处处都是沃尔顿的印记。但是，分析师说，随着沃尔玛的成长，创始人对公司的主宰会成为问题。已是满头白发的沃尔顿坚持说，自己没有计划“现在就退休，以后也不会”，内部人士也否认沃尔玛存在接班人问题。但分析师担心，这家腾飞的公司可能会因更新掌门人而坠落。业内担心，沃尔顿的离职对沃尔玛可能会造成如同哈里·坎宁安（Harry Cunningham）的离职对凯马特以及小弗雷德·拉扎勒斯（Fred Lazarus Jr.）的逝世对联合百货（Federated Department Stores）的负面影响一样。另一个问题是沃尔玛是否能够维持其庞大的增长计划：每两到三年销售额翻一番，每年新开 100~125 家店，并进军新地区，开拓新业务。

目前，沃尔玛的快速增长是通过远见卓识实现的。其战略结合了激进的扩张，以及使用最先进技术的计算机化销售新系统，支出的严格控制，强大的分销网络和先进的雇员关系计划。

简单却极具竞争的经营手段

经纪公司第一曼哈顿公司的数据显示，在过去 5 年中，沃尔玛年销售额平均增长率为 39%，超过凯马特的 10% 和塔吉特的 29%。沃尔玛的规模只有凯马特的 1/3，但其 1984 年财年（结束于 1 月 31 日）销售额达到了 46 亿美元。

纽约第一波士顿公司分析师玛格丽特·吉利安姆（Margaret A. Gilliam）估计，今年沃尔玛销售额将为 65 亿美元，并对其维持强劲增长表示乐观。“我们认为，沃尔玛具有高度进取心、业内最低成本、对未来的良好规划以及永远争第一的渴望，这将让他们一往无前。”她说。沃尔顿及其最高领导团队预计 4~5 年内销售额将达到 120 亿美元，分析师说，那时的净利润将极有可能达到 3 亿美元左右。

沃尔玛的战略很简单：它结合了低成本经营、强调以折扣价提供美国名牌产品以及在门店开设之处追求市场主导地位。与大部分公司将涨价和加价归咎于通货膨胀的做法不同，沃尔玛通过削减分销成本、对供应商施压等方法来压低价格。沃尔玛的经营手段极具竞争力，并重创了竞争对手。其最大的竞争对手凯马特在不经意间帮了沃尔玛一把。

“山姆·沃尔顿仔细研究了凯马特，并从它的错误中学习经验，”凯马特前区域经理、现为沃尔玛阿肯色州北费耶特维尔（North Fayetteville）门店经理约翰·特尼斯（John Ternes）说，“凯马特使用了太多的进口品和信用证，这引起了南方人对进口商品的耻辱感，也使它利用不到国内的机会。”

富有的秘诀是坚持不懈

凯马特也太过依赖于自有品牌，而南方消费者更喜欢全美名牌。

山姆·沃尔顿明白，他的市场便植根于这种定位。少年时，他随家庭从俄克拉荷马迁往密苏里州的哥伦比亚。1940 年，他从密苏里州大学获得工商管理学士学位，毕业后在位于得梅因（Des Moines）的彭尼公司（J. C. Penny）做了两年培训生。

学成之后，他于1945年买下了本·富兰克林特许加盟店，和其弟、沃尔玛联合创始人、现任公司高级副总裁的詹姆斯一起经营了17家本富兰克林特许店，将其打造为当时全美最大的地区特许量贩店。1962年，兄弟俩开办了沃尔玛。

与凯马特前任主席哈里·坎宁安一样，山姆·沃尔顿也看到了折扣商店的巨大潜力，特别是在农村地区。

“我们有量贩店背景，”沃尔顿在贴满了他所钟爱的狩猎、网球和爱犬照片的办公室接受采访时说，“大型折扣企业都在东部，还没有进入这里。即便如此，我们仍是迟到者，因为这里已经有了伍尔科折扣店（Woolco）、凯马特和库恩K（Kuhn-Big K）门店，还有不少像我们一样的小型地区连锁店。不久，其他折扣商也来了。我完全看不到任何可容我们起步的空间。但我向来自信，只要我们做好自己的分内工作，为客户谋利益，就没有什么东西可以阻止我们。”

山姆·沃尔顿严于律己。他走路很快、长于网球，定期参加猎鸟活动。在工作中，他每周的前4天会参观沃尔玛各门店，然后在星期五到总部召开员工会议。沃尔顿的亲信说，他精力过人，“总是抱着极其乐观的态度”。也许一辈子坚持不懈的努力让他成为了美国最富有的人之一，据《福布斯》杂志的文章透露，其资产估计高达2.6亿美元以上，大部分来自公司股票。沃尔顿家族大约持有沃尔玛40%的股票，其他内部人士持有另外8%。

如今，分析师们纷纷看好沃尔玛股票的潜力。达夫菲尔普斯公司的艾弗森说，尽管零售业股票在未来几个月中仍不会成为投资者的宠儿，但沃尔玛“是我们在一般销售商中的第一长期选择”。目前，沃尔玛股票价格为38美元。

对员工来说，利润分享计划不啻天大的恩惠。去年，沃尔玛将雇员薪水的8.2%划入该计划，目前该计划投资组合规模已达到了1.58亿美元。在沃尔玛公司工作满一年的雇员即可参与利润分享计划，长期雇员持股量相当可观。

作为随沃尔顿参观总部的访客，主席询问一位商品经销经理，他的利润分享计划价值几何。“大概100万美元吧。”这位工作多年的老员工说，而他并没有开玩笑。

但一旦失去沃尔顿的强大影响力，沃尔玛还能保持增长吗？内部人士说，继任者问题已经提上了台面。据说，沃尔顿的候选继任者至少有三四位：最有可能的是46岁的总裁休梅克（Shewmaker），其次是48岁的副主席大卫·格拉斯（David Glass）、负责管理和分销的执行副总裁50岁的唐纳德·索德奎斯特（Donald G. Soderquist）以及负责经销和销售的执行副总裁49岁的阿尔文·约翰逊（Alvin L. Johnson）。

听英特尔总裁格鲁夫聊企业文化

• 关于层级的新观点 •

英特尔公司是无与伦比的创新者。它由科学家组织和经营，开发出了将计算机的大脑置于一块硅片上的初步设计。10 年间，该公司的业绩就从 1969 年的 20 万美元收入、190 万美元亏损增长转变为 1979 年的 6.629 亿美元销售额、7 780 万美元利润。

英特尔也赢得了美国最佳公司经营的名望——与其产品一样，其管理也极具原创精神。44 岁的英特尔总裁安迪 · 格鲁夫（Andy S. Grove）在最近一次接受《纽约时报》编辑和记者采访时谈论了英特尔的公司文化。[①]

Q 我们惊讶于英特尔开领衫、休闲服的观念。这种穿着对公司很重要吗？或者说，这更多体现的是加州风格，而不是你的企业风格？

A “开领衫”文化、黄金锁链等，只是次要方面，我们并不宣扬非正式的观念——我们不在乎观念。关键是消除大量的繁文缛节、管理级层的象征；确保我们专注于实质而非形式。

Q 消除级层的象征是因为你们没有级层吗？

① 想了解更多有关英特尔的传奇故事，推荐阅读《三位一体》一书，该书是迄今为止关于英特尔历史的最有深度的一本。本书中文简体版已由湛庐文化策划、浙江人民出版社出版。——编者注

A 我们对级层的观点是，我们希望员工可以做员工的职位。显然，员工具有不同的影响程度，我们向他们支付薪水，不管市场上有怎样的特定水平的需求。

不过，除此之外，我们真的试图不以外表、停车位、办公室、头衔或头衔的正式性来做进一步价值判断。我们希望灌输给员工这样一种观念：他们的工作才是最重要的。

Q 有人认为这在加州电子行业早已是陈词滥调了。英特尔有什么独特之处?

A 谈不上陈词滥调。和我们类似的公司还有一些，但我并不认为微电子行业一定如此。

Q 如果这不是一种陈词滥调，那是什么?

A 你听说过阿尔文·托夫勒（Alvin Toffler）的那个概念吗? 即未来的组织将是“特定工作制”的。他指的是，层级制管理、层级式分配的权力将无法应对商业环境、商业条件和技术的快速变化。因此，权力必须具有极强的流动性，可以在层级式分配和基于知识的分配之间不断地前进和后退。

最困难的任务之一是，确保决策由最适合的人来做。有人可能会说，决策是由管理链作出的。这个真不是；你可能会参与决策活动，但你真的没在做决策。

Q 那么，真正做决策的是谁呢?

A 我们招进来的人总是很年轻、很羞怯，而且没什么经验，让他们必须决定下一代微电脑的构架，这是乱弹琴，他们根本无从应对。但他们会很乐意向某个看起来像是经理、做起事来像是经理，并露出舍我其谁般霸气的人求助，让他来做决策。

这么说吧，我们必须强迫他们应对这类问题：小伙子，公司的未来就取决于其中一个选择，你在这方面犯了个错，10 年就成了蹉跎。要知道，10 年在我们这行可等于一辈子啊。

我们在同等重要的早期作出选择；但如果当初有人说，嘿，你最好小心点，因为硅栅技术和金属栅技术之间的选择可是事关公司存亡的大事，那我可能就听不到你的意见了。

Q 但是，简而言之，这位经理、这位权势人物，他大概也就 30 岁左右吧，就已经距离新技术太远、不足以自己作出决策了吗?

A 不是 30 岁，确切地说是 40 岁，正是我们所探讨的一类人。这类人走出校园好几年了，成了二流的工程师主管。

我们大概 8 个人会围坐在一起讨论，当然，我们并不一样，这是另一回事。他们不会怯于争论这个问题；但是，迟早他们会带着一个构架离开。我帮不了他们。我唯一能做的事情是在他们互相竞争时，确保不以谁声音洪亮为标准决定对错，并确保他们明白必须作出决策。

正因如此，洗掉一些旧象征是大有裨益的。这些人越是觉得自己胜任这一角色，他们就越能接受我们真心期待他们作出决策的事实。这就好比是，在开会之前，我们会先把军衔肩章都扯掉。

September 28,2008

THE STORY OF AMERICAN BUSINESS

FROM THE FRONT PAGES OF THE NEW YORK TIMES

首富是如何炼成的

珍妮特·马斯林（Janet Maslin）

1940年，10岁的沃伦·巴菲特随父亲来到纽约，这是他得到的生日礼物：别的孩子喜欢看马戏、去动物园，而小沃伦想参观华尔街。

在纽约证券交易所，他设法见到了投资银行高盛公司高级合伙人悉尼·温伯格（Sidney Weinberg），并与他进行了交谈。在交谈结束时，温伯格搂着小沃伦问："你喜欢哪只股票，沃伦？"自有股票以来，人们就在问这个问题。

68年后，巴菲特被《福布斯》评为世界首富。他刚刚对高盛公司进行了一笔50亿美元的投资，这笔投资将让高盛得以生存下去，而他自身的净财富也会有所增加。人们是如此热衷于挖掘他的投资理念，以至于得到他热忱合作的传记《滚雪球》（*The Snowball: Warren Buffett and the Business of Life*）大受欢迎——即使该书只回答了一些不痛不痒的问题。这本书得到了巴菲特的认真回应，内容覆盖了他人生的方方面面，且文笔颇佳。

巴菲特选择艾丽斯·施罗德（Alice Schroeder）来当自己的传记作家是明智的。毫无疑问，施罗德是再合适不过的传记作者，两人有着相当的默契。除此之外，施罗德文字功夫了得，能够把巴菲特人生的跌宕起伏和他错综复杂的伯克希尔哈撒韦商业帝国说明白。

巴菲特6岁就开始了赚钱梦，总是把赚来的钱存起来。他常常看着1美元，却想到了经由复利最后形成的 10 美元。（直到晚年，他才大手笔地投身于慈善事业，显然就是出于这个原因。）14 岁时，靠着送报纸，他的收入已经让他付出了 7 美元的税收。他甚至会在收入中将手表和自行车支出作为营业费用扣除。

毫无疑问，巴菲特是他的高中同学中唯一一个拥有农场、钱比老师赚得还多的人。随后，“读大学倒减缓了我的赚钱速度。”他回忆说。尽管如此，在他进入宾夕法尼亚大学沃顿商学院就读时，引人注意的乃是他愚蠢的打扮和与他的早熟不相称的邋遢习惯。

被哈佛商学院拒绝并决定就读哥伦比亚大学是他人生中的一个转折点。哥伦比亚大学有位叫本杰明·格雷厄姆（Benjamin Graham）的教授，他是《聪明的投资者》（*The Intelligent Investor*）一书的作者。格雷厄姆成了巴菲特的导师和榜样。沐浴在格雷厄姆证券分析的思想中，“沃伦的表现就像是终身居住在暗无天日的山洞中的人终于走出了山洞，被阳光亮瞎了双眼，这就是他第一次感知现实的感觉”。

巴菲特的超人耐性对他的人生也起到了很好的影响。由于无法赢得苏珊·汤普森（Susan Thompson）的青睐，他把目标转向了她的父亲；最终，她变成了苏茜·巴菲特（Susie Buffett）。他们生育了三个孩子，对这几个孩子来说，疏远而专横的父亲是一个“疏离而沉默的存在，披着浴袍坐在餐桌上，眼睛紧紧盯着《华尔街日报》”。但巴菲特将他的研究用于为利甚厚的用途。苏茜有时会不慎将股票红利支票投进炉子，忙不迭地救出来她才发现，自己的丈夫赚了那么多钱。

巴菲特财富崛起的故事也是一部社会地位爬升史，尽管他始终是一团和气。《滚雪球》一书详细披露了巴菲特和《华盛顿邮报》的凯瑟琳·格雷厄姆（Katharine Graham）不同寻常的友谊。不寻常到什么程度呢？他说《莱尔·阿布纳》（*Li'l Abner*）漫画中的黛西·梅（Daisy Mae）是他心目中的理想女人。无论如何，巴菲特需要源源不断的汉堡和母亲般的照顾。他身边有苏茜、阿斯特丽德·门克斯（Astrid Menks，他后来与她结婚）以及不少红颜知己。

书中还有很多正合时宜的财富故事。施罗德深入地描写了 1991 年巴菲特拒绝介入濒临倒闭的所罗门兄弟公司，因为他领教了去监管化风险、了解衍生品的危险性以及让政府出手援助金融机构的危险。

《滚雪球》一书对巴菲特做了盖棺定论式的刻画，其重要性自不待言。“在历史上没有哪个股东集团，”施罗德写道，对传主的生活史和其他方面两手抓两手都硬，“会像巴菲特身后的伯克希尔股东怀念他那样怀念他们的CEO。”

比尔·盖茨，怎样做巨人

罗恩·切尔诺夫（Ron Chernow）

1911年5月15日，爱德华·怀特（Edward White）首席大法官以与美国最高法院的尖峰时刻不相符的柔和声音诵读了两万字的意见书，裁定标准石油公司违反了反垄断法律。这份意见书结束了困扰美国5年之久的道德之争。5年前，罗斯福的反垄断斗士们决定给这个托拉斯及其创始人约翰·洛克菲勒上一次企业公民课。

在当前的企业合并潮中，标准石油公司的“幽灵”飘荡在日渐扩大的反垄断争论上空。星期二，司法部反垄断司收到诉状，对微软公司的反垄断调查即将开始。许多批评家已经注意到了洛克菲勒和比尔·盖茨之间的惊人相似之处。

标准石油公司是当时最令人畏惧和敬仰的垄断者，它炼制、分销和销售美国90%的石油。微软公司制造了90%的新个人电脑操作系统，制造了类似于标准石油公司的矛盾情绪，因为电脑正在和石油一样成为经济不可或缺的要素。

约翰·洛克菲勒的传奇故事对于比尔·盖茨来说，颇有可警戒借鉴之处。与盖茨一样，洛克菲勒也是在一个游戏规则尚待建立的新产业中构建自己的财富帝国的。1863年，洛克菲勒投资建设了他的第一家克利夫兰炼油厂，此时据宾夕法尼亚州发现石油仅有6年时间。1870年，他成立了标准石油公司，将混乱的石油工业操控于自己的控制之下。怀疑派质疑石油能够维持多久，但洛克菲勒展现出了对石油未来的强烈如救世主般的信心。他长期面对着炼油产能过剩的问题，终于对竞争彻底失去了信心，并开始拥护一种新的经济分配方式：合作，即他对垄断的委婉说法。

在建设石油帝国的过程中，洛克菲勒将大量策略申请为专利，而在1890年《谢尔曼反托拉斯法》中，这是不可能实现的。他和铁路公司勾结以赢取极具吸引力的运费，秘密地买断竞争对手，通过控制管道扼杀石油生产商，通过降价挤压新的闯入者从而垄断石油销售。与盖茨一样，洛克菲勒的信条是大量、低成本生产，坚信自己是在赐予全人类以珍贵之物：廉价的煤油灯照明。

当然，比尔·盖茨在电脑领域也不是善类。他断然否认微软垄断，因为微软降低了价格、改善了产品。但个人电脑价格的下降以及Windows技术的不断更新并不能让他摆脱垄断者的帽子——只能证明他是个相当精明的垄断者。许多认为镀金时代的垄断之王无非是糊弄消费者出手伪劣商品。但洛克菲勒是有企业家精神的商人，在标准石油公司的第一个20年里，他自我标榜把零售煤油价格从每加仑23.5美分降低到了7.5美分——原油价格的下降只能部分解释如此幅度的煤油降价。他的托拉斯用高效的管网将油田连接起来，并率先使用了油罐车售油。与它剥削消费者的行为相比，它的掠夺性低价更加可怕。不断地创新和相对低廉的价格也许是维持垄断的必要条件。

洛克菲勒从不把自己的垄断企业当作无限制的印钞机。如果他太贪婪，消费者就会转向替代品，比如用煤炭替代燃油。事实上，爱迪生的灯泡就最终取代了洛克菲勒财富帝国的第一块基石——煤油灯业务，不过他和标准石油公司被汽车救活了。洛克菲勒会设置高价，足以保证其丰厚的利润，但又不会高到吸引竞争者回到市场上来的程度。他也避免100%的垄断，后来他也承认，他允许业内存在几十家勉强生存的炼油厂，这样他就可以声称业内存在竞争了。

洛克菲勒和盖茨这些无与伦比的商人身上存在着共同的特质——一根筋的追求以及对竞争者的赶尽杀绝，这些特质让他们无法在微妙的公共关系领域驾轻就熟。几乎是从标准石油诞生的那一天起，洛克菲勒便是法庭和立法者围追堵截的对象，但在公开调查中，他从未在合法性问题上让步。他偶尔也会接受采访，并允许拍照。当艾达·塔贝尔（Ida Tarbell）在1902—1905年间的《麦克卢尔杂志》（*McClure's Magazine*）上曝光洛克菲勒的方法让他成为全美最令人讨厌的大佬时，他对此毫无反应，因为这样只会给塔贝尔带来更大的荣誉。1906 年，标准石油公司聘请了它的首个公关顾问，但它在公共关系的战场上早已一败涂地。

在最高法院的紧压下，比尔·盖茨终于警醒过来，需要改善自己的公众形象了，他聘请了一个积极的公共关系团队。如今，他出现在高尔夫广告和脱口秀节目中。尽管这样的转身显然戴着面具，并不令人信服，但至少表明，盖茨承认了增加可问责性的必要，也证明了舆论在反垄断案件中的决定性作用。

正如洛克菲勒的故事所说明的，反垄断诉讼总是具有高度政治性。大案总是旷日持久、花费靡巨，最后还难以胜出；反垄断斗士自认为是最后的武器。由于标准石油公司对调查者采取了强硬的敌对态度，结果激怒了罗斯福。标准石油公司的一些高管认为，美国钢铁、国际收割机公司和其他由 J.P. 摩根打造的托拉斯通过更合作的态度逃过了反垄断指控。

1995 年，政府的合意判决规定，微软不得在其 Windows 操作系统中“捆绑”其 IE 浏览器，因为他们担心微软会不公平地利用其在桌面电脑的主宰地位获得对互联网的控制。微软为此不惜一搏，以强硬态度针锋相对。但是，拒绝让步只能带来更全面的调查——正如标准石油的先例所预示的。

微软看似横扫一切的巨人，而事实上，它比标准石油公司孱弱得多。标准石油公司比最接近的竞争者、渺小的纯粹石油公司大 20 倍。除了产量从来没有超过市场份额的 35%，标准石油公司就是整个石油业。而标准石油公司所面对的是以特立独行的炼油商、以揭发丑闻为能事的记者、具有改革思维的检察长为先锋，以及以得克萨斯州、加利福尼亚州和堪萨斯州新油田上的小型石油生产商为后盾的反垄断大军。

相反，微软面对的是强大的竞争者方阵，包括网景、甲骨文及被其收购的、太阳微系统、IBM 等公司。这些强大的公司雇用了一大批律师、公关顾问和政客，对微软实施围追堵截。

尽管如此，盖茨仍然广受美国人民欢迎，许多人甚至将他视为英雄。阻止盖茨的行动要想成功，唯一的机会是其竞争对手能让公众相信，他们并不是因为在市场上输给了盖茨而在政治上动手脚。到目前为止，像艾达·塔贝尔和罗斯福那样发动对洛克菲勒攻势的情形，在盖茨身上还没有发生过。

标准石油公司的教训表明，微软应该采取更为合作的态度；它同样也表明，司法部应该避免对该公司发起广泛的反垄断行动。标准石油公司主持这一个相对来说较为静态的行业，在这个行业里，重大技术进步，比如长距离输油管道和油罐车，每 10 年只会发生两三次。其核心产品几乎是一成不变的。

相反，计算机行业的兴旺之源是设计、功能甚至产品目标的永恒性革命。新技术，如网络电脑和 Java 编程语言，具备重写行业秩序、颠覆微软主导地位的潜力。比尔·盖茨对竞争者的恐慌、多疑的反应也许正是他对其垄断地位内心发虚的最好证据——约翰·洛克菲勒就很少会因这样的焦虑而睡不好觉。

美国司法部必须保证盖茨不会在进入新领域时滥用其操作系统的垄断地位。与此同时，司法部也应该明白，盖茨永远不可能像洛克菲勒统治石油业那样绝对地统治计算机行业——没有必要再制造一次将标准石油拆分那样的痛苦。

March 12,1989

THE STORY OF AMERICAN BUSINESS

FROM THE FRONT PAGES OF THE NEW YORK TIMES

奥普拉·温弗瑞的华丽转身

帕特·科兰德（Pat Colander）

这是奥普拉·温弗瑞不凡职业生涯的平凡一幕：1984年，30岁的芝加哥晨间脱口秀主持人来到北卡罗来纳州，出现在史蒂文·斯皮尔伯格的影片《紫色》（*The Color Purple*）片场。尽管她没有表演经验，但还是在这部改编自爱丽斯·沃克（Alice Walker）普利策获奖小说的大制作中饰演一个重要配角。

表演间歇，温弗瑞会阅读格洛丽亚·内勒（Gloria Naylor）的小说《布鲁斯特街区的女人们》（*The Women of Brewster Place*）。这部小说描写的是7个黑人女性的故事，她们住在某个听起来像是波士顿和费城，但实际上代表城市贫民窟的一栋破烂建筑中。温弗瑞决定买下它的版权。

1988年4月，环球影业公司街景片场。一部长4小时、分为两部分的ABC电视电影正在完成中。温弗瑞不但在这部影片中扮演角色，也是它的联合执行制片人之一；她担任CEO和大股东的哈珀制片公司正在迈向千万美元规模的大企业。

“我从在《紫色》片场无法控制的紧张感中走了出来，走入了我能掌握一切的状态。”温弗瑞最近在哈珀制片公司办公室接受采访时说。

从电视主持人到媒体大亨

如此转型对温弗瑞来说算不上什么，她从配角到执行制片人的改变，反映的是她从电视主持人到媒体大亨的转型。《布鲁斯特街区的女人们》将在下周日晚9

点首播，3 月 20 日星期一同一时段播出下半部，这已不是第一部由哈珀公司策划的全规格故事片。温弗瑞和哈珀公司已经购买了黑人小说家托妮·莫里森（Toni Morrison）的《宠儿》（*Beloved*）的版权。这是一部自传文学，主人公马克·马沙巴恩（Mark Mathabane）成长于种族隔离的南非，在贫困和歧视中长大。（昆西·琼斯 [Quincy Jones] 与哈珀公司共同拥有民俗学者佐拉·尼尔·赫斯顿 [Zola Neale Hurston]1937 年的小说《他们的眼睛望着上帝》[*Their Eyes Were Watching God*] 的版权，很多人认为这本书是描述黑人女性美国发展史的杰作。）

事实上，眼下哈珀公司的大部分项目都处于停滞状态。在温弗瑞的 40 名员工中（大部分是 30 来岁的女性），有 18 人为《奥普拉脱口秀》节目工作，21 人为哈珀制片公司工作，大部分从事的是公共关系业务。（目前，电影制片和黄金时段特价广告有两位全职人员负责。）这个小公司近期不会从事任何故事片制作业务，直到 8 000 多平方米的电影和电视拍摄棚整修完毕后才会继续进行，该拍摄棚将于明年年初完工，并作为哈珀公司工作室。

占据芝加哥闹市区西部一整块街区的哈珀公司，将成为中西部最大的影视制作公司。它也将是《奥普拉脱口秀》的永久片场——温弗瑞去年 11 月才从 Cap Cities/ABC 那里得到该节目的所有权，也将是多家影视制作公司和哈珀公司办公室所在地。身家据估计超过 4 000 万元的温弗瑞负责哈珀公司项目的所有开支，并负责作出所有主要决策。"如果你不为你所赚的钱负责，你就会失去它们，"温弗瑞笑着说，"这比去血拼简单多了。"

她找到了力量——每个周末，都有 1 000 万人收看她的脱口秀节目，而她对金钱"感到厌恶"。她说，越是成功，就越觉得应该做一些重要的事，"你永远不可以失去对工作的洞察力"。温弗瑞将教育视为自己的任务，方法则是黑色体验。"我真心想让人们更了解他们自己，在这个媒体被严格控制的社会，做好电影是培养意识的最佳方式之一。你把电影展现在人们面前，让人们明白什么是改变，我想引入点儿不同的东西。"

温弗瑞将制作《布鲁斯特街区的女人们》视为她自己和哈珀公司的一次学习经验。自从《根》（*Roots*）以来，还没有哪部电视产品有如此众多的黑人演员。《布鲁斯特街区的女人们》的演员表包括了西西莉·泰森（Cicely Tyson）、奥利维亚·科尔（Olivia Cole）、罗宾·吉文斯（Robin Givens）、莫西·古恩（ Moses Gunn）、保拉·凯利（Paula Kelly）、罗内蒂·麦基（Lonette McKee）、芭芭拉·蒙哥马利（Barbara Montgomery,）、菲利斯·斯蒂克尼（Phyllis Yvonne Stickney,）、道格拉斯·特纳·沃德（Douglas Turner Ward）、琳·惠特菲尔德（Lynn Whitfield）和保罗·温菲尔德（Paul Winfield）。

温弗瑞决定不滥用职权——她认为人很容易犯这种错误。每天她都会第一个来到片场。“你可以每天工作 18 个小时而仍然很愉快，我会确保自己叫得出每个人的名字，这样就不会有人认为我高高在上了。”

收购《奥普拉脱口秀》所有权

具有讽刺意味的是，温弗瑞的电影作品对于她控制其脱口秀节目的作用不亚于她的主持风格。“我想再多做一期这个节目。”她在解释为什么要收购这个节目时打趣说。尽管她和 ABC 签订了在她看来“十分完美”的合同，但她还是需要平衡生活。温弗瑞在演艺事业显然大有前途，这也许是 Cap Cities/ABC 同意她收购节目所有权的原因。

当然，整个交易进程比温弗瑞所说的要漫长和复杂得多。交易过程从 1984 年 9 月开始。该节目的名字从《AM 芝加哥》改为《奥普拉脱口秀》，时间从 30 分钟延长为 1 小时。当时，温弗瑞请了律师杰弗里·雅各布斯（Jeffrey Jacobs），后者开始寻找联合合同。（根据法律规定，电视网禁止联合它们自己的节目，因此必须引入第三方，比如联合节目的巨头王者世界 [King World]。在这个例子中，这可能是打破平衡的关键点。）“我的理念一向是尽可能地控制你自己的命运。”雅各布斯在最近的采访中解释说。1986 年年中，王者世界达成了一份协议——当时王者世界已开始在芝加哥市场通过 WLS-TV（即本地的 Cap Cities/ABC 附属机构）播送《命运之轮》（*Wheel of Fortune*）和《危险》（*Jeopardy*），在全美播放《奥普拉脱口秀》（最终，有 198 个播出点播放这个节目，覆盖了 90% 的美国市场）。

在她的授意下，部分协议规定温弗瑞将自己处理其公共关系。新成立的哈珀制片公司的主要功能是回复她的日常通信。（目前，《奥普拉脱口秀》节目每周会收到 2 000 封观众来信）。

一个典型的美国式成功

王者世界首席运行官斯蒂芬·帕利（Stephen W. Palley）说："《奥普拉脱口秀》联合体是一次历史性的成功，胜过我们此前任何一次成功。这个节目家庭收视率极高，广告商爱极了它。"初始联合协议让温弗瑞成为百万富翁，而她的大名和王者世界出色的营销则保证了她未来的成功。

不出半年，《奥普拉脱口秀》成为了收视率最高的联合脱口秀节目，在所有节目中排名第 3，仅次于《危险》和《财富之轮》。据估计，本季该节目特许费收入将超过 1 亿美元，据说，哈珀公司将获得至少 50%。温弗瑞在业内的火爆程度不亚于当年的露西尔·鲍（Lucille Ball）。

所有权之争的结束标志着另一个循环的终结，这个循环维持了长达 5 年之久。

温弗瑞说，当她 1984 年 1 月来到芝加哥独自主持以失败著称的晨间节目时，那是她一生中最惴惴不安的时刻。"除了我的好朋友之外，所有人都对我说这不是个好主意。他们说，我是黑人、女人、胖人。他们说芝加哥是个种族主义城市。"（温弗瑞承认，这些都不假。）他们还对她说，脱口秀这种形式已经过时了。

时任 WLS-TV 副总裁兼总经理、现任 ABC-TV 体育台总裁的丹尼斯·斯旺森（Dennis Swanson）通过试音带认识了温弗瑞，他知道，他找到了菲尔·多纳休（Phil Donahue）的替代者。"当你像我一样看过那么多试音带的时候，就会知道她的带子让人怎样的眼前一亮。"斯旺森最近在其纽约办公室接受电话采访时说。在首秀两个月之内，温弗瑞的本地收视率就超过了唐纳修。

温弗瑞的故事是典型的美国式成功故事。她生于 1954 年，用她的话说，这一年是密西西比州科修斯科（Kosciusko）的"学校种族隔离废除之年"，她与祖母生活在那儿的一家农场中。13 岁时，温弗瑞离家出走，最后被送往纳什维尔和父亲生活在一起。在父亲 5 年的严格管教后，她成为田纳西州大学学生，同时在纳什维尔广播站供职。很快，她就被聘为纳什维尔电视台 WTVF 记者 / 主持人。

1976 年，温弗瑞离开田纳西，成为 WJZ-TV 巴尔的摩联合主持人；两年后，她成为晨间脱口秀节目联合主持人。就是在这个节目上，温弗瑞知道她找到了自己真正擅长之事。这个节目就是后来的《AM 芝加哥》。

芝加哥投资研究公司达夫菲尔普斯媒体分析师内德·扎卡尔（Ned Zachar）在最近的一次电话采访中说，他找不出《奥普拉脱口秀》无法继续成功的理由。“它的制作成本并不高，无非是奥普拉在她的工作室里谈论娱乐话题。人们喜欢看，于是广告商也乐意打广告。”

“中子杰克”退休

在掌舵美国最成功的公司之一——通用电气20多年后，杰克·韦尔奇上周从CEO的位子上退休。其身后是一系列令人瞩目的成就和变革。韦尔奇是一位白领革命家，其职业生涯全部献给了通用电气，给通用电气带来了彻底的变化，打碎了公司故步自封的旧秩序。他留下的不仅仅是变化后的通用电气，更是变化了的美国公司精神——新的精神看重能力、速度和更新，而老秩序的理想模式是稳定、忠诚和持久。

1981年，韦尔奇成为通用电气CEO。通用电气是美国的代表性公司，它诞生于托马斯·爱迪生的天才之手。电灯泡、电力机车、蒸汽轮机、电冰箱、电表、电马达、飞机发动机、橡皮泥以及合成钻石的发明背后，无不有通用电气的身影。但它同时也是一艘行动迟缓的超级大船，很不习惯于速度的变化。

“整顿它、关掉它或卖掉它”，这是韦尔奇的口头禅，他经常用这句话要求同事退出通用电气无法保持市场领导者地位的业务。他试图将注意力集中在高成长机会中，主要手段是把通用汽车的经营领域延伸到金融和咨询服务，为此他卖掉过数百家公司，也买进过数百家公司。

韦尔奇在抛弃低绩效业务方面雷厉风行，他正是经济学家约瑟夫·熊彼特所谓的“破坏性创新”的实践者。他获得了“中子杰克”的绰号，这是因为在出任通用电气CEO之初，他炒掉了10万名雇员。在本周即将出版的《韦尔奇自传》中，他并没有喋喋不休地讨论如此规模瘦身的人力成本，而是饶有兴味地回忆了他所遇到的挑战。他留给通用电气的遗产之一是“活力曲线”，让经理们每年列出效率最高的 20% 手下，这些人日后将获得重点栽培；同时也列出生产效率最低的 10% 员工，而这些人将被开除。

韦尔奇把通用电气改造成了自己的样子——鲁莽而富有冲劲，但也因此制造了不少麻烦。他回忆说，1986 年收购基德尔皮博迪公司（Kidder Peabody）是他所犯下的最严重的错误。该公司卷入了一系列内幕交易和会计造假丑闻，于 1994 年被出售。更近的错误包括，通用电气因陷入欧洲反垄断调查而无法完成对价值 450 亿美元的霍尼韦尔公司（Honeywell）的收购交易。

尽管如此，韦尔奇及其追随者所坚持的分散化、小型化的业务模式，被认为是美国公司在 20 世纪 90 年代适应快速的技术变化环境过程中战胜外国竞争者的关键。韦尔奇更坚定的支持者也许会来自韩国和日本，那里的大企业仍然迫切地需要克服其根深蒂固的故步自封。韦尔奇所开创的管理革命并不会因为他的退休而结束。

美国商业简史

1810 16岁的科尼利厄斯·范德比尔特（Cornelius Vanderbilt）购买了一艘两桅船，开始运营纽约和斯塔滕岛（Staten Island）之间的渡轮业务。

1848 美国首富约翰·雅各布·阿斯特（John Jacob Astor）去世。去世时，他依靠国际贸易和房地产投资获取的财富总额达2 000万~3 000万美元。

1870 约翰·洛克菲勒通过标准石油公司垄断了炼油和分销业务。当时，标准石油公司控制了美国超过80%的炼油产能。

1871 J.P. 摩根在纽约华尔街创立了德雷克希尔-摩根公司（Drexel, Morgan & Co.），并很快实现了每年50万美元以上的利润。

1906 出身于奴隶家庭的莎拉·布里德洛夫（Sarah Breedlove）用C.J. 沃克女士的名字为非洲裔美国妇女开发护发产品。她创办的护法和化妆品公司让她成为了百万富翁，并为成百上千的非洲裔美国妇女们提供了就业机会。

1914 亨利·福特宣布福特公司将向其工人支付每天5美元的工资，并缩短工作日工作时长——从每天9个小时下降到8个小时。在新的工资水平下，普通工人的工资上涨了一倍多。

1923 小艾尔弗雷德·斯隆被任命为通用汽车公司总裁。

1954

雷·克罗克成为麦当劳兄弟在加利福尼亚州圣贝纳迪诺（San Bernadino）创办的免下车汉堡企业的第一个特许经营代理商。次年，克罗克在伊利诺伊州德斯普兰斯（Des Plaines）开了第一家新麦当劳餐厅的特许经营店。他将在 1961 年买断麦当劳兄弟的股权，并迅速扩张，将麦当劳打造成了世界上最大的食品服务企业之一。

1956

在哥伦比亚大学取得经济学硕士学位之后，巴菲特回到内布拉斯加（Nebraska）创立了一家名为“巴菲特合伙事业有限公司”的投资公司。后来，巴菲特的技能为他赢得了“奥马哈的先知”这一美誉。他之后也会成为加工和纺织公司伯克希尔·哈撒韦公司（Berkshire Hathway）的主要股东。到 1985 年时，伯克希尔·哈撒韦公司从纺织企业摇身一变成为了一家投资公司。

1962

山姆·沃尔顿在阿肯色州罗杰斯（Rogers）开设第一家沃尔玛折扣店。同年，折扣零售商塔吉特和凯马特（S.S. 克莱斯格公司 [S.S.Kresge] 旗下企业）分别在明尼苏达州罗斯维尔和密歇根州花园城创立了自己的第一家门店。

1979

在孩童时期逃过希特勒的残杀，并在 1967 年移民美国的匈牙利裔犹太人安迪·格鲁夫成为英特尔公司的总裁。

1980

27 岁的大学辍学生约翰·麦基（John Mackey）将一家名为“Safeway”的天然食品商店与克拉克斯威尔自然食品店（Clarksville Natural Grocery）合并，成立新的全食超市公司（Whole Foods Market）。

1980

泰德·特纳创立有线新闻网（CNN），CNN 是第一家提供 24 小时新闻报道的电视台。

1987 霍华德·舒尔茨在西雅图收购了一家叫作星巴克的咖啡公司。

2003 奥普拉·温弗瑞成为第一个登上福布斯全球亿万富豪榜的非洲裔美国女性。

2008 作为苹果 CEO 的史蒂夫·乔布斯离开苹果，促使公众开始讨论像苹果公司这类企业形象和企业价值严重依赖某一特定人物的企业，当该人物离开时，企业该如何渡过难关。

THE STORY OF AMERICAN BUSINESS

| 第二部分 |

工作，塑造个体的力量

FROM THE FRONT PAGES OF THE NEW YORK TIMES

05

从农场到工厂，走向城市化

FROM THE FRONT PAGES OF
THE NEW YORK TIMES

THE STORY
OF AMERICAN
BUSINESS

THE STORY OF AMERICAN BUSINESS

FROM THE FRONT PAGES OF THE NEW YORK TIMES

1934年，工人们在底特律雪佛兰汽车公司工厂换班，这张照片摄于汽车业罢工发生之前。大萧条所造成的压抑性环境极大地刺激了劳工组织的发展。（美联社）

从广义而言，美国人工作的变化可以说是商业演化的镜像，商业对美国人的日常生活、经济实力、社会地位和个人身份有着非常重要的影响。工作性质和工作地点的巨大变迁始于19世纪晚期（农业向制造业转移），并一直持续到现在（制造业向服务业和知识性岗位转移）。其中一些变化是实实在在的，比如，几乎在所有部门，真实工资和收入（经价格调整的）在过去140年内显著提高了。与此同时，21世纪初的平均工作时长也要低于1850年。从第一次工业革命萌芽期开始，妇女断断续续地加入了劳动力大军。但直到过去50年，妇女和少数族裔才开始越来越多地进入专业领域。还有些变化则是无形的，例如我们如何看待公司和政府对工人所肩负的义务（比如提供安全的环境、职位保障、医保、退休金等），以及如何与从事相似工作的同行进行沟通等。来自

1793	1823	1834	1836	1882
伊莱·惠特尼发明轧棉机	梅里马克制造公司开始生产纺织品	塞勒斯·麦考密克获得马拉机械收割机专利	马萨诸塞州成为美国第一个通过《童工法》的州	泰勒奠定科学管理的基础

经济、技术、政府和社会的动力和压力通过这些变化决定着个体对一个重大问题的回答：“你是做什么工作的？”

在殖民地时期和建国之初，大部分美国人不是在田间耕地，就是在照料牲口。一些人是农场主，但自己本身也是农民；一些人靠打长工和短工为生；还有一些人是合同劳工，他们以一定年份的劳动换取通向新世界的通行证。1800年，约30%的美国劳动力是奴隶，包括成人甚至孩子。这批人中绝大部分是非洲裔美国人，他们大部分在主要位于南方的农场和种植园劳动。具有讽刺意味的是，正是在这个奴隶数量与日俱增的年代，自由劳工的概念开始出现并扎根。自由劳工是可以按自己的自由意愿从事或离开某个岗位的工人，他们不会因此担心雇主报复。但是，由于契约劳工传统上可以在服务期内获得免费食宿，因此在雇主无法负担他们的生活时拥有释放这些工人的自由。

60年后，在美国内战前夕，一半以上的自由劳工和大多数奴隶仍在从事农业工作。但许多农场，特别是北方的农场，变得更加专门化了，一些兼职自给农开始从事其他全职工作，以供养家庭。与此同时，纺织业迎来了第一次工业革命。在新英格兰和东北部的其他地区，弗朗西斯·洛厄尔等企业家开始聘用妇女作为员工，随后又开始招募移民。妇女和移民群体反响热烈，大量涌入新兴纺织城镇寻找工作。第一次城市工业化巨潮开始涌现，并很快改变了美国经济的面貌。

首先，美国人陷入了一场历时5年的让国家陷入分裂状态的血腥冲突中。随后，随着制造业部门的扩张和收割机等新技术发展降低了对农业劳动力的需求，机会开始发生变化。千百万移民和本地工人仍然像过去100年那样向西挺进，开荒耕种。但也有很多美国人开始进入城市，工业化的提速创造了全新的工作岗位和生活，1790年，95%的美国人生活在农村；近100年后，1880年，仍有72%的美国人生活在农村。但到了1920年，生活在城市之外的美国人的比例下降到了50%以下。

对大部分工人来说，离开地头走入工厂并不是件容易的事。习惯了日出而作日落而息的人们开始用钟表来计算时日和工资。相对自由的农活也被工头的监督和管理取代。工厂看似新奇而优雅，但劳工们所经历的却是单调乏味的机械工作以及任意改变工时和工资的无常商业周期。工业生产的崛起也扰乱了曾是人们衣服和工具主要来源的工匠的生活，促使他们组成了第一批工会。工人和管理层试图在大规模工业化的作用下达成经济和精神上的妥协，但冲突爆发了。19世纪末20世纪初，罢工频

1886 美国劳工联合会（AFL）成立

1892 工人在霍姆斯特德钢铁厂举行罢工

1903 米尔顿·好时开始建造工厂区

1908 亨利·福特推出T型车

1910 AFL成员达到峰值，即150万人次

发，其中一些罢工，如1886年秣市惨案（Haymarket Riot），演化成了暴力冲突。第二次工业革命正是通过这些以及其他数不清的方式影响着千百万美国人的生活。

不过，并非所有世纪之交的工人都直接体验到了工业化冲击带来的好处。1900年，40%的劳动力仍然自给自足，他们或是自耕农，或是夫妻店主，或是手艺人，或是企业家。第一次世界大战之前，非洲裔美国人的活动范围一直主要局限于南方，从事农业和当地工作。19世纪后期开始的工作变迁虽然从最终效果看是不可避免的，但这在当时并非显而易见，不管对个体美国人还是对整个美国社会都是如此。

20世纪初，催生了第一批工厂的机器技术因人类活动的机械化而得到了发展。1914年，亨利·福特的流水线开始全面运转，生产汽车所需要的时间以及消费者必须为汽车付出的价钱应声而落。那一年，福特工厂工人的工作简化为重复同一个简单任务，但他们的薪水涨到了每天5美元（相当于今天的100美元）。与此同时，一位名叫弗雷德里克·温斯洛·泰勒（Frederick Winslow Taylor）的雄心勃勃、雷厉风行的工程师，开始鼓吹分析和管理工人行为从而提高生产率的最优方法。他将他的体系称为“科学管理”，该体系包含了工人和管理者认识各自和彼此的完整“心理革命”。科学管理产生了巨大的影响力，不仅仅是在刚引入的20世纪初，而是贯穿了整个20世纪并一直延续至今。对于一代又一代工人来说，其结果是，工作场所充斥着单一任务、没完没了的严苛检查以及使人感到精神麻木的单调乏味。而对一代又一代管理者来说，其结果是持续关注产出，并将此作为员工绩效的代表；成立并维持保安措施防止员工偷懒（泰勒称之为“军事化”），以及对产业工人微妙但无处不在的不信任。

科学管理在20世纪早期开始形成气候的同时，劳工组织的实力和数量也在增长。劳工骑士团（Knights of Labor）、美国劳工联合会（AFL）、产业组织委员会（Committee for Industrial Organization，后更名为产业工会联合会[Congress of Industrial Organizations]，CIO）等工会团体开始尝试将男女工人组织起来，用罢工和其他策略实现提薪和改善工作环境的目的。造成146名被困工人丧生的1911年纽约市三角女衫公司（Triangle Waist Company）失火事件点燃了公众怒火，也成为证明劳动条件有多么令人绝望的惨痛教训。仅仅是1919年，就有400万以上工人参与了罢工。20世纪20年代末，20%的劳动力加入了工会组织。

20世纪30年代初，伴随经济大萧

1933 失业率攀升至近25%

1936 UAW和CIO启动针对通用汽车的罢工

1964 《民权法案》禁止工作场所的歧视

1974 《雇员退休收入保障法》获得通过

2000 美国人从事制造业相关工作的工人比例降至15%

条出现的是前所未有的高失业率、贫困加剧以及时不时发生的群体性绝望。数十万美国人遭受了失业和无家可归的双重打击。由于前总统胡佛在阻止前所未有的大衰退方面的无能，人们把用硬纸板和其他废料搭建而成的临时棚户区称为“胡佛村”。胡佛村在全美各大城市郊区比比皆是。饥饿让上百万人走向了临时救济处，绝望的人群涌向杂货店抢夺货架上的食物的事件时有发生。情形如此严重，以至于大萧条期间，大规模社会和政治运动之势要胜过有史以来的任何时期。在这样的环境下，1937 年，年轻的全美汽车工人联合会（UAW）和 CIO 成员进行了静坐罢工，对通用汽车公司进行抗议。这是劳工组织的一次伟大胜利，UAW 的权利从此获得了承认，工会的重要性和吸引力也大大增加了。

大萧条也为美国政府介入和管制劳工问题创造了条件。1935 年，罗斯福签署了《社会保障法》（*Social Security Act*），为退休人员和失业人员提供社会保险。同一年，《瓦格纳法》（*Wagner Act*）授予大部分工人自行建立工会的权利，也就是说，工人有组建、加入或协助劳工组织的权利，与此同时，包括雇主干预工会行动在内的不公平劳动行为被宣布为非法。随着美国迫切地需要满足第二次世界大战的生产任务，工会成员数量大大增加（见表 5-1）。1950 年，非农部门工会成员占劳动力的比例已经超过 30%。大工会的时代来临了。

表 5-1　　数字中的第二次世界大战

美国军工产品（1941—1945）		
坦克（万辆）	8.6	
军用卡车（万辆）	200	
手枪和步枪（万辆）	1 700	
子弹（亿发）	410	
飞机（万架）	30	
飞机发动机（万台）	81.3	
参战人员（1941—1945）		
后勤（万人）	1 600	
阵亡（万人）	40.5	
受伤（万人）	67.1	
经济产出	**1939**	**1945**
真实 GNP（亿美元）	2 090	3 550
人均 GNP（美元）	1 598	2 538
政府支出（亿美元）	352	1 584
制造业（亿美元）	181	520

续前表

劳动力	1939	1945
城市就业人口（万人）	4 570	5 280
武装部队（万人）	37	1 140
参与劳动的女性(万人）	1 200	1 949
失业率（%）	17.2	1.9
消费	**1939**	**1945**
啤酒（亿美元）	34	75
食品（亿美元）	157	330
收音机、电视机、唱机和乐器（亿美元）	4.2	3.11
新车和二手车(亿美元）	16	3.57
烟草（亿美元）	18	28
住房（亿美元）	91	124

新的战后工作环境体现了多股趋势和影响力的交错。一些是经济上的：自19世纪末以来，农业部门工人比重一直在下降，从1870年大约占总工人的一半左右降至1960年的不到一成。蓝领工人仍是经济中的主流，大约占总劳动力的50%，但白领工人数量在不断增加。到1960年，劳动力的绝大多数是受薪工人——至少占84%；自由职业者的比重越来越低。工作场所及其环境的其他变化反映了社会态度和公共政策的变迁，其中一些是工会推动的结果。在这几十年中，新的政府干预措施包括规定雇主支付加班费以及成立工伤和因工致病补偿计划。此外，第二次世界大战后许多公司开始提供养老金计划、健康保险和其他福利。新一代美国人的工种和工作性质都发生了彻底的变化。

不过，比工作场所变化更令人瞩目的是劳动力本身的变化，特别是妇女和少数族裔岗位比重。在这一方面，19世纪早期新英格兰地区纺织厂的年轻单身女工开创了重要的先例。但这些女工从事的大多是临时性受薪工作。更重要的是，战争给妇女创造了新机会，比如，美国内战期间的劳工短缺让女性得以取代男性担任教师；第二次世界大战期间，政府鼓励女性走入工厂和办公室从事以前被认为是“男人的工作”，不过，当时的打算是等男性从战场上回来就把这些工作还给他们。这批女工还有一个虚构的代言人——“铆工露丝”(Rosie the Riveter)。

20世纪，社会运动还为少数族裔工人打开了工作的大门。第一次世界大战期间，工厂工人需求的增加和欧洲移民潮的暂时中止为非洲裔美国人创造了新的工作机会、更好的岗位和更高的工资。1910—1950年，在所谓的“大迁徙”运动中，超过100万非洲裔美国人离开南方，前往北方。最终，民权时代的各项运动和立法刺激了制度变革。1964 年《民权法》（*Civil Rights Act*）规定，雇主根据种族、性别和宗教来区别对待工人是非法的。同时，公平就业机会委员会（EEOC）成立了。但在实践中，各行各业拥有平等代表权进而拥有平等收入能力这一目标仍然很难达到。2004 年，非洲裔美国人家庭的中位收入勉强超过了 3 万美元，而白人家庭中位收入接近 4.7 万美元。2005 年，只有 3% 的 CEO 和 5.3% 的医生是非洲裔美国人。

20 世纪 90 年代末，美国人工作场所的面貌和给人的感觉再次发生了变化。20 世纪四五十年代达到顶峰的工会参与度和影响力，在 20 世纪后半段不断地消逝。农业工人比重创下历史新低——不到 2%。自 20 世纪七八十年代以来，在制造业赚钱养家糊口的美国人比重开始下降，因为企业将大量劳动密集型岗位迁到了海外。2000 年，制造业工人比重下降至 15%。

随着第二次工业革命重要性的衰落，另一场革命——信息处理和科技产品革命开始兴盛。第三次工业革命，即信息革命，要求工人具备与前辈不同的技能，知识型岗位（包括会计、工程和管理等），获得了溢价。这一广泛的变化包括服务业岗位数量的大增，20 世纪 90 年代中期，从事服务和销售等工作的白领数量超过所有其他部门的总和。但并非所有服务业工作都增加了。人们在收入和职业前景上的差距越拉越大，与之前相比，其中很多方面的差距更多地是由教育程度的差异导致的。比如，2003 年，具有高中学历的家庭中位收入为 4.5 万美元；而拥有本科及以上学历的家庭中位收入为 8.1 万美元；拥有专业学位或博士学位的家庭中位收入则高达 10 万美元。

知识型员工的工资和职业前景要胜过其他人，对他们来说，个人电脑和互联网让工作场所发生了革命性的变化，也让他们的日常节奏和旋律发生了不可逆转的变化。一方面，电子邮件、黑莓手机和其他技术让通信变得更快、更方便、更便宜，这是从前无法想象的。一位纽约公司的高管可以登录公司局域网查询一分钟前班加罗尔呼叫中心的最新生产率数字。（20 年前，这样的任务要花几个星期才能完成，而且时间和财务成本要高得多。）另一方面，同样是这些为知识型员工节约了大量时间和金钱的创新，也让白领岗位像此前制造业岗位的外包那样，使其转移到海外成为了可能。

信息革命的这些侧面，加上全球经济的日益一体化以及商业运动的白热化，即引起了乐观，也导致了忧虑。几十年的工会积极主义让现代工作场所变得更安全，也促使大量私人部门、企业为员工提供医疗保险和退休金。但大部分服务业工人还没有工会化，而他们构成了经济增长速度最快部门的主体。然而，即便工会也无法让工人免受全球化风暴的侵袭。在这样的新环境下，围绕公司、工人和政府彼此之间义务的争论在 21 世纪依然进行着。

美国劳工联合会成立

·各行业工会成员成立了一个新组织·

俄亥俄州哥伦布，12 月 11 日——特伦斯·鲍德利（Terence Vincent Powderly）和他的旧执行委员会听到这个消息一定会有点难堪。各行业工会在经过了大半周的会议后，为它们的新组织——美国劳工联合会，选出了主席，当选者是塞缪尔·冈珀斯。鲍德利很看不起冈珀斯，因为他是“秘密”圈子的成员，这个圈子就印在今天的《纽约时报》上。冈珀斯以无反对票当选这一事实或许会让包德利重新估量行业工会。新组织不会害怕劳工骑士团，因为其成员存在时间之久远超出了人们的想象。新组织的核心是 25 个行业工会，其主要目标是保证美国所有行业和劳工工会的成员的利益，且其朝这一目标所做的不少措施已经彰显出该组织创建者的远见卓识。

新组织章程的最突出要点如下：

本行业协会名称为美国劳工联合会，简称为 AFL，由符合规则和监管要求的行业工会组成。

AFL 的目标是支持和促进地方行业和劳工工会，并通过本组织加强各城市行业和劳工工会的联系，进一步联合这些工会，形成各级组织，以保证州级立法有利于工人利益。

建立基于各行业工会严格自治的国家级和国际行业工会。

保证国家级立法符合工人利益，并通过和平、合法方式影响公共观点。

组织中的代表人数规则为：成员数少于4 000的国家级和跨国工会，1名代表；成员数为4 000或以上的，2名代表；成员数为8 000或以上的，3名代表；成员数为16 000或以上的，4名代表，以此类推。地方分会或无全国总部的独立工会，1名代表。

从任何地方、国家级或国际组织中脱离成立的组织，AFL均不予承认，亦不接受其代表。

AFL的权力机构为执行委员会，该委员会有权监督直接影响工人利益的规则措施，若有必要，可以随时要求出台合法措施。该委员会将尽一切可能组织新的国家级、国际和地方行业工会，并将吸纳它们加入AFL。

我们承认每个工会管理其自身事务的权利，但执行委员会有职责确保所有劳工组织的团结，以保证它们在所有合理的抵制活动中互相支持，并及时给予经执行委员会批准的罢工和抵制活动以自愿的财务支持。当执行委员会批准采取罢工行动时，必须将要面临的困境（即使是停工）详细列在由AFL主席发布的宣传单上。然后，各成员工会有责任敦促其地方工会和成员自愿募捐，以资助参与罢工的工人。

AFL的收入来自会费，每个状态正常的成员每月都必须缴纳0.5美分。

AFL选举来自纽约的塞缪尔·冈珀斯为主席。他是国际烟草工会副主席，并被认为是美国行业工会最明智的领袖之一。他生于伦敦，父母均是荷兰人。他13岁移居美国，从10岁开始便从事烟草生产工作。冈珀斯今年37岁，1864年加入其现在所属工会。

国际烟草工会主席阿道夫·斯特拉瑟（Adolph Strasser）在休会期间说："我们将合并所有国家级和国际行业工会。劳工骑士团已经死了，讨论尸体毫无必要。自10月1日皮博迪罢工失败以来，他们在马萨诸塞州已经丢掉了75%的成员。"全美家具业工会（National Furniture Makers）的亨利·艾默里奇（Henry Emerich）说："我们打下了伟大劳工运动的基础。"全美烘焙工会（National Baker's Union）的乔治·布洛克（George Block）说："我们很快就能把美国所有行业和劳工工会纳入到联合会中。”矿业和矿工工会（Federation of Miners and Mine Laborers）主席克里斯托弗·埃文斯（Christopher Evans）说：“这是一次成功的大会。”

支持 AFL 的工会拥有 35 万名成员，而对 AFL 条款表示赞同的声音来自成员数量几乎相等的各工会。所有代表都连夜从家中乘火车赶来，他们似乎十分确定能办成大事。

■ 19 世纪末，意志坚定、充满活力的塞缪尔·冈珀斯将各自为政的工会组织为一个整体，即 AFL。（美联社）

弗里克在卡内基钢铁公司捅出大娄子

• 弗里克在卡内基钢铁公司捅出大娄子，已造成
200 万美元的损失，而且尚无结束迹象 •

匹兹堡，9 月 20 日[①]——今天，距离卡内基钢铁公司主席 H.C. 弗里克关闭霍姆斯特德钢铁厂已经过去了 3 个月。钢铁厂大门紧锁，除非 3 800 名老员工同意按弗里克的条件开工，否则工厂大门就不会重开。据管理人员估计，对峙维持到今日，这一指令已经给卡内基钢铁公司造成了 200 万美元的损失。但这场轰动一时的劳资大纠纷还看不到结束的迹象，未来前景和 6 月 29 日一样暗淡。

关厂的决定、与私人侦探的斗争、10 条人命、与恐怖的斗争、对政治权威的挑战、州警卫队的出动、对弗里克的行刺、来自全美各地的数千新人、对 167 名罢工者的逮捕和起诉、判处无政府主义者伯克曼在河滨监狱（Riverside Penitentiary）服 20 年徒刑——对于这些报道，报纸读者早已是耳熟能详。

但今天的形势已经有了变化。卡内基公司宣称，霍姆斯特德有大约 22 名工人在工作。罢工者断然否认，天天在霍姆斯特德蹲点的消息灵通的记者也说并非如此。卡内基公司显然不再生产装甲盾牌，但钢梁和其他不需要很大人力和很高技巧就能生产的轻型钢材一直在出货。

① 本文讲的是卡内基钢铁公司霍姆斯特德工厂的罢工案。——译者注

另一条确切消息是，目前雇员对公司并不满意。开工者人数在不断变化，每天都有二三十人退出和加入。开工者中间也存在着不满。工作环境压抑、每天伙食一成不变、没有锻炼和康乐设施、没有娱乐、没有朋友、没有社交活动，看来他们的工厂生活绝对称不上幸福。

到上个星期一为止，卡内基公司一直在自掏腰包维持新人的生活，每天的成本大约在 1 200 美元。现在，雇员可以从统一供应处获得补给，但必须自己付钱。自然地，这进一步加剧了他们的不满。在街上——他们经常上街，但总是成群结队地出现，他们遭受着妇孺的嘘声，被称为害群之马。

寄宿公寓的房东不敢拿他们这些因抵制和压迫而痛苦不堪之人消遣，商铺和酒馆老板也是如此，宁可他们别来光顾。因此，尽管霍姆斯特德已经看不到军队到来之前个人暴力频发的景象，但今天的感觉比任何时候都要让人感觉苦涩。

钢铁工人联合工会的主要官员和罢工者本身都不承认失败。他们坚持声称，他们能够赢得权利。误入歧途的罢工领袖休·奥东奈尔（Hugh O'Donnell）被送进了阿勒格尼监狱，被指控犯有两项谋杀罪和两项骚乱罪。约翰·克林纳德（John Clinard）和托马斯·克里奇洛（Thomas Critchlow）也一起入狱。

到几天前为止，钢铁工人联合工会总部并未给予罢工任何支持。而其第一笔援助金为 10 000 美元。迄今为止，霍姆斯特德罢工者所获得的资金和补给来自同情他们的世界各大劳工组织，总数已经超过 10 万美元。

有了这笔资助，再加上自己的积蓄和信贷，他们就可以在没有工资的情况下活下去了。与不罢工、不关厂的情形相比，他们损失的工资高达 60 万美元。很多罢工者还找到了其他工作，许多人前往阿勒根尼、希南戈（Shenango）和马霍宁（Mahoning）谷地的小钢铁厂工作。顾问委员会掌握着所有这些人的地址信息，并宣称可以在 24 小时内将他们全部召到霍姆斯特德开始工作或应对紧急情况。

罢工者的实际"叛逃"数量很小，这是这次事件最显著的特征，卡内基公司在两个月前的反应也说明了这一点。唯一能够解释这一现象的原因是，联合工会成员深知，霍姆斯特德的失败将意味着组织的末日，他们还不想束手就擒。

匹兹堡的商业活动最近才开始从霍姆斯特德暴乱中复苏。这场斗争给匹兹堡带来多少经济损失将无法估量。匹兹堡几乎陷入了瘫痪，7 个星期以来，本地所有钢铁厂都陷入了停顿。

在霍姆斯特德面临最困难的境况时，本市一些知名商人宣布，将在承受损失的条件下继续做生意。其他地区也受到了类似的影响，比如，弗里克收到了来自缅因州一个不起眼小镇的求救信，这封信由自由工作者、牧师和商人联合署名，霍姆斯特德持续的乱象已经损害了该镇的商业利益。

没有火灾逃生通道的血汗工厂

•州调查员在三角衬衫厂大火前就发现了异样；女工们被困在盒子生产工厂，逃生通道也被堵住•

纽约州工厂调查委员会在过去两周进行了秘密调查，结果发现，工厂在卫生设施、火灾预防和逃生手段方面有严重疏忽，尽管三角衬衫厂火灾已经拉响了警报。昨天，调查委员会在市政厅所做的听证也提到了这一点。对于调查委员会所提出的问题，制造商坦承不讳。

在担任消防总长期间便证实过相关环境问题的警察总长莱茵兰德·沃尔多（Rhinelander Waldo）宣称，即使在现在，在第五大道东侧和西侧较新的高层建筑群中，以及第八大道和第二十三大道之间，仍然无时无刻不存在着威胁。他敦促，应在纽约成立独立的监察部并配备监察长，承担对工厂进行严格检查的责任。目前，该责任被建筑、卫生和物业部门以及州劳工部门相互推诿。

美国劳工联合会主席塞缪尔·冈珀斯主持了昨天的会议，但听证主要由调查委员会法律顾问亚伯拉罕·厄尔库斯（Abram I. Elkus）主持。

与沃尔多警察总长一样，州工厂监察部助理监察长亨利·舒纳（Henry L. Schnur）宣称，目前工厂检查责任由多部门分担的制度应该被取消，并替之以由单一部门组成的集中型监察部门，并给予该部门充分的强制权。他说，目前，州劳工部门没有管理纽约市工厂的权力——除了要求它们将火灾逃生通道清理干净。

劳工部无力阻止违规

“劳工部门甚至没有强制执行拓宽或拆除哪怕区区半米宽的木质楼梯的权力，”舒讷说，“同样，尽管我们发现有法定年龄以下的儿童被雇作童工藏匿于工厂的机房中，但我们不能惩罚工厂主，因为当前法律规定，仅仅凭儿童在工作时间出现在工厂内，不能作为他们被雇用的确凿证据。劳工部门也不能干涉雇员在没有适当安全防护措施的情况下处理危险材料和有毒化学物质的案件，对于被发现清洁状况极其恶劣的食用商品，委员会所能做的也仅仅是贴上谴责标签。而商人们仍旧可以买卖这些被贴了标签的商品。”

工厂实际条件由第二大道60号的萝丝·施耐德曼（Rose Schneidemann）讲述，她是妇女工会联盟（Women’s Trades Union League）的组织者，厄尔库斯任命她负责调查。据她讲述，一家位于西百老汇大街的纸盒厂没有疏散木梯，只有一条通向20多厘米宽的狭窄的死胡同的火灾逃生通道。她说，这条死胡同本来就堆满了纸张和橡胶，一旦发生火灾，这里将成为雇员绝望的死牢，“胡同本身也会烧起来”。据她说，在这家工厂，机器堵住了火灾逃生窗口，且地上堆满了易燃纸张和易燃材料，工厂里也没有灭火器。她发现，在伍斯特大街（Wooster Street）一个街区的六七家工厂，环境都差不多，狭窄而拥挤的火灾逃生通道堆满了旧衣料和各种废弃物。

火灾隐患随处可见

施耐德曼还提到了波威里街区一栋建筑中的其他三家盒子厂，它们的所有大门中只有一扇是开着的，火灾逃生窗口被铁百叶窗挡住，而且这些铁百叶窗还伸出窗沿，堵着火灾逃生通道。她说，这些工厂都有不到16岁的女童工在工作，周薪4~9美元。

公共卫生控制联合委员会（Joint Board of Sanitary Control，由斗篷和外套业雇主和雇员组成）主任亨利·莫斯科维茨（Henry Moskowitz）说，在1 738家工厂中，63家没有火灾逃生通道，101家的火灾逃生梯设置有缺陷，158家通往火灾逃生通道的道路被堵，378家甚至连防火桶都没有，甚至在三角衬衫厂火灾发生后，仍有

25家工厂将雇员锁在工厂里工作。

警察总长沃尔多在下午的会议上作证说，他认为消防演习只是火灾预防第二层次的重要手段，而真正火灾中的恐慌不是消防演习所能模拟的。他建议，强制工厂主在工厂安装自动喷淋装置，并称在绝大多数案例中，喷淋装置可以在第一时间检查到火灾。沃尔多说，迄今为止防火部门无法控制逃生通道的使用，而他们应该有此权力，这样才能在发生火灾时保证充分而安全的疏散空间。“三角衬衫厂的火灾逃生通道，建设和设置得太差，即使可以使用，也要花上数小时才能清空厂房。而受害者在发现火灾逃生通道被百叶窗堵住后，只能跳窗逃生。”

必须配备防火梯

“室外火灾逃生通道不足，”沃尔多继续说，“理想的逃生通道是建筑内角落里的全封闭防火通道，它应该与建筑的其余部分没有任何联系，并可以通过自动关闭的防火门与火灾隔离。如果建筑物面积很大，这一系统则可以用能将建筑隔成多个部分的防火墙代替，在其中某个部分起火时，建筑内的人可以躲在‘防火隔板’后逃生。”

沃尔多宣称，雇员吸烟的现象很难杜绝。他说，较好的预防措施是所有工厂都及时清理垃圾和废弃物。“此外，准备改变结构的建筑物必须在建筑部门批准前向消防部门提交申请。即使是第五大道东西两侧和第八大道和第二十三大道之间较新的高层建筑如今也受着火灾的威胁。它们必须设有防火隔离墙，以在着火部分与其余部分间完全隔离。”

亨利·福特诠释“批量生产”

•这是实力、经济、连续性和速度的焦点，说明了为什么精确的机器能生产出最高质量标准的产品——制度开发员工•

亨利·福特

亨利·福特在下文中讨论了工业中的批量生产及其对现代生活的影响。本文是为将在今年秋天面世的《大英百科全书》第13版中出现的词条“mass production”作的诠解。本报刊登本文已经获得《大英百科全书》编辑之许可。

批量生产是指生产大批量单一的标准化商品的现代方法。通常，该术语被用来强调生产数量，但其主要目的是描述生产方法。在某些方面，这个术语并不令人满意。批量生产并不只是大量生产，因为大量生产也许并不具备批量生产所需要的任何前提；它也不仅仅是机器生产的意思，因为机器生产可以脱离批量生产所必须具备的流水线这一环节。

对这些原则进行阐释——通过对经营和机器开发的研究，并对其综合协调，是管理的主要任务。而通常的结果是，一个生产性组织，该组织生产大量的某种有用商品，该商品是通过成本最小化的标准材料、工艺和设计生产出来的。批量生产的必要先决条件是潜在或已被开发出来的大量消费能力，即吸收大批量生产品的能力。批量生产和大量消费是相辅相成的，后者可以是前者的原因。

Ⅰ. 量产的起源

从起源看，批量生产是发源于美国的新事物；其首次引起人们注意是在20世纪的前10年。

随着大功率机器的出现，工业已经从家庭中走出，新的工作中心——工厂已经建立。针对“工厂制度”，存在很多尖锐的批评，但公平地说，工厂的第一效应是让家庭摆脱了纺织机和工作台附属物的地位，第二效应则是向家庭提供了获得现有尊严地位的方法。

不管从哪个方面看，早期的工厂制度都是不划算的。出现之初，它带来的是比以前所知大得多的风险和资本损失、工人工资的下降和前景的暗淡，以及商品质量的下降和数量不增。更长工时、更多工人、更多机器并没有改善条件，这些因素的增加只是徒然扩大了商业中的缺陷。只大量增加人手和工具是不够的；只有利润动机（主宰企业行动的因素）也是不够的，还必须有科学动机，而正是科学动机最终催生了所谓的批量生产。

这一新方法是在强调生产中的商业和财务因素失败后出现的。对产业进行财务控制，这一方法出现进步的标志有两个：公司和劳工的反抗。人为地将产业计划和大公司结合起来以达到财务目的是工业迈向批量生产的第一步。该过程背后的理论是，完全的财务控制会自动带来完全的利润优势。这一理论忽视了许多不可或缺的商业原则，其缺陷显露无遗，但那时已经产生了严重的社会敌对情绪。

旧问题的废除

但是，因此产生的社会争议并没有让人们意识到，困难也许存在于对科学生产原理的忽视。工业被认为是必需而有用的，它所提供的服务被认为足以配得上向投身其中的所有人支付薪酬：因此，紧迫的问题是，管理的注意力应该更直接地集中于实际所采用的劳动过程上。这催生了20世纪初所谓的“效率运动”以及随之而生的时间管理及其类似方法，其根源可以追溯到1878年扎实工业观察家的经验。

人们认为，批量生产首先在汽车业获得了试验性的成功，并公认福特公司是“以单一管理实现单一目标”这一方法最大发展的先锋。因此，如果能以福特公司为基准，就能够简化批量生产的历史以及对其原理的阐述。

公共需求前景

上文已经说过，批量生产只有在公众有能力吸收其所生产的大量商品的情况下才有可能。这些商品自然必须具有必要性和便利性。批量生产方法的最大发展产生于便利性产品中。汽车就代表了基本的、具有持续性的便利交通工具。

到目前为止，能让生活变得更文明的产品只为少数人所享有。福特汽车公司的经验是批量生产先于大量消费，并通过削减成本从而同时增加使用便利性和价格便利性以让批量生产成为可能。只要产量提上去，成本就能降下来。如果产量提高500%，那么成本可能可以降低50%，而成本的降低以及随之而生的售价的降低可能会让能轻松购买该产品的消费者数量增加10倍。这只是一个例子，说明生产可以是需求的原因，而不只是结果。

Ⅱ. 量产原理

从车间操作细节来说，批量生产的关键词是“简单”。其下有三个简单的原则：第一，有计划地在车间里有序地加工商品；第二，将工作送到工人手中，而不是等工人自己去发现工作；第三，对部件操作进行分析。

批量生产有着清晰但并不分离的步骤：所有步骤都包括在第一个原则之中。规划材料从初步生产操作直至成为制成品的整个，过程包括做好大规模车间操作计划以及制造材料、工具和部件并输送至流水线的不同部分。为了在流动的工作中做好这一点，就必须仔细地将工作分解为“操作”序列。所有三个基础原则都包括在产品流水线的最初实践和规划中。

该制度不但在最终流水线上得以实践，也在与完成产品制造相关的各种工艺和贸易活动得以实践。在汽车生产流水线上，成百上千个部件被神奇地快速拼装在一起，成为一部可以上路的汽车。而在登上这条流水线之前，这些部件又是在其他流水线上生产出来的。比如，生产弹簧的流水线要远早于汽车流水线，而弹簧的生产可能只是整个生产过程中可以忽略的一部分。从前，裁剪、硬化、弯曲和制成弹簧的工作是由同一个工匠完成的。如今，制作弹簧的一个叶片可能是一个相当复杂的操作，但它确确实实代表了操作的终极简化。

典型操作描述

为了增加说明性，我们将详细看看铁矿石在经历了钢锭、钢坯、坯锭等形式并形成旋转条状后是怎样继续被生产成为弹簧叶片的。

- 一开始，轧钢厂制成的钢条被送上冲床进行切割和穿孔。工人将钢条送进冲床，等冲床停下后转动冲床。被切割和穿孔的部分会掉到传送皮带机上，传送机会将它们送往热处理炉的加载端。
- 第 2 名工人把这些部分从皮带传送机上拿下来，并将其放到通过热处理炉（温度自动控制）的传送带上。接着，传送带将它们送到热处理炉的卸载端，以一定的温度处理这些部件。
- 第 3 名操作员用夹具把加热后的部件拿起，放入折床。折床将这些叶片弯成合适的曲线，然后将其浸入油池，油池是恒温的，温度由不受操作员控制的设备设定。
- 折床在油浴后重新升起，同一名操作员取出叶片，放在一旁进行气冷。
- 接着，叶片被第 4 名操作员浸入严格控温的熔融硝酸盐中。
- 第 5 名操作员检查叶片的情况。

福特公司所使用的一组弹簧平均要有 17 个叶片，而其平均弹簧日产量为 25 000 个，因此该操作必须是可视化的，因为所有叶片都是从刚才被简单描述的类似流水线上下来的。一个弹簧由许多叶片组成，从底片（主片）到顶片，每个叶片的长度和弯度都不同，因此这一操作也必须是可视化的，因为同时有大量叶片从不同的流水线机器上下线，每个流水线都只生产特定大小的叶片。所有这些流水线以及它们所使用的不同机器和操作，在叶片被组装成弹簧的这一点上汇合。我们所描述的叶片的制造过程便是最简单的流水线。

我们接着说操作。

- 第 6 名操作员将叶片从将它带出熔融硝酸盐环境的传送带上取下，并用螺栓贯穿它和其他制作弹簧所需要的叶片。
- 第 7 名操作员在螺栓上加上螺帽，并拴紧它。

- 第 8 名操作员加上左手夹或右手夹，并磨掉毛边。
- 第 9 名工人进行检查，并用力将检查合格的弹簧扔回传送带。
- 第 10 名工人给弹簧喷漆。然后传送带把弹簧送往刚才对叶片进行加热的熔炉上方，用辐射热“催干”油漆。
- 传送带继续前行直至卸载坞，第 11 名工人会将弹簧从传送带上拿下来。

在过去，一名工人可以走完所有这些流程，甚至制成一个完整的弹簧，但他的产量十分有限。在需要生产大量同一产品的地方，同一名工人将把全部时间用于最简单操作。如果这一操作需要一分钟，那么工人就得在一天 8 小时的工作中重复这一操作 480 次。现在，这个简单部件—— 一片弹簧叶片，必须具有同样的长度、表面和弯度，和其他数百万片弹簧叶片毫无区别，并可以用于同样的目的，这是一个相当复杂和脆弱的过程，必须通过自动化机器、最精确的测量工具、控温技术、“通过”和“不通过”仪器等现代管理所能提供的最强设备才能实现。

这个不起眼的小部件的例子说明了在车间有序加工物件的意义。制成的小部件将与通过工厂中类似过程生产出来的其他汽车部件一起进行组装。这个例子还说明了什么是把工作送到工人面前；每个工人的任务是做好由其他工人替他准备好并送到他面前的工作。而第三个原则也同时得以说明：对部件生产的简单分布操作进行分析。

用这一方法生产的好处显而易见：机器可以永不停歇地运转。让一名工人用所有这些机器走完生产弹簧的整个过程是很不划算的，在该工人进行逐步操作时，压床、熔炉、折床、油浴将被闲置。而在批量生产中，这些工作是同步进行的。商品的使用便利性会下降，而价格便利性将荡然无存。但机器工作的好处只是一个方面，另一个方面是时间、材料和劳动力方面的好处。批量生产只有在好处可以转嫁给消费者的经济环境中才有立足之地。

January 6,1914

THE STORY OF AMERICAN BUSINESS

FROM THE FRONT PAGES OF THE NEW YORK TIMES

为 2.6 万名员工发放 1 000 万美元

• 福特将通过利润共享计划 24 小时不停工，没有员工会被辞退，除非他不可信任或效率太低 •

底特律，1 月 5 日——福特公司总裁亨利·福特今天宣布了一项其职业生涯中最引人注目的决定之一。其内容大略如下：

> 公司将从 1914 年的营业利润中拿出 1 000 万美元发给员工，这笔钱每半个月发放一次，加在员工的工资上。
>
> 为了保持工厂连轴运转而不是每天只开工 18 小时，公司将实行三班制、每班 8 小时，而不是现在的两班制、每班 9 小时，这样可以增加数千人就业。
>
> 设立每天 5 美元的最低工资标准，即使是扫地的清洁工也可以拿到这一水平的工资。
>
> 公司任何部门的任何员工，在无法胜任工作而应该被辞退前，他将得到在每个部门试用的机会。除非他被证明不可靠或效率极其低下，否则他将不会被辞退。

福特公司在 1912 年 9 月 20 日公布的财务报表显示，公司资产为 20 815 785.63 美元，盈余为 14 745 095.57 美元。一年后，财务报表显示其资产为 35 033 919.86 美元，盈余为 28 124 173.68 美元。据了解，该年度支付红利总额为 1 000 万美元。因此，该年度报告的利润约为 37 597 312 美元。福特公司经核准的流通资本存量为 200 万美元，且没有债券发行。

个人报告由亨利·福特和福特公司负责该计划的财务总监詹姆斯·卡曾斯（James Couzens）出具。“我们的信条是，”卡曾斯说，“社会公正从齐家开始。我们希望曾经帮助过我们的人共同建设这一伟大机构，并帮助我们维持它，从而分享我们的繁荣。我们希望他们能获得现在的利润和未来的前途。我们认为一个企业可以开风气之先、成为其他厂商的榜样。而这就是福特的主要目标。”

科学管理的双刃剑

• 专家认为，错误地应用科学管理反而会伤害员工 •

科学管理就像一柄利刃，它的价值取决于怎样使用它。迈纳·奇普曼（Miner Chipman）在效率协会（Efficiency Society）最近的会议上如此反驳现代追求效率的方法对工人有害的观点。一年前，在美国马萨诸塞州沃特顿兵工厂，奇普曼被300多名工人选为调查代表。沃特顿兵工厂引入泰勒体系已有多年，而奇普曼被请来调查科学管理的实施情况。

经过调查，他认为，兵工厂工人对新体系的严重不满并非源自体系的内在缺陷，而是源自齐普曼认为的独裁方式。奇普曼认为，除非工人本身理解科学管理方法的原理以及为何这样使用的道理，否则还不如不引入科学管理体系。在谈及工人组织对新观念的态度时，奇普曼说出了自己的看法：

> 工人组织以各种形式尽可能地无情抵制科学管理。从表面上看，工人组织反对任何意在提升国民效率的计划。乍一看，很显然，劳工组织采取了支持限制产出、回归中世纪工业环境的立场。对这一反对立场背后基础的深层次研究表明，事实未必如此。工人和雇主观点的基本区别在于效率的定义以及达到高效率所用的方法和设备。
>
> 国民效率问题的重要性远胜过车间管理。我们不能指望通过攻击冲突各

方或多或少有些肤浅的权宜之计解决这些问题。

工人组织对科学管理的基本反对点在于它缺少民主精神。工人组织是一种社会理想，而不是工业理想，它对效率的定义并不局限于车间或一个劳动者所能贡献的工作量。对工人组织来说，效率意味着一个人作为公民，而不是作为工作单元的效率。如果一名工人在经历了一天的工作之后筋疲力尽，连吃饭的胃口都没有了，更无法自如地阅读报纸，对孩子也变得颇不耐烦，那么他便不是个高效的公民。

工人组织作为一种社会力量，它以生活为标准衡量人的效率。8 小时工作代表了一天 33.33% 的任务。工人们坚持应该以一天 24 小时为标准衡量效率。工人渴望能在车间管理中说上话，这不是因为他在车间有着天然的利益，而是因为他渴望能够管理一天中他原本毫无控制权的那个部分。

但是，在资本主义制度下，工业民主只能通过一种方法实现，即雇主和雇员的共同利益以可能达到的社会最高效率的水平表现出来。雇主不会放弃其独裁的管理方法，使用让少数服从多数的民主方法，而仍然会以工作命令为经营的基础。

工业民主可以通过充分的工业教育体系获得。我的意思并不是说工业教育只是课堂练习。工业教育作为效率体系的一部分，必须经历对工人的智能开发，使其成为管理层的一部分。工业教育必须着眼于开发管理责任感，而不仅仅是生产效率。它必须教给工人操作与经营之间、成本与价值之间、效率与利润之间的复杂关系。工业教育必须教给工人高效管理的原理，而工人必须认识并理解专家到底想干什么。

从农村到城市：美国城市规模的稳步扩张

•新人口普查显示出明显的人口从农村到城市中心的迁徙趋势，反映出严重的社会和经济问题•

路易斯·达布林（Louis I.Dublin）

最新人口普查数据公布了，对于人口学者来说，这个庞大数据库中有两个事实特别有趣：其一是截至 1930 年 4 月 2 日的美国人口总数；其二是生活在城市的人口数量。

在 5 月 4 日星期日的《纽约时报》中，我写过一篇文章，文中估计美国人口为 1 亿 2 150 万人，并探讨了最新的人口增加趋势的一些影响。而在本文中，我将探讨第二个问题，即美国城市的成长。

在上一篇文章的分析中我们得知，没有什么比逐步城市化对美国造成的影响更大了。随着时间的推移，我们的社会学家、商界人士以及普罗大众都不得不更加关注这一趋势，并为此做好准备。总的来说，这一趋势极有可能带来积极影响，但如果引导不当，也会给美国带来严重的恶果。

一切始于移民潮

实事求是地说，美国的发展史就是农村人口逐渐变为城市定居者的发展史。从殖民地时期到 1790 年第一次人口普查期间，美国人几乎全部是农民。人们生活在农地上，工业几乎不为人知。少有的一些市镇也是为了满足农民贸易和其他需求而出现的。只有 6 个城市的人口超过了 8 000 人，而最大的城市费城（包括郊区）也只有 42 000 人。

但这一情况不可能继续存在了。美国的大门敞开了，召唤着从欧洲蜂拥而至的贫穷而富于冒险精神的人。这是一片等待征服的大陆，到处都是人们渴望得到的东西。移民潮就此产生，并愈演愈烈，大部分移民涌向了城市。

东海岸的大量沿海城市就是这样产生并成长起来的。随后，同样的运动席卷了中西部、西南部并最终到达太平洋沿岸各州，但直到 1880 年，大部分美国人仍然生活在规模不超过 2 500 人的农村社区。当时，只有 33.3% 的美国人生活在人口多于 2 500 人的城市和城镇，只有 12.4% 的美国人生活在 20 个人口超过 10 万的城市中。

短短 50 年，沧海变桑田！工业的发展使得移民成为主要的劳动力供给源。有朝一日，会有杰出的历史学家向人们讲述这次移民运动的故事——数百万精壮的工人如何拖家带口从南欧和东欧农村被激励着来到美国，在匹兹堡、布法罗、克利夫兰和中西部众多小城镇的钢铁厂和其他工业工厂中寻找新家园和新财富。这也是美国城市飞速增长的源泉。壮观的工业运动和城市扩张运动进行得如火如荼。

1920 年，城市人口已成为多数，占 1 亿 500 万总人口的 51.4%；城市人口在过去 10 年中增加了 28.8%，而农村人口只增加了 8.2%；10 万及以上人口城市的数量增加到 68 个，容纳了全美 25% 的人口。如果将这些城市方圆 16 公里内的郊区也包括在内，那么它们容纳了全美近 35% 的人口。有 25 个城市的人口超过了 25 万。人口运动的方向毫无疑问是朝城市前进的，从而满足了那里的工业和贸易不断增长的需求。

1910—1920 年，城市的增长大体上是以农村地区的牺牲为代价的。为了满足参与第一次世界大战的各国的需求，美国工业出现了前所未有的发展，与此同时，外国移民数量有所下降，这导致了农村人口大量向城市迁徙。1910 年，5 000 万人生活在农村，光是他们的自然增长——即出生人口超过死亡人口的数量，就可以在 10 年内新增 600 万条生命。

农业的损失

最能说明这一状况的是农业局专家加尔平博士（C. J. Galpin）的最新报告，该报告显示，在过去10年中，美国农村人口减少了400万。他估计现在农村人口只有大约2 700万人。1920年人口普查时，这一数字超过了3 100万。如果加尔平博士的数字是正确的，那么我们就将看到一幅相当有趣的图景：只有20%美国人生活在农村，其余80%都在通过商业或其他非农业活动讨生活。

现在讨论1930年的美国10大城市及它们的相对排名还为时过早。纽约、芝加哥和费城必然将继续领先榜单；洛杉矶人口有了大幅增长，增幅高达114%，但其125万的人口规模可能还赶不上底特律；洛杉矶将在1920年的第10名的基础上更进一步，在新名单中排到第5名；克利夫兰将占据第6名，圣路易斯、巴尔的摩、波士顿和匹兹堡将紧随其后。据此，前10大城市名单和1920年并无不同，但排序有所变化，因为洛杉矶人口出现了超常增长，而波士顿人口增长势头有所放缓。

尽管如此，如果我们刚才讨论的城市化继续朝着登峰造极的方向发展，那么将带来相当大的隐忧。那时候，我们将成为什么样的民族？显然，我们将变得更警觉、更精力充沛，甚至更具活力。但我们是否也将具备机器时代的其他品质——城市便是其外在象征？严肃思考会变成怎样？冥想的人生跟不上现代都市的发展速度。

家庭又将如何变化？这一文明的堡垒将会怎样？我们只知道，在刚刚过去的时代中，家庭越变越小，家庭成员之间的联系纽带越变越单薄。这些都是实实在在的危险——在适应城市生活的过程中，我们可能会沉迷于工作和财富带来肤浅的消遣活动中。我们会因此丢掉灵魂吗？

通用汽车公司弗林特工厂罢工结束

• 提薪要求得到满足，15 000 人明天
开始重回工作岗位 •

密歇根州弗林特，4 月 3 日——今晚，工厂重归平静，通用汽车的 15 000 多名员工将从星期一早晨开始重新工作，结束从星期四晚上开始的令雪佛兰汽车公司完全瘫痪的罢工。

此次和平将比前几次更加长久，因为有迹象表明全美汽车工人联合会和通用汽车公司在 3 月 12 日签署了一份协议。工会主席霍默·马丁（Homer Martin）说：“我们的成员开始意识到，这类活动（非授权罢工）不但会给公司带来损失，也会给他们自己的组织带来伤害。”

在工会代表与通用管理层进行了长达 4 小时的会谈后，今天下午，雪佛兰罢工达成了和解。协议条款包括了普遍的工资调整，并将于星期一生效。工人工资将得到提升，但提升多少并未披露。

工会弗林特组织负责人罗伯特·特拉维斯（Robert C. Travis）称，通用汽车公司管理层还同意讨论工会提出的关于流水线某些部分人手不足的投诉。

生产将逐步恢复正常

据了解，这一提供了工资调整的协议计划将使生产秩序在星期一恢复正常，工

会工人将结束他们的“怠工”罢工,即将马达产量从每小时 400 台降至每小时 250 台。

特拉维斯和负责弗林特、萨吉诺（Saginaw）和贝城（Bay City）所有生产活动的阿诺德·伦兹（Arnold Lenz）均表示，今天的会谈令人满意。和他们一起进行会谈的有新任命的雪佛兰福兰特工厂总经理哈里·科恩（Harry B. Cohen），以及一个由该公司 9 个部门的 9 位工人代表组成的工会委员会。

在现在工人代表制度下的沟通困难被认为是近期通用汽车弗林特工会一系列罢工的原因。从今天的讨论看，显然，工会领导对近期的罢工感到十分不安，他们称之为“未授权的”“不幸的”。

在与工会组织者举行了会议后，马丁宣布：“放眼未来，我们对与通用汽车公司建立的基于真正的集体性讨价还价之上的友善关系，充满了希望和信心。”

铸造厂无法开工

星期一返回工作岗位的员工中包括 14 750 名雪佛兰员工和 1 200 名费雪零件二厂员工。后者并非处于罢工中，而是因为雪佛兰工厂的关门而被迫赋闲。据今天下午公布的消息，雪佛兰灰口铁铸造厂和雪佛兰萨吉诺零件制造厂仍将不得不关闭数日，影响到 7 400 名工人。

铸铁厂经理詹姆斯·米勒（James F. Miller）和零件制造厂厂长哈罗德·斯皮尔斯（Harold F. Spears）说，他们的工厂得等待弗林特的供应，必须再等上几天。

今天，参加兰辛（Lansing）克莱斯勒会议的马丁将于明天早晨回到弗林特，与通用汽车工厂工人代表举行会谈。据说，他将敦促工人履行工会与通用汽车公司签订的协议条款，所有的抱怨和不平都将通过根据该协议成立的工人委员会处理。

“庞蒂亚克罢工的直接原因是当地工厂经理的自由裁量政策，他们在没有正当理由的情况下自作主张开除员工，并拒绝让他们复工或认真讨论这一问题，”霍默·马丁说，“在弗林特，动乱发生的原因是工人怀疑工人代表制度无法很好地代表他们的利益，他们对工厂经理也缺乏理解。显然，从一开始，某些工厂经理、甚至通用的高管希望最终能够达成协议，他们认为，如果这样的话，就能避免真正的集体性讨价还价。”

斯隆的声明广受批评

“实际上，斯隆先生给通用汽车公司员工的声明中通篇都充满了将合约最小化的愿望，这给人的感觉是，通用与工会达成的是一个没有任何后果的协议。不过，这些动乱都是自发形成的，其背后没有国际工会的煽动和支持。根据国际工会的要求，工厂工人应被疏散，而现在，毫无疑问，星期一所有工厂将复工。在工人们经历了令人痛苦的罢工后，在经历了多年的压迫和歧视后，会爆发如此动乱毫不奇怪。不过令人惊喜的是，工人们以如此的纪律性和合作性接受了国际工会的领导。”霍默·马丁评价说。

美国施行每周 40 小时工作制

•官员在宣布新标准时援引了“工资 - 工时法”近两年来的进展•

路易斯·斯塔克（Louis Stark）

华盛顿，10 月 19 日——随着《公平劳动标准法案》（*Fair Labor Standards Act*，也即“工资 - 工时法”）实施进入第三个年头，从事跨州商业的公司将从星期四开始实施每周 40 小时的标准工时（少数例外除外）。这并不意味着该法所适用产业的雇主不能实行超过每周 40 小时的工作制，但如果其员工每周工作时间超过了法律规定的 40 小时，就必须支付他们 1.5 倍的超时加班费。

当《公平劳动标准法案》在经历了两年时间的研究终于被通过时，美国国会的目标是，为标准工作周设定 40 小时的工时上限和每小时 40 美分的时薪下限，同时杜绝童工的使用。《公平劳动标准法案》实施两年后，美国劳工部工资与工时司官员弗莱明（Philip B. Fleming）认为，该法在将持久原则打造成美国经济工资结构基准方面起到了很好的效果。

《公平劳动标准法案》生效时有些人并不看好，威胁说这将导致大量员工失业，因为雇主无法承担最低工资，但实施效果证明并非如此。或许这是因为该法的完全生效是逐步完成的。在第一年中，只有工作时间超过每周 44 小时的单位才被要求支付超时加班费；第二年，标准工作周时间降到了 42 小时，如今则是 40 小时。

从容不迫迈向目标

至于让从事跨州商业的企业以及为跨州商业生产商品的企业一刀切地实行每小时 40 美分的最低工资，该法案采取了自动实施的办法。第一年，最低工资是 25 美分，接下来 6 年，最低工资设在每小时 30 美分，此后将进一步提高到每小时 40 美分。

国会希望通过触发超时工作鼓励企业雇用更多劳动力，并认为在这方面取得了相当大的成效。最低工资法也被设计用来阻止恶性竞争、提高在经济等级中处于底层的人群的消费能力。

■ 1910 年前后在男衣工厂工作的童工，20 世纪初出现了保护童工权利的运动。随着 20 世纪的深入，工作场所也不断变迁。（布朗兄弟 [Brown Brothers] 提供图片）

反对声中的AFL与CIO合并

拉斯金（A. H. Raskin）

自由世界最大的劳工联合会将于今天在第71团军械库成立。这个拥有1 500万工会成员的组织将在上午9点30分，由乔治·米尼（George Meany）和沃尔特·鲁瑟（Walter P. Reuther）共同敲下小槌后开始运营。

但是，在美国劳工联合会（AFL）和产业工会联合会（CIO）的历史合并发生之前，其内部便已经产生了争执。

CIO原领导人拒绝了国际卡车司机兄弟会与采矿、轧钢和炼钢工人工会的契约，5年前，CIO指责该契约被小撮人控制，因此拒绝接受。这场斗争将延续到新联合会由29名成员组成的执行委员会中。

CIO也对将卡车司机完全纳入新的行业工会部门颇有微词。该工会拥有125万成员，是AFL中最大的团体。CIO前主席罗瑟说，他支持将卡车工会部分纳入行业工会部门。其他CIO高官则说将投票反对吸收任何卡车工会会员。

种族歧视阴魂不散

新联合会的成立大会似乎还有另一个幕后麻烦——种族歧视问题。全部由黑人组成的卧铺车搬运工兄弟会（Brotherhood of Sleeping Car Porters）对于与两大独立铁路工会的融合表达了不安。兄弟会指责这两个工会均不吸收黑人成员。

昨晚，有充分的迹象表明 AFL-CIO 官员已经明确地向两大铁路工会——铁路列车员兄弟会与机车消防员和司机兄弟会提出，若想加入新组织的话，则必须停止歧视行为。据了解，两大工会首脑已经准备好纠正自身组织的行为，从而降低引起不和的风险。

尽管存在这些先天不足，新组织的提名主席米尼的助手仍然斩钉截铁地表示，这将是一次和谐的大会，所有的斗争都将在私下里解决。他们说，将尽一切努力防止内斗给新联合会留下永久的伤疤。

艾森豪威尔总统将于下午 2 点 30 分在宾夕法尼亚州葛底斯堡总部向新合并的组织发表电话讲话。据信，在讲话中他将表达关于 1956 年竞选时共和党对工会采取何种态度的建议。此次讲话的背景是，其所在的共和党内部对于采取友好态度还是冷漠态度对待劳工组织领袖仍存在激烈争执。昨天，两位共和党参议员表达了关于这一问题的截然相反的观点。

共和党参议员竞选委员会主席、亚利桑那州参议员巴里·戈德华特（Barry Goldwater）呼吁惩罚“渴望权力的工会老板”对工会资金的滥用。他是在全美直播的电视评论中提出这一要求的。

另一方面，新泽西州参议员克利福德·凯斯（Clifford P. Case）告诉这里的劳工新闻编辑，工会拥有“明确的权利鼓励成员在投票箱前行使其公民权”。他将戈德华特参议员关于劳工领袖囤积巨额“小金库”以控制民主党和政府的说法斥为“歇斯底里”。

据称，艾森豪威尔将对大会致以诚挚的祝福。他决定直接与 1 450 位工会代表对话，而不是发一封书面贺信。这也是与劳工部部长詹姆斯·米切尔（James P. Mitchell）商谈后的结果。后者直言不讳地表达了对戈德华特立场的反对。

米尼拒绝评论联合会合并伊始就产生的争执。据信，对大部分初期问题的行动将推迟到 2 月份执行委员会仲冬会议之后。在此之后，“日内瓦精神”将得以确立，一位工会高管说。

服务业雇员国际工会主席安迪·斯坦

马蒂·贝（Matt Bai）

紫色是安德鲁·斯坦（Andrew Stein）的生命之色。他的衬衣、夹克和帽子几乎全是紫色的。他随身携带紫色行李箱，喝带有紫色标签、配有服务业雇员国际工会（SEIU）紫色标识的瓶装水——斯坦正是该工会的主席。美国有很多工会,通常，如果你身穿淡紫色衬衣前往工会大厅，你会很不自在，但SEIU不是寻常工会，它扎根于新兴的服务业。它的成员不是卡车司机或流水线上的工人，而是门卫、护士、家庭护理助手之类，其中1/3是黑人、亚裔或拉丁裔。尽管老式产业工会日渐式微，斯坦的工会却在以极快的速度团结低收入工人——其中有很多人从来没有参加过工会，而SEIU也已经成为北美最大、发展最快的工会（之一）。大型工会的主色调向来是铁锈棕和钢铁灰，而如今的集会和政治会场正在逐渐成为紫色的海洋。

所有这些，让魅力超凡的54岁的前社会服务业员工斯坦成为在劳工界和民主党政界举足轻重的人物。在美国，经营工会的营生早已和过去大相径庭了，即使是最大型的工会也是如此。自动化和全球化时代促使各大公司纷纷“向下竞争”，去海外寻找低工资工人，也大大地伤害了有组织劳工。50年前，美国33.3%工人兜里揣着工会卡；如今这一比例只有10%。据估计，有2 100万服务业工人从未加入过任何工会，而由于雇主对工会的厌恶，以及妨碍工人要求组织工会的联邦法案意味着这其中的绝大部分人永远不会有机会加入工会。

多年来，工会老板心安理得地谴责所有其他人——胆怯的政客、腐败的CEO、贪婪的股东等是工会无情衰落的罪魁。但是去年，斯坦做了些惊人之举：他将矛头转向了工会领导人同侪。当然，工人确实因不在他们控制范围内的因素经受着苦难，斯坦说。但大工会在适应这一环境方面又做了些什么呢？斯坦谴责说，工会老板忙于陪同参议员乘坐飞机和配有专职司机的轿车到处指点江山，大谈如何应对全球化的影响——数以百万计的美国人因全球化丢掉了工作和退休金。在面临工会成员流失之际，各工会的老板却在以邻为壑，掠夺兄弟行业，这样做只能进一步削弱工人的力量。比如，全美空乘人员分属好几个不同的工会，这使得很难（如果不是不可能的话）形成全行业的合力。

斯坦用商业术语描述了工会运动的式微：如果哪个规模 65 亿美元的公司在客户每年都在流失的情况下，还坚持使用已用了几十年的商业计划，那它的老总早就被炒鱿鱼了。

“我们的运动正在走向消亡，太多劳工领袖会站起来，点点头说我们会采取行动，然后老方一帖。”斯坦最近如是对我说。11 月选举结束后一周，斯坦给 AFL-CIO 提交了一份看起来像是最后通牒的方案。他要求 AFL-CIO ——劳工运动的组织联盟，进行一场自上而下的改革，第一步是将旗下的 58 个工会精简至 20 个，以达成整合实力的目的。斯坦威胁说，如果其他工会的老板不让步，他就会将手下 180 万成员（包括退休职工）脱离 AFL-CIO——此举不啻在 AFL-CIO 即将迎来成立 50 周年之际将其解散。斯坦的批评者认为他之所以这样做完全是为了攫取权力。“安德鲁现在对其同志的所作所为无异于在独裁。”机械师和宇航业工会主席汤姆·巴芬巴格（Tom Buffenbarger）说。

斯坦改革运动的影响力远远超过了劳工组织的狭小世界，进入了美国政治的核心。眼下，华盛顿政治对话的僵局便是沃尔玛经济崛起后美国产业扭曲的直接结果。两党都缺少解决工薪阶层家庭焦虑日渐严重的问题的真正方案，反倒陷入了争论谁应该负责的口水战。共和党指桑骂槐地认为，责任在于中产阶级财富因税收和社会保障项目而减少；他们认为，只要政府放手，企业就会变魔法般地提供我们所需要的高薪岗位。与此同时，民主党坚持工厂时代方法论，将矛头指向共和党人的贪婪和“本尼迪克特·阿诺德（Benedict Arnold）[①]CEO”（约翰·克

① 美国独立战争时期美军将领，后叛变倒向英国。——译者注

里 [John Kerry] 语），认为是他们导致了通往全球化的历史性变革。根据他们的观点，只要华盛顿能够堵上一些税收漏洞，美国工人就能重温1950年的美好日子。

你大概会认为，在全球化时代仍然能够挖掘更深刻、更灿烂的愿景的领域只剩下僵化、教条的劳工组织领导层了。但安德鲁·斯坦是劳工领袖中的另类，他意在建立全新的、更具活力的21世纪工人运动。如果有劳工界老朋友和民主党党员在此过程中感到受伤，那就对了。

致力重振工会

斯坦绝不是墨守成规的人。他的父亲在新泽西州北部开了一家法律事务所，靠做小型犹太企业的生意盈利，帮助它们从街边小店升级到全功能零售商。斯坦自称，读大学时从来没想过读书和未来的事儿，大学毕业后，漫无目标的斯坦在宾夕法尼亚州福利部门找了一份工作，收集受助者的受助历史。该部门的社工们刚刚赢得集体议价权，一群年轻的理想主义者掌握了这一地方工会，斯坦也是其中之一。

传统的工会老板都是顺着行政序列逐步升值，按部就班地树立亲信、剪除异己，最终问鼎宝座。斯坦与他们不同，他把大部分工作时间花在了组织工人击败雇主和雇主讨价还价上。1984年，SEIU时任主席约翰·斯威尼（John Sweeney）将斯坦召往华盛顿，协助组织一场全国性运动。1995年，斯威尼当选AFL-CIO主席，斯坦在其中有与力焉；斯坦当选后，雄心勃勃的斯坦迫不及待地寻求接替他成为SEIU首脑。接下来发生的一系列事件算得上典型的劳工政治。在选举尚不能举行的时候，斯威尼离开了SEIU，SEIU落入了二把手的控制中，并立刻炒掉了斯坦将他赶出了总部大楼。据斯坦透露，他当时发誓，除非是入主5楼主席办公室，否则他再也不会跨入SEIU的总部大门。6周后，他的改革派盟友力助他当选成功，于是，在45岁时，斯坦成为该工会历史上最年轻的主席。

斯坦从小在其父的小企业客户周围长大，成年后一直从事谈判活动，这让他了解了不少企业运作的方式。他开始形成一种观念，这种观念与四面楚歌的劳工运动的基本假设完全相反：斯坦认为，流行的印象——贪婪的公司向对待奴隶一样对待员工，在大多数情况下是错的。事实是，全球化时代的公司承受着极大的削减成本的压力，它们的所作所为是为了生存，如果你想让它们对你好点，你就必须让它们有利可图。

斯坦认为应该给雇主带去“附加值”，因此不少雇主带着狐疑的目光将他视为伙伴。在他入主 SEIU 前后，该工会的几个州级分支机构正在与阿肯色州连锁疗养院公司贝弗利医疗和康复中心斗争。该公司抱怨说，州补贴的削减使其无法在保持盈利的同时增加员工薪酬。斯坦及其团队罕见地提出了结盟的方案：如果贝弗利允许员工组织工会，SEIU 将利用其政治影响力说服州立法机构增加补贴。这个方案奏效了。“我真心认为，安德鲁太够意思了。”贝弗利医疗和康复中心首席运营官戴夫·迪佛伊尔（Dave Devereaux）说。

与此同时，斯坦用各种新颖的劳工策略与企业周旋，也用新时期商业理论重塑 SEIU 文化。斯坦问鼎主席时，SEIU 只是一大群地区工会的联盟，这些工会各有各的名字和身份。这一做法自古有之，在雇主和工会均存在于单一市场的时代，这样做没什么问题。但是，在斯坦看来，现在这已经成了一个问题。如果他的成员要反对全国级别或全球级别的公司,他们就必须利用全国性工会的规模和实力。“你知道，你所面对的雇主是很强大的，因此你希望你也处于一个强大的阵营中。”斯坦这样向我解释。

斯坦聘请了一家精通新经济的企业咨询公司，并掀起了一场“重建”SEIU 的运动。他用财务激励诱使各地方分支使用 SEIU 的名称、新标志，当然还有新颜色。从某些角度看，SEIU 现在非常像一家《财富》500 强公司。在其总部大堂里，一台平板电视不间断地播放面带微笑的成员的画面，并配以斯坦鼓舞人心的说辞，他俨然就像杰克·韦尔奇或比尔·盖茨。去年，SEIU 通过其礼品目录卖出了 100 多万美元的紫色商品，包括手表、运动胸罩、彩绘文身和自制牛仔裤。（礼品目录本身也很有特色，上面印有工会成员及其子女所创作的 SEIU 赞美诗，还有一些食谱，比如斯坦的花生黄油巧克力蛋糕。）

所有这些让身居其他工会的斯坦的批评者看到了奇特的个人崇拜。不过，换个角度看，这表明斯坦明白运动心理学——工会工人渴望一种有人需要他们的感觉。

20 世纪 90 年代末，SEIU 成员数量和影响力上大幅上升，与此同时，许多大工会正在经历影响力的进一步下降。有人认为，SEIU 在整个运动中做得还不够。矿工工会主席塞西尔·罗伯茨（Cecil Roberts）就以个人名义挑战斯坦，欲效仿在20世纪30年代掀起劳工运动全面高潮的传奇矿工领袖约翰·刘易斯。但斯坦对此表示反对。经营SEIU已经耗尽了他的时间，在剩下的时间里他宁可陪陪儿女儿。在孩子们长大后，他才有时间思考怎样改变美国劳工的未来。

接着，斯坦的生活在一夜之间崩塌了。大约两年前，14岁的女儿凯西——她在出生时就特别小，肌张力严重不足，在一次例行手术回家后发病，在父亲的怀中去世。斯坦与自由派支持者简·珀金斯（Jane Perkins）23年的婚姻也因此画上了句号。他在华盛顿西北部租了一间公寓，舍弃了大部分家具，全身心地投入到工会工作中。他和18岁的儿子马特保持着亲密的关系，但儿子需要在双亲之间来回奔波。斯坦告诉我，在独居的时候，他就只能到本地酒吧独自一人吃晚餐、看报纸。“这是我生命中的重大变故。”他说。

“凯西死的时候，”斯坦说，“感觉就好像是：‘我52岁了，我还能有几年时间认真地去做这件事？为什么我害怕说出我真正想要的？’”斯坦告诉我，如果他是个教徒，那么他可能会认为他在劳工组织战陷入危机时能获得如此之多的自由时间和大彻大悟——用他的生活损失换来的，并不是巧合。他说，相信这是天降大任于斯人也让他能更好受一些。显然，从他诉说的方式看，他自己是信这一套的。

与大工会的争端

斯坦拯救美国工人的大计始于重组AFL-CIO。自20世纪60年代以来，大量苦苦挣扎的工会选择了合并而不是消亡。如今，AFL-CIO成员工会数量比高峰时期下降了一半。斯坦指出，这一令劳工领袖颇感悲凉的“达尔文主义过程”实际上是很健康的，而且还不够深入。他说，工会只有在大到足以在代表旧成员进行斗争的同时组织新成员，或是在所有产业都代表工人大集中的时候才能起到最好的作用。

斯坦所提出的10点计划从根本上推翻了产业时代的工会框架，并新起炉灶。他说，AFL-CIO将由20个大型工会组成，每个工会将专注于21世纪经济的一个单独部门，比如医疗部门和航空部门。作为一个永远的草根实践派，斯坦希望这些重新组建的工会花更多的时间和资源用于在快速成长的城市远郊地区发展新成员，特别是在南方和西部，在那里，新一代工人还从未加入过工会。他的计划将大幅削减每个工会向 AFL-CIO 缴纳的会费，削减幅度将达到一半，只要这些工会将这笔钱的一部分用于地方组织。这不是小打小闹；这将从根本上削弱 AFL-CIO 总部所掌握的用于政策研究和培训计划的资源，将这些资源还给组织人墙和集会的人手里。

即使是斯坦的盟友也承认，他给大工会下的最后通牒有些盛气凌人。饭店、餐厅和服装业工会联合主席约翰·威廉（John Wilhelm）是斯坦的支持者，据称他将在今年斯威尼寻求连任 AFL-CIO 主席时对他发出挑战。但他也说自己反对斯坦不顾工会反对强行合并的计划。威廉告诉我，由于斯坦的工会实力太强，他的行事有时会有欠温和。“坦白讲，他不需要如其他人那样像个外交家，”威廉说，“在傲慢和坦言令人不愉快的事实之间的差别很小，有时候甚至难以察觉，而关于我们劳工运动的事实便属于令人不愉快的事实。”

工会是否将走向全球化

即使大工会最终合并形成更大的工会，斯坦仍面临着一个更大的挑战：你能够建立一个跨国劳工组织来对付跨国巨头在全球无处不在的触手吗？毫无疑问，沃尔玛便是最典型的巨型公司，它也是美国最大的雇主。从某种程度上讲，沃尔玛从内到外彻底改变了美国零售模式。从前，制造商生产，比如闹钟，对闹钟和生产它的员工工资进行定价，并将它卖给零售店赚取利润。沃尔玛的实力强大到足以逆转这个过程的程度：它决定闹钟的价格，然后制造商（很可能位于海外）据此计算为了让生意有利可图必须将工资压低到什么程度。通过这种方法，沃尔玛不但坚定不移地阻止门店员工组织工会，还压低了制造商所支付的工资——所有这些都是为了让消费者享受最低价格。

“对通用汽车有利就是对美国有利，”斯坦说，“对沃尔玛有利就是对 5 大家族有利。”——他指的是对沃尔顿的财富有继承权的 5 个家庭。斯坦对 AFL-CIO 的改革计划包括成立一个 2 500 万美元的基金用于组织沃尔玛员工。但作为零售商，沃尔玛其实并不在 SEIU 的管辖范围内。斯坦说，让他感到深切忧虑的是能影响到他管辖范围的下一代沃尔玛：一批法国、英国和斯堪的纳维亚公司，它们进入美国市场有可能会拉低服务业工资，而服务业工资下降不像零售业那样显眼。“我们在入侵伊拉克，而欧洲人正在入侵我们。”斯坦说。这些公司在欧洲大多不反对组建工会，因为在欧洲，劳工组织是常态。但在进入美国后，它们马上就会效仿沃尔玛模式，用驱逐工会和压低工资来扼杀竞争对手。

斯坦关于对付这一新兴强硬对手的大计划是建立一个类似 AFL-ICO 的工会联盟，唯一的不同点是该联盟的成员工会将来自全世界。斯坦解释说，如果法国工会在法国举行抗议，在美国的法国公司就得掂量掂量，不可能肆无忌惮地欺压美国员工了。乍一听，这个全球计划有些太过梦幻了，我估计他是看动画片《超级英雄战队》（*Superfriends*）看多了。圣诞节前夕，他邀请我前往英国伯明翰一日游，此行的目的是会见意在改革的英国运输业工会。我们连夜坐飞机赶去那儿，迎接我们的工会秘书长托尼·伍德利（Tony Woodley）向我们报以热情的微笑，并紧紧地拥抱了斯坦。斯坦做了主题演讲。两名 SEIU 雇员已在那儿等待多时，斯坦似乎早就派他们前往那里帮助伍德利制定组织计划。

我们在幕后喝咖啡的时候，斯坦和伍德利对我说了 First Student 的案例。First Student 公司是近几年来美国最大、最激进的私人校车公司。该公司被数家 SEIU 地方分支列为发展目标，因为它不允许司机组织工会。“我们一直关注他们的动态，”斯坦说，“它成了我心中的一个疙瘩。我说：‘First Student 都有些什么人？做得怎么样？’然后我们做了一些研究，发现我们实在是太蠢了：这是一家大型跨国公司。在英国的工会率高达 80%。因此我给这儿的工会写了封信，说：‘能给我们些帮助吗？’”

伍德利派了几位英国校车司机前往芝加哥，和美国同行会面。接着美国司机来到伦敦，英国工会游说集团把他们引见给了议会成员。他们还在公司年会门外举行了联合示威。伍德利告诉我，First Student 公司——在英国被称为第一集团，正在投一个铁路合约的标，他的工会准备游说人们反对它，除非它能坐下来与佛罗里达和伊利诺伊的美国同事谈判。

今年 4 月，斯坦还邀请了十来家欧洲和澳大利亚工会首脑来伦敦会面，这是他们的第一次会面，斯坦说希望能够就此正式形成全球工会联盟。但是，将劳工运动全球化仍有问题。在最近一次和执行委员会的会议中，斯坦大声地说出了他酝酿中的计划：去印度考察实际情况，让其中一家将业务外包给印度的公司的高管也参加。

他认为，这或许可以作为给接手美国岗位的印度工人涨薪的第一步。

接着，斯坦自己停了下来，开始考虑一个问题。诚然，将外国接线生或机械师工会化有一个十分明显的理由：除非各大公司在中国和印度等国家支付的薪酬更高，否则美国工人根本无法公平地竞争上岗。你如何避免担心接电话的是班加罗尔接线生，甚于担心他所顶替的艾奥瓦州接线生之类的事情发生？约翰·克里和其他民主党人一直反对将 CEO 的工作岗位外包，而斯坦正是要解决这个问题，他在考虑联合这些 CEO，确保他们的印度员工能赚足够多的钱。

“事实是，随着中国生活标准的上升，俄亥俄的生活标准在下降，”斯坦说，“对此你可以怎么做？我们是全球工会还是美国工会？这个问题我很难回答。因为我很不情愿看到这里的生活标准下降。我想，对于这个问题，我们应该向前看，但我并不认为这意味着我们应该害怕。”

“拯救”民主党

斯坦越是思考劳工组织和民主党，越是觉得两者之间有相似之处。和大工会一样，现代民主党在 20 世纪 30 年代诞生于一批富有想象力的自由派思想家手中，并在战后产业繁荣中迎来了最鼎盛的时期。与工会老板一样，民主党领袖对自己的成功沾沾自喜；他们没能跟上美国生活环境的变化节奏，也没有注意到民主党党员正在不断流失。如今斯坦说，民主党和工会都沉迷于过去的回忆中，不想，可能也无法创新和适应。斯坦告诉我，套用一句商业理论新词，在工会和民主党身上，你看到的是“垂死机构的变革模式”。

目前，华盛顿民主党的各种晚宴、午宴和智库座谈会的主题都围绕着如何拯救这个政党展开。参与者通常都会落入不对等的两大阵营中。一方面，大部分民主党人认为民主党失败的主要原因是沟通和策略问题。根据这一看法，民主党政策本身（不减税、不实行教育券、社会保障私人化）仍和过去一样事关现代工人。该看法认为，真正的问题在于民主党放任共和党控制了言论，没能有效地动员选民。处于严重劣势的一小部分民主党人则认为，该党的问题要更多——事实上，其问题在于缺乏想象力，它的核心观点更像是政府的应声虫，而不是指明政府应该怎么样。

几乎所有劳工组织的上层人士都坚定地站在第一个阵营一边，而斯坦则坚定地支持第二个阵营。他说："民主党的经济政策从根本上和共和党相反，是捍卫罗斯福新政的政策。这让我认识到，共和党在主宰21世纪观念方面是如何虎虎有生气，而我们却悲哀地仍在捍卫60年前的陈旧观念。"斯坦认为，和大工会一样，如果民主党想推行对新经济工人有意义的计划的话，它需要挑战其传统及其既得利益集团。20世纪30年代设计的社会保障制度不可能是面向当今工薪族的最佳国民退休计划吗？竞争可能是拯救陷入困境的公立学校系统的最佳方法吗？

"我不确定你是否能从内部开始这样做。"斯坦曾经这样对我说。正如他愿意与AFL-CIO决裂一样，他也不排除与民主党决裂。"我觉得，我们必须在我们的能力范围内尽量使美国的劳工运动和各党派以应有的方式代表美国工人，"他说，"如果我们做不到，那么必须确定我们的战略是什么。我们把所有的钱都花在投票上并忘记了候选人了吗？我们寻找的是建立独立工人政党的人吗？我不知道答案是什么。"

斯坦告诉我，奇怪的是，他的灵感部分是受保守主义空想家、最近才从发展俱乐部（Club for Growth）卸任的史蒂文·摩尔（Steven Moore）的启发。发展俱乐部视民主党和华盛顿的温和派共和党为不共戴天之敌，它从公司反征税阵营中筹得数百万资金，不仅用于反对民主党（汤姆·达施勒[Tom Daschle]是其主要目标），也用于反对在台上的不够保守的共和党。史蒂文·摩尔激怒了一些共和党领导人，他们说他在分裂共和党，但发展俱乐部一直在将共和党推向右翼，让温和派疲于应付，也让共和党人在投票反对减税中三思而后行。

几年前，斯坦邀请史蒂文·摩尔在SEIU芝加哥会议上发表讲话——这大概相当于迈克尔·摩尔（Michael Moore，持有反枪立场）被美国步枪协会（NRA）请去赴午宴。如今，斯坦一开始模仿发展俱乐部的模式；去年，SEIU推出了自己的候选人—— 一位工会盟友，反对华盛顿州民主党众议院发言人（代表海伦·索玛斯[Helen Sommers]），因为这位发言人投票反对家庭保健业员工的医疗福利计划。工会挑战者失败了，但差距只有500票。"我认为我们应该花更多的钱包装反对民主党的候选人。"斯坦一本正经地说。

这样的做法对工会老板来说颇有风险，毕竟，斯坦手下的大部分成员一辈子都是民主党。他们会接受想对社会保障制度来一个彻底大修的领导吗？如果斯坦越过教师工会，支持教育券，他们还会支持他吗？斯坦似乎很笃定地认为他的成员希望看到这些问题的新解决方案，而不是教条式的回答，他认为他们更忠于他和工会，而不是民主党。他似乎是要填补劳工组织和社会和经济政策之间的空白——自从全美汽车工人联合会首脑沃尔特·鲁瑟建议总统肯尼迪和林登·约翰逊重视民权以来，这一空白还从来不曾被填补过。“在过去三四十年中你都找不出能和斯坦相提并论的人，”新民主党网（New Democrat Network）主管、正在谋求民主党主席之位的西蒙·罗森博格（Simon Rosenberg）说，“从来没有哪位劳工领袖同时也是思想领袖。”

斯坦究竟想干什么

斯坦的批评者所提出的问题是：斯坦究竟想干嘛？他是想成为当代的沃尔特·鲁瑟，和总统通话，在满屋子记者面前侃侃而谈吗？“我不喜欢政治，”斯坦不止一次这样说，“上次选举后，很多人打电话给我，说什么‘你应该当总统去’‘你应该当民主党的全国委员会主席去’之类的话。这些人根本就没抓住现实，也弄错了我的兴趣所在。”斯坦可以在不经意间提及有人建议他不要给总统打电话，而是当总统去，这表明他和常人一样喜欢自我吹嘘，可能还有过之而无不及。但如果斯坦的志向是主宰全世界，那么他显然可以在更强大的公司度过一个个夜晚，而不是在酒吧里。我问他在 60 岁的时候大概会是什么样子，他说：“我希望找个爱人，一起旅行，颐养天年。如此而已。”

他的对手会说这是一种伪善。但是，正如公众生活所一再显示的，他们可能误解了驱动斯坦的人性因素。所有熟识他的人都会说，是对工人的真实激情在激励他。但是，与此同时，你不需要拥有心理学学位也可以看出，这些天来他一直在强压痛苦。斯坦给人的印象是，女儿的死和婚姻的结束令他一蹶不振；已经没有什么能对他造成更大的伤害了，这两大打击已经引起了某种程度的自暴自弃，对他的现状来说，这十分危险。

历史就是这样变化着；从更糟糕的状态中走出的人更愿意去克服旁人叹为观止的困难。现时代的事实再清楚不过了：无情的全球化经济压在我们头上，挥之不去。许多美国产业注定要受到更灵活的竞争对手的挤压，落后于这场结构变迁的工人根本没有什么力量左右只认利益不论国境的公司大佬的决策。如今，持有股票的美国人（通常通过401[k]退休计划持有）要远多于加入工会的美国人。20世纪保护着美国工人理想的制度——劳工组织和民主党，强烈地坚持煤铁时代诞生的结构和方案，也许他们还没有开始担心创新将让他们多年来所从事的事业信誉扫地，也许这只是因为没人知道接下去该怎么办。

创造了大工会和现代民主党的远见卓识者遇到了针锋相对的挑战。安德鲁·斯坦以自己的方式激起和时代更加息息相关的争论。美国工人可以在全球市场中受到保护吗？服务经济能否支撑起美国的中产阶级？我们是否有足够的勇气谈论这个话题？

■ 2006年，迈阿密大学科勒尔盖布尔斯校区门外，一名来自SEIU的代表将迈阿密大学门卫莱昂纳尔·拉米雷兹（Leonor Ramierez）的标语从西班牙语译成英语（意为“团结就是力量”）。门卫已经罢工8周，会一直坚持到新协议的最终达成。（芭芭拉·费尔南德兹（Barbara P. Fernandez）向《纽约时报》提供图片）

工作，终身的习惯

杰克·卡瓦诺（Jack Cavanaugh）

莱昂纳尔·杜西奥特（Lionel Dusseault）到康涅狄格州普特南市的约翰迪恩公司（John M. Dean Company）工作的时候，美国正在打仗——第一次世界大战。那一年是1918年，杜西奥特17岁，年纪太小当不了兵，但去这家1898年开张的工厂工作已经够格。

80年过去了，迪恩公司迎来了百年华诞，而杜西奥特仍在那儿工作；事实上，他的工作台从未发生过变化——分拣、称重和包裹各种针和其他线状金属产品。

杜西奥特——他67岁的儿子约瑟夫10年前就已从康涅狄格大学斯托尔斯诺校区退休，已不再每周上足40小时的班了。但每个星期一到星期五，他仍然开车去公司上4个小时的班，从上午11点30分至下午3点30分。“每天他都迫不及待地要去上班”，儿子说，老杜西奥特现在就住在他的房子里，“通常，每天早晨我们会在本地餐厅共进早餐，然后我老爹就去上班了。”

1918年，在杜西奥特开始为迪恩公司工作的同时，哈里·库珀布拉特（Harry Kupperblatt）还是布朗克斯莫里斯高中（Morris High School）一名14岁的学生，与此同时，他在一家纽约药店兼职送货员。如今，在即将迎来94岁生日的时候，库珀布拉特身板仍然健硕，在梅西百货斯坦福德购物中心担任皮箱销售员。

杜西奥特和库珀布拉特——巧的是他俩的生日都是5月27日，是康涅狄格州年纪最大的工作人士。现在，越来越多的人到了耄耋之年仍在工作。

一些人上班时间没有杜西奥特和库珀布拉特长。哈特福德人、95 岁的托尼·瓦罗（Tony Valo）就是其中之一。他每星期一在哈特福德市中心的特朗布尔大街（Trumbull Street）上的专业理发屋上班。但也有一些工作时间更长的高龄工作者。比如，8 月份将满 88 岁的乔·德尔莫尼科（Joe DelMonico）每周至少要在位于纽黑文市中心的德尔莫尼科哈特斯公司（DelMonico Hatters）工作 40 个小时。德尔莫尼科哈特斯公司也许是康涅狄格州仅存的唯一一家男帽店，他在那儿当销售员。1925 年他父亲开这家商店的时候，他就开始在店里工作了。“为什么我要继续工作？”他反问道，“因为我喜欢工作。”

德尔莫尼科说，近些年来他越发喜欢工作了，“戴帽子的时尚又回来了。”他还记得，20 世纪二三十年代时，店里一天能卖出 200 来顶草帽。如今，他说：“我们比以前卖出更多的休闲帽，越来越多的人害怕得皮肤癌，所以会戴上大檐帽。”

91 岁的西哈特福德人艾德·贝努瓦（Ed Benoit）仍在一家灯泡公司当销售员。他每周工作 5 天，一遍遍地拜访他在康涅狄格州中部的产业客户和潜在客户。贝努瓦以前是音乐家（擅长小提琴、低音小提琴和中提琴），曾在哈特福德和新不列颠的交响乐团当乐师，“后来我意识到在音乐方面我是难成大器了”。于是，在做了 20 年的会计师后，1955 年他加入位于新泽西的杜拉特斯特公司。会继续工作多久？“只要我感觉还不错，我会继续干。”贝努瓦说。

还有 80 岁的卡梅拉·恩克（Carmella Unker）和 73 岁的安东尼·佩罗塔（Anthony Perrotta），他俩都在斯坦福德美国邮政上班。恩克 1943—1946 年曾是贝德福德山纽约女子监狱狱警，现为斯坦福德西大街邮政中心的分配员。佩罗塔每天在大西洋大街斯坦福德市商业区送信，据他估计，“每天要走五六公里路”。两人每周都要工作 40 小时（有时还不止），但都毫无怨言。“有时候他们让我加班，我就加了，”干了 31 年邮政工作的恩克说，“很多人问我什么时候退休，我告诉他们，我准备永远不退休。”当了 40 年邮递员的佩罗塔说：“只要两条腿还走得动，我就要工作。”

显然，另一位邮政工作者也是这么想的。7 月 4 日满 75 岁的佩蒂·阿西托（Pete Aceto）在曼彻斯特市当了 51 年邮递员。据曼彻斯特邮政局局长罗恩·伯恩（Ron

Boyne）透露，阿西托有 40 多年时间负责同一条路的邮递工作，没有任何退休的打算。“他是个模范邮递员，绅士中的绅士，客户们都喜欢他，”伯恩说，“有不少人家，父辈们的信就是由他送的。”

6 月 19 日步入 78 岁的玛丽安·莱利（Marion Riley）在恩菲尔德莱利舞蹈学校（Riley School of Dance）教授舞步，她的腿脚和以前一样利索。莱利 6 岁就开始跳舞，1938 年 17 岁时从因怀孕而不得不歇业的老师手中接过了这所舞蹈学校。“我爱这所学校，”莱利说，她现在和 7 个子女之一莱利·德席尔瓦（K. T. Riley DeSilva）合伙经营这所学校，“要是没了这所舞校，我不知道我还能干些什么。我最喜欢的是踢踏舞，不过芭蕾我也教。”

莱利值得记住的舞蹈时刻并不多，但终生难忘。“那是 1940 年在纽约，出演《花红酒绿》（*Pal Joey*）的吉恩·凯利（Gene Kelly）在一个舞蹈大会上教课，我也在场，正好被他选中和他跳了一段踢踏舞，”她回忆说，“他非常可爱，很贴心。有人拍了张照片，后来刊登在《新不列颠先驱报》（*The New Britain Herald*）上。我一辈子都忘不了。”

库珀布拉特和其他高龄工作者有一个不同之处：他是以 92 岁之龄开始现在的工作——梅西百货斯坦福德皮箱销售员的。他的登记年龄是 92 岁，但填写梅西百货工作申请的时候写的是 66 岁。“我以为他们不会聘用 92 岁的老头，所以填了继女的年龄，”库珀布拉特说，“他们管我要了写着我真实年纪的社保卡和驾照，做了复印，但我想他们并没有细查。”

梅西百货管理层直到四五个月后才发现库珀布拉特的真实年龄。“在我证明了能够胜任这个工作后，我向销售经理告诉了我的真实年纪。”库珀布拉特说。他显得很精神，很容易让人误以为他只有 70 来岁。

事已如此，梅西百货也无意因申请工作时无伤大雅的小谎而解雇库珀布拉特。他每天只工作 4 小时，但有时候一天能卖掉 2 500 美元的货品。“平均销售额大概是每小时 200 美元，”梅西百货的门店经理凯伦·麦凯（Karen Mackay）说，“有时哈里的销售业绩是这个水平的 3 倍。”

自称工作狂的库珀布拉特说，他在迈阿密海滩住了 19 年，直到 1996 年第二任妻子逝世。“我已经退休了，但总是会去干些临时工作。”库珀布拉特说，他从 7 岁就开始工作了——通知廉租房租客去隔壁药店接电话，通常他会收到几美分的小费。

第二任妻子死后不久，在两名继女之一、生活在斯坦福德的玛西亚·谢尔顿（Marcia Selden）的建议下，他搬到了斯坦福德购物中心街对面的一座公寓中。“我喜欢出去散步，有时候会走进购物中心，”库珀布拉特回忆说，1945—1975 年，他在布朗克斯经营一家服装厂，“一天，我对自己说：‘何不在梅西百货找个工作干干？’我将我的想法告诉了玛西亚，她觉得这主意挺棒。”

梅西百货也这么想。“哈里可以把任何东西卖给任何人，”麦凯说，“他对每个人都热情洋溢，他对自己干的事情充满了自豪。哈里是工作中的明灯，我们所有人都能从他身上得到启迪。”

有好多次，梅西百货的其他销售员告诉顾客，眼前这位迎接他们的销售员已经 93 岁了。“‘他 93 岁了？’然后我的销售经理就会说‘千真万确’，接着他们会说：‘不可能。’”回忆这些事情的时候，库珀布拉特高兴得手舞足蹈。不过，通常顾客不会问及他有多少岁。“我想，既然我在工作，就不会有人真的在乎这一点。”他说。

周末的时候，库珀布拉特经常驾车前往长岛走亲访友，同时也为凭吊第一任妻子。他会告诉妻子，自己如何在最近的周末卖掉了 2 600 美元的货品，而且在周日再接再厉，又卖掉了 1 500 美元东西。“其中有很多都是旧事重提啦，其实都是我以前卖的。”他说。

去年冬天，库珀布拉特上了 NBC 脱口秀《今日》（*Today*）和 ABC 脱口秀《罗西·奥唐奈》（*Rosie O'Donnell*），于是便有顾客慕名前来看他。“有人还告诉我，我真人比电视里好看多了。”他说。

与此同时，杜西奥特计划在工作台前迎接 5 月 27 日，他的 97 岁生日。约翰迪恩公司总裁罗伯特·迈恩（Robert A. Main）说：“杜西奥特十分热爱工作，而且干得十分出色。他给其他所有人树立了榜样。他的岗位可不是‘吃闲饭’的，他退休后，我还得找个人顶替他。”

那得等到什么时候？“要我选择死法的话，我愿意死在工作中。”杜西奥特说。

杜西奥特在迪恩公司的工作是他做过的第二份全职工作。当初是他在迪恩公司当守夜人的父亲建议他做这份工作的，他父亲一直活到92岁。杜西奥特的第一份工作是纽约-纽黑文-哈特福德铁路施工队工人。他还当过40年的普特南市的义务消防员，到1978年才退出。

“大概6年前，他装了一个心脏起搏器；另外，他有一条腿有关节炎，”杜西奥特的儿子约瑟夫说，他是康涅狄格大学出版社社长助理，1989年退休，“他没什么兴趣爱好，但每天要读几份报纸，还喜欢下馆子。”老杜西奥特还有早睡的习惯——晚上7点30分“看完智力抢答节目《命运之轮》就上床了”。

工作年份长显然不是迪恩公司的个例。去年6月以86岁高龄因病退休的诺曼·贝蒂奥姆（Norman Buck Berthiaume）在迪恩公司操作了69年的制造机。“他一直是全勤工作，每周工作40小时。”公司总裁迈恩说。

与杜西奥特和库珀布拉特不同，95岁的哈特福德理发师托尼·瓦罗很想退休。1980年，因白内障差点致盲的他看起来不得不退休了。“但我治愈了白内障，视力恢复了一些。”瓦罗说。一年后，他在哈特福德专业理发屋恢复了工作。

瓦罗1914年11岁时开始干剃头的营生，第一份工作在宾夕法尼亚州多诺拉市叔父的理发店中。“现在我想退休了，但他们不让我退，他们说：‘托尼，我们需要你。’唐纳德·罗姆（Donald Rome）以前每个月来两回，后来我告诉他，每个月来一回就足够了。”瓦罗说。罗姆是位律师，在瓦罗这里理发已经有55年了。

令瓦罗痛心的是，现在没人要求刮胡子了。“我刚入行的时候，很多人会刮个脸，”他说，“但那时候剪个头发不过两毛钱，刮脸则是一毛五。你也可以来个全套，两毛五。如今，剪个头发要12美元、刮脸要8美元。但是，就像我说的，现在没人要刮脸了。”

美国商业简史

1793 伊莱·惠特尼（Eli. Whitney）发明轧棉机。

1823 由弗朗西斯·卡伯特·洛厄尔（Francis Cabot Lowell）和其他投资者共同投资的梅里马克制造公司（Merrimack Manufacturing Co.）在波士顿北部梅里马克河（Merrimack River）河畔的一家工厂里开始纺织生产，成为拉开美国工业革命序幕的重要助推力。

1834 弗吉尼亚州的发明家塞勒斯·麦考密克（Cyrus McCormick）获得马拉机械收割机的专利，该项专利对农业生产力带来了巨大影响。

1836 马萨诸塞州成为美国第一个通过《童工法》的州。

1882 在米德维尔钢铁公司（Midvale Steel），工程师弗雷德里克·泰勒进行了工时定额研究。这项工作为科学管理奠定了基础：一个结构严密的劳动力组织可以将部门拆分为更细分的部门，以实现更高的效率。

1886 美国劳工联合会（AFL）在美国俄亥俄州哥伦布市成立。

1892 在位于匹兹堡的卡内基钢铁公司的霍姆斯特德工厂发生的劳资对立转化成了暴力活动，造成 10 人死亡且多人受伤。

1905

米尔顿·好时在宾夕法尼亚州好时开设工厂，用于大规模生产牛奶巧克力糖果。在接下来的 10 年里，好时围绕他的工厂建造好时小镇，并为员工提供资本主义的所有福利。

1908

亨利·福特推出 T 型车。之后 10 年里，这种汽车的组装线生产模式被广泛复制，而且它带动了汽车生产成本的下降，让汽车这种交通方式的成本不断降低，并有助于推动美国中产阶级购买汽车。到 1927 年，福特公司已经生产了 1 500 万辆 T 型汽车。

1910

AFL 的成员达到峰值，即 150 万人次；到 1919 年，这一数字超过 320 万。

1933

随着经济大萧条的加剧，失业率攀升至近 25%，或者说有约 1 300 万人失业。

1936

12 月，全美汽车工人联合会（UAW）和产业工会联合会（CIO）在密歇根州弗林特发起了针对通用汽车公司的静坐罢工。1937 年 2 月，在罢工结束不到两个月后，通用汽车同意承认 UAW 作为公司唯一认可的谈判单位。

1964

美国《民权法案》规定废止公立学校的种族隔离并禁止公共场所的种族歧视行为；同时，它还禁止雇主基于“种族、肤色、宗教、性别或国籍”进行歧视。

1974

美国国会通过《雇员退休收入保障法》（EPISA），对由私人雇主建立的养老和医疗基金进行监管。

06

消费、消费、消费

THE STORY OF AMERICAN BUSINESS

FROM THE FRONT PAGES OF THE NEW YORK TIMES

■19世纪和20世纪之交，新泽西州伊丽莎白市一家缝纫机工厂的缝纫机机箱和踏板流水线。1890年，缝纫机迅速成为美国家庭的标配。(《纽约时报》)

如今，消费是美国商业经济最主要的推动力之一。由于经济形势的起伏，人们买什么、花多少钱买、是否愿意保持购买愿望等，在很大程度上决定着商业活动的规模与范围。消费支出低迷会令商业增长停滞；反之则会促进商业发展。因此，毫不奇怪，消费者信心与失业率和商业投资规模等其他指标一起，被视为经济健康度的关键指标。如果我们用GDP作为美国经济总产出的代表，那么超过67%的产出（或曰国民收入）被用在了消费上。这意味着什么？举个例子，2005年美国人的GDP总量为12.4万亿美元，其中8.7万亿美元花在了巨无霸汉堡、iPod、新车、婴儿车、手机服务之类的商品和服务上。

如今，我们可以花的比赚的多，这在一定程度上要归功于各种各样的借贷方式，千百万美国人正是这么做的。

1873 李维·斯特劳斯申请了生产铆接工装裤的工艺专利

1879 白炽电灯泡首次被展示使用

1902 第一家永久性电影院开业

1914 蜜丝佛陀彩妆系列推出

1915 阿尔弗雷德·梅洛斯发明电冰箱

2007年，美国家庭平均债务额为24 000美元，这还不算按揭债务。信用卡、汽车贷款、按揭和其他形式的借贷让我们得以购买必需品（食品、衣物、住所等）和数不清的与生存关系不大的商品和服务。

不管人们的钱是赚来的还是借来的，一般而言，他们都会把用于消费的钱花在自己认为的最紧迫的需求上。人们购买乔丹鞋和香奈儿唇膏以激发自己的斗志；购买黑莓手机以节约时间、享受掌控自己生活的感觉；为孩子们购买汽车模型和课外培训，以证明自己的社会地位；购买家庭安保系统和血压仪以解决安全和健康问题。总而言之，美国人所做的获取、支出和借贷选择可以让我们一窥人们的需求、欲望、希望和恐惧。

但事实并不是一直都是这样。在美国建国之初，大部分美国人在田间地头工作和生活，人们的劳动成果只局限在自给自足的食品和其他必需品。很少有居民可以生产出足够的商品或赚到足够的钱购买远多于生存必需的东西。但即使在18世纪晚期，消费者已经清楚地意识到，他们可以通过选择支出还是储蓄产生影响。美国独立战争的原因之一就是殖民者对英国征收进口税以及随后对进口品的抵制。

100年后，第二次工业革命让数千种商品的批量生产和大量消费成为可能。其中一些商品（比如枪和束身衣）是已经存在了几个世纪的旧商品，但生产和分销革命让它们变得更便宜、更易获得。其他产品，比如加工食品、成衣、收音机还有汽车，则是新出现的物件。消费者对消费选择的爆炸式增长的反应不一。比如，女性会因为瓶装芥末比自己制作更方便而去购买它；但家庭购买立式钢琴的原因就不同了——不但因为它可以用来消遣，更因为它是许多美国人梦想的富裕象征。

是否能让消费者感到值得拿出一部分血汗钱来消费，决定了新企业的兴衰：新产品是否可以让日常任务变得更容易？是否可以让消费者的日子过得更舒坦？是否可以作为向他人展示个人或家庭身份的象征物？如此等等。比如，艾萨克·辛格（Isaac Singer）聘请女性展示员并培训销售人员向人们展示他的缝纫机用起来是多么简单且高效。其他企业，比如小艾尔弗雷德·斯隆的通用汽车公司，则以其产品可以作为品质和地位的象征为卖点。一则1925年的广告大肆宣扬奥尔兹莫比尔豪华跑车的“美丽、高雅和高品质，可以为乘客带来非比寻常的舒适和便利”。

随着大量商品越来越容易获得，类似的广告语也变得越来越普遍。19世纪晚期，马歇尔·菲尔德等芝加哥市中心

1919 RCA在第一次世界大战结束后成立

1922 媚登峰内衣产品推出

1934 电视机问世

1954 斯旺森发明“盒装电视便餐”

1958 美国运通发行第一张信用卡

的百货商店开始出现以前根本不可想象的各种最新最潮的商品，商品琳琅满目，任君自取。菲尔德和古斯塔夫斯·斯威夫特等雄心勃勃的企业家很快就学会了用商标来证明品质和价值，从而与其他商品区别开来（斯威夫特的猪牛“屠宰流水线”给肉联行业带来了革命性的变化）。他们还成立了能够反复输出品牌承诺的产品机构——公司。很多企业大获成功，一些在第二次工业革命期间起家的品牌和组织，可口可乐、IBM、桂格燕麦、金宝汤、通用电气等，至今仍是市场的领导者。

为了打造名声、吸引客户，各大企业开始转向大众广告，而后者本身亦是在美国内战结束后的数十年中重新定义美国的批量生产和大量消费的副产品。在1978年成立的智威汤逊等年轻并不断成长的广告公司的推动下（也有一些公司靠着自力更生），企业开始在报纸上、卡车车厢侧面以及博览会和其他庆典中展示自己的产品。比如，1893年，亨利·海因茨在芝加哥哥伦比亚世界博览会上租下了一片巨大的展区，十几名工作人员向来客分发腌菜、番茄酱、开胃小菜、芹菜汁等产品的样品，引来了大群饥饿和好奇的人群。到1900年时，美国公司每年花在各种广告上的钱已经达到了4.5亿美元（约合今天的100亿美元）。

广告培养了对新旧产品的需求，也提高了收入。1869—1929年间，经通胀调整后的人均收入增加了3倍多，达到了847美元(相当于今天10 300美元)。腰包渐鼓的人们开始买得起他们在广告中看到的东西了，至少可以买下批量生产的仿制品。与此同时，城市生活的匿名性使得外在变成了日益重要的判断美国人住在哪里、有多富有的标准（越来越多的美国人开始成为城市居民）。广告商引诱消费者通过模仿富人的消费习惯获得地位和权力的感觉——购买制作精良的职业装，或在家中添置电冰箱和电动洗衣机。分期付款模式的发展让许多大件物品（比如汽车和家电）得以走进工薪阶层的家庭负担范围内，从而大大地助长了此类消费。到20世纪20年代末，分期付款已经深入人心，消费者的大部分耐用消费品（如缝纫机和收音机）和其他许多商品（如瓷器和书籍）都是用这种形式购买的。

商品的泛滥以及眼花缭乱的新选择所激发的美国人的消费欲望引起了各种各样的反应。有的富有消费者开始不再购买批量生产因而变得不再稀缺且更容易负担的“普通”商品。（近100年后，2007年，许多富裕家庭再一次表现出了类似的行为，不再购买从前被视为奢侈品、现在越来越容易获得的商品。）公共道德家（包括杂志编辑、写手和各位管理者）纷纷谴责竞争性消费，特别

1960 美国FDA首次批准避孕药

1981 IBM推出其第一款个人电脑

1997 美国新房销售超过80万套

2006 私人飞机销售额创下90亿美元的历史新高

2008 住房市场崩溃，信贷危机随之而来

是中产阶级女性的竞争性消费，说这种消费于诈骗无异。另一些批评家反对消费风日盛的理由是这种行为突出而不是抹平了阶级差异。社会学家托斯丹·凡勃仑（Thorstein Veblen）在其著作《有闲阶级论》（*The Theory of the Leisure Class*）中指出，那种根本没什么使用价值的东西成了财富的象征，因此也就成了社会地位的象征。“在高度组织化的工业社会中，获得多少名声的基础是经济实力，”他写道，“而展示经济实力，进而获得好名声的最佳方式莫过于闲暇以及炫耀性消费。”

如果说消费本身成了社会名声的产生器，那么之所以如此，部分要归功于它给了女性新的、更加公共化的角色。自殖民时代以来，女性一直负责制作、收集和组装家庭基本必需品。以前，这一职责包括在本地市场或小商店采购商品她们无法在家中制作的商品。但是，在19世纪行将结束时，现代式购物还没有成为大部分女性能够拥有的体验。一方面，总体来说，人们认为女人在公众场合抛头露面是不合适的，特别不能在无人相伴的情况下出现在闹市街头。另一方面，男人通常掌握着家里的钱袋子。最后，许多商店，特别是农村地区的杂货店，同时也是男人们聚会、闲谈，通常还带饮酒的地方。杂货店并不是为女购物者准备的——不管从社会角度看还是从实际角度看都是如此。

批量生产和大量分销的出现改变了一切，扩展并巩固了女性在家庭消费方面的角色。首先发生变化的是城市百货商店，那里的经营模式、环境布置和服务都开始迎合女性的口味。很快，女人独自或与女友一起在百货商场购物便成为可以接受之事。伍尔沃斯（F.W. Woolworth）和A & P等连锁商店的出现营造了鼓励女性独自购物的环境。在为家庭采购商品的过程中，女性必须作出决策，分配财务资源，有时甚至要在公众场合一显身手。

大约在越来越多的女性开始扮演消费者角色的同时，越来越多的女性开始从事受薪工作，其中一些就在女同胞血拼的百货商店上班。大量女性开始独立赚钱这一事实进一步增强了她们在家庭消费决策中的影响力。随着女性公共角色的增加，她们对外表的兴趣也浓了起来，这刺激了年轻的成衣和化妆品市场的发展。广告商岂能放过如此趋势，专门针对女性的广告出现了。比如，在20世纪30年代，宝洁公司重金投入面向成年女性的广播剧，这就是后来被称为“肥皂剧”的专门剧种的滥觞。

维多利亚时期对性别模式和消费者习惯改变的焦虑并没能阻挡人们对新昌品、新服务和新休闲形式的热情。比如，购买收音机和真空吸尘器让家庭得以亲身参与时代的科技进步。去电影院也有相同的效果；与此同时，电影还让美国工薪阶层得以通过剧情桥段一堵现代富豪的装备。1909—1929年间，娱乐商品和服务——包括杂志、玩具、电影、游乐园门票和杂技表演等，其消费从8.6亿美元增加到44亿美元（约合今天的530亿美元）。即使大萧条也没有阻挡住某些流行娱乐前进的步伐。尽管随着1929年的股市崩盘，大部分娱乐性支出都出现了下降，但电影院消费仍保持强势，在经历了20世纪30年代初的下降后大幅上升，在1933—1943年间翻了一番有余。(20世纪30年代人均电影票消费量比90年代高出7倍。)

第二次世界大战让美国真正走出了大萧条。当和平在1945年重新到来时，国民生产率大发展和繁荣的时代来临了，与此相伴增长的是美国人的消费实力。1946—1970年，真实国民生产总值增加了230%。人均收入增长得要慢一些，同期真实增幅为60%。和过去一样，人们将见长的工资用于购买新玩意儿。其中一些产品，如大汽车、照片、进口香水等，在几十年前就已出现，但一直不是大部分家庭所负担得起的。但也有一些东西，如电视、速冻食品、避孕药等，则是相对较新的商品。

战后繁荣期消费者选择面的扩大改变了社会规范和人们的预期。比如，随着快餐的出现，人们开始在麦当劳和冰雪皇后等连锁店享用汉堡、鸡翅、冰激凌。与此同时，美国家庭开始流连于华特·迪士尼的迪士尼乐园体验新的休闲方式。随着大量购物中心的出现，购物本身也成了另一种娱乐：1945年，美国只有8座购物中心，到了1960年，增至3 840座。对许多家庭来说，地位和经济实力最明显的象征便是住在哪里。第二次世界大战以前，大约有40%的家庭拥有自己的住房。到了1970年，62%的家庭实现了住房自有梦。

到了20世纪90年代末，获取和支出对美国人生活的影响愈加显而易见了。手机和黑莓等新技术产品开始成为必需品。出售小件奢侈品的企业（如为精选咖啡创造出巨大市场的星巴克）开始可以和传统快餐连锁店一较规模高下了。大部分美国人开始享用祖父辈不可想象的商品和服务——第二甚至第三辆汽车、健康俱乐部、手机短信，等等。与此同时，消费的源泉——财富和收入也发生了重大变迁。在20世纪末21世纪初，财富和收入的分配变得越来越不平等。最顶层5%的高收入者的财富随着资产的增加而同步增加。与此同时，中下阶层群体家庭的真实工资一直停滞不前，有的甚至还下降了。

慢慢地，许多家庭发现自己陷入了消费增加和收入停滞的双面包夹。更糟糕的是，一些美国家庭所消费的最重要的商品（如医疗、高等教育和住房）的价格大大地增加了。为了筹钱购买所需和所欲的商品，越来越多的家庭开始转向各种各样的借贷。2001年，近75%的美国家庭拥有至少1张信用卡，41%的家庭拥有3张或更多信用卡。2006年，持卡人士平均每人拥有4.6张信用卡。某些信用卡的利率高达30%。消费信贷并不是新鲜事物，但在21世纪初，其使用规模创出了前所未有的水平。

从19世纪末开始，美国逐渐转型为消费社会，这是美国商业的幸运，从很多角度看，也是美国家庭的幸运。但这一转变的后果，其影响范围远远超过了消费者和公司，而涵盖了政治、家庭和环境诸方面。当代批评家指出，如此大规模的购买和出售纯属浪费，根本不能给生活带来意义。教育家抨击企业把小孩作为营销对象。与此同时，千百万美国人开始注意物质大丰富对环境的影响。

在美国历史上，消费推动了伟大的变革。这一变革有很大一部分体现于人们的生活水平上。但也有部分变革——在现时代仍在延续，涉及政治和社会。从波士顿茶党到民权抵制运动，消费者用手中的购买力表达对现状的不满。在19世纪晚期，制造消费品的工人们第一次将工会视为体现团结的方式。100年后，人们甚至青少年都开始组织起来抗议世界各地的血汗工厂，要求使用环境友好型商品。有机农业等行业开始兴起，以满足这类要求。商业领袖个人也开始实验各种社会企业，试图通过开发产品和建设企业，同时实现价值创造，来改变人们的购买和花销行为刺激社会变革。

■ 用不污染土地的材料做成的食品袋，这只是20世纪90年代初布鲁克林公园坡（Park Slope）里一家生态商店出售的产品之一。新千年到来之际，20世纪的批量生产风潮逐渐被人们对资源和稀缺性的担忧取代。(《纽约时报》/ 玛丽莲·伊 [Marilynn K. Yee])

April 4,1895

THE STORY OF AMERICAN BUSINESS

FROM THE FRONT PAGES OF THE NEW YORK TIMES

电之魅

• 爱迪生公司在珍珠街工厂向人们展示用看不见的火加热烹饪，参观者趋之若鹜 •

多少年来，人们对电一直充满了兴趣。自从电以多种多样的方式被人类利用以来，其吸引力比以前更前大了。因此，当爱迪生公司向公众发出邀请函，请他们于昨晚赴其位于珍珠街（Pearl Street）的工厂体验神奇的电力应用、聆听用电演奏的钢琴、品尝用电烹饪的可口食物、观看用电制冰以及其他用这种前所未见的能量控制的各种玩意时，公众对此反响极其强烈。源源不断的人流整整持续了 3 小时，近 6 000 人在工厂大楼里走了一遭，离开时无不惊讶于他们所看见的情景。

除了公司新近安装的新式改进版机器之外，还有各种各样设备的展示——都是用于不同用途的电器设备。昨晚到场的观众从进入大楼的一刻起，就开始徜徉于五颜六色的电灯泡之中。接着，他们走入一部电梯，电梯将他们很快送上三楼。那里，他们会看到电动马达、各种照明强度和颜色的白炽灯以及各种各样的电动炊具。最有趣的玩意儿是一款电动液压水泵，这款电动的新型液压水泵使用起来比广受关注的老式蒸汽泵经济多了。

在演讲厅，参观者看到了大量梦幻展品。一家名为 A. B. See 的制造公司完整地演示着新款升降设备的操作，这款新设备使用起来简单而经济。半年前才出现、逐渐为大众所喜欢的新事物——电烹调由兰菲夫人现场展示。女人们饶有兴味地看着肉滋滋地冒烟，看着蛋糕逐渐成形，这一切都发生在她们眼前，而且找不到任何可见的热源。但最吸引眼球的还要数电钢琴。这款由自动钢琴公司生产的设备可以安装在任何一架普通钢琴上，让普通钢琴在无人的情况下演奏出难度最大的乐曲。

其他有趣的东西还有电动缝纫机、用于室内照明的带精美装饰花纹的低压电弧灯、展示性配电盘以及公司主管巴斯托（W. S. Barstow）发明的“增压器”，这个机器是用来增加电流以完成长途输电任务的。

■ 托马斯·爱迪生的主要竞争对手之一乔治·威斯汀豪(George Westinghouse)，他是一位电气业先锋。西屋电气对美国电气系统的开发是该公司成功的重要原因。(《纽约时报》)

June 22,1902

THE STORY OF AMERICAN BUSINESS

FROM THE FRONT PAGES OF THE NEW YORK TIMES

汽车，城市消费新热点

• 出于商务和娱乐目的的需求见长 • 城市街道上的大功率汽车越来越多 • 开车的成本有几何 •

五六年前，当汽车第一次作为实用车辆出现在大街上时，人们就已经普遍预计到作为运输工具的马车将被宣判死刑，想象中将随新秩序出现的高速公路逐渐成为现实画面。狂热分子纷纷预测变革所需要的时间，有的猜只需 10 年，有的猜需要 20 年，但总的来说，这一天越来越近了。

当时，在现在被称为“大纽约区”里跑的各种汽车总共不出 50 辆，且所有汽车都是为了娱乐目的上街的。那时，开发商用汽车已经被提上日程，但还没有进入实际操作。此外，汽车价格高得令人咋舌，只有巨富才买得起。但是，在过去两年中，汽车的进步飞快，各种用途的汽车都已经出现，其操作的便利性和经济性毋庸置疑，许多谨慎而负责的观察家相信，马车的消失会比我们普遍预期的来的早得多，不出四五年，至少商用马车会基本消失。

至于为享受而买车开车的行为，从情感角度来说，在这方面汽车取代马车的作用将和商用方面不相上下。作为一个阶层，快马骑手和驭手不会轻易地被取代，向新车辆的转变更多地会来自非驭手的推动——即那些通常雇车出行、偶尔才御车的人。

不过，在商用领域，马匹的使用将纯粹因商业原则决定，只要商人发现用汽车做生意更经济，马车立刻就会被取代。这个条件实际上已经满足了，卡车、邮车和其他商用车替代马车的进程正在如火如荼地进行着，唯一的限制因素是汽车制造商的生产力跟不上订单。事实表明，所有商用汽车制造商的生产能力至少落后订单需求几个月，他们也坦诚无力满足突然爆发的需求。

意欲购买汽车的人会发现，尽管市场上已经有了各色各样的车型，但价格较两年前并没有明显下降，相反，有的车型价格还大大提高了。大部分汽车制造商都将主要生产活动局限于娱乐型汽车。据估计，在纽约市还有超过 20 万匹马，大约只有不到 5 万匹被用于娱乐活动，其他均被用于商务交通。显然，商用汽车的市场要大好几倍，因此，大功率重型汽车的利润也将远远高出比娱乐型汽车。

本市投入使用的商用汽车中包括了多家医院的 8 辆救护车、一家安全制造公司的一辆卡车（该车的座位下面装有起重设备）、一辆能运送 55 桶啤酒外加 100 个各式各样马拉货厢的厢式货车。一家快递公司的投递服务全部使用汽车完成。这些汽车大部分是电动车，也有小部分用蒸汽或汽油驱动。目前，电力是都市街道上最常见的动力源，但最近，用于重型货物输送的蒸汽动力卡车将被大规模投入市场，人们预期它们比电动汽车更加经济。

美国汽车俱乐部的阵亡将士纪念日长途驾车旅行产生了一个重要成果——向人们展示了驾车出行燃料的低成本。汽车俱乐部的官方数据显示，平均每人每英里旅行成本，汽油车是二厘五、蒸汽车是五厘，精确的数字如下：汽油车，0.288 33 美分；蒸汽车，0.650 2 美分。这表明，总体而言，汽油动力汽车的燃料成本是蒸汽动力汽车的一半，但某些蒸汽车的旅行成本要低于某些汽油车。

最能具有说服力的是一辆 12 马力的莫斯（Mors）汽油车，它在 100 英里（约 161 公里）的旅途中总共消耗 7 加仑（约 26.5 升）汽油，按每加仑汽油 12 美分计算，旅行成本为 84 美分。此车共载有 5 名乘客，故每人每英里的成本是 0.168 美分。第二名是 12 马力的帕卡德（Packard）汽车，它载有 4 名乘客，共耗 7.625 加仑（约 28.9 升）汽油，总旅行成本 73.5 美分，合每人每英里 0.183 75 美分。还有一辆 8 马力赛奇蒙特（Searchmont）汽车，载有 4 名乘客，消耗 7 加仑汽油，总旅行成本 84 美分，合每人每英里 0.21 美分。

为了和拟议中的地方速度条例配套，俄亥俄州克利夫兰市的实际监管措施非常有趣。该规则在通过以前先经过了公共事业部门主任查尔斯·塞勒姆（Charles P. Salem）和克利夫兰汽车俱乐部会议的通过，被认为对所有相关方都是公平的。该条例适用于所有城市街道、大路和公园小道。在闹市区，速度被限定在7英里/小时（约11公里/小时），但其他地方可以提高到15英里/小时（约24公里/小时）。所有汽车都必须持牌上路，牌照号码将以大字形式喷在汽车背部以便识别。违规驾驶罚款可能高达50美元以上。

在克利夫兰市郊地区，街头所跑的电动汽车速度经常达到30英里/小时（约48公里/小时），而法定最高时速为12英里（约19公里），市长"汤姆"·约翰逊（"Tom" Johnson）在一次汽车速度监管会议上说："我们不指望街上的汽车时时刻刻都保持在12英里的时速之内，也不指望它们时时刻刻都不超过15英里/小时，但我们希望汽车司机时刻保持良好的判断力和常识。最重要的是，在可能对马或行人造成伤害时，哪怕这种可能性极低，必须克制速度。"

■ 福特公司的流水线刺激了产能和产量，降低了汽车的价格，为未来几十年的美国制造业设立了标准。图为1933年福特驾车驶过一辆载客马车，堪称他所推动的快速进步的生动写照。（美联社供图）

坯衣与成衣，相煎何太急

• 为何这两大业务不应该相互敌对 •

近几年来，成衣产品势不可当，似乎坯衣、衣料和配饰销售因此受到挤压已是不可避免之事。但是，在某坯衣企业看来，并非如此。如果多年的需求保持稳定，那么贸易量应该从向裁衣者提供原材料转移到成衣销售者手中。人口增长、风格的快速变化以及其他条件使得需求有了极大的增长，也使成衣业的快速发展并不一定会在同时影响到坯衣企业的稳步前进。成衣生产迟早会到达瓶颈，而一旦到达瓶颈，自己裁衣将会表现出更快的增长。

在密切关注前沿动态的人士看来，零售情况的诸多因素表明，自己裁衣将比预料中更快地重新夺回主动。最重要的因素是做零售生意的成本越来越高了。研究表明，一般商人已无法提供与其要价相符的价值。据说，在成衣业，这一情况尤为突出，时尚款式的价格可能会高得令人咋舌。在许多情形中，成衣的涨价要比其他任何商品都要凶，主要原因是大量支出需要通过“漫天要价”（只要市场能忍受）政策来弥补。如此的价值扭曲不可能不被女性发现，她们也一定会作出反应。

一位坯衣商这样评论目前的情况：

在一些商店成衣的涨价幅度超过了100%，做生意的成本实在太高了，以至于价值都出现了扭曲。成衣不仅在扭曲原材料质量，也在影响受雇工人。为了让衣服符合最新的时尚，成衣都由廉价衣料拼合而成，一买回家就得进行修补。这种状况不会永远持续下去的，女士们会严重抗议，这意味着成衣制造商将会失去业务。成衣部门通常是其他部门的领头羊，成衣不仅要覆盖自己的成本并产生利润，还要弥补其他亏损业务的支出。有迹象表明，女士们已经有了反应，发展衣物和衣饰部门的机会已经来了。

我认为，坯衣业务有一个独一无二的特点，尽管有各种阻碍——许多是由坯衣生产生自己造成的，但坯衣业照样能够繁荣。阻挡自由竞争的刻板合同、低劣的服务和分销，以及其他各种各样的障碍还没有在坯衣业出现。一开始就从事坯衣业的公司比以前更大了，还有许多公司正准备加入这一行。但坯衣生产商在抓住唾手可得的机会之前还得来一次大洗牌。再调整迟早会来，到了那时，坯衣业将有更公平的基础，没有理由表明为何零售业和坯衣公司不能同时出现大发展。

如今，时尚变化比过去快得多，女士们总是恨不得想穿最新潮的衣服的想法再自然不过了。如果你买来衣料自己做衣服，花同样多的钱你可以获得比买成衣多一倍的衣服。女人拥有衣服越多，她就越幸福，而阻碍她获得两倍数量衣服的唯一障碍是许多坯衣公司的服务太烂了。

如果坯衣的设计能够得到普遍改善，而且服务也有所起色，那么没有理由认为商店里的坯衣、衣物和衣料柜台业务量不会大幅提高。零售商和坯衣公司之间的合作实在太欠缺。很多零售商认定坯衣就是用来抢他们的生意，而不是来帮他们卖东西的。但这一观点是非常不符合事实的。

与零售商的一般看法相反，成衣部门和坯衣部门并不一定是此起彼伏的关系。它们完全可以相辅相成，让商家两面受益。只要调配得当，这两个部门可以并行不悖。在坯衣柜台应该展示成衣柜台所售的衣服，而成衣柜台应该向顾客展示坯衣有哪些存货，让顾客在同一间商店多一种选择。成衣柜台所失去的销售量可以在坯衣柜台赢回来。如此合作应能显著提高衣料销售量，与此同时，布置得当的商店还能让成衣销量也有所改善。

时间都去哪儿了

如果我们一天只工作 4 小时——在一些效率工程师眼中，只要合理组织，这点工作时间已经足够。我们如何打发闲暇时间？这个问题困扰着社会学家、政要、报纸编辑和改革家们，尽管这一情形在乌托邦都不一定会实现。至少在道德家看来，如果我们有了大量闲暇，应该把它用于读书、听优美的音乐、思考美、做好事、从事健康娱乐活动等。这真是天真透了！著名实验心理学家爱德华·桑代克教授（Edward L. Thorndike）在《科学月刊》（*The Scientific Monthly*）中让我们直面现实——这是生活的乐趣吗？如果他关于我们意志低下的分析是正确的——我们对娱乐的追求永无止境，绝大部分人会全身心地投入驾车兜风、跳舞、比赛、体育、听广播、看电影和其他各种消遣和娱乐方式中，而不管我们到底有多少闲暇可用。

成人每周分别要花 5 小时和 8 小时用于塑形、美容等活动，花 10 小时和 8 小时用于吃东西，这样，每周可用于自我改善的时间就只剩下 40 小时。在休闲活动中露面时，人们都会试图展示自己最佳的一面，桑代克教授发现，这 40 个小时中有 25 个小时被用在了娱乐活动上，其他需要花大块时间的活动还有社交（另一种形式的娱乐）、比赛和体育。人们原本以为比煤气灯更亮、更好的爱迪生电灯泡可以将男男女女吸引到图书馆去，但实际效果却是把他们引上了街头。

这项关于人类轻浮的研究可以通过一张表格体现，这张表格由类人猿权威学者尼森教授（Nissen）发明的，它说明了法属圭亚那的黑猩猩是如何打发一天的。人们认为小黑猩猩不停地跳跃是一个好现象，但没有证据表明他是在改善他的头脑，或有意识地追求美丽，或进行高尚的道德思考，或去做大量好事。我们甚至很难推断他在晚上酣睡 11 小时、爬上爬下收集食物并准备享用、打扮自己和伙伴、建造巢穴、寻找水源、为争夺配偶而大动干戈之外还会干些什么。但不可否认的是，他的全部闲暇都用在了找乐子上。达尔文可以毫不费力地据此解释为什么我们喜欢看电影、听广播、吃甜筒和跳舞。

July 9,1955

THE STORY OF AMERICAN BUSINESS

FROM THE FRONT PAGES OF THE NEW YORK TIMES

迪士尼乐园竣工

• 花费 1 650 万美元的梦幻游乐园将于 7 月 18 日开幕 •

• 青少年的梦幻乐园 •

格拉德温·希尔（Gladwin Hill）

加利福尼亚阿纳海姆，7 月 8 日——迪士尼乐园的最后一块梦幻拼图被拼上了。这个由电影制片家华特·迪士尼创建、耗资 1 650 万美元的游乐园将于 7 月 18 日开幕。

迪士尼乐园占地 24 公顷，预计每年将吸引 500 万游客。它位于洛杉矶城外 35 公里的市郊，橘树成荫。对它来说，“游乐园”并不足以涵盖其内涵，因为这里没有过山车、摩天轮，也没有模拟低级酒馆的“闪躲”游戏。它是一个新概念，一个综合儿童梦幻乐园。

入口处的大门将你领入“主干街”，这是对 1890 年典型美国小镇的再现。与公园内从铁路货车到休息长椅的其他东西一样，“主干街”也是实物的约 60% 大小。

真实还原动画场景

沿着煤气灯照明、两边矗立着老底子商业大楼的街道，真正的马车会把你带入公园中央广场。从广场向四周辐射着 4 大主题乐园——冒险乐园（Adventureland）、边境乐园（Frontierland）、梦幻乐园（Fantasyland）和明日乐园（Tomorrowland）。这些乐园里有一系列自助游冒险项目——空中单轨缆线吊着彼得·潘的模型从达令

（Darling）家飞向永无乡（Never-Never-Land），旋转木以及爱丽斯仙境的兔洞和白雪公主中金山的探险。

整个乐园有 1 000 个经典的迪士尼形象——运送乘客和货物的微缩火车、钉马掌和将钉子做成戒指的铁匠、一堆令人注目的镍币，一个神奇的模仿二十块乐队（twenty-piece band）的德国古董，显示出古老的味道。

施工前精心规划

在设计公园的过程中，迪士尼请斯坦福研究所做了详尽的调查，研究这类公园到底应该包含哪些内容、如何安排这些内容、应该把它造在哪里。

一年前，他买了一片位于直通洛杉矶市中心的圣安娜高速公路旁的 80 多公顷橘树林。其中 40 公顷用于建造可容纳 12 000 辆汽车的停车场。公园的设计容量是每天 60 000 人次游客，预期日平均客流量为 15 000 人。

公园中建有各种餐厅和休息场所，包括了从“放荡的 90 年代”到塔希提（Tahitian）的各种风格。公园内不提供酒精饮料。

乐园毗邻一个公园，旁边一座占地面积 12 公顷、拥有 650 个房间、可接待 1 250 位客人的饭店正在建造中，预计耗资 1 000 万美元。

July 8,1969

THE STORY OF AMERICAN BUSINESS

FROM THE FRONT PAGES OF THE NEW YORK TIMES

面对信用卡，商场选择说“不”

伊莎多尔·巴尔马什（Isadore Barmash）

尽管你不需要它们，也不欢迎它们，但它们还是不断出现在你的信箱中甚至门缝下——这就是没完没了的塑料信用卡，你已经有了很多，它们还是不断涌现。你喜欢的银行、你听都没听说过的银行都在发行信用卡，它们既是为了赚你的钱，也是为了争夺支付和分期付款业务，而这些业务目前仍掌握在本地大商店手中。

在纽约同业银行（New York Interbank），万事达支付卡（后更名为万事达卡）清算中心昨天表示，纽约大都会区已经有300万持卡人。而美国银行卡（后更名为维萨卡）——由旧金山美国银行授权本地银行家信孚集团（Bankers Trust Company）发行的信用卡，在大都会区也拥有60万持卡人。

大型百货公司表示拒绝

但纽约的大商店，如梅西百货、金宝百货（Gimbels）、亚伯拉罕斯特劳斯百货（Araham & Straus）、布鲁明戴尔百货（Bloomingdale's）、阿尔特曼百货（B. Altman）等，均表示它们没有兴趣接受这些信用卡。“它们不支持我们。”一位信用卡业者今天说。不过数千家小商店以及折扣店和促销店——它们要么进入信用消费领域没多久，要么没有经历过它们所想要的信用客户饱和状态，至少与万事达支付和美国银行卡中的一家签了约。几乎在美国所有大城市都是如此。

传统百货商店不喜欢银行卡，它们说银行卡与其说是协作，不如说是新的竞争。

美国零售业协会副主席兼信用卡管理部门经理罗伯特·蒂尔（Robert Thiel）昨天说："我认为银行卡并没有伤害百货商店，尽管这么说可能为时过早了。与此同时，它也提供了新竞争，因为许多小商店和精品店接受了银行卡，并开始尝试提供信用消费服务。"

其他零售商担心，接受银行卡意味着放弃对信贷政策的控制，他们把此看作竞争手段。"设定条款，决定到期日、什么时候以及怎样对欠债不还者采取行动，我们考虑这些问题已经很多年了，"一位零售信用经理说，"现在，我们被要求放弃我们眼里对其他商店的竞争优势，为什么？"

信用卡界仍保持乐观

不过，信用卡界认为这只是暂时现象。不少高级银行卡官员感觉到，从长远看，胜利属于他们，而零售商也会从中获得很大好处。

到1969年底，与两大银行签约的信用卡持卡人数量有望达到5 000万，银行间卡片协会（ICA）主席加里森·索瑟德（Garrison A. Southard）如此认为。银行间卡协会是其他城市万事达支付卡和其他卡的清算中心。"我们可以为商店提供广阔的市场，此外，我们极有可能能够开发出重要的直邮广告项目，对商场来说这有百利而无一害。由于银行卡数量庞大，"他说，"我们可以更高效、更经济地处理大商店的信用系统和邮件订购服务。"

在问及银行卡将如何影响标准信用卡时，美国运通信用卡部门总经理理查德·豪兰（Richard Howland）回答说："我们的业务量今年在13亿美元的基础上又增加了33%，我们是全美第一大信用卡发行方。"

■此图显示了21世纪初典型的“麦克豪宅式增长”，图中地点是佛罗里达州德尔雷海滩（Delray Beach）旁，这里也是“拆掉重建”的发源地——即拆掉原来的屋子，再以大得多的新屋子代替之。2008年房地产危机爆发后，这一扩张之势戛然而止。经济危机爆发后，大量房子被弃，其中不乏烂尾楼。（莱恩·考夫曼[Len Kaufman]为《纽约时报》拍摄）

美国人饮食习惯的前世今生

•与1910年相比，美国人的腌制食品摄入量增加了7倍•

帕特丽夏·维尔斯（Patricia Wells）

美国人喜欢吃，没有什么比大口朵颐心爱的食品更令人高兴的了。比如，1976年，一个美国人平均喝掉了493杯软饮料、吃下8千克多冰激凌，以满足自己对甜食的爱好。1950—1976年间，美国的牛肉消费量增加了90%。毫不奇怪，对于出于各种原因我们认为应该少吃的东西，我们吃得越来越少。因此，多年来，我们吃糖块（被视为“空卡路里”）吃得越来越少，对于易发胖食品，比如面包和新鲜土豆的消费也大大减少了。我们还编写食单，反对高胆固醇食物：鸡蛋、黄油、全脂牛奶、鲜奶油等。

我们也相当矛盾。放弃糖块投向软饮料、放弃烤土豆投向炸薯条、放弃鸡蛋投向冰激凌真的管用吗？不管用。但从来没人告诉我们要依完美逻辑改变食谱。

只要你有兴趣比较我们父辈的餐饮和20世纪70年代的食品，你就一定不会错过由非营利性消费组织华盛顿公益科学中心（Center for Science in the Public Interest）的利蒂希娅·布鲁斯特（Letitia Brewster）和米歇尔·雅各布森（Michel Jacobson）所著的《变化中的美国饮食》（*The Changing American Diet*）一书。该书只做了一件事，就是比较美国人在1910年和今天的饮食，并从中发现了一些有趣的数据。

书中提到，现代美国人与1910年美国人的卡路里消费量几乎一样，均为3 400卡路里左右，但由于我们比以前动得少了，因此在过去15年里，我们的体重增加了。布鲁斯特和雅各布森的书中指出，1910—1976年间最可警惕的饮食变化是脂肪的消费量。脂肪供应了我们日常卡路里的42%，比1910年我们的祖父辈多出了27%，许多健康专家认为这与心血管疾病，甚至某些癌症的高发有关。

书里还有一些令读者颇感兴趣的数据：我们不像1920年那样喜欢吃西瓜了。人均而言，我们每年只消费5.5千克，相比之下，1910年时平均每个美国人每年要啃掉9千克又甜又红的西瓜瓤。我们对新鲜胡萝卜和新鲜玉米的摄入量也比1910年增加了3倍，而腌菜摄入量则增加了7倍。

该书在美国农业部数据的基础上指出，快餐店对当代饮食的影响最大，也是我们冰镇牛奶、薯条、鱼、鸡、牛肉、硬奶酪、软饮料，当然还有腌菜消费量大增的原因。

潜力无限的有线电视网

彼得·方特（Peter Funt）

在有线电视的大部分生命历程中，它是一种没有广告的传媒工具，一个主要问题是技术和营销而不是节目编排的行业。但如今，随着有线电视已经进入了将近30%的美国家庭——如此规模意味着它已经可以播送全国性广告，这是行业专家预测1981年才能达到的成就，越来越多的传媒公司开始盘算向有线电视提供原创节目材料。如果当前宣布的计划可信的话，有线电视观众将很快可以拥有专为50岁以上观众设计的一整套节目网、黄金时间播出两小时新闻节目的24小时新闻网、全体育节目网、全西班牙语节目网、专为配有电子游戏设备观众设计的电子游戏素材节目网以及满足其他具体要求的节目网。

有线电视的潜力是如此巨大，以至于提供商不再使用个别节目或系列节目等字眼，而是用了“节目网”（networks）一词。此外，尽管现阶段所谈论的主要是数量而不是质量，但有线电视显然正处在节目爆炸的边缘。正如收费有线电视网家庭影院频道（HBO）副总裁吉姆·海沃思（Jim Heyworth）所解释的：“有线电视是一种影像超市，现在的挑战是如何最好地填补空白的货架。”

多年来，有线电视的主要功能是为广播信号偏弱或被高楼大厦和地形遮蔽的地区提供清晰的收视。因此，有线电视在人口稀疏的纽约上州区、堪萨斯和其他孤立地带较为流行，但在其他地区鲜为人知。在有线电视演化的这一阶段，定期派送员会将节目录影带通过邮寄的方式送往有线电视基站，但这种安排在经济上不划算。

20 世纪 70 年代，情况有了很大变化，卫星通信的改善让同时向装有地面接收站的有线电视公司发送多条电视信号成为可能。1977 年，这样的地面接收站还不到 100 个，如今已经有近 1 500 个。

卫星技术加上有线电视开通量的增加同时拓展了有线电视节目编排的方式和动机，而后两者又反过来刺激了节目制片商和供应商的繁荣。一些公司忙不迭地进入了业内被称为“基本有线电视”（basic cable）的节目：节目中嵌有商业广告，作为每月定期的加强接收节目服务的一部分放送。其他制片公司开发了新的“付费有线电视”（paycable）节目：没有商业广告，以特定的频道播出，订户需要付额外的费用。在美国很多公众只能收到两三个本地电视频道的地方，多频道有线电视前景灿烂，观众愿意为有线电视节目埋单，根本不管具体的内容和质量如何。但随着主要市场有线电视产品的激增，制片商也迎来的新挑战：创新节目能够培养新拥趸从而利用新技术获利吗？

“超级电视台”

一位迫不及待地迎接挑战的企业家便是泰德·特纳，他是佐治亚州亚特兰大市 WTCG-TV（17 频道）的所有者。1977 年，特纳就开始用卫星将 WTCG 的信号传送给全美各大有线电视公司，发明了“superstation”（超级电视台）一词，并将 17 频道的潜在观众基础扩大到如今的 500 多万家庭。如今，特纳通信公司是原创有线电视节目领域的先锋，它 24 小时播出全美第一个全新闻电视台 CNN 的节目。

特纳聘请了 CBS 新闻台前记者丹尼尔·肖尔（Daniel Schorr）担任新电视网华盛顿记者站主任。此外，特纳还签下了其他几位全美知名记者，亚特兰大也在建设新的演播室，CNN 的大部分节目将在这里制作完成。但作为美洲杯帆船赛冠军，特纳明白，这项工程就好比是在未知海域行船。特纳给 CNN 的开播前预算高达 3 500 万美元，但 CNN 能否成为覆盖面堪与 CBS、NBC 和 ABC 比肩的新闻频道，还远未可知。

另一个将于 9 月开播的同样雄心勃勃的频道是位于康涅狄格州布里斯托（Bristol）的娱乐与体育节目网（ESPN）。ESPN 的大股东是盖蒂石油公司（Getty Oil Company），它的目标是成为美国第一个全体育节目网，不仅播出赛事实况，也制作体育新闻和特别节目。

ESPN和CNN都将包含商业广告，并计划作为基本有线服务的一部分放送。不过，在广告收入足以维持运营之前，有线电视公司将不得不帮助它们填补制片成本。（到目前为止，ESPN等许多有线电视公司都依赖于类似的节目运作方式。）但是，如此对现有电视网的模仿只能给有线电视网带来更多的批评，以及比它们所期望的更少的节目"替代品"。

原创节目，寻找新模式

出现于20世纪70年代初的付费有线电视也面临同样的问题。这类有线电视主要播放最新上映的电影。但是，尽管剧场版影片仍是其主打产品，较大的付费有线电视网，如时代公司的HBO，如今正在往节目表中加入原创节目。

"几年前，我们就决定要制作自己的节目，"HBO副总裁迈克尔·富斯（Michael Fuchs）说，"我们的第一个尝试是《外景》（*On Location*），其特色是演出者在夜店和音乐会场景中露面。但这次尝试很快就破产了，因此我们开始像电视网那样，尝试新模式。"富斯说，其中一种新模式是集合了纪录片和娱乐节目形式的"娱乐纪录片"（docutainment）。HBO在该领域的首次尝试是系列短片《曾几何时》（*Time Was*），将于11月开播。这部共6集、90分钟的节目将由迪克·卡维特（Dick Cavett）担纲主持，以10年为一个阶段探讨1920年至今的美国历史。

在付费有线电视的其他领域，HBO的主要竞争对手、由Teleprompter公司和维亚康姆国际公司（Viacom International）共同所有的秀时刻（Showtime）很快将把注意力转向百老汇和非百老汇节目。第一批四档节目将在今年夏天录制，并出现在秀时刻秋季节目表中。从9月1日开始，还将出现西班牙语付费有限电视网Galavision。一开始，Galavision每天将播出7小时，放送最新的西班牙语电影、体育赛事和各种特别节目，大部分节目将从墨西哥进口。

市场能够容忍这种类型的电视网扩张到什么程度？新有线电视节目会对公共电视和已有的商业电视网络造成什么影响？一些公共广播公司官员表达了对观众花更多钱看有线电视的担忧，它们不再会为公共电视台贡献更多的收入。至于主要电视网，它们对有线电视的增长密切关注。运营和技术服务公司（Operations and Technical Services）执行副总裁理查德·索南费尔特（Richard Sonnenfeldt）就在研究 NBC 及其母公司 RCA。“尽管有线电视增长迅猛，”他说，“但我们认为，在未来 10 年中，它们对三大电视网形成不了多大的冲击。毫无疑问，一些有线电视节目商将获得巨大的成功。但若计算一下数字，那么有线电视对任何一家电视网都构不成威胁。事实上，这就好比是帆船和货运火车的对比。”

索南费尔特估计，拥有有线电视的家庭将从现在的 1 500 万增加至 10 年后的 2 800 万 ~ 5 000 万，而美国的家庭总数大约为 7 500 万。“我们预计，公众电视整体使用量将在未来 10 年中有所增加，”索南费尔特说，“但由于我们预计电视网的总收视观众数量不会有太大变化，因此，有线电视的增长大部分将来自其他电视媒体。”

August 30,1984

THE STORY OF AMERICAN BUSINESS

FROM THE FRONT PAGES OF THE NEW YORK TIMES

向现代化进程宣战

理查德·克里奇菲尔德（Richard Critchfield）

向消费社会的溃败是否会对伊斯兰教造成不可承受的挤压？所有埃及人都在观察这方面的信号。

突然间，尼罗河边的每座小泥屋里都出现了电视机。一些小屋还有洗衣机和电冰箱。移民工人——大部分的去向是阿拉伯湾国家，每年寄回家的资金高达30亿~40亿美元。这笔侨汇被一直沿袭着法老时代留下来的文明模式的小村庄用于购买土地、新房、水泵、拖拉机、牲口和农用机械。仍然相信地球是平的、四周有山脉包围的农民，现在看起了《我爱露西》（*I Love Lucy*）的重播。

开罗不但是伊斯兰世界的文化中心，也是全球人口最密集的城市之一，尽管市内摩肩接踵，但开罗人仍然快乐而宽容。其中一个原因是没有人挨饿：开罗大概是最后一个花上6美分就能吃一顿美味、有陷、营养丰富的面包饱餐的地方。尽管如此，人的忍耐总是有限度的。（“豆子！”有人在被告知他的食物很便宜时爆发了，“你想让我们每天都吃豆子？”）而与1952年革命之前的实质农奴、现在的新兴富农不同，埃及1976年后的经济繁荣并没有惠及政府低薪公务员、低级军官和公共部门工厂的工人，他们将成为军队的主力。相反，农村低技能工人在过去8年享受了每年9%的真实收入增长。

今年，侨汇给埃及带来的收入将超过石油出口收入（26亿美元）、外国经济援助（20亿美元，一半来自美国，并被恰当地用于提高粮食产量和降低生育率）、苏伊士运河收入（10亿美元）和旅游业收入（6亿美元）。

村民似乎难以在渴望新消费品和坚守旧价值间取舍。他们希望拥有电视机，但也希望看到优秀的穆斯林祈祷节目。或者如作家维·苏·奈保尔（V. S. Naipaul）曾经指出的，他们喜欢西方的工具，但不喜欢西方的思维。所有人类学家都明白，问题在于工具决定了思想。你不能只要一个而不要另一个，凡文化必有其经济基础。

埃及已故总统萨达特（Anwar el-Sadat）看到了这个麻烦。在1976年的一次采访中，他告诉我，他曾警告对西方化和现代化操之过急者“小心我们的社会、我们的人民和我们的穆斯林遗产”。

有思想的穆斯林愿意尽可能地让伊斯兰教和现代科学技术协调起来。他们把眼光对向了儒教，后者强调牺牲个人利益满足集体利益，并在东亚经济增长中扮演了重要角色。但到哪里去寻找“伊斯兰教的孔子”呢？在找到他之前，伊斯兰教必定——也可以说是注定，向现代化进程宣战。当这些新电器用坏后，这些村庄又会发生什么？

联合国称 2050 年将有 40 亿人吃不饱饭

联合国，11 月 7 日——如今世界人口已达 61 亿，较 1960 年翻了一番，预计到 2050 年将达到 93 亿。联合国人口基金会今天在其年报中如是写道。所有增加人口都将在发展中国家；工业化国家人口将保持稳定。

报告说，已有 20 亿人口得不到充足的食物，水的使用量在过去 70 年里增加了 6 倍。到 2050 年，有 42 亿人将生活在基本需求得不到满足的国家。"报告显示，贫困和人口的快速增长构成了一个死亡组合，"基金会执行董事苏拉亚·欧拜德（Thoraya Obaid）在新闻发布会上说，"穷人更直接地依赖自然资源，如可获得的土地、木柴和水，他们也是受环境恶化影响最深的群体。"日渐严峻的环境影响不但源自人口增加，也源自"日渐浪费和不可持续的消费方式"。欧拜德还说："全世界总财富大概在 30 万亿美元，但有一半人口每天的生活费还不足两美元，这意味着什么显而易见：有些人可以很浪费地消费，而其他人却连生存必需的消费都承担不起。"

报告呼吁，普及教育和基础医疗服务，并采取特别行动赋予妇女控制生育数量的权利。

沉默是金处，手机作响时

莫莉·奥尼尔（Molly O'Neill）

在旧金山高级饭店坝普顿饭店（Campton Place），静悄悄的谈话声和优雅的餐刀碰撞瓷器声被路边摊才有的刺耳高音打破。是心脏起搏器发生了故障？是一位迷失的白领罪犯被戴上了电子手铐？不。这是另一种捆绑：布拉德·肯德尔（Brad Kendal）的新款便携电话、售价 1 200 美元的 Pocket Commander。“我忘了关掉了。”他对朋友们说。“喂！”他接起了电话。

声音打破了宁静。在戏院中、在高尔夫球场上、在网球比赛中、在其他安静的场合，这一幕注定要越来越多。上个月，摩托罗拉公司发布了“Microtac Lite”，一款只有不到 230 克重的微型便携电话，其他制造商也在跟进推出口袋大小、可能向随身听收音机一样风靡的新型电话。

“个人便携电话是蜂窝通信业增长最快的细分领域。”华盛顿蜂窝通信业协会（CTIA）发言人诺曼·布莱克（Norman Black）说。他说，如今美国已有 530 万部手机，并预测未来 10 年还将增加 3 300 万部，这意味着风衣、公文包和手袋销量也将大增。

通信革命对礼节提出新要求

目前，对于这个新的“闯入者”，还没有形成明确的礼节予以约束，特别是在那些最不希望看到它们的场合。“上星期，我在教堂里听到了电话响。”《利蒂希亚·鲍德里奇90年代新生活完全指南》（*Letitia Baldrige's Complete Guide to the New Manners for the '90's*）一书的作者利蒂希亚·鲍德里奇说。她是通过华盛顿家中的座机说这番话的："你可以想象在婚礼上，有人打电话来表示反对的情景吗？"

礼节永远跟随着革命。这款技术革命的新产品1983年才问世，因此使用便携电话的礼仪规范还在发展中。

一些人对电子铃音表示无奈。"我父亲搭乘这趟火车，安静地阅读报纸，就像我爷爷那样，"每天坐火车从康涅狄格州新迦南（New Canaan）到华尔街上班的投资银行家萨帝厄斯·维特摩尔（Thaddeus Whitmore）说，"这个模式被打破了，彻底打破了。我都不知道干些什么好了。"维特摩尔只能向他坐了半辈子的火车中出现的声音投降。"我听到了未来，"他说，"我每天早上都听到未来。"

"我感到了威胁。"住在马萨诸塞州坎布里奇市的政治顾问亚瑟·克莱顿（Arthur Crayton）在电话采访中说。与此同时，他正穿行于哈佛校园。克莱顿在波士顿和华盛顿之间奔波时使用一部手机。"你不会相信人们对一部小小的手机有多大的敌意。"他说，听起来有些迷惑。

传统无电话区域反响不一

电子铃声的到来在传统的无电话区域引起了接受和敌对两种反应。

戏院的客户结构可以体现管理者的政策。林肯中心在所有旗下音乐厅和戏院中都没有积极地限制手机的使用。"人们来这儿是欣赏交响乐和看芭蕾舞的，不是听人讲电话的，"其公共关系副总裁乔·麦考汉（Joe McKaughan）说，"老主顾在这方面都很自觉。"

在南佛罗里达拥有17家电影院的Wometco院线在去年夏天禁止携带手机入场。"我们收到了很多投诉，也发生了很多冲突，在我们最高档的影院里甚至还发生过拳脚相向的场面。"Wometco院线总裁约翰·雷（John Ray）说。有迹象表明，影院常客并没有意识到将手机关机的必要。"人们越是认为自己重要，就越是大声要求本不属于他的权利。"雷说。观众已不再拥有携带手机进入Wometco影院的权利。

餐厅也分裂为相似的两大阵营。温哥华市的Teahouse餐厅去年在菜单上印上了禁用手机的告示。但在曼哈顿的 Le Cirque 餐厅，“我们的食客更愿意把手机和外套一起寄存了，”餐厅所有者西里奥·马奇奥尼（Sirio Maccioni）用位于餐厅前门附近的墙上电话说，“如果他们来了电话，存衣处工作人员就会通知客人，他们可以离席前去接电话。”

仍然使用座机的鲍德里奇说：“这是一种漂亮的解决办法。医生和建筑包工头之类需要保持联系的人可以随时联系到，而且他们可以在不影响邻桌或是正在享受浪漫晚宴的用餐者的情况下联系业务。”

闯入问题已经在手机行业内部得到了解决。加拿大两家手机通信服务提供商之一坎特尔公司（Cantel Industries）推出了“移动电话礼仪小姐”服务，指导手机用户在公众场合低声说话。

富士通美国公司发布其 Pocket Commander 这款手机时，随机附送了 10 条电话用户礼仪规范。这些规范包括“请勿打扰正式商务会议”“请勿在电影开始放映后打电话”“在餐厅中使用电话请照顾周围环境”“在接电话之前，请先向正在与您谈话的人致以歉意”等。这些常规礼仪有助于减轻电话通话对他人带来的冒犯。但这无法解决有些爱出风头之人用手机显摆的问题。在《世纪之交礼仪指南》（*Miss Manners' Guide for the Turn-of-The-Millennium*）一节中，朱迪斯·马丁（Judith Martin）还建议手机用户不要用噪音打扰他人，也不要忽视“那些和你在一起喜欢只闻其声的人”。和大多数礼仪专家一样，朱迪斯·马丁也建议道，即使是最低调谨慎之人也要做好成为万众瞩目焦点的准备。

“他们就好这一口，”鲍德里奇如此评价她所看到的电话显摆者，“一些人有意让秘书在他们去餐馆吃饭或是上戏院看戏的时候给他们打电话，这些可怜的家伙想借此显示自己有多重要。美国有不少人在开车的时候也在打电话，但其实另一头根本没人。人们在戏院里和电话录音对谈。他们想说的其实是‘我是个重要人物，而你不是。’”

电话显摆者可能会搞臭所有电话用户的名声，不过带着手机的“白衣骑士”也并不让人陌生。上个月，普林斯顿枢纽站前往曼哈顿的上午 8 点的火车班次晚点了数个小时，曼哈顿谢里登广播公司（Sheridan Broadcasting）总裁小杰伊·威廉姆斯

（E. Jay Williams Jr.）因此被同车乘客团团围住，乘客们纷纷要求使用他的 1989 年款 Oki700 电话，为此不惜付费给他。“这是第一次遇见手机的正能量，”他通过办公室的电话表示，“我用手机中收到了你的消息，然后在这里和你谈，这能保留点儿隐私。”然后他将注意力转向了手机的乐善好施：“收他们的钱就显得不厚道了。这些人急不可待地要打电话回家、回办公室。我让他们免费使用我的手机，后来我觉得我看上去像是个电话亭，于是就把它放进公文包了。”

但这样的现代英雄主义时刻太少，远远比不上高人一等的显摆。几周前，网球选手吉姆·考瑞尔（Jim Courier）在皇后区参加美国网球公开赛四分之一决赛的时候，他说他听到了“一种时髦的铃声，就来自球场边”。哔哔的电子铃音打碎了球迷和选手一起分享的时刻，也破坏了选手发球之前的宁静和专注。“我在想：‘有谁会有那么重要？’”考瑞尔说。他是上星期通过堪萨斯城一家饭店的客房电话说这番话的。

有时候，幽默是历久弥新的最佳弥合剂。在美网赛场上，听到电子铃音后，考瑞尔停了下来，放松了握住球拍的手，把球塞进口袋，大声喊道：“我会接的！”

March 21,1991

THE STORY OF AMERICAN BUSINESS

FROM THE FRONT PAGES OF THE NEW YORK TIMES

这不是一杯脱脂拿铁，这是一种生活方式

珍妮弗·斯坦豪尔（Jennifer Steinhauer）

上一次你从抽屉里拉出一件衬衣的时候，可能并不是想穿它。实际上，这一瞬间你是在享受一种生活方式，一种你和千万人共有的、说不定在不知不觉中引领了时尚的生活方式。逐渐地，从衬衣到水壶的零售商和制造商都在扩大营销范围，通过生活方式的营销来销售产品。

CK（Calvin Klein）不会满足于顾客只穿它的内衣，它还希望顾客使用它的碗碟吃饭，用它的浴巾洗澡。星巴克的高管们不希望人们仅仅在早晨喝咖啡；他们希望人们消费他们的冰激凌，躺在床上听他们的音乐 CD。如此一来，星巴克就不再仅仅是咖啡连锁店，而是进入了消费者的生活，成为消费者生命中的一部分。“咖啡是一种很感性、很浪漫的饮品，”星巴克公司首席执行官、生活方式营销布道者霍华德·舒尔茨说，“星巴克是你家门廊的扩展。我们的门店可以让人们感到舒适，因为人们信任我们。星巴克不仅仅是一种咖啡。它是一种感觉，一种体验。”

也许这听起来像是一派胡言，但李维斯得好好听听这句话。作为美国驰名品牌，该公司最近宣布，由于销售量的下滑和竞争的加剧，公司将裁员 5 900 人，并关闭 11 家工厂。或许李维斯的问题之一是它不提供可乐、它没有牛仔裤颜色的房子。李维斯生产的只是一种商品：蓝色牛仔裤。它的广告或许能够唤醒人们的户外运动热情，但它并没有通过营造生活方式来销售其他产品。

一旦人们了解了一个品牌最有名、最有代表性的产品，他们就会相信这一品牌能够提供更多样的产品，尽管这些玩意儿与最开始的产品毫无干系。看吧，布鲁克斯兄弟公司（Brooks Brothers）在卖酒，而杰克丹尼（Jack Daniel's）在卖衣服。①

重要的是标签

“伟大的营销者说，品牌可以是将消费者群体拧在一起的东西，”纽约赫利俄斯咨询公司（Helios Consulting）高级合伙人山姆·希尔（Sam I. Hill）说，“生活方式标签是意在与消费者建立深度关系的明智之举。”

零售业每年销售额高达 2.7 万亿美元，因此深度关系绝对值得建立。生活方式品牌战略有两个基本步骤。第一步是在所有可能的产品上打上品牌名称或标识。拉尔夫·劳伦（Ralph Lauren）绝不仅仅是印在衬衫和裙装胸前的马球马图案；亚麻制品、毛巾、眼镜、胸罩和家装图案上都能看到它的名字。古驰（Gucci）也出售家庭装饰品，而几乎每位时装设计师品牌旗下都有至少一款香水。

零售商还必须把大把的钱用在向人们描述其产品的广告上、用在体现其营销专家称为“心理状态”的情形中——最好能够吸引各个年龄层。这能够保证年轻姑娘愿意穿上你的超低胸衬衣，因为她们心理上要更老成；而一把年纪的人也会去尝试高跟凉拖，因为这会让她们看起来更年轻。

零售商让大量人接受某种生活方式的最佳方法是利用各种媒体接触他们。玛莎·斯图尔特（Martha Stewart，她或许是嵌入生活方式营销的历史第一人）就有这样的本能。她拥有一个周播电视节目、一本杂志和数条产品线——高价产品通过目录和杂志销售，而一些价格低得多的家用物品则通过凯马特连锁店销售。其战略的天才之处是她所提倡的生活方式显然是高档的，尽管她设法让美国最大的消费群体——中产阶级也能用得起。

为了推广生活方式，公司必须通过巧妙的广告投放——以人物形象而不是产品为核心，然后大力营销。谁会在乎拉尔夫·劳伦广告中的模特穿的是什么牌子的牛仔裤？唯一重要的是，画面中的所有人要看起来健康、美丽、开心，在昂贵的海滩

① Brooks Brothers，运动鞋品牌；Jack Daniel's 威士忌品牌。——译者注

房产边上放松和嬉闹。

在玖熙公司（Nine West）的大部分广告中，你很难找到它家的鞋子和包。但广告中总是有年轻性感的美女，她们永远与阳光帅气的小伙子一起沐浴在浪漫的氛围中。购物者看了之后肯定会相信，如果她买了全副行头——衣服、桌子、桌布和文胸，她就能拥有广告所营造的品牌生活方式，并进入这样一类的精英俱乐部。

“人们自我感觉如何是最好的购买行为预测指标，远远优于人们实际情况如何，”山姆·希尔说，“而这就是你真正需要关注的。”

产品线包括鞋、手包、太阳镜和皮带的玖熙公司的发言人斯泰西·拉斯特里娜（Stacy Lastrina）说：“我们对玖熙的定位是：可以达到的成功指南。我们的一个原则是：穿上我们的产品，你就会显得时尚、摩登、乐观向上。”

每位营销者都梦想自己能够对客户了如指掌。但通常并非如此。芝加哥一家出版公司的产品经理、31 岁的吉尔·威库斯（Jill Virkus）拥有多双玖熙鞋和一个玖熙钱包。她买玖熙产品的动机直截了当：“我认为它家产品穿得出去，看着很酷，又不是太出格。我看上去时尚吗？是的。我看上去阳光吗？当然。我看上去摩登吗？我不能确定。对我来说，这不过是黑皮加铬黄。”

拉尔夫·劳伦，最老到的生活方式营销者

拉尔夫·劳伦是最老到、最激进的生活方式营销的追随者。该公司的服装产品线涵盖了从最高端产品到 T 恤和牛仔裤的所有层次，此外还出售太阳镜、家装图画、家用家具、鞋等产品。创始人拉尔夫·劳伦说，他十分清楚自己是在为谁做设计：“我知道他们生活在何处，想去向何方，我知道他们如何穿着，去哪种类型的餐厅。”劳伦坦承，他的视野相当灵活：“华尔街人士可能会去海角区而不是汉普顿，但好莱坞人士肯定去汉普顿；摄影师则去漫沙文雅岛（Martha’s Vineyard）。”

总的来说，拉尔夫·劳伦产品的购买者“较为成熟，有选择买什么的余地”。劳伦说：“我的品牌追求的是与方式和品位的一致性，而不是什么模式。”

27 岁的费城助理护士凯米莉·沃克（Camille Walker）说，她的衣服中有一半都印着马球商标。她也拥有拉尔夫·劳伦的被套和浴巾。对于劳伦本人的眼光，她的

评价是：“他的广告针对富人，因为他就是富人，但穿运动装最多的是穷人。我所有的朋友都穿T恤和短裤；我是唯一一个穿设计师品牌的。富人穿他的高端品牌，但马球衫是犹太社区孩子的最爱。我认为他不知道这一点，但我知道。我不会说我以他的生活方式生活，我只感谢上帝赐予了我健康。”

衣柜里的 38 件衬衣

威廉·萨菲尔（William Safire）

当我整理衣柜为换季做准备时，我沮丧地发现：我有 38 件衬衣。什么人才需要 38 件衬衣？我又不是晒衣架，也绝称不上衬衣狂。即使除去会让我出丑的紫色灯芯绒衬衫，剩下的衬衣仍然可以让我一个月穿得不重样。我的第一反应是为自己辩护。拥有各种各样的衬衣又怎么了？我生活得很好；好日子红红火火。那么，即使我的衣架不够用了又怎样？这无非表明我应该购置更多衣架了。

另外，我的衬衣购置计划让我成为一个经济驱动型的消费者。这增加了休森（Van Heusen）和布鲁克斯兄弟的利润，从而增加了美国养老基金的价值、给缝制衬衣的马来西亚贫民送去了口粮。因此，消费是一种美德，即使买的是无用的东西。我一边念叨千年谚语“节俭开支近乎美德”，一边来到马里兰州黑格斯敦（Hagerstown）厂家直营购物中心。在这里的“谢谢惠顾”周末，消费者都会满载而归。购买者成群结队地争相抢购优惠商品，他们认为只有人傻钱多的百货商店顾客才会掏钱购买“标签价”商品。

我的精于算计是家族遗传，捡便宜货让我感到激动。玖熙和添柏岚（Timberland）的衣服是跳楼价；拉尔夫·劳伦的上季套装在清仓大甩卖；唐娜·凯伦（Donna Karan）羊毛衫是地板价，深灰色的驰名商标 99 美元就能带回家。

花钱才是快乐之源

每个持信用卡买东西的消费者似乎都与“标签”有仇。起大早赶上“第二件五折”（其实你根本不需要第二件）就是血拼者莫大的快乐。

且慢，且慢。身处圣诞前购物潮中，拎着大包小包的购物袋凸显着我作为商家衣食父母和突出消费者的地位。然而心中仍有挥之不去的过去不堪回首的阴影：这就是我想要的闲暇时光？这么件廉价毛衣就是我要的廉价胜利？谁需要所有这些乱七八糟的玩意儿？

永远不要在主显节上说“无聊”。今天的血拼狂热并不是昨天的购买欲上瘾。我们早就已经超越了过去囤物癖的拥有欲；在现时代，血拼已成为娱乐的主要形式。因此，我们所处的是一个“血拼娱乐时代”。我们的所购和所穿体现着我们的所见和所闻；自我吸收和互相娱乐已经占据了现时代我们的头脑。我们的衬衣上写着：装满购物车，你就充实了你自己。

血拼娱乐派的观念是，花钱，而不是为什么东西花钱，才是快乐之源。过去，诗人担心“赚钱又花钱，弄得我们筋疲力尽”，但随着赚钱越来越容易，只有花钱才能让我们有快感。你可以把全世界都买下来，但我几欲先走了。购物狂热大概是营销者的生活方式，但这不是我的生活方式。流连于厂商直销中心不能刺激我的心智，不能放松我的肢体，也不能满足我的心灵。

现代先知耶利米不禁要发问：当你们争相把货架上的货物揽入购物车的时候，你们学到了什么吗？或者，更重要的，你们在教导什么吗？你们今天花掉的钱明天可以赚回来，但你今天花掉的时间永远买不回来了。

别担心，郊区购物欲享乐者向我们保证，购物中心和厂商直销中心都是暂时的。下一代就会转向互联网智能的虚拟美德上去了，知识和艺术将得到最渴望的融合。但是，你知道吗，我们的后代已经开始体验全新的媒介了？他们说他们是在“参与电子商务”，但实际上他们仍是在用血拼娱乐自己。

耶利米看到了这个未来，他就是那么准。不过，还是挑两件好看的衬衣吧。

38件衬衣：消费文化一瞥

编辑阁下台鉴：

我很少有赞同威廉·萨菲尔的时候，所以，请允许我评论一下他关于消费者社会事实上已经自我收缩的观点（11 月 29 日的专栏）。作为一名 30 多岁、深谙郊区购物文化的消费者，我也感到周围人的空虚感。我的邻居们不惜放弃内心生活追求不知所以的“便宜货”，他们目光呆滞，对此我感到十分厌恶。

父母们往往由衷地哀叹，在热衷炒作娱乐、家庭生活时间越来越匮乏的环境中抚养孩子实在困难。希望人们都能在购物和看电视上少花点时间，在陪伴家人和朋友上多花点时间。消费者，请自重！

约翰·贝内特（John Bennett）

马萨诸塞州斯基尤特

1999 年 11 月 29 日

沦为卡奴

鲍勃·赫伯特（Bob Herbert）

“我现在还在为好几年前买的乱七八糟的家用品付账。”茱莉·皮克特说。她没有说谎。茱莉和她的丈夫杰瑞住在俄亥俄州米德尔顿，他们陷入了沉重的信用卡债务难以自拔。除了没人威胁要敲断他们的双腿外，他们的窘境和借了高利贷也没什么大区别了。

以前，人们会因欠债而锒铛入狱，如今，信用卡公司完全可以依法这么做。尽管银行和市场给的利率很低,但维萨卡和万事达卡每年收你30%利息再正常不过了。换在以前，这就叫作高利贷。

茱莉在生了双胞胎后就不再从事全职工作。与此同时，杰瑞的事业也遇到了打击。朱莉说，几乎在一夜之间，家庭信用卡成了她家的“生命线”，每日必需的食品、燃气、修车、童装都要依靠信用卡。后来他们又要了一个孩子，最后，信用卡债务达到了40 000美元，这笔钱（以及那永远不断增长的利息）皮克特一家怕是永远还不清了。

“我们有一张卡，大概欠了8 000美元，”朱莉在一次采访中说，“算上利息和罚息，现在已经欠了18 000美元了。我们刚开始欠钱的时候，利息大概是18%。在一年没有还钱之后，利息升高到了28%。”

皮克特一家确实有偿还债务的义务。但许多信用卡公司都投入了这个去监管化时代繁荣起来的合法勒索事业。无党派公共政策集团“思想和行动网”（Demos: A Network for Ideas and Action）在一篇题为《为收支平衡而借钱》（*Borrowing to Make Ends Meet*）的报告中描绘了皮克特一家的遭遇。

美国经济在20世纪90年代后半段迎来了繁荣。但整个90年代，千百万美国家庭在债务泥淖中越陷越深，其中一个重要原因就是信用卡的滥用。“1989—2001年期间，”该报告说，“美国信用卡债务几乎翻了3倍，从2 380亿美元增长至6 920亿美元。储蓄率在逐步下降，申请破产者人数增长了125%。”没有什么比拿出一张闪亮的塑料卡片说“埋单”更容易的了。也没有哪个家庭可以在陷入破产窘境时，抵挡得住刷信用卡为家里买食物或为汽车加油上班的迫切需求。在研究期中，普通家庭的信用卡债务增长了53%，中产阶级家庭增长了75%，年长公民增长了149%，赤贫家庭（年收入10 000美元以下）更是增长了惊人的184%。

该报告的主题是，尽管信用卡的使用经常伴随着轻率消费，但有证据表明，越来越多的美国人用信用卡来填补家庭收入和必需商品和服务之间的差距。因失业、真实工资下降以及住房和医疗成本上升而饱受这一结构性问题困扰的人们，依靠信用卡作为避免彻底沉沦的办法之一。

与此同时，信用卡公司已经从斯文赚钱变成了疯狂敛财。“罚息，”该报告称，“已成为行业收入增长最快的源头，从1996年的17亿美元增加到2002年的73亿美元。目前，平均罚息是29美元，大部分信用卡的免罚息期已经从14天下降到0天。除了罚息，主要信用卡公司还会以首次延期支付为借口取消信用卡推介时所许诺的低息，通常你的信用卡利率会一下子从0上升到22%~29%。”

利率可以高到什么程度？据该报告作者之一塔玛拉·德劳特（Tamara Draut）的称法，所有主要信用卡发行者都坐落在可以任意收取利息的州（当然，信用卡持有者在哪个州定居也是无关紧要的）。那么，情况疯狂到了什么程度？皮克特一家显然无法偿还现在的负债，而他们每天都能收到开新信用卡的邮件。

美国商业简史

1853 出生在巴伐利亚州的干货商李维·斯特劳斯（Levi Strauss）乘船来到加利福尼亚，他计划向加利福尼亚的淘金者出售布匹和其他物资。1873 年，他和裁缝雅各布·戴维斯（Jacob Davis）申请了一项生产铆接工装裤的工艺专利，而铆接工装裤就是牛仔裤的前身。

1879 托马斯·爱迪生发明的白炽电灯泡面市。

1899 社会学家和经济学家凡勃伦出版《有闲阶级论》，提出了“炫耀性消费”的概念。

1902 第一家永久性电影院在洛杉矶开业。次年，好莱坞正式升格为市。

1914 俄罗斯移民马克斯·法克托尔（Max Faktor，后更名为马克斯·法克特 [Max Factor]，这要归功于埃利斯岛 [Ellis Island] 的官员）创建了针对电影演员的彩妆品牌蜜丝佛陀。很快，电影演员和普通民众开始在日常生活中也涂抹彩妆产品。

1915 在印第安纳州，阿尔弗雷德·梅洛斯（Alfred Mellows）发明了电冰箱，当时生产由梅洛斯发明的电冰箱的公司在 1918 年被通用汽车收购，并更名为“Frigidaive”。

1918 威廉和艾达·罗森塔尔（Ida Rosenthal）搬到曼哈顿，在此伊达很快就和合作伙伴伊妮德·比赛特（Enid Bissett）一起进入了制衣行业。随着摩登礼服成为时尚，比塞特和罗森塔尔设计出了能够帮助女性舒适着装的胸罩。1922 年，她们注册了商标“媚登峰”（Maiden Form）。

1919

美国无线电公司（RCA）在第一次世界大战结束后成立。

1927

1921 年，时年 14 岁的农场小男孩正在爱达荷州割成排的干草时，突然冒出了用电子束扫描和再现图像的想法。6 年后，时年 20 岁的费罗·法恩斯沃斯发明了电视机。

1949

阿尔伯特和迈耶·伯恩斯坦（Meyer Bernstein）创立冷冻食品公司（Frozen Dinners,Inc.），生产包装冷冻食品——按不同的食品种类（如肉类、蔬菜和马铃薯）独立分隔空间。1954 年，为了销掉一些感恩节以来未售出的大量肉类存货，C.A. 斯旺森父子公司（C.A. Swanson & Sons）创造了冰冻且分区摆放的火鸡、豌豆和马铃薯餐，并推出“盒装电视便餐”。

1958

美国运通发行第一张信用卡。同年，美国银行推出美国银行卡（后改名为维萨卡）。1967 年，万事达支付卡（后改名为万事达卡）推出。

1960

美国食品药品监督管理局（FDA）批准了一种叫作 Envoid 的避孕药，它是第一种效率很高的避孕药。然而，后来的研究结论是，其含药量超出所需剂量 10 倍以上。低剂量避孕药在 20 世纪 80 年代推出市场。

1981

IBM 推出其第一款个人电脑。同年，苹果开始研发 Mac 电脑。

1997 美国新屋销售 10 年来首次超过 80 万套，且道琼斯工业平均指数首次超过 7 000 点。

2006 私人飞机销售额创下 90 亿美元的历史新高。私人飞机的平均起拍价从 300 万美元的轻型航空母舰到 1 700 万美元的大型喷气机不等。

2008 严重过度杠杆化的住房市场崩溃，拉动同样过度杠杆化的股市以及大量的养老基金下跌，随之而来的全球信贷危机转变成更广泛的全球经济衰退。

07

不断变化的工作场所

FROM THE FRONT PAGES OF
THE NEW YORK TIMES

THE STORY
OF AMERICAN
BUSINESS

THE STORY OF AMERICAN BUSINESS
FROM THE FRONT PAGES OF THE NEW YORK TIMES

■ 位于印度德里市郊的呼叫中心。将客户服务等工作外包给其他国家成了20世纪末期公司控制劳动力成本的办法。(扎克·卡尼帕里 [Zack Canepari] 为《纽约时报》供图)

20世纪后期，在大企业崛起并给美国劳动人口带来了各种变化后——包括科学管理、劳工组织以及劳动力的城市化和郊区化，美国人开始经历一系列新的变化，这些变化极其微妙，很有迷惑性。不再有从家庭农庄到城市工厂的大移民，也不再有“黑色星期二”和突袭珍珠港这类让全美国团结起来的突发性灾难事件。但对千百万家庭来说，20世纪末21世纪初开始的工作场所的变化一点都不比这些曾经发生过的冲击影响小。长期劳工运动趋势的逆转、社会契约的解散、新技术的广泛采用，以及新机会的出现改变了人们关于工作、休闲和家庭的体验。

20世纪晚期最重要的趋势是工作稳定性的下降，这一趋势首次成为社会经济现象是在19世纪晚期。当时，渴望有技能、有经验的管理者的铁路公司成为第一批用职业保障作为挽留和发展员

1844	1870	1906	1920	1942
洛厄尔女工改革协会(LFLRA)成立	《第15条修正案》赋予非洲裔美国人投票权	厄普顿·辛克莱的《屠场》一书出版	《第19条修正案》赋予妇女选举权	美国加入第二次世界大战

工手段的企业。其他行业很快也紧随其后，开始实施整年雇用期，并为白领和蓝领工人提供升职机会。20 世纪初，影响力渐长的劳工组织进一步刺激了这一发展趋势。

大萧条的到来让千百万美国人失去了生活来源，把美国人的工作模式击得粉碎。为了抚平到处蔓延、似乎已成持久之势的失业和社会不稳定，美国联邦政府出资支持了数千项公共工程。美国公共工程管理局（PWA）每一年都要雇用约 50 万工人从事各种工程，如胡佛大坝、学校、邮局和连接全美各社区的公路建设等。对社会各界的人们而言，这些政府工程是收入、稳定感和安全感的最重要来源。

大萧条的冲击并没有阻挡就业朝更稳定、更有保障的方向发展，20 世纪 40 年代，这一趋势就重新回归了正轨。第二次世界大战的爆发动员了大量美国工作人口，军工产业为 1 000 多万男性和 300 万女性提供了岗位，他们大多在生产飞机、弹药和其他战时物资的工厂工作。二战后，美国经济出现了繁荣，各大公司，从通用汽车到通用食品，其销售额快速上升。包括女袜、家具、厨房电器、照相机和肥皂生产商在内的大量企业都在为如如何跟上产品需求的步伐而担心；飞机制造、大型机、电视机等新行业也迎来了快速增长。和 80 年前的铁路业一样，这些新兴部门需要成千上万白领和蓝领工人。冷战的愈演愈烈进一步刺激了研究和更多岗位的增长，特别是在科学领域。为了在冷战环境下吸引员工，老牌和新兴公司纷纷承诺给予稳定的工作，还提供职业发展机会。

很多企业还提供健康保险和退休福利，有效地承担起了其他国家由战后政府承担的社会责任。到 20 世纪 70 年代中期，职业保障以及附着于其上的福利成为一种隐性但普遍存在的社会契约，千百万美国人，不管是 CEO 还是工人，把这种契约称为“美国式生活”必不可少的部分。

20 世纪 70 年代末 80 年代初，一些因素导致这一影响深远的就业保障模式开始崩溃，其中一个因素是美国企业霸权的崩塌。不仅海外市场不再那么依赖美国产品，外国制造商（特别是日本制造商）还开始更加积极地在各自国内与美国企业展开竞争。大约与此同时，美国政府开始放松对航空和银行等受保护行业的监管。这些部门很快变成了高度竞争部门，业内企业各个层面——包括劳工层面，削减成本的重要性大增。在华尔街，敌意收购和债务融资收购的频繁发生促使很多行业的管理层开始把员工看作可利用的资产。在外国企业竞争的挤压和金融市场的攻击下，美国制造业开始裁员，成千上万工人（大多数是

1943
“铆工露丝”出现在《星期六晚邮报》上

1944
工会会员上升到 14 146 000 名

1946
《1946 年就业法》倡导“就业、生产和购买力的最大化”

1973
《医疗保健组织法案》提供了 3.75 亿美元发展管理医疗保健制度

1975
通胀率 12%、失业率 8%，美国迎来滞胀期

蓝领工人）丢掉了工作。许多企业将工厂从工会势力强大的北方迁往工会势力有所欠缺的南方，也有一些企业把制造部门迁到了更便宜的海外劳动力市场。

几年内，“失业”一词——指持久地，而不是暂时地或周期性地结束工作，开始成为常用语；而对千百万美国人来说，这也成了共同体验。《纽约时报》1996 年的一项调查发现，72% 的美国人曾被失业直接或间接影响过。几代人都在钢铁厂、汽车厂或设备和机械厂工作的家庭失去了原来的生活方式，很多人丢掉了生活来源。失业工人即使重新找到工作，薪水往往也比以前少。很大一部分失业者只能找到兼职或临时性的工作，且通常没有医保等福利（2006 年，临时工和合同工占据了总工作人口数的 10%，而 20 世纪 70 年代只有 2%~3%）；一些失业者则永久地离开了劳动力市场。

从某些角度讲，制造业的衰落是美国通向以服务为中心的经济这一大发展方向上不可避免的。但是，在 20 世纪晚期，通过信息处理、咨询、法律和其他方面的知识型工作需求所创造出来的工作岗位，并没有在公司瘦身潮中获得比制造业岗位更多的保护。1981—1982 年间，高工龄蓝领工人的失业率是白领工人的近 3 倍。但到了 20 世纪 90 年代中期，两者的差别显著地缩小了。获得大学学位的美国人比以往任何时候都要多——从历史上看，大学文凭可以说是通往中产阶级和经济相对稳定的门票，但即使是具有大学学历的工人也开始遭遇裁员，其中很多人不得不接受比原待遇低得多的新工作。与蓝领工人一样，越来越多的美国白领——如信息技术技师、数据处理员、管理顾问等发现，美国之外的员工可以接受更低的工资完成相似的工作。

1984—2004 年间，丢掉工作的美国全职员工总数至少在 300 万。许多人不得不在工资低、岗位流动性高的经济中寻找新工作。2004 年，近 30% 的劳动力从事时薪不足 10 美元的零售店、餐厅、护理中心和呼叫中心之类的工作。这些职位没有高工资、利润分享、其他福利的激励吸引和挽留员工，年流动率高达 100% 以上（比如在快餐业，年流动率高达 300%~400%）。与此同时，数以千计的公司削减了培训、职业发展计划和其他形式的员工投资，这使得他们更容易离开了。许多低工资部门的劳动者，特别是失业熟练工、前工会成员和拥有大学学历的工人，新的工作条件带给他们的是一条向下流动的工作路径。

用诸多标准衡量，20 世纪 90 年代是美国商业史上多产、盈利的 10 年。1990—1998 年，经通胀调整的 GDP 增长了 27%，非农商业部门生产率上升了 16%，标准普尔 500 指数上涨了 224%，

2001	2004	2006	2007	2009
CEO 们与普通工人的平均工资比为 525：1	沃尔玛的员工人数达 120 万人	临时工和合同工占劳动力的 10%	25 岁以上的美国人有近 29% 拥有大学本科学历	随着经济衰退，失业率高达 9.5%

公司利润上涨了100%多，CEO薪酬增长了400%；但所有这些增长以及由此产生的繁荣并不是均匀分布的。在同一时期，经通胀调整的平均周薪只增长了5%。这与二战后的美国大部分时期形成了鲜明对比，在大多数年份，生产率、工资和生活标准大体上都是以相同的速率在增长，几乎可以说是齐头并进。这也与美国社会在世纪中叶所呈现的收入不平等程度很低的特征形成了鲜明对比。21世纪初，只有很小一部分家庭攫取了高得离谱的好处。比如，2005年，最顶端的1%美国人拿走了17.4%的个人收入总额，而1980年这一比例只有8.2%。财富分配的不平等性甚至更加扎眼。2004年，最顶端1%的美国家庭拥有全美34%的财富。相对少数的美国人变得比以前更富了，然而一般工人的工资增长——它决定了大量美国人对国家前途的看法，几乎陷入了停滞。

21世纪初，作为一个工人，与以前相比，你有更大的可能受过高等教育，有更大的可能从事服务业或知识行业，也有更大的可能经历过失业。你也更有可能是女性，女性成为受薪员工——在20世纪逐步而稳定地形成的现象，这一趋势在20世纪七八十年代明显地提速了。1970—2004年，女性占劳动力总量的比重从43%升至59%。尤其引人瞩目的是，女性开始进入曾经被排除在外的高地位、高薪酬岗位。2004年，美国专业和管理岗位的一半由女性占据，与此同时，她们的工资也从男性工资的62%上升至80%。

在企业级层的最顶端，巨大的差异仍然存在。男性员工仍旧占据着《财富》500强企业最高层的90%以及最高工资阶层的95%。在一些高度专业化的行业，女性员工占比特别低，甚至在管理层之外也是如此。比如，在计算机科学领域，女性职位比重在1983—2002年出现了下降，从30%降至27%；工程领域，女性只占据了10%~15%的岗位。21世纪，职场薪酬和权力方面的重大男女差异依然存在，但毫无疑问，从某些衡量标准看，这种差距比以前任何时候都要小，而且还在继续缩小。

女性更新、更重要的作用改变了工作和家庭的动态和结构。20世纪90年代，69%的17岁以下少年的已婚母亲在参加受薪工作，而1950年只有12.6%。不管是出于选择还是不得不如此，双薪家庭，而不是单薪家庭，成为社会新规范。根据《双薪陷阱》（*The Two-Income Trap*）一书的作者伊丽莎白·沃伦（Elizabeth Warren）和阿梅利亚·沃伦·提亚吉（Amelia Warren Tyagi）的说法，按揭、儿童看护和医疗等固定支出在20世纪最后25年增长迅速，以至于21世纪初双薪家庭的实际可支配收入还不如20世纪70年代初的单薪家庭。因此，对许多家庭来说，女性收入是事关生存的大事。随着女性外出工作时间的显著增加，美国人的家庭生活也发生了改变。传统上由女性完成的无薪工作，如照顾小孩和老人、准备食物和管理家政，被频繁地“外包”给了其他人，当然要出点钱。不管是否花钱购买儿童看护、钟点工和其他服务，家庭生活，包括谁做什么或不做什么、何时和怎样完成儿童看护和其他家庭责任，以及什么是“家”和怎样感受“家”，都开始成为精神和行为冲突的原因。

家庭时间和精力的大幅缩减形成了对灵活上班时间、职责分担、远程办公、职场日托以及其他家庭友好型政策的强劲需求，而这些需求在早些时候都是不可能被满足的。（就连“家庭友好型”一词也是随女性在经济中的角色的扩大，引起了巨大社会变迁而出现于20世纪末的新词。）2004年，近28%的工人采取了某种形式的弹性工作制——即可以自主选择不同的开工和收工时间，而1985年这一比例只有12.4%。这种对“朝九晚五”的僵化制度的放松让一些员工能够更好地协调家庭责任，特别是照顾小孩的责任。

但与此同时，全职工作日时间在变长。在19世纪末到20世纪初，工人们要求缩短工作日，并获得了成功。但在20世纪40年代末，缩短工作日的缓慢而稳定的趋势发生了逆转。社会学家朱丽叶·斯格尔（Juliet Schor）估算，1969—1987年，普通工人每年花在工作上的时间增加了大约30天。工人们花更多的时间在工厂、办公室和餐厅中，与此同时，家庭的需求却没有变化。饭仍得做、孩子仍得管、衣服仍得洗、账单仍得付，而且数字还大大增加了。从历史上看，这些都曾经是女人的活儿。从很大程度上说，到当时依然如此，尽管大量女性已经开始在家庭之外承担受薪工作了。20世纪80年代中期，女性每周要花27小时左右的时间做家务和照顾家庭，比20年前少了近10小时。另一方面，男性每星期要花13个小时在家务事上，比60年代多了大约4小时，但仍比女性少。21世纪初，女性每周花在家务和看孩子上的时间仍有25小时，男性则为13小时。

对很多美国人来说，家庭作为工作节奏和不确定性的避难所的功能越来越不稳定，反倒越来越像是具有另一个压力和奖励机制的工作场所。不但家庭开始花时间讨论和完成家庭杂务，更有越来越多的员工，特别是白领员工，在单位越待越久，或是把工作带回家里完成，这给家庭生活带来了新的元素，吵架也是其中之一。工作时间开始渗透家庭时间的部分原因是找到员工越来越容易了：有了个人电脑和手机，员工就可以在一天任何时候阅读电子邮件、接收语音信箱或是下载文档。他们可以在厨房、汽车甚至海滩上与同事、客户取得联系。技术让工作和闲暇之间的界限变得模糊了，也让国与国之间的界限变得模糊，从而让企业得以将非核心业务外包到千里之外的国家，营造出“24/7”的工作氛围，组织中各层级的男男女女都产生了一种不论身处何方、在做何事都与工作紧紧联系在一起的感觉。

工作渗透到家庭的另一个相关原因是，很多公司越来越强调对员工绩效的考察并以此作为支付薪酬的依据。20世纪90年代，大约40%的岗位具有绩效工资成分，而在20世纪70年代，这一比例不会超过30%。由于失业已经成为永恒的威胁，因此许多工人感受到了为提薪、升值和稳固职位而表现（和竞争）的新压力。在办公室待到很晚、夜里很晚仍回复电子邮件以及周末也上班都是员工对雇主表示他们忠心和贡献的方式。最后，正如社会学家阿莉·拉塞尔·罗斯柴尔德（Arlie Russell Hochschild）在其著作《时间困境》（*The Time Bind*）中所指出的，许多公司雇员发现，可以在工作场所中找到通常家中才有的精神愉悦。她论证说，造成这一现象的原因之一是他们在工作时感到“更受欢迎、更能胜任”。同样的雇员表示，在家中“经常”或“往往”会有一种在上班的感觉。

20 世纪最后 25 年的社会、经济和技术变化极大地改变了美国人的工作体验。岗位不同了、工时延长了，但对许多工人来说，实际工资并没有显著提高。与此同时，白领和蓝领工作的安全感都有所下降，奖励的分配也变得越来越不平等。除了处于收入级层顶端的家庭，其他家庭已不再能够靠一份薪水生活。所有这些似乎构成了 21 世纪令人失望的开端。

不过，工作场所的其他方面的变化则更有希望；女性的职业机会有了很大改善；对于超高薪员工——对冲基金经理、风险资本家、CEO 等，他们潜在收入巨大，远大于 19 世纪晚期镀金时代以来的各个时期。随着通信技术的巨大进步和地球村流动性的增加，距离感正在越变越小。和美国商业和整体经济史的其他重大发展一样，这些变化给美国人带来了诸多问题：在未来，什么样的工作才是安全的？除了雇主，谁来支付医保和退休金？由双职工及其子女组成的家庭如何照顾家中老人，让家庭得到满足感和价值感？技术是改善还是干扰了我们的生活？随着工作变得更具流动性、更少安全感，美国梦将由什么东西来支撑？

不容忽视的职业女性影响力

达弗斯（R. L. Duffus）

人口普查主管威廉·斯图尔特（William Steuart）最新公布的职业统计数据清晰地显示了，在1930年，女性在家庭中的地位有多么重要，又有多么渺小。在16~64岁的美国女性中，73%的女性认为她们应该待在家中：她们洗碗、做饭、打扫屋子，或这干些其他的必要家务，称她们为家庭主妇一点都不为过。

如今，女性正从历史的枷锁中一点点地解放，她们逐渐地成为生活的伙伴，而不是生活的所有物。在投票日，女性会走向投票箱——至少女性的投票率已经不亚于她们的丈夫，参与曾经为男性专属的治理事务。她们已经不像过去那样对一家之主逆来顺受，即使落得离婚被弃的下场也在所不惜。

但家庭之火仍在燃烧，70%的女性将大把时间花在“现代版洞穴”中，只为了不让穴中的火种熄灭。而约30%的女性——确切地说是27%，正在和男性一起从事“现代版狩猎”，虽然比例尚低，但已不可忽视。重要的不是这类女性比例仍低，而在于她们的人数在迅速增加，在于她们正在进入不久前还专属于男性的领域，在于她们的所做和所想正在影响仍待在家中的女性的所做和所想。

女性员工数量稳步上升

显然，“受薪雇用”女性的人数在过去几年中的增长速度要略高于总体水平。必须承认，由于人口普查局通过改变1910—1920年的分类方法打乱了统计结果的平衡。1920 年，受薪雇用女性的数字是 850 万。如果现在这一数字能达到 1 000 万，便已略微高出总体水平。

但从数十年的累计看，结果更加令人振奋。比如，1870 年，每 12 人（不管年龄几何）中只有一名女性为工资或薪水工作，如今，这一比例已接近 16%。这一变化并不能证明女性工作比两代人之前更加努力了，这意味着更多的女性在通过工作赚取现金报酬。大概 8.3% 的增长要归功于劳动节约型家庭设备的使用。从某种程度上说，家庭规模的减小和平均家庭儿童数量的下降也增加了女性工作的比例。

工资，而不是工作本身，才是具有象征意义的现象。在产业中出现女性身影并不是新鲜事，因为大部分产业都可以追溯到家庭作坊。此外，不论在哪个国家，不论在东方还是西方，女性都可以承担她所从事行业的最辛苦的工作。在欧洲，女性仍然在田间地头劳动；1842 年，英国还有女性矿工，从事地下挖煤工作。工厂产生后，不论美国还是其他国家，女性马上被吸收成为工人。

职业偏见仍然存在

尽管如此，我们的祖父辈和曾祖父辈仍然时不时地担心女医生、女律师以及女政客的出现。女性可以挖煤，可以抚养一家子十几个小孩，但她们太脆弱了，不能正襟危坐地研读威廉·布莱克斯通（William Blackstone，18 世纪英国法学家），或者带着药瓶和药片奔波在病床之间。

在 1920 年，从数量上说，最重要的女性职位是“本地和个人服务”，大约 25% 的受薪工作女性从事这一行业。紧随其后的“机械行业”，从业比例为 22.6%；“文书工作”排在第三，占 16.7%；“专业服务”位居第四，占 11.9%；“贸易”居第五，占 7.8%。

或许，对于思考女性解放的人来说，最看重的是“专业服务”这一领域，其次是“贸易”。多丽丝·弗莱施曼（Doris E. Fleischman）在一两年前出版的学术报告中罗列了 45 种女性“职业”。当时，大约 60 名女性获得了美国注册会计师资格；广告业——按字母排列位于“会计师”之下，存在女性工作人员需求；建筑业也有女性涉足，尽管并非所有院校都开明到招收女学生的程度；在美术界，以纽约典型“个人展季”统计数字衡量，男性数量是女性的 4 倍，或者说被认为重要性是女性的 4 倍。

在银行业取得突破的女性高管

在银行业，两年前便有大约2 000名女性成为高管。在儿童护理、服装设计、营养学、戏剧、教育、家政、室内装修、图书馆、电影、音乐、护士、秘书、社会服务和商品展示方面，女性比较容易获得成功。但男女之间仍存在巨大差距。尽管电影制片人无一日可以离开女明星，但能作为导演出人头地的女性寥寥无几。在舞台戏领域，女性舞台监督或助理舞台监督非常罕见。1928年，只有3名女性在美国使领馆担任领导职位。

这就是历史，蒙尘的历史。但其中的寓意是，我们在考虑"受薪雇用"女性的时候应该更多地从她们做什么出发，而不是从她们的绝对数量出发。1930年女性职业的详细数据还有待披露，但在进行中的人口普查和其他数据源中有迹象表明，女性工作地点的质量也在提高。第一次世界大战显然在其中起到了很大作用。

玛丽·范弗利克（Mary Van Fleeck）在几年前写道："在战争期间仅仅是为了以段落的形式罗列女性取代男性的过程，就需要在政府报告中用掉字小行密的5页半纸的篇幅。"范弗利克还说，这些过程"发生在各大主要领域"。

人们发现，女性在轻型机械部件生产、木工、光学、其他精密仪器以及某些金属薄片的锻造方面特别擅长。这也许并不是女权运动的胜利，毕竟，女性会问：谁愿意干锻造金属薄片的活儿？但女性所从事的她们此前从未从事或很少从事的工作让她们顶起了半边天，成为丈夫、兄弟和父亲的合作伙伴，有时甚至是竞争对手。

其他领域仍待女性开发

在产业关系领域，女性更是如鱼得水——她们拥有抚慰饥饿的男性、平抚孩子争吵方面的丰富经验。如果她具有女性所特有的同情心，她可以去卖保险。在上次人口普查期间，就有近6 000女性从事着新闻行业，做着编辑和记者；女律师也早已不再被周围人视为怪物，女物理学家亦然；女性还在进军铁路业。根据记录，已有一位女性当上了铁路公司总裁，还有一家铁路公司据说一次就聘请了5名女性乘客代表、1名女律师、17名看护铁路的女工、5名店员和1名以家庭主妇的目光检查该公司及其老主顾关系的"服务工程师"。成功的女股票经纪人也屡见不鲜。

简而言之，现在已经很难找到没有女性身影的职业了，当然，人数多少是另一回事。1930 年人口普查中职位数据令人感兴趣的细节是：日渐壮大的娘子军在从前很少涉足的领域表现如何。

打破歧视，南方黑人中产阶级的崛起

• 这是一个矛盾的变化，可能同时意味着
种族关系的小退步和小进步 •

威尔玛·戴克曼（Wilma Dykeman）
詹姆斯·斯托克利（James Stokely）

最近，南方某大城市一位年轻的黑人父亲说："我不明白，为什么他们（该市的某些白人政客）总是聒噪地说我们尽力让孩子去最好的学校就读，是为了让孩子将来能和白人结婚。我们明明是希望我们的孩子能有机会拥有旅行车和更好的房子，可以配上公文包而不是铁锹。"

如果南方白人能够理解这位先生的言下之意，那么他们视为噩梦的平等可能就会变成迈向实现美国梦的一大步。在形成和激发黑人完全融入现时代国民生活的一大主要推动力便是，越来越多的人认为，追求自己的生活、拥有自己的房子、提高自己的社会地位这些白人中产阶级的传统目标，乃是所有人共有的权利。

而阻碍黑人朝这方面努力的一大障碍，特别是在南方，乃是白人的顽固观念——黑人永远应该做伐木工或运水工之类的活儿。职业种族隔离主义鼓吹者最喜欢做的一件事是勾勒一幅图景，让人觉得是奴隶制将"非洲野蛮人"救出了原始森林，让他们进入了白人文明的舒适环境。而即使是一个世纪以前，奴隶制就已经显示了劣等种族的劣等角色。

尽管奴隶制已经被取消，但根植于此的农业并没有消失。一代又一代的南方白人成长过程中看到的是黑人跟在骡子后面，穿着破落的工作服干着粗活重活，过着边缘的生活。黑人的贫穷和机会的缺乏强化了人们对黑人无能的印象，而这一印象反过来又成为人种低劣的证据。“让黑人待在他们该待的地方”，对许多使用这个俗语的人来说，这句话的意思仍然是让黑人去干用大锤、扫帚、锄头和犁做的事情，做那些最需要蛮力、工钱最少的事情。

但与流行的印象相反，满身污垢和一身债务的黑人怀着抑制不住的兴奋之情在南方发动了成功的回击。南方黑人正在成为中产阶级——拥有临街的房子、闪亮的新车，以及所有美国各地类似群体所能达到的成就。黑人中产阶级的崛起——尽管其即刻的影响可能主要在于南方，对整个美国意义重大。

到城市去、到北方去

我们可以从两个方面出发分析南方黑人中产阶级崛起的重要性。他们可以与白人同胞和整个美国经济比较——从这个方面来看，黑人中产阶级规模很小，而且缺陷重重。比如，黑人个人收入仍然只有白人的 52%，40% 的黑人家庭年收入仍低于 2 000 美元。

这一中产阶级也可以从其自身背景以及社会环境的角度研究。比如，战前黑人和白人收入的差距百分比已经下降了 20 个百分点，如今，黑人人口年度现金购买力已经相当于整个加拿大市场。

刺激这一中产阶级成长的是两大基本趋势，可以总结为两个词：“到城市去”和“到北方去”。南方黑人和白人都在“到城市去”，这是席卷整个南方地区的大趋势。南方正在经历从农业的、主要以种植为主的经济转向城市工业化。1940—1944 年，100 万黑人离开了南方的农场。1950—1954 年，南方黑人农民数量减少了 17.1%。他们中有许多人在“到北方去”。他们的“出南方记”不仅意味着南方在不断“变白”，也意味着新方式、新标准和新雄心正在渗入各个家庭（看看每家每户楼顶上的电视天线），改变着他们曾经的从属地位。

南方中产阶级黑人的真正中心在亚特兰大。在如今动荡不堪的南方，这个被称为“隔离城市”之一的城市最近被描述为“20 世纪封建省首府”[1]。尽管农村选票控制着佐治亚州各县，并“让黑人待在他们该待的地方”，但在大都市，有色人种的自由度要大得多，他们也把大都市当成了新的栖身之所。

亚特兰大吹嘘说奥本街（Auburn Avenue）是全世界最富有的黑人街道：这里有美国最大的股票公司——亚特兰大人寿保险公司（Atlanta Life Insurance Company），全美两大黑人日报之一（另一家在芝加哥），有资产达 1 100 万美元的联邦储蓄及贷款协会（Mutual Federal Savings and Loan Association）。这些机构所扮演的角色远远超过了表面的商业角色：它们有助于打破偏见——朝着中产阶级曲折前进的黑人信用风险很高。

亚特兰大还给了那里的中产阶级尊严——有时候，尊严的需求和面包一样实在，但更容易被忽视。在亚特兰大的黑人中，有的被选为校董，有的担任社区福利基金的决策者，亚特兰大艺术节也出现了黑人表演者和黑人参与者的身影。市级高尔夫球比赛取消种族限制也没有引发骚乱。

“生活对亚特兰大雄心万丈的黑人来说并不完美，”一位自由派白人居民说，“但给了他们可能性。”

比黑人所盼望的更慢、比白人愿意承认的更快，黑人中产阶级的影响就这样在整个南方扩张着。过去 5 年取得的职业进展包括：墨西哥湾地区炼油公司的黑人员工开始被提拔到原先白人专属的职位；达拉斯出现了黑人女销售员；塔尔萨（Tulsa）航线出现了黑人空乘人员；杰克森维尔（Jacksonville）出现了黑人保险经纪；北卡罗来纳州出现了黑人纺织零售销售员。

教育，开启大门的万能钥匙

随着南方黑人开始全方位进入美国生活的每个方面，他们也越来越认识到，教育和经济机会对于维持中产阶级地位有着关键意义。他们的地位仍然低下，但在向好的方面改善：这两个事实相结合，形成了黑人游行背后的部分原因。由于这一原因同时也是美国自我改善和进步理想的关键组成部分，黑人游行既不会式微，更不

① 亚特兰大是佐治亚州首府。——译者注

会消亡，而众多没有耐心的白人领袖——既有南方的，也有北方的，并不完全了解这层含义，他们似乎希望黑人游行一蹶不振。

一个被经常提到的问题（不仅在南方是如此）是：黑人领袖为什么不先争取在公民权利、卫生和住房领域的完全平等，而是在一开始就抓住了以感情为主的教育领域？其中的原因显而易见。教育是开启经济、政治和社会机会之门、进入中产阶级行列的关键钥匙，而南方黑人的上进心丝毫不亚于其他美国民众，他们必须追求教育机会的改善。正如一位年轻白人大学毕业生所言："有个事情很有意思，南方白人职业人士总想把儿子送到常青藤盟校，因为他认为这样能够建立人脉，在日后可助一臂之力。但是，同样是这批人，却不能理解为何黑人父亲要想方设法把自己的儿子送进一等白人高中，而不是二等种族隔离学校。"

即便在教育领域，情况也有些扭曲。如果南方白人父亲能够不再将南方黑人父亲视为"黑鬼"，而是把他视为父亲——哪怕只是暂时如此，那他可能就能更清楚地理解消除种族隔离背后的决心。

随着这些趋势的加速，也许南方会开始意识到，由于此前阻止一部分人形成强大的中产阶级，所有南方人因此而失去他们。如今，所有南方人都能从作为中产阶级堡垒基石的黑人生产力和日渐增长的消费力中获益。

"黑人在新南方想要什么？"

最终，南方黑人中产阶级的出现还需要面对南方白人世界，但南方黑人中存在一个安静、可靠、团结的公民团体，致力于要求全面参与民主。他们的发言人是小马丁·路德·金这样的领袖，他们的目标是建设更美好的蒙哥马利市，而不是更美好的"黑人蒙哥马利市"。

"黑人在新南方想要什么？"哈里·理查森博士（Harry V. Richardson）在亚特兰大一家黑人俱乐部讲话时提到了这个问题，几分钟后，他给出了答案。"他们希望每个黑人孩子都能在南方生活、成长和学习，而不必在肉体和灵魂上背负劣等身份的标签；他们希望得到从事任何力所能及工作的权利，而不会因为肤色被拒之门外；他们希望能够获得公民所能获得的所有权利和服务，而不必像流浪汉甚至狗一样匍匍在后门或是站在幕后；他们希望作为一名美国人参与自己国家政府的事务，享受所有的权利和保护，承担所有的义务。这就是他们所想要的，这就是他们所想要的全部，他们相信，在上帝的土地上，这才是公平。”

崛起的南方黑人中产阶级、他们的领袖和大量追随者，不会满足于比这更低的要求。

March 12,1981

THE STORY OF AMERICAN BUSINESS

FROM THE FRONT PAGES OF THE NEW YORK TIMES

Soho，计算机时代新趋势

安德鲁·波拉克（Andrew Pollack）

路易斯·普利斯特（Louise Priester）以前在南卡罗来纳州蓝十字与蓝盾协会（Blue Cross-Blue Shield）从事将保险索赔信息输入电脑的工作。如今，她在南卡罗来纳州哥伦比亚市家里的卧室中使用一台用过电话线和办公室电脑相连的终端机做同样的事情。

和普利斯特一样，少数但不断增长的员工正在家中通过小型电脑或带键盘的终端机工作。企业鼓励这种行为，这样可以节省员工的通勤时间，也方便雇用难以胜任常规岗位的孩子尚幼的母亲。在家办公让雇员有更灵活的空间安排其他活动。“我想什么时候开工就什么时候开工。”普利斯特说，并表示这样一来她就能更好地照顾年迈的母亲了。

公司和员工表示，新制度可以改变搭档之间、雇员和雇主之间以及员工和家庭之间的关系。

“人们真正在谈论的话题是让生产回归家庭，在工业革命之前，这才是常态。”《第三次浪潮》（*The Third Wave*）一书的作者阿尔文·托夫勒在接受采访时说。很多人对托夫勒的说法嗤之以鼻，认为他是个不切实际的空想家。他用一个词引起了人们对居家办公的兴趣：“电子小屋”（the electronic cottage）。

当然，人们从来都是在家里工作的。据人口普查局的最新数据，1975 年，260 万人，或美国劳动力的 3.2%，在家里工作，这些人中有 1/3 以上是农民，其余有很多是个体户。电子产品的成就是，将这一选择扩展到各种各样岗位的人们，包括大企业的雇员。

一些人将居家办公视为日渐成长和成熟的方式，代替了因能源成本上升而日渐昂贵的交通的趋势的一部分。

在田纳西州诺克斯维尔（Knoxville）的一次实验中，人们不出家门，就能通过电子方式办理存款业务。其他地方的人则试验了居家电子购物。在俄亥俄州哥伦布市，人们可以通过双向有线电视在家投票。商界人士也不再需要前往其他城市就可以举行会议，与全美各地的同事见面和会谈。这些新活动被称为电话购物和电话会议，居家工作被称为远程办公。目前，全职远程办公者的数量还很小，全美大概只有几百人，他们所从事的大多是可以深居简出的工作：作家、打字员、电脑程序员等。在其他行业，还有数千人在家里通过个人电脑或终端机加班，其中也包括企业高管。

员工对居家办公的评价可谓五味杂陈。尽管这给他们带来了更多的自由，也让他们无法体验办公室的社会生活，但一些人认为同事和上司不信任在家办公的员工。

“我始终认为，有一种观念认为在家办公的人并没有在工作。”一位在佛罗里达家中办公的某纽约管理咨询公司副总裁说。他家里有一台小型电脑、一个文字处理器和一台打印机，可供他准备报告。“我喜欢独自工作时不受干扰的感觉，”他说，“如果我得停下工作参加一个两小时的会议，那我损失的时间肯定不止两小时。”他承认，自己之所以能够如此安排工作，纯粹是因为他在公司中的地位使然。他要求不透露姓名，因为管理层不想让其他员工知道这一现象。

控制数据公司（Control Data）的约翰·皮斯塔奇（John Pistacchi）去年在加利福尼亚州的圣何塞（San Jose）居家办公。他发现商务伙伴在打电话给他时会显得比较犹豫，因为不想打扰待在家中的他，即使他们知道他是在家里工作。

有的人无法出门工作。“我孩子还小，也没有请婴儿保姆。”南卡罗来纳州哥伦比亚市的特里·梅德林（Terry Medlin）说。她是蓝十字与蓝盾协会 4 位“小屋输入手”之一。可是，梅德林觉得在家办公“有时候会让人有孤单感”，最困难的地方在于“自己控制时间”。

和家人在一起可以是优势，也可以是分心因素。控制数据公司员工戴维·平利（David A. Pimley）去年在加利福尼亚州桑尼维尔（Sunnyvale）居家办公。他说，尽管他在家，女儿还是每天放学都要到邻居家去。“我在家是工作的，不是看小孩的。”

为马萨诸塞州坎布里奇市阿瑟·利特尔咨询公司（Arthur D. Little Inc.）工作的文森特·圭利亚诺（Vincent E. Giuliano）使用手持终端工作，这样，他不仅可以在家里办公，也可以在新罕布什尔州度假屋中或出差途中办公。

居家办公可以让残疾人获得原本难以获得的工作机会。伊利诺伊州诺斯布鲁克市（Northbrook）的非营利组织利福特公司（Lift Inc.）训练了30名残疾人，他们现在在家里为标准石油公司、芝加哥第一国民银行和蒙哥马利沃德公司等企业编写电脑程序。

一些残疾员工用绑在手上的小棍操作键盘。一些公司为了寻求节约通勤时间和保持员工互相联系之间的均衡，开设了社区办公室，员工可以选择离家最近的办公室上班。控制数据公司很快就会为55名员工开设这样一个办公中心。

南新英格兰电话公司在1978年就试验了远程商务，该中心位于距纽黑文公司总部24公里左右的康涅狄格州梅里登市（Meriden），配有电话、传真机和信息处理终端。

难以避免的孤独感

但4位在远程中心办公的员工感到很孤独。除此之外，他们在从中央办公室获得资料方面也有困难。“远离总部就像老话说的，‘眼中不见，心中发慌’。”在远程办公室工作的规划专家安东尼·弗兰克兰吉亚（Anthony J. Francalangia）说。

居家办公方案可以让企业节省在昂贵的闹市区扩大办公区域的成本，也可以让它们雇用原本雇用不到的员工。这一点对于高质量员工短缺的岗位尤其重要，比如秘书和电脑程序员。“业内电脑人才奇缺，因此我们把目标转向了隐藏在市场背后的人才库。”高点信息技术服务公司部门经理莱亚·特雷西（Leah L. Tracy）说。这家数据处理咨询公司在纽约州塔里敦和加利福尼亚州奥克兰设有办公室，雇用了

180 位程序员，他们大部分在家办公。

但很多公司对这一观点颇为不屑，因为让员工在家办公会产生各种问题，必须有新方法保证员工在家里一整天都在工作。“许多公司在这方面确实非常保守，”纽约大学工商管理研究生院助理教授玛格丽特·奥尔逊（Magrethe Olson）说，她研究的正是居家办公计划，“它们希望员工在眼皮底下工作。”

产出是唯一的考核标准

南卡罗来纳州的蓝十字与蓝盾协会和伊利诺伊大陆银行（Continental Illinois）均对居家办公的员工有最低工作量要求。其他公司对居家办公的受薪雇员的考核标准也是产出，而不是工作时间。

公司还必须弄清楚让雇员在家办公到底能不能节约资金。蓝十字与蓝盾协会发现，其“小屋输入手”处理索赔的成本比办公室输入手更低。但这是因为“小屋输入手”没有附加收益，而且必须自掏腰包购买终端设备、纸张和电话费——每年大约 2 640 美元。

技术问题也会发生。在伊利诺伊大陆银行，偶尔的电脑死机让居家打字员无法传送完成的文稿，因此不得不以录音方式通过电话传给银行，再进行转录。

根据托夫勒和研究这一现象的康奈尔大学人类生态学院心理学家查尔斯·麦克林托克（Charles C. McClintock）的说法，如果在家办公的趋势发展下去，其长期影响将是深远的。他们说，当工作在家完成时，家庭成员可以共同承担一个岗位，并在多家公司任职。

打破距离障碍

数据既可以在本地传输，也可以长途传输，因此员工不必和雇主处于同一城市。当某人找到了新工作，他不必搬家，只要“插入新线路”即可，托夫勒说。没人期望办公室和工厂会消失，太多工作需要面对面的会议。这也许会成为完全居家办公方案的障碍。

“不可能有这么多可以单枪匹马完成的白领和蓝领工作，”国际资源和开发公司（一家研究办公自动化的咨询公司）的肯尼斯·布森沃斯（Kenneth G. Bosomworth）

说，“最后将会是这样一幅情景：只有 1% 或 2% 的员工可以通过这种方式办公。”

南加州大学跨学科计划主任杰克·尼尔斯（Jack M. Nilles）要更乐观一些。他估计，到 1990 年将有 15% 的城市员工居家办公。但远程办公的支持者尼尔斯博士也发现，他所宣扬的方法很难实现，因为会议要求他每周至少去校园 4 次。“如果我可以把南加州大学的其余事情安排得井井有条，我可以不必如此的。”他说。

制造业就业疲软，钢铁巨头难敌麦当劳

威廉·赛琳（William Serrin）

凯伦·布里克（Karen Brieck）和菲利斯·威尔伯恩（Phyllis Wilburn）坐在电话亭里，一支接一支地抽着烟，大约抽了10支。她们在谈为什么会去麦当劳卖汉堡。她们说，这是不得已而为之。和许多同事不同，她们并不是十来岁的毛头小子。布里克夫人今年37岁，威尔伯恩夫人41岁。她们的丈夫都是钢铁工人，最近被裁了员。

女人们在工作，而男人们丢掉了工作，这反映了过去10年来美国经济的一大重要变化：从占总劳动力比重看，服务业就业岗位大幅增加，而制造业岗位锐减。这一变化让许多商业和劳动专家感到担忧，包括AFL-CIO主席莱恩·柯克兰（Lane Kirkland）和纽约投资银行家费利克斯·罗哈金（Felix G. Rohatyn）。他们发问：为什么美国正在变成快餐厨师的国度？他们认为，美国需要更强大的制造能力来维持其优势。

服务业就业者大多没有加入工会，他们的工资低于制造业工人，特别是钢铁、汽车、玻璃和橡胶等基础制造业的工人。有专家表示，由于这一差距的存在，服务业岗位对整体经济的贡献不及制造业。服务业岗位对经济的涟漪效应也没有制造业岗位那么大。比如，钢铁被炼出来以后，不仅钢铁厂有岗位供应，最终所有钢铁制品——比如汽车、农具和家用电器行业以及销售和修钢铁制品的行业都会有岗位供应。但一个汉堡被卖出去后，就被消费掉了，不会有进一步的岗位创造。

在好几个月前丢掉工作以前，布里克夫人的丈夫、43岁的丹尼尔在美国钢铁公司埃尔文工厂工作了 19 年；威尔伯恩夫人的丈夫、44 岁的戴维则在美国钢铁公司在匹兹堡附近的霍姆斯特德工厂工作了 20 年。他们都是装卸工，做钢铁装运前的准备工作，在光景好时每小时可以赚 9~10 美元。

现在，布里克夫人和威尔伯恩夫人在卖可口可乐、奶昔、巨无霸汉堡、麦乐鸡和鳕鱼堡，还要收拾桌上的餐巾纸、用过的杯子。她们可以获得最低工资，即每小时 3.35 美元。她们是占美国雇员总数 72% 的服务业大军中的两员。服务业人员也是工人，可以是销售员、护士、快餐店工人，他们的产出不是有形物品，比如烤箱或是汽车什么的，而是类似的无形行为的交易。

在服务业，职位数量在 1971—1981 年间增长了 36%；在同一个 10 年中，餐饮业就业岗位增加了 210 万。与此同时，全美制造业就业量总共只增加了 270 万，或 12%；但钢铁行业就业岗位减少了 14%，现在，该行业失业率高达 30%。

钢铁厂被指拒绝创新

麦当劳连锁店运作非常成熟，它从 1965 年就开始使用电脑，开了快餐公司之先河。这样的新技术在美国钢铁公司是看不到的。工会官员和钢铁行业批评者说，莫农加希拉河（Monongahela River，位于匹兹堡附近）的许多钢铁厂都已经陈旧不堪。

美国钢铁公司指责廉价的进口钢铁和经济衰退是美国钢铁行业衰落的肇因。批评者说，美国的钢铁公司没有投资新工艺、新机器，像美国钢铁公司这样的企业似乎更有兴趣逃离钢铁生产，从事利润更高的活动。

1981 年，美国钢铁公司产量达到了 1 660 万吨，为 1946 年以来的最低。该公司官员说，美国钢铁公司必须收购盈利能力更强的资产（不论是否属于钢铁行业），但不会抛弃钢铁生产。他们说，他们相信莫农加希拉河谷能够重现繁荣。

1981 年，麦当劳收入为 25 亿美元，净利润 2 亿 6 480 万美元，平均股东回报率 21.1%；而美国钢铁公司收入为 139 亿美元，净利润 10 亿 7 000 万美元，普通股回报率 12.2%。

混乱的劳动力大军

这两个行业的一大相异之处是劳动力的组成不同。在麦当劳，很多员工是十来岁的孩子，更有很多员工是兼职工作。麦当劳给的薪资通常是最低工资甚至更低，只有钢铁行业工人的1/3。此外，麦当劳的员工没有工会组织。

食品和商业工人工会执行主席罗伯特·卡德韦尔（Robert Cadwell）说，该工会发现，在麦当劳和其他快餐连锁公司建立工会几乎是不可能的任务，这些公司各自独立的分支太多，只关心工资的年轻员工流动性太大。

布里克夫人和威尔伯恩夫人的丈夫都是工会成员，和她们的父亲一样——威尔伯恩夫人的父亲还是霍姆斯特德工会的组织者之一，但两位女士都没有显露出让麦当劳出现工会的兴趣。

在品论河谷经济环境时，威尔伯恩夫人说："这让我有一种死亡的恐惧。"她还告诉儿子（她的两个儿子均在空军服役）"待在家乡，然后找个外面的工作，这里什么都没有"。

"这里所有人的唯一愿望就是要回工作，感谢上帝，感谢麦当劳。"威尔伯恩夫人说。

员工请注意：时代在变化，挑战在更新

罗宾·托纳（Robin Toner）

第二次世界大战期间，他是无线电操作员，战争结束后，雷蒙德·里博格特（Raymond Liebgott）认为这堆导管和导线前途无量。20世纪40年代，他致力于研发黑白电视。20世纪80年代，他是电路的开拓者，这玩意儿太小了，有时候他得借助显微镜。

1981年，当昆汀·海登（Quentin Headen）从高中毕业的时候，他找了一份卡车司机助手的工作，在纽约运送货物。但他认为秘书工作是未来潮流，便报名参加了文字处理课程。如今，他用自嘲的口气说，自己是“轻蓝领工人”。

1963年，玛丽·科拉丁（Mary Coradin）成为一名电话号码查询员。她记得自己听说过未来的技术，但说当时自己无法理解。如今，她已经习惯于电脑化黄页和自动语音系统。

对许多美国人来说，工人阶级劳动者的原型多是钢铁工人和汽车工人——矿山和工厂中的蓝领工人，103年前在第一个劳动节游行、穿越整个纽约市的工人的后代。

不断变化的劳动力

但如今的美国工人种类繁多，流动性极高。他们当中既有里博格特这样的电子革命小兵，也有海登这样的服务业可塑之才，也有科拉丁这样的改变传统工种的技术变迁老手。

一些专家指出，如今，蓝领和白领之间的界线已经成为老黄历了；女性工人稀松平常。工作中的声音既可能是软绵绵的低鸣，也可能是先进机器的轰鸣。另一个趋势则是劳动的最终产品不再是商品，而是服务。

据美国劳工统计局的数字，纽约市经济在近年来经历了彻底的结构变化。“1977年以来，纽约州制造业岗位减少了10万个，而金融和商业服务岗位增加了15万个。”该局地区主管塞缪尔·埃伦霍尔特（Samuel M. Ehrenhalt）说。

文字处理员、卫生技术员以及数以百万计的其他服务业员工正在主导着纽约市、纽约州和全美的劳动力市场。“20世纪70年代，90%的新增就业出自服务组织，”AFL-CIO的最新报告说，“1990年，服务业将雇用劳动力总数的近75%。”

和这一根本性变化一起到来的技术的冲击。“工作场所的电脑化与此前的自动化形式具有根本性的不同，”麻省理工学院副研究员哈利·沙伊肯（Harley Shaiken）说，“这是一项强大得多的技术，一项普遍得多的技术，它不但重新定义了具体岗位，也重新定义了工厂和整个企业如何运作。”这些潮流的背后是员工个人的生活。从他们对待工作的态度中，从他们对未来的感觉中，我们可以一窥1985年前后美国工人的状态。

文字导向型环境

当养路工人领班之子海登作为布鲁克林高中学生寻找工作的时候，他的老师建议他从事美容行业的工作。于是他参加了培训，尽管在整个高中时代，他都听说秘书业——电脑化秘书业，前途无量。

高中毕业后，走了一段弯路，在卡车和仓库讨生活，但最后他还是决定参加凯瑟琳·吉布斯学院（Katharine Gibbs School）为期8个月的文字处理课程。课程结束时，学校请他留校任教。

恩哈特建议像海登这样的工人为未来学习一技之长。“与过去相比，今天的工人要能在文字导向、信息密集的工作环境中胜任。”埃伦霍尔特在最新报告中说。

但帅气自信的21岁小伙海登表示，变化是他唯一可以依靠的不变量：“很难说你找到了‘正确的领域’，今天你可能还是某个机器的专家，但明天，这台机器就过时了。”

你永远不会知道接下来会发生什么

海登说，他已经自学了基本的电脑编程，并为自己的适应能力强而自豪。他最终会在经济中找到怎样的位置？“我不知道，”哈登笑道，“有趣之处正在于此。你真的永远无法知道会到达什么地方。”

海登的职业生涯才刚刚开始，而64岁的里博格特再过一年就要退休了。根据美国劳工统计局的分类，里博格特属于制造业工人。但里博格特上班的洛尔电子系统公司（Loral Electronic Systems）布朗克斯工厂的安静程度和工作强度与传统工厂大相径庭。

里博格特在工厂测试车间工作。该工厂为军队生产电子系统，比如雷达预警装置。“所有东西都在不停地越变越小。”里博格特说。他需要像珠宝匠那样专注地工作。当他刚开始在无线电行业工作时“到处还都是管子”，里博格特回忆说：“我估摸着这是个不错的稳定工作，因为它的新改进、新技术、它的一切。”

“为工作自豪”

里博格特的职业生涯历经了无线电、电话和电视等行业，最后定格于军用电子设备的复杂电路。虽然产品在变，里博格特仍认为美国的工作伦理没有变。“美国人仍然恪尽职守地工作着，”他说，“他们为自己的工作而自豪。游手好闲者不乏其人，但我认为大部分美国人仍然用自己的双手获得薪酬。”

生产工作带来的满足感也没有变，里博格特的一位同事露西尔·勒伯（Lucille Lebel）说：“我喜欢它，真的。”她的工作是将各种颜色的电线嵌入复杂的模具中，该模具最终会成为雷达系统的一部分。“你空手前来工作，他们给了你接线器和电线。当你的工作完成时，手里的东西已经像模像样了。”

新技术在经济中快速地传播着。专家争论着自动化和电脑化对经济、对员工满意度、对劳资关系的长期影响。与此同时，像科拉丁这样的工人已经学会了如何与变化相处。

学会适应新技术

科拉丁 22 年前加入纽约电话公司，职位是电话号码查询操作员。科拉丁说，当时这被称为“信息”。她与其他操作员坐成一排，戴着笨重的耳机，人手一本电话和街道目录。科拉丁用一个橡皮指套迅速地在曼哈顿和布朗克斯电话号码簿上定位：“你得学会翻得很快。”

随着时间的流逝，电话号码簿换成了视频显示终端。耳机变轻了，工作节奏也更快了。一年前，纽约电话公司在纽约市推行了自动应答系统。科拉丁这样的操作员如今只要按下一颗按钮，就会有自动的声音把号码念给来电者听。

科拉丁说，当她第一眼看到新设备时，我想：“上帝啊，我学得会吗？”但她还是适应了。“这和别的东西没什么不同，你学会了它，然后慢慢就习惯了。”

董事会大门向女性徐徐拉开

琼·兰（Joan M. Lang）

在董事会中获得一个席位永远是终极成就的标志。如今，顶级公司和基金会的董事会大门已徐徐向女性拉开，且越开越大。此外，女性在董事会中的作用也在发生变化。20 世纪 70 年代，被邀进入董事会的女性无非就是装点门面。这些女性往往活跃于非营利组织和政府中，要不然就是大股东，这是众所周知的，也是人人都看得到的。但在过去 10 年中，随着女性进入公司界的数量越来越多，她们在大公司董事会施加影响的机会也越来越大。

“女性跻身最高管理层确实称得上理所当然。”贝斯·布朗纳（Beth Bronner）说。布朗纳是哈根达斯公司在新泽西州蒂内克（Teaneck）分公司的高级副总裁兼门店部总经理，也是该冰激凌制造和零售商地位最高的女性，此外，在过去两年中她还担任了纽约 MasterMedia 出版有限公司的董事。“随着我们作为个人不断取得进步，我们需要找到影响决策的新方法，而跻身董事会就是一个好办法。”布朗纳说。

如今，女性之所以被选入董事会，原因和男性完全一样：她们的专业性。随着越来越多的组织开始扩大董事会的战略角色，越来越多的女性因特别的技能和贡献而被选为董事。但由于女性作为一个整体还没有在管理序列中赢得与男性同等数量的代表，因此与男性同侪相比，女性董事会成员通常更年轻，职业经验也更欠缺。

而尽管越来越多的公司和基金会积极地寻求女性担任董事会成员，许多研究女性问题的人士仍然认为，董事会中出现足够多的女性代表还需要很多年。

“女性的职业进步不可谓不大，但还需要 10~20 年她们才会获得真正的工作平等。”美国妇女经济联盟（National Women’s Economic Alliance）主席帕特里夏·哈里森（Patricia Harrison）说。美国妇女联盟是一个非营利组织，成立于 1983 年，旨在帮助女性发展更大的职业和经济机会。

根据美国劳工部劳工统计局的数字，1985—2000 年，女性将占新晋工作大军的 67%。目前，女性大约占总工作人口的 50%，即 5 700 万人，随着工作环境的进一步融合，预计管理层中的女性将以较快速度增长。

根据纽约高管猎头公司光辉国际（Korn/Ferry International）1990 年出版的年度董事会研究数据，1989 年，59% 的《财富》1000 强企业拥有女性董事，1979 年这一比例只有 36%，1973 年只有 11%。

位于康涅狄格州韦斯特波特（Westport）的咨询公司 Directorship 的数据显示，30 家总部设在新泽西的《财富》1000 强企业共有 28 名女性董事，一些公司，包括默沙东（MSD）、美国电话电报公司和 CPC 国际，都有不止一名女董事。数据还显示，从全美看，在 818 家上市《财富》1000 强企业中，女性共占据了 693 个董事会成员职位，占总共 10 199 个席位的近 7%。

“毫无疑问，在董事会获得席位是建立权力基础最有效的方法，”纽约全球公司资源组织咨商会（Conference Board）职工项目主任艾琳·约翰逊（Arlene Johnson）说，“对公司来说，将女性纳入董事会要比将她纳入高级管理层更容易。在职业层级中杀出一条血路需要很长时间，合作和赢得所有相关人员首肯至关重要。”

更多公司积极寻找女董事会成员

如今，许多公司都在积极地寻找女董事会成员。卡罗琳·戴维斯博士（Carolyne K. Davis）同时担任着包括保诚保险美国公司和默沙东在内的 4 家公司的董事，她说，她觉得这 4 家公司的 CEO 都在有意邀请女性进入董事会。“他们决定聘请女董事，然后到处寻找候选人，”戴维斯说，“这倒是给了我更多的优势。”

这不是说性别是唯一标准。1985 年以前，戴维斯一直是医疗保健资金管理局（Health Care Financing Administration）的领导，管理着美国医疗保险和医疗补助计划。现在她是华盛顿安永会计师事务所的美国和国际卫生顾问，安永在卫生领域拥有 700 多个客户。

纽约女性金融从业人员协会（Financial Women's Association）董事资源委员会主席芭芭拉·罗伯茨（Barbara Roberts）说，关于董事会成员问题，有一个自然的过程。她所在的机构致力于促进女性的职业发展。“年轻女性，即 20 多岁至 30 出头的女性，可以先在非营利性机构学习董事会是如何运作的，并建立有用的人际关系，”她说，“接着，她们可以转向地方政府董事会，然后再进入上市公司董事会。”

AT&T 消费者通信服务部新业务开发部门主管伊冯娜·谢泼德（Yvonne Shepard）最近被任命为规模 3 000 万美元的 AT&T 基金会（该公司的慈善机构）董事。她说，她之所以获得任命，是因为她是波多黎各人，用行话说，找她可收“事半功倍”之效。“公司在有意识地增加西班牙裔和女性的代表，而我是基金会董事会中唯一的西班牙裔女性，”谢泼德说，“我竭尽全力通过基金会的行动改变少数族裔和女性的地位，我怀疑这就是基金会让我占据董事会一席的原因。这是个影响决策的好位子，尽管它不是 AT&T 本身的董事会。”

在企业中担任特别角色

许多成为董事的女性也确实感受到了自己作为年轻女性导师和支持者的角色，不管是在组织内部，还是从社会整体的角度看。自然疗法从业者艾琳·克莱默（Irene Kramer）1976 年便开始担任汤姆斯河第一国民银行（First National Bank of Toms River）的董事，她也是第一个在新泽西州营利性组织担任董事的女士。在此期间，她和银行内部的许多女性一起共事，并帮助她们晋升。“我觉得像我这样的女性作用是很大的，”她说，“有几个男同事对我说，他们原本以为和女性一起坐在董事会会议桌前会很奇怪，但后来发现完全不是这样，这让我很高兴。”

除了给管理和运营带来专业知识外，许多女性表示，仅仅因为自己是女人，就能带来很多“不同”。“CEO 和董事会主席正在意识到，女性可以提供深不见底的天赋潜力，这能让组织变得与以往不同，并带来无价的贡献，”帕特里夏·哈里森说，“从经验的角度看，女性完全可以从自己的独特角度出发，带来和男性等量齐观的效果。未来 10 年的真正问题是，女性能在高管序列的攀升中多么成功。惟其如此，组织才会继续有意识地吸纳女性进入董事会，而不仅仅是寻找这个位置的最佳候选人，不管他是男性还是女性。”

■ 丰信国际信托公司（Fiduciary Trust Company International）主席兼 CEO 安妮·塔特洛克（Anne M. Tatlock，居中者）与公司几位女性高管和副总裁。2001 年，该公司 700 名员工中有 51% 是女性，30% 的高管职位由女性担任。（《纽约时报》）

合同工将成市场主流

一些专家预测，大部分工人将获得量身定制的雇用合同和可转移的退休金，跟着他们从一家公司“跳槽”到另一家公司，从而以满足业务和自身偏好需求。“我们将拥有高度成熟的雇主-员工关系，基本上每个人都将成为合同工。”南加州大学商学院教授威廉·戴维森（William Davidson）说。

戴维森说，这一过程的覆盖范围将远超大公司，而且从某种程度上讲，已经超越了大公司。如今，服务转包商通常会花钱找外部的人来干零活，其出发点与大公司别无二致：控制成本，并让其专业人士专注于专业领域。

1986年，露华浓公司前市场总监温迪·利布曼（Wendy Liebmann）在纽约成立了一家市场研究咨询公司。此后，客户名单逐渐包括了露华浓、高露洁棕榄、康泰纳仕（Condé Nast）等公司，但公司的核心专业人士仍然只有三名。实地调查这样的工作被外包给了其他人。“我们相信聘请外部专家的作用，正如我们的客户聘请我们来当专家一样。”利布曼说。

分析师预计，只要经济复苏，“临时帮忙型”公司就将获得快速增长，因为各大公司会聘请外部工作人员，而不是增加永久雇员。

美国最大的“临时帮忙型”公司万宝盛华（Manpower Inc.）预计，其向客户提供全套服务功能性业务将进一步增长。如今，其15亿美元的年业务量中有20%

左右来自管理服务，这意味着万宝盛华已成为一家人力公司，开展诸如邮件收发、影印中心、电话营销之类的业务。万宝盛华总裁米切尔·弗洛斯坦（Mitchell Fromstein）说，两年前，签约服务还只占公司业务量的8%。管理服务业务副总裁约翰·波伦（John Poland）说他的客户“敦促我们开足马力朝这个方向前进”。

北卡罗来纳州卡利市（Cary）的知识系统公司（Knowledge Systems Corporation）是一家高科技转包商。这家由35名员工组成的公司是被称为面向对象技术的高级计算机软件方法领域的专家。该技术可以实现程序的模块化编写，然后将诸模块以不同的组合方式连在一起。知识系统公司的客户包括惠普、德州仪器和IBM，其雇员通常会作为顾问或产品研发团队带头人租给大公司使用。“我们从事的是专门领域的高精尖人才的利基业务。”知识系统公司首席执行官里德·菲利普斯（Reed Phillips）说。

36岁的约翰·梅森（John Mason）是知识系统公司的计算机专家，他刚刚结束了一段为期两年的外派生涯，在附近的IBM编程实验室担任一个开发团队的指导者兼研发人员。“我了解其中的技术，所以可以通过指出捷径和如何避免问题加快他们的工作进度。”他说。

至于IBM，它既是合约服务的提供者，也是合约服务的购买者。其分公司集成系统方案公司（ISSC）与伊士曼柯达（Eastman Kodak）、联合技术（United Technologies）、大陆银行（Continental Bank）、通用超市（Supermarkets General）等企业签有服务合同，为它们代劳大部分数据处理工作。今年上半年，IBM服务业务收入（包括ISSC在内）增加了42%。“这类外包业务是真正的成长业务。”IBM市场支持和规划经理雷恩·约根森（Lane Jorgensen）说。

商战场上，无人凯旋

路易斯·尤奇特尔（Louis Uchitelle）
克莱因菲尔德（N.R. Kleinfield）

根据《纽约时报》对美国劳工部数据的分析，1979 年以来，美国减少了 4 300 万个工作岗位。其中很大一部分发生在常规部门，原因是商店倒闭、工厂搬迁。与此同时，创造的新岗位远多于减少的岗位。但越来越普遍的情形是：失去工作的大多是高薪白领，不少还是大公司职员；失业者有男也有女，有的是在职业生涯顶峰骤然失业的。失业者就像是加速行进的汽车里程表，读数每天都在上涨。

从《纽约时报》的民调中让我们看看波及的美国人数量有多少：

- 近 75% 的美国家庭在 1980 年以后经历过裁员，33% 的美国家庭有成员失业，近 40% 的美国人表示有亲戚、朋友或邻居被炒了鱿鱼。
- 每 10 个成年人中就有 1 个失业——总数高达 1 900 万人，相当于纽约州和新泽西州成年人口数量的总和。他们承认，家庭成员的失业给生活造成了危机。
- 尽管持久性失业是大多数衰退的通病，但如今经济步入复苏已有 5 年，失业人数却依然庞大，而且表现出色的大公司也在裁员。
- 与 20 世纪 80 年代初的情况相反，拥有大学及以上学历者构成了这次被裁大军的主力，失业人数超过了高中及以下文化程度人群。年收入不低于 50 000 美元的高薪职员占失业者的比重比 80 年代翻了一番。
- 每年受裁员影响波及者高达 300 万人，比暴力犯罪受害者人数（200 万）高出了 50%。但犯罪行为较易控制——只消加强警力、加大惩罚力度即可，而失业问题应如何解决就众说纷纭了。直到帕特里克·布坎南（Patrick J. Buchanan）把这一问题作为其总统竞选口号之后，它才成为政治辩论的话题。

但这并不是大萧条式的失业蔓延，而是就业的重新定义。1979 年以来，美国就业岗位净增 2 700 万个，足以轻松吸收被裁工人外加新晋劳动大军，而国民失业率也处于低位。

这次的痛苦具有工作被顶替的意味。25 年前，绝大部分被炒之人都可以找到薪酬和原来差不多的工作。但如今，美国劳工部数据显示，只有约 35% 的丢掉全职工作的人能够找到报酬与原来相当甚至更高的工作。更加令人沮丧的是，工资的停滞不前和财富分配不均情况的恶化。经通胀调整后，如今中位工资要比 1979 年低近 3%。家庭平均收入在 1979—1994 年间增长了 10%，但 97% 的增长量被最富有的 20% 攫取走了。

其结果是造成了大萧条以来最严重的工作危机感。而这反过来又造成了人们无穷无尽的担心，颠覆了美国人关于工作和自我的观念，也打碎了他们对明天的信心，尽管美国总统在国情咨文中声称经济“正处于 30 年来最健康的状态”，股市也在去年连创 81 次新高。

工作危机的大规模蔓延

让失业情况如此严重的部分原因可谓老生常谈，即公司受到的严重压力：技术大进步让机器取代了人手和人脑；国内外高效精明的竞争对手；外包工作的便利性；华尔街对做高利润的坚决反对，尽管这意味着裁撤员工。裁员对于境况不佳的公司和盈利良好的公司都有吸引力，前者靠裁员来确定问题出在哪里以便对症下药，后者将裁员作为应对复杂未来形势的预防针。

问题在于，公司用来自保的手段却让员工感到危机。而由于员工代表了持有共同基金的 3 800 万美国人中的大多数，因此他们在无意中增加了来自华尔街的压力，这本来可以提高他们的投资收入，现在却夺走了他们的薪水。

许多美国人对工作无保障的反应是，降低对物质舒适度和未来美好度的预期。在这个国民曾经普遍认为一代更比一代强的国家,《纽约时报》一半的调查对象认为，今天的年轻人并不能获得比他们更好的生活水平。令人吃惊的是，这一观点在事业更成功、教育程度更好的美国人中更加明显。《纽约时报》对巴克奈尔大学（Bucknell University）①1970届毕业生班做了一次调查，结果发现，近67%的人认为今天的孩子不一定能生活得更好。大量白领、中产美国人开始对蓝领和穷人习以为常的长期不安全感有了切身体会。

没有经历过失业和身份降格、甚至没有此类担心的美国人也在担惊受怕。裁员的目睹者，那些看着空荡荡办公室的未被裁员者，无不怀有一种负罪感，心理学家称之为“幸存者综合征”。在纽约化学银行（Chemical Bank），一个有15人的部门被砍掉了14人，只留下一位女员工。她为失去工作的同事们痛哭了两天。为什么是他们？为什么不是我？

未受影响的员工忙不迭地作出调整。他们开始揣摩怎样才能保住饭碗：工作更努力、更机灵；不要把工资单看成天经地义的福利。接受《纽约时报》调查的大部分人说，他们会工作更长时间、缩短休假时间、接受更少福利以保住饭碗。

让这一时期伤害力如此之大的一个因素是，自第二次世界大战以来，人们开始把子辈生活会逐渐改善视为理所当然。“很重要的一点是，回顾美国历史，你会发现不满总是更多地与期望和焦虑有关，而更少地与物质享受有关，”哈佛大学社会历史学家戴维·赫伯特·唐纳德（David Herbert Donald）说：“你在报纸上看到美国电话电报公司裁掉4万人，会因此直冒冷汗，说：‘我怕是也自身难保了。’即使恐慌有夸大之嫌。我们对此的反应是：美好生活会就此结束，正如19世纪80年代留在农村的美国人担心城市居民会失去对可预测的生活节奏的控制一样。”

只有28%的人，或总人口的44%，认为此时展望未来仍觉得前途光明。绝大部分受访者认为美国走在错误的道路上，对经济感到更加悲观了。这群人比总体人口水平更可能离婚或分手，他们的受教育程度也更高。政治上，他们更可能自称自由派。他们更可能支持国民医疗保险计划，更可能认为政府削减联邦医疗保险和医疗补助计划以及其他福利是错误的做法。超过63%的受访者，或总人口的47%，希望政府对失业问题作出反应。

---

① 以培养成功工程师和中层管理者而著称的学院。——译者注

中产阶级也是受害者

如果每年都给失业者一个一个地照相存档，那么20世纪80年代的档案册里将以年轻男性蓝领工人的照片为主。如今，每年档案册里都可以看到白领员工了，其中许多是女性，更有许多已经头发花白。我们将看到，占据绝大多数的不再是工厂制服，而是更高级的套装。

在其在劳工部劳工统计局的办公室中，协理专员托马斯·纳尔丹（Thomas Nardone）拿出一张跟踪收入和失业状况相关性的图。这张图显示，在20世纪80年代，收入越高的人越少失业。如今，这两条线开始向同一个方向发展了。

职业不安全感并非公司专有。政府也在瘦身，砍掉了历史上对穷人助益良多的职位，只是动作没有企业那么大罢了。1979—1993年间，共有454 000个公职职位被砍掉。学术界也在添乱。教职数量减少了，大学教师越来越难以获得终身教职。一直是美国职场天之骄子的医生，现在也不得不屈服于医疗行业压缩成本的压力。

这些中产阶级员工第一次体验到的经历对于穷人来说早已习以为常了。对他们来说，职业安全感从来不曾有过。事实上，那些处于经济阶梯更低位置者，他们的下滑更加厉害。瑞尼·布朗（Rene Brown）今年还不到50岁，但已三次失业。自20世纪80年代以来，她先后丢掉了一份时薪8.5美元的肉制品加工工作、一份时薪7.25美元的银行信件收发室工作以及一份时薪4.75美元的报纸装载工作。目前，她在巴尔的摩的一家写字楼里当清洁工，时薪4.25美元。

布朗女士做这份卑微的工作已经三年了，从来没有提过薪。她抱怨说，尽管拥有高中文凭和一年的社区学院教育经历，她仍然找不到可以巩固其在收入阶梯所处地位的办法。

穷人还面临另外一大风险。新陷入困境的中产阶级越来越不愿意看到，自己缴纳的税收被用于造福“后进者”的社会事业。

变化的究竟是什么

当然，不论何时，总有人会丢掉工作。在19世纪和20世纪初，失业没什么大不了的，美国人还没有形成职业安全感的概念。但第二次世界大战打开了一个前所未有的经济增长时代，招工需求井喷。战后的岁月让很多人产生了这样的观念：美国梦——包括家庭、有保障的工作和每年涨薪，是神圣不可侵犯的。由于强大的工会力量的推动，美国形成了一种不成文的社会契约：管理者和工人“效忠”彼此。

20 世纪 70 年代，让这种观念具有可行性的繁荣的经济增长期开始松动，此后，经济的活跃度一直没能完全恢复。稳健而显著的技术进步一直在以机械取代人力工作，动摇了大众就业的根基。20 世纪 70 年代的高峰期，通用汽车公司聘用了 50 万人，而今，同样的汽车产量用 31.5 万人就能实现；离婚协议不再由律师起草，而改由电脑程序准备；如果一部电影需要 1 000 名群众演员，那么制片厂只需要招募 100 人，然后用电脑生成 1 000 人的画面；一台嗡嗡作响的 ATM 机可以取代 3 名银行柜员。

美国劳工部的统计数字显示，1979—1993 年间共有 3 600 万个工作岗位被砍掉；《纽约时报》的分析表明，到 1995 年，这一数字达到了 4 300 万。许多岗位在任何时代都会被砍掉，如商店关门或是打字机等旧产品被电脑等新事物取代。让现时代与众不同的是三大新现象：白领员工成为主要受害群体；大公司成为裁员主力军；很大一部分岗位被外包，即包给其他公司（通常是美国国内公司）去完成。新增岗位远远多于削减岗位。但很多新工作是由小公司提供的，没有多少福利，薪水也比以前低，更有不少是没有福利可言的兼职岗位。通常，被裁人员只能去当临时工，但要干以前全职职工干的活。去年，美国最大的雇主是“临时帮忙型”企业人力资源公司——万宝盛华，它向外派遣了 767 000 名员工。

与此同时，一些裁员与经济趋势有关。华尔街青睐能够大刀阔斧削减成本的公司，提高它们的股价。西尔斯百货公司宣布裁员 50 000 人的那天，其股价上涨了近 4%。施乐公司宣布增加 10 000 个岗位的那天，其股价暴跌 7%。商界被推入了巴结投资者而不是员工的循环中。

不容忽视的连锁反应

在一个身份由工作直接定量决定的社会，失业所带来的心理落差让很多人患上了压力综合征。“让人们感到如此难过的原因是这种状况往往是突然降临的，”纽约华盛顿广场心理疗法和精神健康研究所负责人格尔德·芬彻（Gerd Fenchel）博士说，他发现自己的病人中被裁员工的数量越来越多，“有一种诊断，叫作创伤后应激综合征，指的就是这种情况。”

失业还会对婚姻造成多重影响。一些研究表明，一个养家糊口的人（通常是男性）丢掉工作且不能很快找到同水平新工作的家庭，离婚率比全美平均水平高50%。另一方面，双职工家庭更有可能团结一致应对职业安全感这一共同敌人。

裁员对社会凝聚力的影响似乎更为直观。在各大城市，被裁员工纷纷退出有利于社会团结的公民活动。社会学家报告说，家长教师联谊会（PTA）、扶轮社（Rotary Club）、基瓦尼俱乐部（Kiwanis Club）、镇民大会、教堂晚餐等社团和群体活动的参与度在下降。尽管玩保龄球的人越来越多，保龄球联赛的数量却在减少，原因就在于：人们不再作为公司或社区球队的一员去打保龄球，而是单独前往或和一位朋友结伴而行。“‘我们’变成了‘我’，或者至少‘我们’的意味更少了。”哈佛教授罗伯特·帕特南（Robert D. Putnam）说，正是他观察到了参与度的下降。他认为裁员也是原因之一，尽管不像电视上所说的那么显著。

美国的世界主宰者意识毫无疑问也在受到挫伤。“职业安全感的缺乏激发了‘流动的愤怒感’（floating anger），这种感觉会到处寻找作为替罪羊的目标。”调查公司DYG总裁丹尼尔·扬克洛维奇（Daniel Yankelovich）说。民调显示，愤怒情绪的指向目标包括移民、黑人、女性、政府、公司、福利接受者、电脑、富豪甚至资本主义本身，可谓包罗万象。一些专家说，所谓的“厌恶俱乐部”（hate group）成员的增加一部分可以追溯到心怀不满的被裁员工。

“流动的愤怒感”也影响了人们对政治的态度。调查者说，这导致中立政策难以执行，也让人们对两党的信任度均有所下降。人们投票的积极性降低了，更多人愿意戏谑性地把票投给第三党。

努力适应新时代

裁员正在发生改变，这一点毋庸置疑。越来越多的家庭开始降级生活方式。在接受《纽约时报》调查的受访者中，有67%的受访者表示，由于近几年来对于经济未来的担心，他们缩减了日常开支；20%的受访者的缩减幅度算得上“严重”。

许多失业者在寻找工作的过程中建立了新的人际关系网。施乐公司的被裁员工组成了“前施乐人”组织。纽约出现了 40+ 俱乐部（40 Plus Club），成员都是 40 岁以上的失业者。新泽西州普林斯顿市三一主教教堂成了求职者俱乐部，这样的情形在美国屡见不鲜。

一些人通过自主创业实现梦想，也有人用其他方法追求新的内心平静。52 岁的计算机系统专家玛丽莲·柯林斯（Marilyn Collins）在 6 年的时间里两次丢掉了计算机公司的工作，这使她觉得自己“可有可无”，于是加入了丈夫创办的纽约小直邮咨询公司。她的加入使这个边缘企业繁荣兴旺起来。

很多员工选择重回学校深造。比如，大批 20 多岁的高中毕业生进入社区学院回炉，人数之多前所未有。

办公室行为也出现了奇特的变化。密歇根大学商学院教授莱斯利·珀洛（Leslie Perlow）研究了纽约州罗切斯特市附近施乐公司的 12 名软件工程师，发现这些工程师由于缺乏职业安全感，于是不得不竭力在同事和上司面前展现实力。在工作日，他们把大量时间花在开会和危机研讨上，在这些场合，他们除了展示能力之外什么也做不了。下午 5 点以后，他们才开始干本职工作：研发软件。“他们认为是个人英雄主义给他们带来了工作，而危机研讨会给了他们展示英雄气概的机会，”佩尔罗说，“裁员阴云增加了‘展示’绩效的需求。”

很多员工不再把工作视为权利。罗比·史密斯（Robby Smith）今年 34 岁，在休斯敦石油和天然气咨询公司梅特兰 & 霍格公司（Maitland & Hoge Enterprises）担任工程师。尽管他没有失业之虞，但“我没有把有工作视为理所应当。这么说吧，你有教育经历和经验并不意味着你一定就得有工作。这是我在过去几年形成的新观念”。

和被裁者一样，史密斯也密切关注着自己的个人资产负债表。他的家庭是双职工家庭，妻子是校长助理，他们有一个两岁的女儿。他只保留了一张信用卡，把别的卡都停了。他向岳父借钱买车，而没有向银行贷款。不管什么债务，他们都要三思而后行。

来自裁员者的声音

一个灰蒙蒙的阴冷的下午，查尔斯·艾伦（Charles Allen）穿过第 5 大道，来到圣帕特里克大教堂参加午间弥撒。他虔诚地参加着这个仪式，而且每天都来。

每日弥撒是艾伦的老习惯了，但现在，这个老习惯有了新意义。他已经打定了主意。现时代的一大特征就是出现了一大批必须决定谁去谁留的高管。作为一名年薪 9 万美元的银行高管，艾伦已经完成了对自己手下的裁员。对他来说，很多人根本不能胜任，被裁理所应当。但有一个人除外。

作为渣打银行的运营主管，艾伦必须让三名多伦多分行货币交易员的其中一人走人。大家一致的意见是裁掉一位女性，她是无可争议的业务冠军，但人事关系最弱。"她是部门中最优秀的成员，"他说，"但她没有人脉。我必须通知她：'你被炒了。'她哭着看着我说：'但是，查理，我的工作你应该清楚的。'我永远也忘不了那一天她的模样和她说的话。"

每天下午做弥撒的时候，他都会思考一遍过去和未来。"这是我性格的一次转折，"他说，"我觉得自己是一个小人。"艾伦的故事有一个颇为讽刺的结局：去年 5 月，他自己也丢掉了工作，现在整天和无业游民厮混在一起。

孩子们该怎么办

这场未完大戏中还有最后一个角色没有登场，他们便是明日之星。

当员工们带着精神创伤和黯淡的前途回到家中时，孩子们该怎么办？失业和生活的重新安排让家长们不得不为孩子们寻找新的希望之歌。怎样才能获得更大的安全感？安全的岗位在哪里？简言之，美国梦还有什么值得梦的地方？

在新泽西州北阿灵顿市（North Arlington）一套不起眼的公寓里，所有的话题都是关于工作和工作的意义的。公寓主人约翰·卡斯特纳（John Castner）是个会计，他职业生涯的大部分时间一直沿着升职和加薪的方向前进。但从 1989 年开始，他被扫入了裁员名单。去年 4 月，他丢掉了 6 年中的第三份工作。如今，47 岁的他只能断断续续打些零工。

他是个鳏夫，和两个孩子——14 岁的茱莉和 11 岁的史蒂文住在一起。"我对孩子们说，你们不但得在美国找工作，还得在新加坡和香港找工作。你们得和其他国家的孩子竞争。”他告诉他们，做得好已经不够了，必须做到最好。他认为，入读名牌大学十分关键，他文凭上的特伦顿州立学院（Trenton State）字样是绝对不够的。

孩子们说，父亲失业给他们造成的尴尬并不比手上墨水没擦干净更大。毕竟他们不少朋友的父母亲也被炒了鱿鱼。特别是茱莉，她不得不经历如今中产阶级家庭的孩子的共同体验——早几年前，这本是囊中羞涩的来自不完整家庭的穷孩子的记忆。她放弃了篮球队选拔，放学后去当婴儿保姆。“我不介意工作，”她说，“这挺有意思。”

尽管尚处在青春期，但她已经有了成年人的意识和勇气。“我希望爸爸可以找到一份工作，但既然他找不到，那你就得放聪明点，明白自己应该多做一点事情，”茱莉说，“你得四处走动，找份职业。上学变得更重要了，工作变得更重要了。在我所在的学校，这才是真正聪明的人的想法。”

以公司为家，工薪阶层面临时间困境

尼古拉斯·莱曼（Nicholas Lemann）

1953年，《财富》杂志有一篇威廉·怀特（William H. Whyte）详论“组织人”（The Organization Man）的文章。文中有一幅配图，画的是伊利诺伊州森林公园（Park Forest）火车站月台上的人潮（该图说的其实是浅顶软呢帽已经成为一种时尚），配图文字写道：“5:57，从大环[①]回家。”这幅图的潜台词很明显：万恶的大公司已经让我们陷入了一场工作自动化的竞赛。但是，如今看到这幅图的时候，你肯定会情不自禁地想，这些家伙可以在五点多钟就下班赶火车，他们的老婆大概天天宅在家中，围着社区和孩子转。多么休闲的生活啊！

和怀特一样，阿莉·拉塞尔·罗斯柴尔德的书《时间困境》也是基于对中西部大公司生活的详尽的第一手调查资料写成的，只不过罗斯柴尔德是社会学家而不是记者，因此她不会透露调查地区和公司的真实名字。她在一家总部位于小镇“斑鹿”（Spotted Deer）的现代跨国公司阿莫科石油公司（Amerco）待了三个夏天。结果发现，大部分家庭中夫妻两人在公司待得时间都要远远长于20世纪50年代的丈夫们。每天工作10~11个小时是家常便饭（从上午8点一直到晚上7点），家庭时间被大大地压缩了。

罗斯柴尔德行文冷静且带着理解的意味，几乎可以掩盖她所要表达的颠覆性、令人沮丧的观点。说她的观点具有颠覆性，是因为尽管朱丽叶·斯格尔的《过度劳

① the Loop，指芝加哥商业中心。——译者注

累的美国人》（*The Overworked American*）和其他著作已经让我们对工作时间过长的状况有所耳闻，但在讨论根源的时候，我们通常把矛头指向要求严苛的新经济。这不是我们的错。罗斯柴尔德说，我们之所以工作太长时间，是因为我们愿意这样做——因为我们喜欢工作甚于喜欢在家。说她的观点令人沮丧，是因为在她的笔下，家庭已经从庇护所变成了压力场，而受害者则是孩子们。

阿莫科公司有不少精心安排、名字看上去非常人性化（比如工作 - 生活平衡计划）的人事计划，但这些计划几乎从来没有实施过。在 21 000 名员工中，只有 53 人（全部为女性）为了迎接新孩子的出世而选择半工；只有不到 1% 的人会分担工作；只有 1% 的阿莫科的员工选择在家办公，尽管公司允许这样做。大部分员工甚至从不使用假期。

工作时间如此之长的一个次要原因是，阿莫科是一个“工作特别拼命的地方”，员工考核更看重投入（即工作时间）而不是产出。“重要的是你在工作上花了多少时间，也就是你的工作量。”一位接受罗斯柴尔德采访的人从老板那儿得到这样的信息，所以要自觉。斑鹿镇绝不是地狱！罗斯柴尔德多次用“很带劲”“有意思”“不用操心”“精神放松”“比待在家里更有趣”等阳光字眼形容阿莫科的员工对工作的态度。一位受访者告诉她：“我上班是为了放松。”罗斯柴尔德揭露了一些看起来像是未被承认的家庭真相，美国人心照不宣的秘密：工作——甚至不必真的工作，而只是有一种造成工作印象的表面文章，乃是很多人的快乐之源。

阿莫科已经变得有些像家了——罗斯柴尔德认为，至少对于在其“照明充足、相当安静、相对舒适”的工厂中工作的临时工看来确是如此。在工作中，人们会有搭档，他们会相互开玩笑、庆祝彼此生日，甚至还会举办“婚礼”（对公司来说，确实如此）。另一方面，家里已经成了“另一个工作场所”。女性员工比例的增加已经导致了一定程度的工作阴柔化，更加强调合作和支持，但这也造成了家庭的阳刚化，如今，效率才是家庭的第一要素。

亲子关系也是以产出而不是以投入来衡量的：母亲用“孩子表现多棒，而不是她陪孩子多长时间”来衡量她是否成功。孩子也需要像工厂那样“提速”，整天忙于从一个地方向另一个地方奔波，所有的情感需求只能靠每天晚上父母亲必须和他待在一起的一个小时（甚至连一个小时都不到）来解决。家庭也变得像公司那样“外包”和“精简”，许多母亲的传统职责交给了保姆和理疗师。罗斯柴尔德记述了一则骇人听闻的故事。有一天，父母俩忙着要去上班作报告，与此同时，他们也知道必须带儿子去医院，因为儿子患了急病。罗斯柴尔德指出，贺曼公司（Hallmark）推出了一款“面向太忙而难见孩子一面的父母亲”的卡片，上面印有“对不起，我不能和你说晚安了”之类的话。

一种循环产生了：家庭时间被一再压缩，家庭关系变得越来越乱，孩子不高兴，家长感到厌烦，继子感到不安，前配乘虚而入，而时间充裕的工作关系却越来越深、越来越亲密。一位高管（罗斯柴尔德经常以高管为刻画对象）发现对付她“工作上的孩子”（即下属）比对付亲生子女好多了。家庭和工作关系的倒转已经到了这样的程度：无法处理家庭生活的阿莫科公司的员工如今可以向公司求助怎么办——参加诸如“控制怒气”这样的培训班。

罗斯柴尔德的上一本书《第二次变化》（*The Second Shift*）发现，在双职工家庭，照顾孩子和做家务仍然主要由女性来承担。在《时间困境》中个，她提出了“第三次变化”，即家庭的情感工作，这一工作没有人来承担。她笔下的许多人物具有“潜在自我”，这个自我做所有在家不做的事情；他们的车库里堆满了供潜在自我使用而被真实自我忽略的娱乐设备。尽管罗斯柴尔德的理想显然是男人和女人肩并肩地应对所有三大变化，但她还是严正地指出，女性优先考虑事项的改变是家庭情感生活净减少的原因：“这并不新鲜。这本书的新鲜之处在于，越来越多的职业妇女对把更多时间花在家庭上更加怀疑。”

几年前，丹尼尔·扬克洛维奇观察到，自第二次世界大战以来，美国文化的一个主要变化是“将工作视为个人满足源泉”的趋势的出现。母亲们大量进入到劳动大军，这部分是出于经济上的需要，部分是出于工作文化的这一变化。重读《女性迷思》（*The Feminine Mystique*），你就会发现，贝蒂·弗里丹（Betty Friedan）并没有把女性工作看成是公平或是实力问题，而是把它看成自我满足问题。（弗里丹对弗洛伊德的诘难确实需要勇气，也有点冒失。毫无疑问，她是马斯洛及其对能满足“高层次需求”的人的推崇的忠实信徒。）而与此同时，男性也在发生同样的改变，只不过由于早就已经在工作，他们的改变不易察觉罢了——这就是为什么像工蜂一样尽职的“组织人”会成为时代象征。

罗斯柴尔德以呼吁来一次“时间运动”作为《时间困境》的结束。“时间运动”成员将组织起来缩减工作时间。这一自由劳工运动曾经红极一时，但自大萧条以来就被引入了歧途。最近，朱丽叶·斯格尔和杰里米·里夫金（Jeremy Rifkin，著有《工作的终结》[*The End of Work*]）一书）等作家也在号召重启这项运动。从罗斯柴尔德提供的证据看，这场运动的问题在于没人愿意加入。

美国商业简史

1844 马萨诸塞州洛厄尔工厂（Lowell Mill）的工厂女工组成了洛厄尔女工改革协会（LFLRA），以寻求更好的工作环境和工作待遇，这是美国第一个由职业女性组成的组织。

1870 《第 15 条修正案》规定不得以种族、肤色或过去做仆役为由限制公民的选举权。

1906 厄普顿·辛克莱（Upton Sinclair）出版《屠场》（*The Jungle*），详细揭露了芝加哥肉类加工业的可怕条件。同年，美国国会通过了《纯净食品和药物法》（*Pure Food and Drug Act*）以及《联邦肉类检查法》（*Meat Inspection Act*）。

1920 《第 19 条修正案》赋予了女性平等的投票权。

1942 1941 年 12 月日本轰炸珍珠港后，美国加入第二次世界大战。

1943 一个用于说明在第二次世界大战时期女工激增情况的虚拟的标志性形象——“铆工露丝”出现在《星期六晚邮报》的封面上。在二战开始时，1 200 万妇女占据全美 1/4 的劳动力，在战争结束时，1 800 万妇女占据全美 1/3 的劳动力。

1944 美国工会会员从 1940 年的 8 717 000 人上升到 14 146 000 人。

1946

《1946 年就业法》（*Employment Act of 1946*）提出了“就业、生产和购买力的最大化”的政策。

1956

白领首次成为员工阶层的主力军，从事服务性工作的人数超过了参与货物生产的工人数量。

1973

《医疗保健组织法案》（*Health Maintenance Organization Act*）提供了 3.75 亿美元发展管理医疗保健制度。

1975

6 月的失业率达到 9.2%，是 33 年来最高峰。

2007

高等教育在人们寻找工作时成为日益重要的准入条件。这一年，近 29%的 25 岁以上的美国人完成了大学四年的学业，相较而言，1987 年时这一数字约为 20%、1967 年为 10%、1947 年为 5%。

2001

CEO 们与普通工人的平均工资比为 525：1；在 1982 年，该比率为 42：1。

2009

美国的整体失业率上升至 9.5%，经济衰退已成定局，失业人数超过 1470 万。影响最深的是那些没有大学学位的人群。超过 3/4 的失业人群是男性，人们开始猜测女性是否将很快成为主要劳动力。

THE STORY OF AMERICAN BUSINESS

| 第三部分 |

技术，撬动时代的杠杆

FROM THE FRONT PAGES OF THE NEW YORK TIMES

08

运输革命，从铁路到航空

FROM THE FRONT PAGES OF
THE NEW YORK TIMES

THE STORY
OF AMERICAN
BUSINESS

THE STORY OF AMERICAN BUSINESS

FROM THE FRONT PAGES OF THE NEW YORK TIMES

1956年，空姐在新发布的波音707客机实体大小的模型中让媒体拍照，波音707被称为“未来一流客机”。早年的商用飞机十分昂贵，但随着航空公司的壮大，商用飞机也变得越来越普遍。（《纽约时报》）

美国建国之初，人们做生意所要关心的东西有很多，和现在的大企业并无二致——可靠的资本市场、胜任的员工、高效的领导以及愿意消费的公众。但企业成长所面临的一项最大挑战在18世纪末19世纪初要比现在艰难得多。现在，我们所购买的大部分东西（也包括一些服务）是在距离我们家和单位万里之遥的别处生产出来的：墨西哥或菲律宾工人为美国人裁剪和缝制牛仔裤；中国和日本工人为美国人生产电脑部件；印度工人为美国人提供售后技术支持；本地超市也无不以提供空运水果为荣。在产品可以在全球廉价而高效地生产出来、然后轻松地送往相关市场的年代，距离根本不是问题。但是，在美国历史的大部分时间，距离就是时间和金钱，事关重大。

1817	1862	1869	1881	1887
伊利运河计划获得批准	《太平洋铁路法案》授权修建横贯北美大陆的铁路	太平洋铁路建成	杰伊·古尔德控制了美国国内最大的铁路网络	美国国会通过《州际商务法》

在美国建国初期，贸易和其他形式的西进运动所遇到的最大障碍之一就是陆上运输的困难。在铁路出现以前，人和商品在陆地上的移动速度最多也只能达到人类或牲口的步行速度。用现代标准衡量，这速度实在太慢了。比如，牛拉辎车一天只能行进30多公里；四匹马拉、逢站换马的驿车一天可以跑四五十公里。冬天，冒着冰雪前进的人、畜的行进速度又会大幅放缓。不论什么季节，以前的旅行不但受道路系统的限制，还要对付各种变幻莫测的事件。即使有路，也往往泥泞不堪、坑坑洼洼，时不时地还会有树桩和岩石挡住去路；下大雨的时候，这些路根本无法通行。18世纪90年代，内陆交通实在太过艰难，以至于商人将货物运到英国的费用与通过陆上交通在美国内陆运送四五十公里的差不多，而这个距离大概相当于罗德岛的宽度。

19世纪初，美国掀起了一阵新建收费道路的风潮，收费道路上没有石头和树桩阻挡。许多收费道路刺激了人和物的西进运动，比如，1811—1839年间建设的从马里兰州坎伯兰（Cumberland）经弗吉尼亚州惠灵（Wheeling）通往伊利诺伊州万达利亚（Vandalia）的“国道”。另一些则促进了沿途农业的商业化。建设这些基础设施需要大规模的资本，大部分资本通过私人筹集，而收费公路公司通常以成立大企业的方式出现。一些早期收费公路，如1793年建成的宾夕法尼亚州兰开斯特高速公路，最后成为盈利企业。不过，对其他铺路者来说，政府对费率的管制、维护道路的高昂成本以及宁愿放弃免费公路走收费公路的旅客的数量制约了财务回报。许多收费公路公司以破产而告终，它们所建的公路也被弃置。比如，在纽约州，1822年有6 400多公里的收费公路在运营，而到了19世纪30年代中期，一大半遭到了废弃。在19世纪中叶以前，水路旅行要比任何形式的陆上交通都快捷得多、效率也高得多。

水路旅行大行其道催生了短暂而热烈的运河投资风潮，运河被用于连接没有天然水系相连的城市。到1830年，美国东北地区挖出了2 400多公里的蜿蜒河道，其中许多运河由州政府出资，作为招徕定居者和商人的手段。1817年，纽约州立法者批准投资建设连接哈得孙河和伊利湖的运河。伊利运河1825年通航，很快就获得了巨大成功，540多公里长的沿岸地区迎来了经济增长，纽约也因此成为美国最有活力的城市港口。其他州也纷纷效而仿之，建设自己的运河，这些运河的地理条件往往不如伊利运河。到美国内战前夕，美国已建成6 400多公里运河，总花费接近2亿美元。

1903 莱特兄弟第一次飞机试飞成功

1908 亨利·福特推出售价950美元的T型车

1916 《联邦援建公路法》通过，国家高速公路部门成立

1927 查尔斯·林白成为首个不着陆跨大西洋飞行的人

1944 洛克希德飞机公司拥有93 000名员工

毫不奇怪，这个时期的商业中心——从纽约到圣路易斯，都出现在河湖沿岸和海港。19世纪初，蒸汽动力的出现让水运变得比靠顺流、风力和拉纤（拉动驳船）行进更快、更便宜。蒸汽机由瓦特于18世纪60年代在英国在托马斯·纽可门（Thomas Newcomen）的发明的基础上开发而成。最先使用蒸汽机的是英国纺织业。1807年，美国工程师富尔顿将这一技术进行了改造，以用于航行。第一艘成功试航的商用蒸汽机船"克莱蒙特号"（Clermont）往来穿梭于哈德孙河。不出4年，乘坐蒸汽船顺流而下或逆流而上便已经成为俄亥俄河、密西西比河等大河上常见的情景。1855年，顺流而下的蒸汽船平均航速达到了17公里/小时，是平底船的6倍。原来需要几个月才能完成的旅途现在可以用天来计算，而价格只有以前的几分之一。

这些都是重大进步。但到了19世纪中叶，一种新的交通形式的出现立刻让所有已有形式相形见绌。铁路的开发使用了和让密西西比蒸汽船跑起来的完全一样的技术。1804年，第一台高压蒸汽机车在威尔士完成了试跑。大约20年后，英国人开始建设商业铁路线。美国的第一条铁路1830年在巴尔的摩鸣笛，很快，查尔斯顿开出了第二条铁路。到1840年，运营铁路里程已经和运河等量齐观；到1860年，铁路已经铺进了20多个州，里程数已经超过运河6倍有余。但直到美国内战结束后，铁路建设才真正起飞，部分原因是欧洲私人投资资本的推动，部分原因是联邦和州政府赠与铁路公司好上百万英亩免费土地。有案可查的免费土地规模为1 800万英亩（相当于7 200多平方公里），这大大减轻了这一陆上交通形式的巨大融资压力。铁轨很快就遍布了整个北美大陆，从大平原的农民到东海岸的银行家，无不受着铁路的影响。历史学家亨利·亚当斯（Henry Adams）指出，美国社会"绞尽脑汁对付这个叫作铁路系统的东西……1865—1895年的一代人把一生都押给了铁路，这一点这一代人自己最清楚。"

对19世纪的乘客来说，坐火车是一种新奇的体验，你必须承受高速晃动，有时还很危险。掉下桥去、和其他火车相撞、脱轨、木质车厢着火在铁路史的第一个10年里屡见不鲜。不过很快，铁路业的组织就有了改善，轨道和桥梁投资也有了增加。铁路公司经理迫使政府调整了时区，以便让铁路运输更安全、更高效。

第一批原始车厢和露天木制座椅也有了改变。19世纪70年代，有钱人可以在配备奢华长毛绒家具和各种精美装饰的"普尔曼宫殿车厢"中睡觉和用餐。

1956 全美州际高速公路系统创建

1958 美国航空公司的乘客运送人数首次超过铁路和公共汽车

1968 丰田推出卡罗拉

1971 西南航空公司开始运行

2009 通用汽车申请破产，美国联邦政府持股60%

不准备这么做的乘客可以乘坐装有大玻璃窗和软座的封闭车厢。不管乘坐哪等车厢，早期乘客无不为火车的移动速度感到震惊。“小屋”系列（Little House）作者劳拉·英格斯·怀德（Laura Ingalls Wilder）1879 年第一次从西部乘火车到达科他领地的时候只有 12 岁。她记得自己忙着数窗外的电线杆。但电线杆和农舍还有田地“动得太快了，还没看清楚是怎么来的就没了。火车一小时就可以跑 30 多公里，相当于马车一天的行程。”铁路的快捷性、可靠性和新奇性吸引了社会各界的美国人登上火车。1890 年，大约有 5 亿人次坐火车旅行，平均每人行程 38 公里。毫不奇怪，到 19 世纪末，铁路已成为沃尔特·惠特曼所说的“北美大陆的脉搏”了。

随着 19 世纪的结束，铁路业主宰了长途货运和客运市场。但在人口密集城市，马车直到 19 世纪 80 年代仍是最常见的交通工具。19 世纪 70 年代，旧金山出现了第一辆蒸汽动力缆车，开启了城市有轨交通的历史（这条缆车线路也分担了马匹拉着沉重货物在旧金山市内陡峭的道路上上下的负担）。不出 10 年，旧金山和其他中心城市的缆车运客量就达到了数百万。接着，1888 年，年轻的发明家、托马斯·爱迪生的助手朱利安·斯普瑞格（Julian Sprague）说服了波士顿西区街道铁路公司（West End Street Railway Company）在该市推出电车。电车很快就和摩天大楼、百货商店一起成为城市的标配。1902 年，电车运送了 50 亿人次的乘客。该技术的投资者开始建设更长的电车线路——城际电车线，以满足城市间的通勤需求，并与强大的铁路直接竞争。

在城市之外，道路面目狰狞的状况并没有多少改变，但随着新世纪的到来，各方面开始形成要求改善的压力。自行车在 1867 年巴黎博览会问世后，马上击中了美国公众的心坎，而骑自行车要求路面比较平坦。1893 年，随着美国邮政部推出乡村免费投递（RFD）服务，公路问题开始成为联邦政府的心病。美国畜牧业保护协会（National Grange of the Patrons of Husbandry，亦称 Grange，是由农民组成的协会）组织了一场遏制铁路公司实力的草根运动，并催生了免费公路系统。也许最重要的是，汽车以及汽车制造商开始崭露头角，成为足以抗衡铁路的力量。

1900 年，汽车仍然是精英阶层的玩物：他们戴护目镜开车，没有限速，也不用驾照，满是灰尘的崎岖道路铺到哪里，他们的汽车就开到哪里。但是，不出 10 年，汽车拥有者数量就从几百人增加到了几千人，汽车制造商如雨后春笋般冒了出来（大多规模很小），以满足刚刚萌芽但不算增加的需求。道路改善进度远远落后于汽车产量，原因是在哪里铺路、谁控制这些路以及怎样为铺路筹资等问题上出现了冲突。最后 1916 年，在有车公民和年轻汽车业的请愿下，美国国会通过了《联邦援建公路法》(*Federal Aid Road Act*)，批准每年划拨 2 500 万美元给各州用于建设更好的道路。1921 年，美国政府用这笔资金的一部分建设了全美高速公路系统。道路建设在大萧条期间也没有停下。随着私人部门就业率的暴跌，胡佛总统和罗斯福总统都批准了大规模的公路建设项目。

政府和萌芽期的汽车业之间的合作使得汽车成为20世纪的主流交通方式。卡车原本是作为连接边远地区和火车站的货运工具诞生的，现在凭借其自身实力成为跨国货运的可靠形式。许多卡车司机是个体户，但也有一些抱团经营。美国快递公司（AMC，即后来的UPS）于1907年成立，1913年购买了旗下第一辆送货车。1939年，汽车承担了大约10%的城市间货运任务；到20世纪60年代，这一比重超过了20%。直到20世纪的最后一个10年，卡车和卡车司机数量仍在上升。1996年，卡车和仓储业员工数量超过了铁路、航空和水运行业的总和。

放眼全美，很多城市的公共交通系统也转向了汽车。1935年《惠勒-雷伯恩法案》（*Wheeler-Rayburn Act*），即《公用事业控股公司法》强迫电车公司与旗下有轨电车分公司拆分，因此后者必须快速找到买家。由通用汽车、标准石油、费尔斯通轮胎等公司出资成立的国民城市路线公司（NCL）很高兴地遵守了这一规定。NCL所买下的有轨电车线路很快就被关掉、卖给公众或是用汽车巴士取而代之，而汽车巴士则需要依赖通用汽车、标准石油和费尔斯通轮胎的产能。1949年，组建NCL的几家公司被起诉，但美国数十座城市的转型已经完成了。只有最大的几个城市，如波士顿和芝加哥，仍有大规模有轨电车线路幸存。

与此同时，美国汽车业步入了黄金时代。20世纪50年代汽车的风格是大而豪华，经常出现异想天开的设计，比如尾翼；名字也很奇怪，比如贝尔艾尔（Bel Air）、费尔蓝（Fairlane）、超级88（Super 88）等。1948—1968年，拥有至少一辆汽车的家庭比例从54%增加到79%（其中26%的家庭拥有不止一辆车）。20年代60年代末，汽油价格还不到0.35美元/加仑（经通胀调整后，相当于今天的2美元/加仑，1加仑≈3.8升）。华盛顿依然不遗余力地支持着汽车业，划拨数十亿美元用于建设公路。这方面最重要的立法是1956年由艾森豪威尔总统签署的《联邦助建高速公路法》（*Federal-Aid Highway Act*），在该法的刺激下，州际高速公路系统增加了64 000多公里。

与此同时，福特、克莱斯勒和通用汽车——即所谓的“三大”美国汽车制造商，开始主宰国内外汽车销售。它们所生产的特大号汽车年复一年地经受着审美观变化的考验，提供的可选功能也越来越多，比如空调、白色轮胎、皮质座椅等。但在第二次世界大战结束后的30年中，并没有多少真正的技术创新被注入汽车设计。最后，这方面的不足加上美国汽车公司高管在主宰市场的多年间获得的安全感，导致了欧洲车和日本车开始侵蚀三大车商的自留地。20世纪50年代，大众甲壳虫崛起为豪华美国模式的替代品，成为美国最畅销的进口品。

但成就小型车需求、让日本车大量进入美国市场的是20世纪70年代的石油危机。比如，1960 年，包括日产和丰田在内的日本进口车基本在美国市场上毫无立足之地，然而到 1980 年，它们的市场份额已经达到了 20%。同一年，日本汽车业取代美国成为世界第一。在接下来的 10 年中，日本和美国展开了激烈的竞争，到 21 世纪初，日本占据了全球汽车市场的头把交椅和 30% 的美国市场。

航空旅行是 20 世纪第二重要的交通创新。1903 年，莱特兄弟——威尔伯和奥维尔，在北卡罗来纳州基提霍克（Kitty Hawk）海滩成功地做了一次仅持续 20 秒的短暂飞行。不到 30 年后，1927 年，查尔斯·林白（Charles Lindbergh）成为首个进行单人不着陆的跨大西洋飞行的人。20 世纪初开始出现的飞机制造商在两次世界大战期间有了蓬勃的发展。飞机年产量从 1935 年的不到 2 000 架增加到 1945 年的近 50 000 架。第二次世界大战期间，美国继英国和德国之后成功开发了军用飞机引擎。其他方面的技术改进让飞行变得更快、更经济，扫清了商用飞机的出场之路，也造就了此后多年的国际旅游热。20 世纪 50 年代，冷战时代来临，这进一步刺激了对航空和航天旅行的公共投资。美国航空航天局于 1959 年成立，11 年后，千百万美国人在电视机前目睹了宇航员尼尔·阿姆斯特朗在月球上所迈出的“个人一小步，人类一大步”。

作为第一批从高空俯瞰地球的人，战后的商用飞机乘客享受到了这样一种感觉：兼具第一批火车乘客的兴奋感和第一批汽车乘客的精英感。在这些年里，飞机航线旅行是昂贵的盛事，乘客需要穿西装、戴高帽、戴首饰。但是，和以前的各种交通形式一样，随着飞机越变越大、航空旅行越来越平常，坐飞机也很快走下了神坛。随着 1978 年美国《航空管制取消法案》（*Airline Deregulation Act*）的出台，机票价格管制被取消，市场向新竞争者和新航线敞开了大门，飞机航班因此大大地增加了。在去监管化之前 10 年，运营飞机数量几乎没有变化；在去监管化进行了 10 年后，飞机数量增加了 1 倍，从 2 545 架增至 5 660 架。1998 年，共有超过 8 000 架飞机在服役。与此同时，更廉价的机票和更多的机场也增加了美国乘客的航空里程——从 1975 年的 2 356 亿多公里增加到 20 世纪 90 年代末的 8 046 亿多公里。空港航站楼成为数不清的家庭假期的起点和终点，也成为许多商务旅客熟悉的地方。进入 21 世纪，在平静的天空翱翔已经成为拥挤、安全、无聊的旅程。

现时代，人和物仍然通过水路、铁路、公路和航空在美国和全世界移动着。20 世纪的创新以及互联网通信的出现让社会的流动性大大地增强了，人们对长途商业活动的速度、效率和成本的期望也越来越高了。我们也变得越来越依赖助推这类商业活动的能源，这一事实已对经济和环境产生了重要影响。在未来，公众对政府和私人部门的压力也许会促进新的交通进步或是再发明。比如，在有轨电车沉寂了数十年后，如今大量汽车企业开始研究和生产混合动力车与电动车了。

19 世纪末，有轨电车取代了缆车和马拉车，成为城市交通的主要方式。图为康涅狄格州纽黑文市乘客登上 BRT 4573 路有轨电车，图中另一辆车是康涅狄格公司 1911 年推出的户外电车“Breezer”。(《纽约时报》)

让城市街道告别骏马

使用机器作为牵引和推动力的进步让城市街道告别马匹的时代成为可能，这对于清洁、舒适和卫生的重要性不言而喻。

驿马和车马仍在街头徘徊，但它们已经沦为了多余的明日黄花。显然，缆车和电车将很快让这种高贵而实用的动物消失。毫无疑问，用人力或机械力驱动的自行车、三轮车、四轮车正在侵占马车的地位，威胁二轮马车和货运马车用马的生存空间。上周，法国举行了不用马拉的客车展示，新客车从巴黎开往波尔多，速度比各种马拉车快多了。这种自动车并不是纯粹为了消遣和锻炼身体而生产出来的，轻便运输也是它的实际用途之一，而使用汽油和电力的汽车毫无疑问也是应用前途无量。

我们展望着什么时候城市街道上的所有交通工具都是机械装置驱动的，我们甚至无法不去想象这一时刻“不远了”。为什么不呢？道路将根据这一变化进行调整，但这本身就是一种进步，因为道路将更平整、更少噪音、更少灰尘。

想想清洁和卫生方面的进步吧。是什么让保持街道、清洁如此困难、成本如此之高？扬起在街上、飞入居民窗内、弥漫在我们呼吸的空气中、带着疾病的种子进入我们的喉咙和肺部的灰尘的主要成分是什么？回答这个问题就是在暗示答案，而答案令人恶心。

人类感谢马匹，并通过各种方式表达这种感激之情，但在城市街道上，马是一种令人讨厌的存在，我们之所以忍受它，无非是因为离不开它。和猪和牛一样，当马失去了这种不可或缺性之后，就得回到远离城市的地方去，惟其如此，在城市定居才有舒适性、卫生性可言，才能让人愉悦，才能引人前来。马匹必须让路。

美国铁路迎来采用标准时间20周年纪念

•铁路采取标准时间所带来的革命•

星期三，美国铁路迎来了采用“标准时间”20周年纪念——没有任何仪式。标准时间是对旧体系的一次改造，生活在各地、习惯各自时刻表的人们不再受到时间表冲突的困扰。

美国铁路协会（ARA）秘书长兼会长威廉·艾伦（William F. Allen）被认为是促使采用标准时间的推进者。昨天，在位于公园广场（Park Place）24号大楼的办公室中，艾伦说：

> 这一代人很难理解因采取标准时间带来的让他们摆脱旅行和货运困难的好处。为标准时间运动而奋斗过的《纽约时报》老读者不会忘记，1883年11月18日中午，50种不同的时间标准统一调整为4种，在每一分钟，所有时钟和手表的分针在刻度盘上的位置都将是一样的。只有少数铁路没有立刻采取这一标准，但也在几周之内陆续作出了改变。
>
> 一些城市和村镇采用标准时间较迟，辛辛那提两年后才采用了标准时间。他们曾使用太阳时、哥伦布时和路易斯维尔时，结果是造成了数不尽的混乱，迟到的人总是拿出空想的时间表来证明自己没有迟到，而对方则一口咬定他们迟到了。在某些地方，切换到标准时间比较困难，查尔斯顿就是其中之一，当地的一位预言家坚持认为，愚弄对时间的认识会导致神怒，结果三小时后发生

了地震。

1883 年计时改革运动具有诸多有趣的特征，这可以在美国铁路协会历史记录中找到。铁路协会的历史记录包括了其前身时间大会（General Time Convention）和南方铁路时间大会（Southern Railway Time Convention）的内容，两者后来合并成为现在的美国铁路协会。

1881 年 10 月，巴纳德博士（Dr. F. A. Barnard）与克利夫兰·阿比教授（Prof. Cleveland Abbe）以及奥尔蒙德·斯通教授（Prof. Ormonde Stone）在当时称，在时间大会的铁路经理会议上做了改革计时方案必要性的论证。在他们的文章中，我被称为秘书长兼《铁路官方指南》（*Official Railway Guide*）的编辑。

1883 年 4 月 11 日，我演示了自己的方案，结果被采用了。简单地说，我的方案在四大时界之间画了弹性很大的模糊界线，规定了在界线上的哪些位置必须由某个小时刻度变为另一个。方案建议，采取一种以不会产生冲突和错误的方式从一种小时标准改用另一种的办法，并建议以常识进行地方时间和标准时间之间的调整，根据这种方法，地方时间事实上将被弃用。

可以说，我确保了管理着 125 000 多公里长铁路的各位经理达成一致，将这一方案运用到实际中去，并且赢得了华盛顿海军天文台和坎布里奇天文台以及某些市政府的合作。在确保标准时间被采用的过程中，对我帮助最大的是众多杰出的铁路官员和科学造诣深厚的人，特别是哥伦比亚大学的里斯教授（Prof. J. K. Rees）和坎布里奇天文台的雷纳尔·埃德蒙兹（J. Raynor Edmunds）。

自从美国采用该体系以来，其使用范围已被推广到世界各地。在欧洲，除了法国和俄罗斯，所有国家的铁路和地方时钟要么根据格林尼治子午线时间显示，要么根据不同经度与格林尼治时间相隔整数小时的时间显示。南非、澳大利亚、日本、菲律宾群岛和也根据与格林尼治相隔整数小时的子午线作为计时标准。在俄罗斯，时间标准与格林尼治整数时间误差只有 1 分钟。于是，几乎整个文明世界的钟表（如果精确规定的话）的秒针都在同步运动，每一分钟，分针都指向刻度盘的同一个位置，只有时针根据时区的不同会有差别。

福特公司第 1 000 万辆 T 型车诞生

星期三，底特律下线了世界上第 1 000 万辆福特 T 型车，许多严肃学者就是从 T 型车开始全面理解当代美国文明的。这第 1 000 万辆 T 型车与美国公众所熟知的 T 型车一模一样，美国人见到它，就好像见到邻居一样。当奥斯卡影后玛丽·毕克馥（Mary Pickford）的大名被人们忘却的时候，福特的名字一定还留在人们心中。这两个名字之间的联系可不简单。它们代表了过去 25 年里美国工业最灿烂的成就。

不过，汽车业和电影业是不同的，前者不是凭空创造出来的。电影诞生之前，没有可以与之相比的东西。而在汽车出现之前，我们有驿马和车厢。电影创造了它所满足的需求，汽车只是在部分程度上做到了这一点。从很大程度上说，汽车不过是把以前已经做到的做得更好而已。一组数字可以说明一切。20 年前，投资于汽车业的资本为 2 300 万美元，1919 年，这一数字达到了 17.8 亿美元；汽车业工人从 13 333 人增长到 161 000 人。但在同一个 15 年，投资于马拉客车和货车的资本从 1.52 亿美元下降到 9 700 万美元,工人数量从 91 000 人下降到 30 700 人。设想一下，1904 年汽车（小车化），而非马力车与其他美国工业齐头并进。那么如今客车和货车制造业将会有近 15 万名工人，而不是现实世界中马拉车和非马拉车辆制造业的 19 万人多。这 4 万人的差别，我们可以认为是汽车的使用带来的。这在很大程度上证实了汽车业者所否认的汽车是一个“奢侈产品”的论点。

汽车的新用途多得是。马拉客车和货车绝对不可能变成如今可以与铁路竞争的重型汽油载重卡车。不管从商业还是从舒适角度看，汽油引擎都创造了新天地。人们驾驶汽车，就像以前驾驶四轮或二轮马车一样，但汽车拥有者每天可以行进的里程扩大了 15 倍。城市定居者所经历的变化最大。对农民来说，福特只不过是放大了的二轮马车。对如今的纽约来说，即使在目前的富人阶层中，其马拉休闲车数量也只是汽车数量的 25%。新的需求被创造出来，同时被满足。“亨利·福特”的名字与“批量生产”挂了钩。但对于批量消费，就没有相同的相关性了。

这一发展形势造成了重大的道德和社会影响。人们所担心的现代生活令人眼花缭乱的速度可以从这里得到具体说明。教育家怀着复杂的心情感受着汽车对年轻一代性格和世界观的影响。其他商业领域的商人汽车是“奢侈”的，花在汽车上的钱本应花在更多的家庭必需品上。机动车可以让你打胜仗，几辆装甲车就可以掀起革命。但汽车留下的也不全是动荡记录。通过威胁使用汽车，英国至少击败了一次铁路大罢工。你也可以说，社会稳定是通过由汽车所有者组成的、几乎可以称之为新阶级的中产人士的崛起而获得的，他们对权利和产权有着更强的意识。

■ 当 1908 年 9 月 27 日第一辆福特 T 型车在密歇根州底特律下线时，亨利·福特称之为“大众之车”。汽车的成功导致了机动化交通体系的建立和普及。（图片由亨利·福特提供，获准限制使用）

January 6,1924

THE STORY OF AMERICAN BUSINESS

FROM THE FRONT PAGES OF THE NEW YORK TIMES

汽车造就体面美国人

汽车工程师协会前主席

大卫·比克罗夫特（David Beecroft）

美国拥有开发和制造堪称全世界最高级汽车的国际名声，这是熟悉美国汽车业的欧洲工程师的看法。法国是汽车的故乡，也出产一些代表工程和工艺最高成就的精致汽车，但法国车从来没有像美国车那样能够征服世界。个中原因大概可以从美国汽车的滥觞期（20 世纪初）所处的环境中寻找。

1892 年推出其划时代的汽车时，查尔斯·杜里埃（Charles E. Duryea）的目标只是制造一种能够填补巨大的马车市场空白的运输工具。杜里埃的汽车是为那些雇不起马车的人准备的。他从没想过这种机械小车或用当时的名字讲——不用马拉的车，能够取代马车成为美国人的最爱，甚至没有想过汽车能够对马车形成任何威胁，但在那时，对这种不用马拉的车似乎确实存在低端运输的市场需求。

几年后，杜里埃发明的几款不同的汽车的进步揭示了未来的可能发展方向；但直到 1906 年亨利·福特用他售价只有 500 美元的汽车震惊全美国之后，才有人意识到明天究竟会怎样。在这个难忘的时刻，福特发出了他的预言——这句话大概他自己和他所针对的人都不会完全相信："我的目标是制造一种汽车，它足够好，所有美国人都愿意开它；它又足够廉价，任何美国人都买得起它。"

这一年诞生了可以被称为"伟大实用型汽车"的概念，这种汽车不仅为富人而造，更是为大众而造，从此以后，汽车开始成为仆人，而主人乃是美国公民。没有哪个民主摇篮比五大湖区更适合作为这个人类的交通仆人的诞生地了。过去10年中，该地区已发展为庞大的汽车业生产中心。该地区出现了底特律、弗林特、托莱多（Toledo）、克利夫兰和其他规模较小的制造中心，这里拥有完美的环境，更有在过去10年中成为汽车业大发展决定性因素的条件。

从很大程度上说，这一环境是美国实用型汽车之所以如此成功的答案。英国、法国、意大利、比利时和德国的汽车制造商都没有这样的造化能拥有如此具有刺激作用的环境和如此具有鞭策作用的氛围，也没有如此具有吸引力的市场。

未开垦的密西西比河谷处女地及其之上的无数农场需要汽车。这里以农业为主的社会结构需要汽车来缩短距离，更需要用汽车让边远地区农民接近城市，从而消除农村生活的一大障碍。该地区的商业结构也在等待新的交通要素的出现，这种要素不但需要填补铁路和有轨电车线路之间的空白，还要为个人提供蒸汽和电力都无法送到的交通服务。电报、电话和乡村免费邮递在这些沙漠花园上空架起了人际关系网，但这张网有许多细小的网眼需要填补，这个美洲大陆谷仓的生活需要进一步完善，这些都需要汽车来完成。

但对公共汽车的需求同样来自遥远的太平洋沿岸，那里有24万多公里的高速公路，这就是需求的明证。而西北部的普吉特湾（Puget Sound）木材产区的环境意味着该行业需要比当时已存在的更灵活的交通工具。

在美国宽广的国土上形成了一张纵横交错的疏松大网的450多万公里公路，对于汽车制造商来说是一项挑战，它们得为处于这些高速公路之间的农场提供汽车，而如今农民已拥有400万辆汽车，这充分说明了过去10年中，机动车在美国农业发展方面起到了无可争议的重要作用。

汽车不但给土地带来了25%~40%的增值，汽车出现高速公路增加了65万公里，这让土地价值进一步提高。硬面公路的出现更是带来了无法计算的道德进步，而这只是汽车带来的新增高速公路所产生的不可估量的国民资产的一部分。如今，高速公路网已经覆盖了将近50%的国土，而当联邦和州级规划高速公路体系完成后，90%的美国人口将居住在距离这一巨型系统十几公里之内的范围，任何一个人口超过5 000人的中心都将建立在这个硬面公路系统之上。

目前共有 1 500 万汽车投入了使用，平均每一公里高速公路上就有几辆汽车，关于什么时候达到饱和点的持久性争论还需要几年才能见分晓。机动车的饱和点将在交通达到饱和点时达到，这两者是一致的。人们还无法计算出交通饱和点要多久才会达到，因为我们还不能完全理解充分利用个人交通的必要性。

汽车，让美国人视野更广

汽车在塑造国民同质性中起到了什么作用，这是未来历史学家操心的事，但没有比“熟悉”更能培育民族爱国主义的了：汽车让千百万人认识了自己的土地，农民不再一辈子都被限制在方圆几十公里的狭小范围内了，他们关于生活的概念扩大了，对国家面貌的熟悉程度增加了。

交通仍然是使大量人口人性化的利器，美国生产出了价格极低的通用型汽车，这是铲除在其他国家势头正猛的破坏性运动的积极因素。手上只有几百美元的美国公民也可以购买汽车，而汽车可以让他和百万富翁一样日行千里，和百万富翁一样超速行驶，于是他和百万富翁之间也就没什么差别了。汽车已不再是社会地位的象征，这一事实在过去几年中极大地抹平了不同阶级的差异。汽车是对抗把民众分裂为对立阵营的异端邪说的灵丹妙药。

美国城市的快速成长以及固定线路交通系统不能跟上人口发展速度，使得汽车的大量使用成为必然。芝加哥最大的批发商多年前便已开始利用这一系统。我们的公共服务公司在每个业务部门都有数百辆汽车，市级政府各部门也不得不开始使用汽车和卡车以应对人口的增长和城市的扩大。

汽车还可以将商业中心和休闲地区连接起来，15 个国家公园之间纵横交错的公路便是明证，黄石国家公园等地方几年前才允许汽车进入，但去年已有 75 万多名游客坐着汽车游览了这些国家公园，在国家公园的游客中，有 60% 是乘车游览的。统计数据表明，家庭开车出行的次数要远多于其他交通工具，而随着高速公路系统的升级，这些国家自然风景名胜地必将会迎来越来越多的开车前来的游客。

今天，我们正站在新式汽车运输的门槛上。大客车为我们提供了集体形式的运输手段，其影响与高速公路的建设和扩展一样深远。如今，旅行者可以从加利福尼亚州圣迭戈通过一系列大巴线路到达西雅图，平均每段大巴路线长达几百公里，速度和火车一样快，这样的旅程是我们马车时代的父辈们怎么也想象不到的。太平洋沿岸的这些大巴线路平均时速可以达到60多公里，且旅行便利性极高。

汽车，呼唤创新思维

大都市近郊圈前所未有的成长只有在拥有汽车、大客车和卡车的情况下才有可能实现。在纽约市郊圈，人们周日乘马出行的最大范围是到布朗克斯维尔（Bronxville）用午餐，然后在下午返回，而如今，从哥伦布圆环（Columbus Circle）到布朗克斯维尔不过40分钟车程。

由于汽车的出现，人们得以驶入威斯康星州、明尼苏达州和密歇根州的未开发湖区，而商人们也纷纷在那里建造了消暑别墅。从前是边远农场的地方现在成了高尔夫球场，能够走向世界也让人们的赚钱能力大大地增强了。如果不是马达的轰鸣声吹响了户外生活的号角，过去10年的商业限制会让生活成本比现在高得多。

如今，我们还深深地陷在交通大革命之中，无法测量这场革命的巨大规模：我们还在黑暗中摸索组织和系统化这场运动的新手段，在汽车光芒的照耀下，我们正谋划未来，但这场运动离得太近，我们还无法弄懂它。人们经常只见树木不见森林。

我们更新高速公路系统的日子就要到了——为了满足汽车旅行的需要而建设高速公路。许多人口密集地区将建设商用汽车高速公路。和现有道路平行的新路将会出现在大地上，我们将进行交通调查，如此建造起来的道路将满足50年甚至100年的需求，正如拿破仑在100年前给法国增加的收入至今仍足以满足人们的需求。因此各城市和各州应该这样建造它们的高速公路系统：使汽车成为一种有用的工具，从目前的约束因素中解放出来。

如何把乘客从汽车客运抢回来

• 官员认为汽车正在失去对旅客的吸引力 •

铁路所面临的主要问题之一仍然是如何增加客运服务的吸引力。客运交通官员也同意，人们对曾经极大影响铁路客流的汽车跨国旅行的新鲜劲儿已经过去了，如果铁路能够增加汽车所不具有的舒适性和便捷性，必能争取到更多的客运业务。

另一个人们普遍认识到的要点是，铁路应该与“存钱旅行”运动密切合作。目前有 36 条铁路加入了“存钱旅行协会”（Save to Travel Association），其他铁路则正打算与银行合作推广一个“到银行开一个假期旅行账户”运动。

降价被认为是刺激短程客流的良方，但官员对周末短程旅行的不同体验所产生的不同观念，阻碍了这一观点的普遍采用。有的官员说这样的客流不可能产生利润。他们的说法是，返程票优惠会降低单程票销售，与此同时，收入也会下降。

“与经营整列车相比，”沃巴什铁路（Wabash）客运总代理布拉特曼（L. A. Blatterman）说，“沃巴什很难找到经营专列的理由，这条路线上最有吸引力的短途旅行目的地是芝加哥、底特律、圣路易斯这样的地方，因此我们只能增加设备满足定期客流。当然，有时候也会需要增加车厢。根据我们多年的经验，运营与这些短途旅行目的地相连的班次必须进行不断权衡利弊。1926 年，沃巴什铁路经营着 349 班短途车，比 1925 年增加了 38.5%。铁路收入增加了 8.6%，但总客流收入只增加了 0.11%，与上一年没什么区别。1926 年，我们的专列里程为 20 935 公里，占短途旅行专列总业务的 7.8%。”

火车能否夺回现在被公共运输和私人汽车夺走的客流还远未可知，但毫无疑问的是，火车车厢可以压低每公里的运营成本。

一些铁路公司的经验表明，设备创新能够吸引眼球。巴尔的摩 - 俄亥俄铁路公司和路易斯维尔 - 纳什维尔铁路公司表明，使用不同于标准设计的车厢能带来令人满意的效果。用广告吸引人们加入铁路旅行的办法也被多次讨论，1925 年，共有 13 644 355 美元（占总客流收入的 1.3%）被用于广告。票价和目的地相同的两家或多家铁路公司打出联合广告的现象也屡见不鲜。

航空时代近在眼前

•经历了 19 300 多公里的航程后，助理海军部长
扬克宣布飞机旅行是安全的•

华盛顿，8 月 24 日——“目前，飞机作为一种长短途交通工具完全是可靠的。”助理海军部长欧内斯特·李·扬克（Ernest Lee Jahncke）今晚在广播中如是说。扬克刚刚完成了从空中检查美国大陆和夏威夷群岛所有海军站的旅程，不过从旧金山到檀香山的旅程是乘船完成的。他预计，在 10 年内，航线上将布满飞机，正如现在高速公路上爬满汽车一样。

和平时代的海军活动体现了更高的舒适度、效率和平民生活的进步，它形成了我对太平洋美国舰队和海军活动调查之旅的深刻印象。我的整个旅程都是坐飞机完成的，用了 120 个小时两度穿越北美大陆，一次是沿着北部边沿，一次是沿着南部边沿。我们飞过了从墨西哥到不列颠哥伦比亚的每一寸太平洋海岸，飞行距离超过了 19 300 多公里，我的结论是：现代航空旅行绝对可靠。

飞机不再是传说

因为有了飞机，我才得以在脑海中形成新奥尔良、圣迭戈、旧金山、西雅图和檀香山的全景图像，这是通过其他方式所不可能获得的。因为有了飞机，我两次飞过北美大陆，就像作为商人的我乘汽车从家里赶到办公室一样容易、一样舒适、一样安全、一样可靠。

作为一个平民，我像千百万其他美国人一样带着商业的眼光看待事物。今天，我用航空业者的眼光看待美国，他们正在给这个国家带来一场伟大的交通革命，一如昔日的火车，又如现在的汽车，不少美国人都能记得汽车时代是怎样到来的。

美国已经可以上天，飞机不再是传奇，飞行不再是冒险，也不再神秘。

飞机之于我们就像汽车一样平常，只是数量没有那么多。飞机之于我们就像火车一样可靠，不出10年，我们的就会有布满飞机的空中航线，正如现在都是汽车的高速公路线。

认识到飞机及其未来并开始建设机场的美国城市将引来大量的财富，即使是最乐观的估计甚至也会低估这笔财富的规模。没有看到航空交通灿烂未来的美国城市很快就会像两三代人之前忽视铁路交通潜力的城市一样沉沦下去。

小城市也有机场

今天，不建造机场的城市是目光短浅的，这就好比是在今天还在为三轮和四轮马车建造公路一样。要知道，现代高速公路每天都会有150~500部汽车在路上跑。

在这19 300多公里的航程中，令我激动不已的一点是，不少小城市敏锐地把握住了未来，建起了现代机场。我还记得其中一些城市的名字：俄勒冈州梅德福德市（Medford），这是一个很小的城市，它预见到了跨越卡拉马斯（Klamath）山顶的空中运输线，并建设了一座机场迎接这一时刻。我们在这个机场加了燃料。怀俄明州夏延市（Cheyenne），这是一座坐落在一望无际的平原中间的紧凑而干净的小城。如今，飞机可以在这里找到出色着陆点的一切必需设施，一如昔日的牛仔可以在这里找到一切必要的装备。内布拉斯加州北普拉特市（North Platte），该市位于内布拉斯加大草原上，曾经是水牛的故乡。而如今，跨大陆飞行的飞机可以在这里暂歇。路易斯安那州帕特森市（Patterson），一个路易斯安那人开办的公司在这里建造了一座机场，可以为新奥尔良和休斯敦之间的航班加油。伊利诺伊州莫林市（Moline），就在发源于艾奥瓦州达文波特（Davenport）的河边上，也有自己的机场。

这些小城市已经跻身于美国机场地图。它们已经抓住了财富之源：光是建造机场的投资就让它们赚了不少钱。

“快捷、可靠、安全”

正如一代人以前的美国社会都必须意识到汽车的发明是一项伟大的运动一样，现在的美国城市无论大小都必须意识到航空也是项伟大的运动。

航空时代已经到来。经过严格检查、谨慎驾驶的飞机快捷、舒适而安全。我乘着飞了 19 300 多公里的飞机在我此前已经飞了 1 700 个小时，没有进行过一次大修。在这 19 300 多公里的飞行中，这架飞机带着我飞越了美国大沙漠，飞越了落基山脉，飞越了阿勒根尼山脉，飞越了莫哈维沙漠（Mojave Desert），从国境的一头飞往另一头，从一个大洋飞到另一个大洋。飞行期间报废了一个火花塞，更换了一个摇杆，仅此而已。飞机不仅已经站稳了脚跟，而且开始成长。

如何处理飞机这一已经产生的交通方式由美国各州和各城市自行决定。但美国人可以在厄尔巴索（El Paso）用早餐、在洛杉矶用晚餐——像我所做的那样；可以上午飞离旧金山，黄昏前抵达盐湖城；可以在俄亥俄州代顿市（Dayton）醒来，在华盛顿吃午餐……美国各大城市应该抓紧建设机场以便在地图上留名，并收获飞机所带来的待收获的成果。

在加州，我发现征自汽车、被用于建设加州高规格公路的汽油税更适合花在飞行员身上。我斗胆建议可以从汽车上征税，然后用于机场建设。

我的建议受到了欢迎，并被批准。现在，我斗胆建议美国所有州和城市，不管采取什么样的最佳办法，一定要马上着手融资和建造现代化的、符合美国政府最高标准要求的机场，因为不出多时，没有机场的城市就将像没有汽车高速公路或没有火车站的城市一样被历史淘汰。

扬克还讲述了和平时代海军的飞行活动，海军飞行员在阿拉斯加考察和探索的任务、在美国大陆和飞地各种各样的飞行活动。

Febuary 18,1966

THE STORY OF AMERICAN BUSINESS

FROM THE FRONT PAGES OF THE NEW YORK TIMES

通用汽车领袖小艾尔弗雷德·斯隆逝世

将通用汽车打造成世界最大制造企业之一的小艾尔弗雷德·斯隆昨天下午因心脏病在斯隆-科特林纪念医院（Memorial Sloan-Kettering Center）逝世，享年90岁。

斯隆被称为现时代工业的伟大领袖，这不仅是因为他出色的管理技巧，更是因为他所对汽车进步的先锋性远见，包括四轮刹车、乙基汽油、曲轴箱通风和独立悬挂等。

斯隆的助手说，斯隆是一位杰出的“规划者、组织者和管理者。”美国汽车公司总裁罗伊·阿伯内西（Roy Abernathy）称斯隆是“现时代最杰出的管理实践者”。在底特律，福特公司亨利·福特二世赞颂斯隆是“极少数真正造就汽车历史的人物之一”。“在他的领导下，”他说，“通用汽车从一个组织松散的集团发展成为效率极高的巨型企业集团。”

逝世前，斯隆是通用汽车的荣誉主席，上个月，他还以这个头衔参与了一次董事会会议。在那次会议上与他有过交流的同事回忆昨天说，斯隆在会上与以往一样犀利。

优秀的企业经营者

1920年，当斯隆成为通用汽车的副总裁时，通用汽车占美国汽车销售份额的比例还不到12%；当他在1956年从主席的位置上退下时，这一比例已经达到了52%。

此外，通用汽车还扩张成为世界上最大的公司之一，同时，它也是世界上盈利最好、经营最平稳的公司之一。

这些成就都是斯隆经营政策的功劳。他将管理集中化，而将经营分散化，将具有共同关系的部门组合在一起。他还重组了通用汽车公司的产品线，每种汽车品牌都不会影响到其他品牌。每种产品，包括汽车、电冰箱和其他所有产品，都被分入各自的事业部。斯隆的一大绝活就是熟悉每个事业部的详细情况。

是领导更是员工

在其 14 年通用汽车总裁（1923—1937）和近 20 年董事会主席（1937—1956）的生涯中，斯隆一直以“员工原则”经营公司，他自己就是首席员工。尽管位居高位，但他绝不是暴君，也从不呵斥和冲员工叫喊（在通用汽车，他有个“沉默的斯隆”的外号），也不会对下属发号施令。

“我从不发号施令，”有一次，斯隆如是说，“如果可以，我会向同事说明我的想法。只要他们可以说服我，我就会接受他们的判断，这种情况经常发生——我是错的。我宁可去激发某个人的机智，而不愿用权威压制他。”

一位同事把他喻为滚柱轴承——“自润滑、光滑、消除摩擦、携带动力”。

成功离不开父亲的帮助

总结成功秘诀时，斯隆曾说：“看到事实，评估所有相关利益，认识每天工作都有进步的必要性。保持开放的心态，努力工作。最后一条最重要，没有捷径可循。”

斯隆 1875 年 5 月 23 日生于纽黑文。父亲是个咖啡和茶叶进口商，后来成为杂货批发商。10 岁时，斯隆一家搬到了布鲁克林加菲尔德 240 号。斯隆 11 岁才开始在公立学校上学，进入了布鲁克林理工学校（Brooklyn Polytechnic Institute），在那里，斯隆以机械和工程方面的天才而闻名。17 随时，他进入剑桥的麻省理工学院，争分夺秒地学习，三年就毕了业。

在父亲的帮助下，斯隆在新泽西州哈里森市（Harrison）成立了海特轴承公司（Hyatt Roller Bearing Company）。斯隆说服父亲和另一个人投资 5 000 美元。6 个月后，这笔钱带来了 12 000 美元利润。但是，让公司发财的是汽车行业。汽车制造商一直都使用重油车轴，直到斯隆说服了奥兹汽车公司（Olds Motors Company）尝试一下他的车轴。亨利·福特和其他制造商很快也加入了奥兹的行列，于是海特公司开始大把赚钱了。

1916年，斯隆的公司毛业务量已经达到了1 000万美元，利润则达到了400万美元。斯隆的大名已在底特律传开——他是一位知识渊博又十分可靠的商人，对汽车业有独到的洞见。

赚到人生第一个500万

那一年，通用汽车取代福特公司成为斯隆最大的客户，一系列迹象表明，它将生产自己的车轴。最后，通用汽车，这家由足智多谋的威廉·杜兰特（William Crapo Durant）将几家独立汽车产商组织在一起成立的公司，以1 350万的美元买下了海特公司。

海特公司迅速和其他零部件公司合并成为联合汽车公司，斯隆被任命为总裁。在此期间,斯隆赚得了人生的第一个500万美元,这是他日后2.5亿美元财富的起点。

1918年末，通过约翰·拉斯科布（John J. Raskob）的努力，通用汽车公司收购了联合汽车公司，将其纳为零部件事业部，斯隆也随之成为该事业部的执行主管。随后，他被任命为通用汽车公司的董事兼副总裁。

见过斯隆的人都会对他留下长久地印象：斯隆身高约1.85米、重60公斤，会见汽车经销商时，他总是会身着当时最流行的行头——深色对襟西装、高高的领子、用珍珠领带夹固定的保守领带、胸袋中微微露出的手帕、高筒靴。这身行头足以震慑任何经销商。

富兰克林·罗斯福1933年上任后，一开始，斯隆与新政府合作，成为美国国家复兴总署（NRA）产业顾问委员会的委员。但是，随着美元的贬值，新政失去了一位盟友，迎来了一位永远的批评者。

1937年初，斯隆遭遇了其商业生涯的一次重大危机：通用汽车公司工厂的工会成员组织了一次长达44天的静坐罢工，要求公司承认工会的合法地位。斯隆并没有躬身参与谈判。他仍待在纽约，委派当时负责经营的副总裁威廉·纳森（William

S. Knudsen）和其他高管前去处理这一棘手问题。几个月后，他将公司总裁的位子让给了努森，自己则担任董事会主席。

斯隆还回应了对通用汽车及其成功的批评："让通用汽车变成如今这般规模的，是通用汽车人和他们共事的方式，是这些人所获得的有效参与企业事务的机会。"

第二次世界大战期间，通用汽车在斯隆的带领下从汽车厂商转型为军火厂商：共有 102 家工厂进行了改造，从 1942 年 2 月开始直至 1945 年 9 月，通用汽车没有生产一辆汽车。1945 年底，几乎所有通用汽车生产线又回到了民用制造领域。

1946 年，在通用汽车任职近 25 年的斯隆从公司 CEO 一职上退下。此后，他仍担任董事会主席，直至 1956 年被选为荣誉主席并一直担任到逝世。

喷气式飞机，截然不同的体验

罗兰·沃克（Ronald Walker）

伦敦——1952年，世界航空业每周要飞行3 057多万公里、运送80万名乘客。尽管如此，如果你在经历了商业航空之旅后说这是独一无二的愉快体验，人们会说你一定疯了。但是，在经历了34年的强劲增长后，航空旅行进入了新时代——喷气时代。第一次喷气式飞机载客商业飞行由英国哈维兰彗星飞机执行，结果令人振奋。

对美国旅客来说，这仍然是相当少有的体验，因为彗星飞机只飞伦敦—约翰内斯堡和伦敦—新加坡航线。但泛美世界航空公司已经宣布订购三架彗星飞机，将于1956年交付。这三架飞机将是马克III型机型，比当前使用的马克I型体型更大、动力更足。

目前使用的彗星飞机似乎马力已经足够。它一下子就把商业飞行最大航速每小时提高了320公里，达到每小时788公里，时速960多公里的喷气式飞机很快就能面世，超音速飞行也不再是梦。它的四个煤油动力喷气式引擎马力十足，若使用活塞引擎达到同样的输出功率，那么，光是引擎就得像彗星飞机一样重。

但购买彗星飞机机票的乘客不会关心它所使用的术语：油耗、增压、高空加热等。乘坐这种喷气式飞机飞一次感觉如何？

即使坐过飞机也会怦然心动

即使对那些乘坐主要国际航班到过世界每个角落、坐过每一种型号飞机和飞艇的乘客来说，乘坐彗星飞机旅行绝对是一种体验。即使是经验丰富的乘客，也会大吃一惊。除了没有螺旋桨，彗星飞机乍看上去稀松平常，但它却可以提供如此不同的旅程。

从载客量角度看，彗星 I 型飞机只有 60 个座位，与星座号（Constellation）、同温层巡航者（Stratocruiser）和道格拉斯 DC-6 相比，它显得很小。但这些座位的舒适性非常高。到目前为止，坐飞机的程序并没有变化。乘客们和以前一样走出航站楼进入待命飞机，由空乘人员引导到座位上，放好手提行李和外套，然后扣紧安全带。

引擎发动，体验开始

但从舱门关闭的那一刻起，新的体验开始了。飞行员开启喷气式涡轮。噪声响起，大概和运转正常的平流层飞机相当。你不可能在四个庞大的涡流机器紧贴机身的情况下还指望安静。这是一种随引擎加速而产生的低沉的嗡嗡声，此外你还可以勉强听到涡轮所发出的高音调吱嘎声。一开始，你体会不到现代活塞引擎飞机所常有的震动，尽管这不会产生声音，但从鞋底传来的震动会将窗户震得很响。

在跑道滑行过程中没有加温，喷气式飞机不需要这样做。在做完特别清除工作后，彗星飞机直接从停机坪开上跑道，立刻加速起飞，以避免浪费燃料。随着飞行员开启节流阀准备起飞，乘客们就能感受到引擎的巨大力量了。彗星飞机以极快的加速度前进，乘客们会感到一股推力将他们钉在座椅后背上。只有一种型号的活塞式飞机可以提供如此强大的起飞方式——康维尔（Convair）飞机。

彗星飞机的机头向上抬起，开始从机场升空，初始抬升速度为 610 米 / 分钟，与第二次世界大战期间的歼击机相当。这是令人愉悦的体验，就像是乘坐帝国大厦电梯一样。升空过程又稳又健，气密增压装置十分有效，只有在穿越云层时，乘客才感受得到彗星飞机的升空速度。

彗星飞机航程可以分为三个阶段。升空大约要花半小时，升空速度逐渐递减直至升到 12 000 多米的高空；巡航；然后在到达目的地前大约 320 公里处开始下降。彗星飞机的巡航速度大约为每分钟 13 公里，巡航高度也是 13 公里。（第一架英国飞往非洲的航班航速为每小时 145 公里，高度为 244 米。）今天的喷气式飞机旅行真正做到了全天候，其飞行高度已经超越了受风雨影响的近地地带。这是一片纯净、无限的全新领域，只属于喷气式飞机。

俯瞰地面美景

通常，远端的欧洲地面总是隐藏在高空云层之下。但如果幸运的话，乘客所俯瞰到的将不仅是地球表面的一小块，而是其中的一大片。飞离英格兰后，你可以看到有河道从北福兰（North Foreland）延伸而出，这就是泰晤士河口；你可以看到蜿蜒的南海岸，怀特岛就像是一颗吊坠；顺着它再往南，你可以看到法国海岸和塞纳河口——所有这一切都清晰可辨。

如果云层覆盖了地面，你根本无从感觉速度，也无从感觉移动。脚下是棉花糖一样的云层。头顶和四周是无尽的天空，有些奇怪的是，它们并不是天蓝色的，而是更深一些的沉闷的炮铜蓝。彗星飞机就像是悬停在空中一样。常规飞机动起来会迫使乘客不得不抓紧座椅获得支撑，彗星飞机不会有这种感觉。

这种极致高远的感觉令人愉悦，乘客们会猛然想起，战时飞行员常说，自己在无尽的高空空域上感到如何孤独和兴奋。舷窗外沿已经结出了一层霜，机身内部仍然温暖而舒适。喷气式引擎发出的噪音只是低沉的嗡响。没有震动，桌子上的威士忌可以作证，甚至连涟漪都看不到。乘客的谈话、阅读、写作等活动比乘火车还要容易。

令人新奇的是，乘坐喷气式飞机有一种强烈的平和感，而当彗星飞机下降准备降落时，你甚至会感到轻微的不舍。

从新高度飞跃大洋

• 交通专家说，1958 年跨大西洋飞机客流将超过轮船客流 •

爱德华·赫德森（Edward Hudson）

交通专家认为，今年跨大西洋旅行或将迎来交通革命，乘飞机穿梭于欧洲和北美间的旅客数量将首次超过乘船旅客。行业专家在比较了 1957 年跨大西洋航行的空运和海运乘客数量后得出了这一结论。

定期跨大西洋航班的旅客数量在 1957 年首次超过了 100 万。国际航空运输协会北大西洋空中交通会议秘书长皮法尼斯（E. S. Pefanis）说，去年 16 家航空公司的定期航班总共运送了 102.3 万名乘客。

跨大西洋轮船客运会议纽约办公室报告，去年执行北大西洋航运的 27 艘轮船总共运送了 103 万名乘客。该线路上的乘船乘客和乘飞机乘客差距已经缩小到了 7 000 人次。

1956 年的差距比去年大多了，达到了 173 458 人次。当年船运总乘客数为 1 008 248 人次，而飞机总乘客数为 834 790 人次。

航空公司迎头赶上

航空公司正在快速赶超。它们的客运量在 1957 年增加了 20%，而船运公司的客运量只增加了 2%。除非客运量增长率出现重大变化，否则航空公司就将以决定性优势赶超船运公司。

几大因素可能影响今年的增长率。其一，船运公司并没有计划增加轮船数量。去年，它们的确增加了船数。这对于客运量的略增具有重大意义。不过，船运公司官员希望船运乘客数量停滞不前的状况能够在今年最初几个月旅游市场旺盛时有所好转。1957年同期，乘客数量因苏伊士危机而有所下降。

另一方面，航空公司在不断引入更新更大的飞机，它们计划在今年旅行最旺季水平的基础上增加20%的跨大西洋运力。能否满足春夏旺季交通需求在很大程度上决定了一整年的客运量，船运和空运专家均如此认为。

对于航空公司，还有两个因素需要考虑。其一是设备改善。上个月，新型远程飞机布里斯托不列颠尼亚（Bristol Britannia）在北大西洋航线上投入运营，这或许能够吸引新客源。其二是新的三等舱票价将在4月1日开始实施，新票价仍有待航运公司所在国政府的批准，但预计可以获批。

新旅程，新票价

三等舱即“经济舱”的纽约飞伦敦单程票价为252美元，而在4月1日，旅行舱票价将上涨25美元至315美元，头等舱票价将上涨35美元至435美元。新三等舱的座位更多，但会提供三明治，是否能吸引新客源还有待观察。一些航空公司认为，三等舱只会吸引原先的旅行舱客源。一些航空公司则希望三等舱可以开拓新的出行市场。

如果1958年美国至加拿大和欧洲路线的飞机客流超过轮船客流，则是否预示着跨洋交通贸易的衰落？不一定，交通官员说。自1947年以来，每一年轮船公司客运量都在增长，去年的客运量更是27年来新高。出行旺季的船运需求仍然超过运力。

船运价格制定方法与飞机有异，两者难以比较。蒸汽船会议会制定一个最低价，各船运公司的价格可以高于这个最低价。纽约至英国各港口的夏季单程旅行舱票价最低为180美元。根据最新的票价行情，冠达邮轮公司（Cunard Line）的“伊丽莎白女王”号等顶级轮船的旅行舱最低票价为197美元，头等舱票价则为395美元。

航空公司在第二次世界大战结束后开始拓展其长途跨洋航线，它们的增长显然并没有对船运公司造成很大伤害。两种客运形式的运量都出现了增加。航空交通创造了一个全新的出行市场，适合时间有限的乘客。航空公司确实也夺走了一部分旺季订不到船票的客流，但放眼未来，它们显然没有目光短浅到只想着从船运公司抢夺客流。

西南航空有望成为唯一实现盈利的航空公司

小理查德·奥佩尔（Richard A.Oppel, Jr.）

10 年前，航空业曾经历过最严重的衰退，那次衰退的原因是海湾战争、整体经济减速以及残酷的价格战。但当时正从地区航空公司发展为全国性航空公司的西南航空，却在业内其他公司两年亏掉 60 多亿美元的情况下实现了盈利。

分析师们认为，如今规模已有了很大扩张的西南航空将在今年再次有望成为“9·11”恐怖袭击后唯一一家实现盈利的航空公司。“在这个节骨眼上，今年还能获得盈利确属不易，”西南航空首席财务官格雷·凯利（Gray C. Kelly）说，“但这并不是预言。”与其他大型航空公司不同，西南航空并没有宣布裁员，也没有瘦身计划，尽管如果业务不能跟上的话也将会出现航班取消的情况。

为了让旅行者重新选择飞机出行，西南航空或将从本周开始投放全国性广告宣传。据业内官员透露，一些航班将有新的优惠计划。许多业内人士正在拭目以待，看看西南航空能否平稳度过恐怖袭击对航空公司造成的影响期。

投资者显然认为西南航空能够平稳度过这段时期，他们还认为西南航空这块牌子比业内其他所有公司加起来都更值钱。尽管从总乘客旅行里程和收入等标准衡量，西南航空只是美国第 7 大航空公司，但其 105 亿美元的股票市值几乎相当于美国其他主要航空公司的总和。袭击发生后，西南航空公司的股价只下跌了 20%，远低于其他同业公司。

目前仍不清楚的是安检升级带来的影响几何。西南航空自称其效率很高，特别是其快速“返航”可以在着陆20分钟内让飞机重新上天，而其他大部分航空公司需要45分钟。另一个有待确定的问题是，西南航空的许多短途航班可能会因旅客选择火车或汽车出行而大受影响。凯利在周五接受采访时说，到目前为止，航空公司的重新运营表明这类担忧“大错特错了”。

事实上，航空业的当前危机是西南航空的强势与其他航空公司不得不靠联邦救济才能过活的对比。西南航空之所以如此坚韧，部分原因是该公司将注意力放在了不太拥挤的机场，在这些机场，西南航空可以成为最大的航空公司，又不必担心代价高昂的晚点问题。

但大部分投资者的忠诚度来自该公司强大的财务状况和低廉的成本。西南航空的现金和可获得信用额度之和高达14亿美元。与此同时，据凯利透露，若如同上周那样，全班次载客量均只有正常载客量一半的话，则其每天将烧掉500多万美元，只有行业损失率的几分之一。

此外，如果联邦救济不能形成足够的缓冲，西南航空还有200架飞机可供抵押，理论上，这些飞机价值50亿美元。尽管其他公司与它的差距是否会因新安检措施的实施而缩小还不得而知，但它目前还是效率最高的航空公司。

最近，在某班从达拉斯起飞的西南航空的航班起飞前，一家票务代理指责一个检查员将一位乘客的拖轮箱误认为是行李箱。这位检查员戴上手套，打开箱子，倒出所有东西。她打开卫生袋，仔细检查一次性剃刀片。在询问了另一位检查员是否可以在行李箱内放置这个物品后——答案是可以的，她又重新把行李箱装好。

这些检查总共花费了三四分钟时间，并且在多位乘客身上重复进行，这将减慢西南航空繁忙时期的正常检查速度，而原本半小时就可以朝目的地发一个航班。

从全行业来看，分析师说，载客率即付费旅客的上座率下降了3%~4%。一些分析师认为，西南航空的载客率可能是最低的，部分是因为该公司没有减少航班班次。凯利说，载客率“与业内其他公司一起下降”，但拒绝透露更详细的信息。

标准普尔公司分析师贝特西·斯内德（Betsy R. Snyder）认为，乘客避免乘坐短途航班“可能会造成影响”，但由于西南航空延长了其平均航班里程，“该影响不会像几年前那样大”。不过凯利说：“根据上周的表现，可以说，‘短途航班受到了比长途航班更大的影响’这种看法是完全错误的。”尽管短途航班乘客流失状况比长途航班更严重，但“并没有重大区别”。

西南航空已要求波音公司延迟交付本应在本月交付的5架737客机。显然，西南航空还会设法寻求更多的延期。“我们回应比较慢，现在还没有2002年的计划，”凯利说，“我想不出怎么做这个计划。”但他认为，裁员不会发生，“9·11”恐怖袭击发生前，西南航空实际上处于缺员状态，有时还会加班。

“尽管西南航空目前并没有削减其航班计划，但如果载客率得不到改善，可能会不得不出此下策。这并不意味着中止对某个市场的服务，而仅仅是减少班次。也许不再是每半小时一班,而是每小时一班。我们不会作出有碍长期利益的短期行为，”凯利说，“但与此同时，如果我们连短期都撑不过去，长期也就毫无意义了。”

航空公司前路坎坷

迈克尔·勒文（Michael E. Levine）

美国航空运输稳定委员会（ATSB）否决了联合航空公司 18 亿美元贷款担保的申请，如此看来，航空业可能真要开始痛苦的重组过程了。大部分航空公司的业务模式都是在大客流、高收费时代建立起来的。这些日子如今早已一去不返了，航空公司越早认清现实越有利。

ATSB 的决定以及决定背后的理由表明，我们已经站在了 25 年航空去监管化时代的转折点。它给联合航空回复了一封极其详细的信，信上说，联合航空的问题不是暂时性的，而是结构性的，联合航空的复苏计划“不能让公司从容应对当前航空业环境的挑战，也不能让公司实现长期财务稳定”。

联合航空的窘境并非个例。所有在去监管化浪潮中存活下来的大型轴辐式（hub-and-spoke）航空公司，如美洲航空、洲际航空、达美航空、西北航空以及美国航空（已陷入破产）等，或多或少都面临着同样的问题。简言之，这些航空公司需要在已大为扩大的廉价航空部门的竞争下争夺顾客；与此同时，它们又背负着合同承诺，如劳动合同、机队合同、基础设施合同等，这些合同已经令它们不堪重负。

廉价航空公司，如西南航空、捷蓝航空、边疆航空（Frontier）等，是去监管化的产物。它们的出现是为了促进竞争，从而保证去监管化可以通过增加乘客选择、迫使老牌航空公司更灵活以给公众带来好处。廉价航空的初步繁荣要求老牌航空公司适应轴辐体系、折扣机票、常客优惠计划等新事物。效果显著：乘客获得了舒适的服务和有竞争力的票价，表现出对熟悉航空公司的黏性。20 世纪 80 年代中期，第一波廉价航空风潮退去，美国国内廉价航空的增长率回到了一位数。

接着，航空业发生了常规的枯荣代谢。一些航空公司（泛美航空、东方航空、环球航空）消失了；幸存者则更加壮大，或被迫对经济更加适应了。在景气时期，它们购买更多飞机、升级设备、签署更为慷慨的劳动合同。在萧条时期，员工接受“返薪”或薪金冻结，但会尽力讨价还价要求保留基本合同结构。在 20 世纪 90 年代后期，经济蓬勃增长，航空公司也快速扩张。工会抓住了经济增长时期的机会，谈下了条件丰厚的合同，将劳动力成本提高到了前所未有的水平。

为了抵消一部分成本增加的压力，航空公司尝试提高票价。但休闲旅客对昂贵的票价不买账。因此航空公司盯上了订票比较仓促的商务旅客，他们更重视能够在最近的机场随到随走。1999—2001 年，商务票的价格提高了几近 50%；随到随走的商务票价通常会比提前预订的休闲票价高出 10 倍以上。

这一策略的效果适得其反。首先，商务旅客开始设法买休闲票出行，即使这意味着提前订票外加搭上周末的夜晚。其次，他们开始寻找票价更低的航空公司。在这样的环境下，廉价航空再次繁荣起来。西南航空快速成长起来，目前已是业内最赚钱的航空公司。其他廉价航空公司也很快出现，如今，美国每卖出 4 张飞机票就有一张是廉价航空机票，而 4 年前，这一比例只有 10%。

接着发生了“9·11”事件。恐怖袭击的一个后果是许多商务旅客选择待在家中。当他们终于又开始坐飞机时，发现替代品比以前多了很多，他们不再需要支付如 20 世纪 90 年代末期那般的高价了。他们可以选择廉价航空，也可以在网上预订传统航空的低价票。

这就是现在的情况。航空运输稳定委员会看到的问题（但联合航空没看到）是即使业务有所改观，旧的票价结构也不可能恢复了。商务乘客不会再花 600 美元甚至 900 美元从苏瀑（Sioux Falls）或纽瓦克（Newark）飞到新奥尔良去了。他们会寻找其他票价低得多的航空公司，即使他们必须为此先开车到奥马哈或肯尼迪机场。中枢 - 辐射型航空公司必须向所有乘客提供更具竞争力的票价。

就是这个航空公司创造出来、用于对付去监管化的中枢 - 辐射体系，如今被廉价航空利用了，它们就靠经营边缘航线为生。但老牌航空公司不一定非得放弃中枢 - 辐射体系不可，这一体系对航空公司和乘客都有利。它们所需要的只是提高经营效率。

如今，航空公司不得不着手进行在上个 10 年中一直拖着没进行的重组了。这次重组可以在破产保护下进行，也可以从外部着手。但只有在破产成为威胁（即不再会有联邦贷款担保）的情况下，重组才有可能成功。比如，飞机出租人会坚持要求航空公司每月付账，即使飞机一直闲置，但这只有在它相信其客户不会闹上破产法庭并交还飞机钥匙才会发生。飞行员会要求航空公司支付 20 万年薪且每个月飞行时间不得多于 50 小时，除非他面临其他航空公司收入更低、飞行时间更长的前景。

如果航空公司可以将劳动、设备和其他成本降低到更加合理的水平，它们就会发现，中枢 - 辐射体系可以给它们带来繁荣。将航班集中于枢纽空港可以让它们增加班次和航线，在这一点上压倒廉价航空。它们还可以通过互联网和其他技术手段提供价格合理的计票。只有这类重组才能让联合航空、美国航空、达美航空、西北航空等公司盈利。只有航空运输稳定委员会的类似决定才能迫使这些航空公司以及它们的员工直面现实。

美国商业简史

1817 纽约州议会批准了为伊利运河建设提供经费的计划，运河建设将耗资700万美元，从伊利湖上的布法罗延伸约584公里到哈得孙河畔的奥尔巴尼。施工于1818年启动。

1862 林肯总统通过签署《太平洋铁路法案》（*Pacific Railway Act*）授权修建横贯北美大陆的铁路。

1869 连接中央太平洋铁路和联合太平洋铁路的横贯北美大陆的太平洋铁路，于5月10日在犹他州普罗蒙特利敲下最后一颗“金色道钉”。这条铁路连接了全美各地2 858公里的铁路。

1881 金融投机者杰伊·古尔德控制了美国国内最大的铁路网络。

1887 美国国会通过了《州际商务法》（*Interstate Commerce Act*），对铁路进行监管。该法还设立了一个执法机构，即州际商业委员会（ICC）。

1903 奥维尔莱特和威尔伯·莱特在北卡罗来纳州基提霍克进行了第一次成功的飞机试飞。

1908 亨利·福特推出售价950美元的T型车。到1927年时，福特公司的批量生产工艺能够在24秒内制造出一台T型车。

1916 《联邦援建公路法》促成了美国国家高速公路部门的成立。

1927 查尔斯·林白从纽约长岛起飞横跨大西洋至巴黎，成为历史上首位成功完成单人不着陆跨大西洋飞行的人。

1944 洛克希德飞机公司（Lockheed Aircraft）拥有员工 93 000 人，而第二次世界大战爆发前该公司只有 2 500 名员工。战时飞机和发动机制造为现代航空业奠定了基础。

1956 美国国会通过《联邦助建高速公路法》，为创建全美州际高速公路系统做好了准备。

1958 美国航空公司的乘客运送人数首次超过铁路和公共汽车。

1968 日本丰田汽车公司推出了第一代新车卡罗拉（Corolla），卡罗拉成为世界上最畅销的车型之一。

1971 一家来自得克萨斯州的小型新航空公司开始开通圣安东尼奥、休斯敦和达拉斯之间的航班。它自称为美国西南航空公司——名字很贴合实际。

09

通信革命，从电报到互联网

FROM THE FRONT PAGES OF
THE NEW YORK TIMES

THE STORY
OF AMERICAN
BUSINESS

THE STORY OF AMERICAN BUSINESS

FROM THE FRONT PAGES OF THE NEW YORK TIMES

■今天大型机的前身是列表机。图为1985年的列表机，它包含了25 000个真空管，计算能力是每秒83 000次加法运算。(《纽约时报》/乔·林恩 [Joe Wrinn])

美国通信史也是技术创新的历史。技术创新将社会各部分更快、更紧密地联系在了一起。在今天高度互联的世界中，互联网、手机等无线设备让你只要轻触屏幕或轻点鼠标就能将信息传到世界另一头。而其他传统媒介，如广播和电视，通过节目给广大用户带去了娱乐和指导（虽然相对较少），也将广告传递给了千百万的潜在客户。这些进步是美国商业发展的关键，其中许多进步形成了全新行业的基石。随着通信技术不断击碎时间和距离的壁垒，它们也在改变我们关于世界的概念。

知识交换向来在商业中起着非常重要的作用。但是，在19世纪以前，交换的速度和可靠性（不管是商品还是信息）取决于已有的交通基础设施，因此既有局限性，又经常出差错。农村和其他边远地区的商人都体验过与贸易伙伴和对手碰头时间的大延迟，这种延迟通常要付出沉重代价。比如，19世纪初，信息、商品或个人从东海岸到伊利诺伊领地皮奥瑞亚（Peoria，当时美国的西境）

1844	1876	1896	1922	1934
人类历史上的第一封电报发出	贝尔获得电话专利	美国第一个商业电影展开展	美国无线电公司（RCA）发布首款个人收音机	美国联邦通信委员会（FCC）创建

要走28天时间才能到达。如果碰上坏天气，即使是老牌城市的居民和企业也会发现自己与世界其他地区隔绝了。“在冬天或寒潮期，”1836年辛辛那提《每日公报》（*Daily Gazette*）如是写道，“本市就与外部通信隔绝了。”在这个时期，信件有时要历时好几周甚至几个月才能到达目的地。

美国联邦政府很早就开始通过加强国内通信系统来解决延迟的问题。1792年，在政府“建设邮局和邮路”的宪法授权下，国会通过了《邮政法》（*Post Office Act*）。1791—1801年，邮局数量从不到100家上升到1 000余家；到1830年，又上升到10 000余家。随着美国人的西进，邮路历程增加了数千公里。为不断增加的人口提供分拣、运送、投递书信等服务，不但要求建筑和道路等基础设施的建设，也要求人事组织的发展。1831年，全美邮政系统雇用了近9 000名员工，比美国陆军还多2 400多人。

19世纪中叶，随着道路系统的改善，信件投递也变得更快捷、更可靠。但是，在19世纪30年代，还没有任何可以实时远程交换信息的手段。1836年，美国国会考虑通过建设从纽约到新奥尔良的光电报网——在高塔顶端用可视码传送信号的系统，以此改善信息传递速度（类似的系统在法国已经存在了40多年了）。但是，1838年，一位叫塞缪尔·莫尔斯（Samuel Morse）的画家带着一份叫作电报的竞争性方案走入了立法机构。以代码形式通过电报传递的信息速度比蒸汽机引擎还要快，而且不像光信号那样受天气条件、日落以及望远镜视界极限的限制。这个石破天惊的方案看起来太不可思议了，以至于一开始联邦政府否决了它。5年后，1843年，执着的发明家莫尔斯终于说服了立法者的微弱多数，为美国第一条电报线筹到了拨款。

1844年，莫尔斯在华盛顿向巴尔的摩发出了第一封电报：“WHAT HATH GOD WROUGHT？”① 1852年，由国会拨款建设的第一条长64公里的示范性电报线已经成长为37 000多公里的电报网。在接下去的几年中，电报和铁路的发展齐头并进，形成了一种充满活力的动态关系，给国家和大众带来了许多重要的进步。铁路公司给电报网带来了上千公顷可供新线路铺设的土地。与此同时，电报通信让铁路管理员可以以更高的效率和安全性来管理更密集的时刻表。1865年，美国国土上空的电报线已经超过321 000公里，其中电报和铁路的这一共生关系功不可没。由此形成的系统掀起了一场通信革命（包括运输革

① 意为“上帝创造了何等奇迹”，这是《圣经》里的一句话。——译者注

命）——个人和组织可以以比以前更快、更准确地交换信息了，大量商机因此出现。比如，股票报价机可以让投资者在千里之外紧跟金融市场；全美的报纸都开始从一个叫港口新闻社（Harbor News Association）的组织获得最新报道，港口新闻社后来更名为“联合通讯社”（即后来的美联社）。

电报发明后，几位发明家开始实验用电同时传输信号和声音。1976 年，亚历山大·贝尔成为第一个提交此类装置专利申请的人，只比竞争对手伊莱沙·格雷（Elisha Gray）未果的专利申请早了几个小时。几周后，贝尔用他的电话成功地与隔壁的助手通了话，通话内容是“沃森，过来一下帮个手。”人们一开始对电话报以怀疑的态度。但即时传递声音通信的便利性很快就为电话赢得了一席商用之地——尤其是在诊所和医院中，一部分个人也在家里装了电话。与电报不同，电话既能在本地使用，也可以作为长途通信手段，而且不需要编码和解码。贝尔递交专利申请后不出 10 年，电话使用数量就已经达到了 170 000 部，电话线的长度也达到了 273 000 多公里。在接下来的 50 年中，1895 年脱胎自贝尔公司的长途电话公司——美国电话电报公司（AT & T），逐渐成长为全世界最大的电话公司。

在电话和电报线在整个北美大陆蔓延的时候，出现了一种可以抛弃线缆的技术。意大利发明家伽利尔摩·马可尼是为数众多的无线电波学者之一，但他是第一个开发出可以用无线电频谱传送和接收信号的实用系统的人。1897 年，他创办了马可尼公司（British Marconi Company），一开始，该公司向船队兜售可以与陆地建立通信的无线系统。第一次世界大战期间，美国对境内无线电通信实施了管制，战争结束后，国会考虑立法将政府对该行业的管制延长到和平时期。该法发起者的初衷是避免让马可尼公司通过其美国分公司主宰美国的无线电市场。1919 年，该法的“流产”已是众人皆知，于是美国海军将其所拥有的无线电专利给了通用电气，目的是成立一家不为外国所有者控制的新无线电公司。

海军出让专利权所成立的公司被称为美国无线电公司（RCA ）。在俄罗斯移民、此前在马可尼公司任职多年的大卫·沙诺夫（David Sarnoff）的领导下，RCA 的电子部门很快兴旺起来。1921 年，沙诺夫帮助建设了第一个无线电基站网络，即后来的美国全国广播公司（NBC）。早期通过该网络和其他基站传送的广播节目包括天气预报、市场价格、体育赛事、宗教服务、政治演讲和音乐等。收听这些节目的需求快速增长，1922—1929 年，美国收音机产量从 10

1977	1981	1992	2005	2007
AppleⅡ推出	IBM 推出第一台个人电脑	万维网出现	Facebook 公司成立	有报告称估计有 80％的成年人使用了互联网

万台增加到400多万台。与当时和现在的诸多技术形式一样，无线电也是一座社会里程碑。一则早年的广告说广播是“书香门第的真正点缀”。

1932年，RCA脱离母公司——通用电气、西屋电气、美国电话电报公司和通用汽车，正式独立。沙诺夫的激情和追求激励着RCA的快速扩张，RCA很快便以强调研究而闻名天下。大萧条期间，沙诺夫增加了新技术方面的投入，包括开发了一个可以同时传递声音和影像的系统。RCA并没有发明电视，电视发明者头衔拥有者是犹他州发明家费罗·法恩斯沃斯，他在自家农场收拾干草时有了灵感。但RCA在深化现有技术方面做了大量工作，并最终让电视走入了千家万户。电视产量因美国卷入第二次世界大战而停滞不前，但在军队在1945年陆续回国后，电视机产量马上出现了井喷。1949—1959年，拥有电视机的家庭数量从不到100万增加到近4 400万，相当于美国家庭总数的85%。到20世纪60年代，超过90%的家庭每天都可以收看电视节目了。

广播和电视制造商都依赖规范网络节目吸引消费者购买产品。为了为这一节目融资，三大电视网——NBC、ABC和CBS转向了广告。各种各样的广告——从宝洁公司早期的广播“肥皂剧”到在电视节目中植入产品再到定期插播的商业广告，极大地拓展了这些年里推出的产品的市场。节目越受欢迎，消费品公司就越愿意砸钱在节目期间打广告。这样的安排使得公众可以免费收看电视网节目。但也有一些人对此十分反感。20世纪50年代末、60年代初出现了一场关于强大的年轻媒介——电视的广泛重要性和后果的争论。不断的广告信息流会不会培养出享乐主义？健康的娱乐节目会不会被价格更加诱人的哗众取宠型节目取代？我们会更加紧密地联系在一起成为一个社会，还是会逐渐孤立、成为杵在显像管前的“傻瓜”？

至少在某些方面，广播和电视节目毫无疑问有助于建立和维持联系。比如，在大萧条和第二次世界大战期间，千百万美国人收听了罗斯福总统的“炉边谈话”，该节目每隔几个月就通过广播传向全美国。广播和电视培养了美国人的民族意识，也让美国各小型社会与外界的联系更加紧密了。在20世纪初大迁徙运动中来到北方的非洲裔美国人靠收听南方电台的节目，来了解家乡的最新进展和音乐剧。70年后，有线电视和卫星电视节目让各种大大小小的移民群体可以收看母语节目，甚至是来自祖国的节目。

下一场重大通信突破进一步扩大了信息的范围和触及面，直接将内容创新的主导权交给了个人。但是，在20世纪40年代末50年代初，人们根本没有意识到电脑有如此潜力。当时，大部分电脑又大又沉，而且贵得惊人，主要销售对象是用它来处理数据的企业和其他机构。电子数字积分器和计算机（ENIAC）1945年诞生于宾夕法尼亚大学，它是世界上第一批数字计算机之一，重30吨，占地160多平方米。1971年，英特尔公司工程师泰德·霍夫发明了微处理器，这使得生产更小、更便宜的电脑成为了可能。1969年，一种基于电话的通信系统（今天的互联网的前身）在4台电脑之间架设成功，其中3台电脑在加利福尼亚州，另一台在犹他大学。

20世纪70年代诞生的个人电脑吸引了成千上万电脑拥趸，也成为大量创业公司的目标。苹果电脑公司就是其中之一，其易于操作的Apple II电脑给公司带来了第一桶金。到20世纪80年代末，电脑爱好者、工程师和企业总共买走了12多万台Apple II。次年，商用设备巨头IBM——当时它已经成为产业用大型机市场的主宰者，进入个人电脑市场，推出了自己的PC。1981年，美国PC销量为76万台，1982年增加到250万台，4年后又增加到600万台。

这些PC的买家大部分是公司客户，但家庭市场也在稳步发展。1984—1993年，美国拥有电脑的家庭比例从10%上升至23%；21世纪，这一比例继续上升：2003年为近62%，4年后，又升至81%。快速增长背后的一大重要因素是，PC从处理数字和玩电子游戏的设备转变成可以协助个人通过文字、图片和视频相互交流的机器。20世纪90年代初，研究人员蒂姆·伯纳斯-李（Tim Berners-Lee）设计了一些重要的标准，这些标准让全世界的人们得以使用电脑通过电话线进行信息交换。通过一系列关于互联网页面地址如何确定以及如何制定信息格式并将之共享的规则，基于电脑的通信便有了大批全球用户。伯纳斯-李及其欧洲CERN实验室的同事还创造了第一个浏览器，并把它命名为万维网（WWW）。在接下来的几年中，不少公司都推出了相互竞争的浏览器，万维网的使用开始普及。接入互联网的美国家庭数量在20世纪80年代末90年代初几乎为零，到1997年已升至18%，2003年达到55%，2007年达到62%。

20世纪90年代末，个人开始用互联网代替各种新形式的传统通信。电子邮件可以实现人与人之间或个人和机构之间的通信。即时信息服务可以让人进行实时打字对话。聊天室、社交网络和博客让人们与家庭、朋友、同事以及越来越多的陌生人紧密地联系在一起。

短短不到10年时间，互联网就改变了企业和个人的通信能力。互联网让和客户共享文档、推出新歌曲或者向另一个半球的爱人传递信息变得比以前更容易、更快捷、更便宜。互联网改变了我们对时间、距离和联系的感觉，既缩小，又扩展了我们生活的世界。互联网所带来的快速、强大的效应比电视更快，也更深远，但也引起了社会和政治顾虑。随着互联网用户的增加，以前存在于公共和私人、朋友和陌生人以及工作和家庭信息之间的稳固壁垒被削弱了。隐私权支持者警告说，互联网给电子邮件、数字相片和其他个人文档建立了永久性电子档案。家长们哀叹与工作相关的电子邮件不但霸占了上班时间，还要求他们24小时待命；而他们也担心孩子接触网上色情和其他不良信息或不良用户。许多工人担心互联网会让他们的工作失去意义或是转移到劳动成本更低的国家。

事实上，到21世纪初，在线交流已经成为家常便饭，以至于互联网对长期存在的商业和通信模式构成了干扰、威胁甚至取而代之。美国人可以在网上寻找公寓、订餐、看每日新闻、完成大学学分等；他们可以在网上搜索商品，比如机票和图书馆藏书；也可以寻人，比如长久不联系的高中好友或潜在约会对象。网上还可以下载电影和音乐，不管通过合法还是非法渠道。这些应用的到来使报纸丢掉了广告费，出版商和唱片公司收入锐减，甚至连电视网和有线电视也因此失去了不少观众。与此同时，互联网也让成千上万小企业和创业者进入全美和全球市场。和许多曾经改变美国人通信的新技术一样，对于新一代富有创业精神的年轻人来说，互联网中无疑蕴藏着巨大的财富。

February 7,1881

THE STORY OF AMERICAN BUSINESS

FROM THE FRONT PAGES OF THE NEW YORK TIMES

电话，电报的敌人

•电话的历史和可行性•

华盛顿，2月6日——电报公司合并形成的大垄断让一些人把目光投向了另一种电子通信方式——电话的商业化条件。尽管电话发明才不过两三年，但它已经迅速走向了一般应用，新实验似乎正在逐渐增加电话传输信号的距离。考虑到沿着这个方向的新发明的奇妙功能，电话的信息传输能力逐渐扩大，直至与电报系统等量齐观显然已不再是不可能的任务了。目前，电话的应用只局限于本地，且只有传输路线较短的城市和大型乡镇才有。电话采用通信区制度，用户要依靠中央调度室打电话。在中央调度室中，交换机把一个用户的电话与另一个接在一起。许多建立了通信区制度的城市已经出现了较强的垄断势力，而电话已经和电报一样，成为大公司敛财的又一利器。一位熟悉电话发明史的电子工程专家向《纽约时报》列举了电话史上的一些重要时刻。

早在1667年，英国人罗伯特·胡克（Robert Hooke）就发表了关于通过现在称为机械电话的东西传递清晰声音信号的报告。在该报告中有这样几句话："在200米之外准确无误地听见耳语并不是不可能的事情，这已经可以实现了。我可以向你保证，只要有足够长的电线，我就可以以光速将我的声音传到很远的地方去。"1839年后，电报的出色功能启发人们将电应用于传递声音，可以说，许多科学家所做的实验都体现在机械电话的成功操作中。

查尔斯·包索尔（Charles Boursal）1854年在法国发表了一篇关于用电传递清晰声音的论文，在欧洲学界引起密切关注。包索尔说：“在电报奇迹实现后，更进一步的杰作已不再遥不可及。我们知道，声音是通过振动产生的。只要一个人凑近可产生电干扰的可移动圆盘说话，你就可以在遥远的距离之外用另一个圆盘同步产生相同的振动，通过这种方法就可以传递人声了。不消说，大量极重要的应用将随着声音电传输的出现而立即出现，任何人不需要学习就能立刻上手这种转播模式，所需要的装置只是圆盘、相连的电线以及电池。声音将迟早通过电来传递。我已经做了一些实验；现在还很不成熟，需要对此报以耐心，但我所得到的近似结果非常鼓舞人心。”

1855年，英国人斯科特（L. Scott）进行了用电传递声音的实验，该实验启发了赖斯（M. Reiss）于1860年制作的电话。赖斯的电话已经具备了标准电话的基本功能。

1874年，伊利诺伊州芝加哥市的伊莱沙·格雷发明了谐波电报系统，该系统利用了电话电报的基本原理，格雷也据此获得了数项专利。1875年，康涅狄格州纽黑文市的查尔斯·比尔（Charles E. Buell）向专利局递交了关于可用于传输清晰声音的系统的初步描述。1876年2月14日，贝尔和格雷同时递交了关于传输清晰声音的设备的规格参数。贝尔将1876年6月15日宣布为他的改良电话的发明日。贝尔的规格参数用寥寥数语来描述这个可以被称为清晰版电话的设备。根据贝尔本人的描述，这个设备并没有产生任何令人满意的结果，和贝尔电话公司推向大众的工具一点都不像。不过，这一极具价值的新通信方式诞生的主要功劳还是记在了贝尔头上。这个工具发明之后，美国各城市和乡镇涌现出了许多新公司，这些公司会租用贝尔公司提供的价格高昂的工具。高到什么程度？打电话可以称得上是奢侈品。

December 11,1926

THE STORY OF AMERICAN BUSINESS

FROM THE FRONT PAGES OF THE NEW YORK TIMES

马可尼开启无线时代

•周日将迎来第一条跨大西洋信号收发25年纪念日，
其当初起步之艰难令人唏嘘•

雅巴拉（T. R. Ybarra）

伦敦，12月10日——25年前的下周日，马可尼焦急而满怀期待地在纽芬兰海岸一栋废弃建筑中等待着。那一天，他收到了第一条来自大西洋彼岸的无线信号。这条信号证明，他的梦想——以一种比此前任何方法更神秘、更离奇的通信方式连接各国，终于永远地告别了梦想王国，走入了实实在在的现实世界。

今天，这位意大利无线电天才第一次给出了关于25年前那一激动人心的时刻的个人看法。尽管发明给他带来了无尽的名誉，但他仍然保持着谦逊和羞涩。《纽约时报》记者能够获得马可尼参议员本人的意见，这让本报感到十分荣幸。马可尼向记者描述了艰辛的准备过程、长达数小时的中断调试，以及传来第一条消息时的振奋心情。一台今天看起来颇为原始的设备，孤零零地摆在纽芬兰海滩上，它收到了来自4 800多公里外的英格兰康沃尔发来的消息。这一刻，马可尼和全世界都知道，他的神奇科技小玩意儿——当时仍被称作“天才儿童”，已经完全成长为实实在在的现实，并且拥有极为光明的前途。

1901年12月12日，在纽芬兰圣约翰信号山（Signal Hill）的一间废弃兵营里，摆着一张桌子，桌子上放着几台仪器，这些仪器通过一根细线与一个风筝相连。大西洋的强风把风筝送上了120多米的高空。这些仪器还连着一台电话。午后不久，电话中听到了遥远的康沃尔传来的信号声——用莫尔斯电码发送的字母S已经送入了以太空间，穿越了大西洋。

1895年和1896年，我已证明通过天线和地线在相当长的距离之间传递信号是可行的；1899年，我证明了地球的曲率不会干扰以太波的短距离传播；1909年，我认为是时候进行更远距离的实验了。我对发报机和接收机做了大量新改进，我很自信，这将不仅仅是一次实验，它也将是一次商业测试，跨大西洋无线电报将是完全可行的。自然地，作为第一步，我必须证明电波可以在大西洋的一边发出，然后在另一边收到。

纽芬兰的第一次尝试

11月26日，我乘坐艾伦公司的轮班“萨丁人号”（Sardinian）从利物浦来到纽芬兰。每年的那个时节天气恶劣，我们的准备时间也非常仓促，在这样的情况下，要竖起桅杆支持天线显然根本是办不到的，因此我决定放飞一个小型气球，用它作为天线的必要支撑。于是，我们带了两个气球和六只风筝。

12月6日，星期五，我们在圣约翰上岸；12月9日，星期一，我们开始在俯瞰圣约翰港的信号山上开始了工作；星期二，我们将一只携带天线的风筝放飞到183米的高空，作为初步试验；星期三，我们为第一只气球充气，第一次把它送上天空。这个气球直径约4米，充有大约28立方米的氢气，足以将重约4.5千克、由各种电线组成的天线送往高空。但是，由于风太大，不一会儿气球就炸裂并消失了。因此，我认为也许用风筝更合适。星期四上午，尽管风很大，我们还是设法将一只风筝放飞到了120多米的高度。

“关键时刻终于到了”

关键时刻终于到了。我们为此已经做了6年艰苦的铺垫工作，在此期间，我们遭到了一切新事物都会受到的攻讦。我将亲手测试自己所信奉的真理。

突然，大约在12点半，电话里传来了绝不会听错的三次滴答声，这代表莫尔斯电码的三个点。我专心地听着，三声滴答响了好几次，但在获得确认前，我是不会满足的。

“你能听见吗，坎普？”我把电话交给我的助手。坎普听见了和我听见的一样的声音，这时，我知道我的预测是完全正确的。电波从英国西南部的康沃尔（Cornwall）发出，完全没有受到地球曲率的影响——很多怀疑者将其视为致命障碍，从容地跨越了大西洋，传到了我们在纽芬兰的接收器中。

那一刻我明白，我距离能够不用电线和电缆实现信息的跨大西洋传送已经不远了。至于无线电报在未来的应用问题，你知道的，我向来反对预言。但我得说，除了我刚才提到的无线信号的收发之外，我们或许还可以实现在不太远的距离间传送电力，而电视也不再是不可能的事物。

至于这些新事物可以派上哪些用场，你大可以开动自己的想象。它们的神奇将不亚于到目前为止我们所体验过的任何东西。

January 6, 1927

THE STORY OF AMERICAN BUSINESS

FROM THE FRONT PAGES OF THE NEW YORK TIMES

越洋电话，开辟新市场

1897 年，马可尼预言，总有一天，电报可以凭空传递 30 公里的距离。从明天开始，我们将可以在纽约一张普通桌子上拿起一个普通的电话接收器，要求拨打伦敦电话黄页上所登记的任何一个号码——仿佛对方就在与纽约相邻的某个城市里。

对于这项发明，我们应该向谁表达敬意？是莫尔斯还是贝尔？是爱迪生还是塞勒斯·菲尔德（Cyrus Field）？是谁想出了被用于这项新国际通信技术的基本原理？我们四顾茫然地寻找着光芒四射的英雄人物。我们从未了解其中所包含的汗水，无法想象他们经受过的误解，也无从得知那些无想象力之人和无知之辈对他们的嘲弄。

这项发明的所有者是无名氏，它代表了 20 年来物理学家和工程师研究成果的最高峰。技术成就不再只是临时性实验的偶然结果。产业公司不会坐等发明家想出新流程、造出新机器。研究在很大程度上已经具有和制造业一样的功能。有组织研究可以系统性地、快速地解决产业问题，技术进步不再需要好几代人的等待才会发生。照明、交通和通信的巨大进步都是如此。发明不再像过去那样浪漫，因为它不再拥有独特而鲜明的个人印记。但发明比以前更容易产生了，因为其系统性增加了。

或许越洋电话的开端并不会如第一封电报、第一通电话和第一条电缆那样掀起巨大的狂热。我们平静而自得地接受了如此迅速和直接的跨大西洋通信方式的引入所产生的社会、政治和经济后果。这些后果会怎样，即使是那些 20 年来花费了数百万美元用于研究的大公司也不敢妄加猜测。新的通信方式不可能因为公共需求而被设计出来。新功能会自己制造需求。贝尔从未想过，世界最大的电话交换盘会建立在一家纽约银行中。塞勒斯·菲尔德肯定也不曾预料到小麦和棉花的价格可以通过电缆实现跨洋传输，也不会预料到套利，这个利用纽约、柏林、巴黎和伦敦交易所的即刻价格波动的艺术，会给精明的国内外交易者带来利润。

电报和电话的同步发展让我们觉得，无线电报和海底电缆公司将不会把越洋电话的出现视为大麻烦。电报仍会闪个不停，在两分钟内将电码送到大洋彼岸。越洋电话将开创自己的市场。

大卫·沙诺夫：在无线电的无限空间中茁壮成长

•39 岁的 RCA 总裁预测通信和广播服务的大发展——电视的未来•

查尔斯·普尔（Charles G.Poore）

9 岁的时候，大卫·沙诺夫还一句英语都不会说；如今，下周即将迎来 39 岁生日的他在使英语成为世界语言方面所作出的贡献，恐怕比任何一位曾在地球上生活过的人都要大。这是因为，作为美国无线电公司（RCA）的总裁，他的时间都用在了让从美国发出的声音传遍整个苍穹的事业上。作为无数家收音机、留声机制造公司的董事、总裁和董事会主席，他总是一刻不停地寻找着传播昔日撒克逊人语言的新方法。

加入美国无线电公司

1891 年 2 月 27 日，沙诺夫出生于俄罗斯明斯克的乌兹里安（Uzlian）；1900 年 7 月，来到美国并在到达法定年龄后成为美国公民；1906 年，被商业电缆公司录用为信差；1906 年 9 月 30 日，被马可尼公司录用为文员。沙诺夫的人生因其在马可尼公司逐渐变得重要而实现了短暂的飞跃，他升迁之迅速可与无线电行业的飞速发展齐头并进。

第一次世界大战期间成立的 RCA 收购了马可尼公司，也吸收了身为该公司英国分公司商业经理的年轻人——大卫·沙诺夫。RCA 的诞生是政府的直接手笔。政府认为，美国需要一家美国人所有、经营和控制的无线电通信公司，并要强大到足以与其他国家的无线电公司抗衡。美国政府的算盘是，除非美国迅速行动，否则将难以在以太世界占据一席之地。因此，大型电子公司受到了召唤，不久，RCA 成立。

在技术革新中求生存

但是，用当时无线电领域常用的话说，该形式[①]并不是静态的。它开始是家通信公司，但在未曾预料到的发明和开发大爆发中，该公司不得不经常改变其结构。而这位公司成立之初被任命为营业经理、10 年后的今天已经爬上总裁宝座的年轻人的指导思想可以这样总结：每一家新单位都必须由母公司掌控。

沙诺夫职业生涯之初就领略了伟大的跨洋无线通信的发展魅力，通过 RCA 提供的服务，美国与世界其他领先国家连接了起来。他很早就开始动员专利和产业设备，从而使这一目标成为可能。

接着，广播出现了。在广播刚刚发出微弱的光芒的时候，沙诺夫就注意到了这项潜力惊人的发明。然而第一批广播节目并不成功，人们对广播并不看好，节目的推出也并不成功。制造商认为无线电是个不可理喻的怪想法，但他们很快就意识到了它的重要性。1925 年，沙诺夫在与领先留声机厂商旷日持久的谈判之后，终于宣布将在留声机中加入收音功能。

收音机广播的基础并不稳固，尽管无线电行业作为一个整体已经繁荣起来，规模达到了 5 亿美元级。该行业要想继续发展，就必须提供持久的广播服务，改善广播节目，吸收更多的人才，将节目覆盖面推广到全美。此时，沙诺夫开始转而致力于在主要城市推广建设高能广播站。

接着，有声电影诞生了。人们在屏幕上既可以看到影像、又可以听到声音的同时，RCA 便成立了自己的公司——RCA 电影公司，进入了该领域。沙诺夫也加入了这一新趋势。1928 年，他成为 RCA 旗下向影院提供有声电影的子公司的总裁。RCA 在娱乐领域的这一新动作的目的是在娱乐业分一杯羹，利用其专利和设施提供必要的电影技术。

---

① 原文为“firm”，疑应为“form”（企业）。——译者注

在谈及无线电行业的未来可能时，沙诺夫说："在通信领域，无线电将会发展壮大。我相信，电报的传输不仅速度会有所提高，还会出现传真技术；我的意思是，可能实现文字页面、画作、图片甚至整页报纸在空间内的瞬时传输。"

"电视总会到来"

"无线电影像传输——流行的说法叫作电视，早已褪去了神秘色彩，我会毫不犹豫地告诉你，据我判断，电视总有一天会到来。我无法给出精确的时间表，但我敢说，不出 5 年，你就能凭空收到影像，正如现在你可以凭空收到声音一样。到那时，我们就会想，1930 年的时候我们是多么有耐心啊，居然可以忍受从广播中收听演讲者的演讲、听歌星唱歌，而看不到他们本人的形象。"想象力可能因影像传输成为可能而被激发，这是因为，它既然可以跨越一定的距离，就可以跨越整个世界。困难不在于传输设备和接收设备，而在于空间本身。自然还没有放弃所有关于空间的秘密，她仍在挑战科学家和工程师的想象力。"沙诺夫如是说。

■ 十来岁的大卫·沙诺夫在无线电先驱伽利尔摩·马可尼的试验车间中。在这里，他学到了日后建立其广播和电视王国的基础知识。后来，沙诺夫成立了 NBC 公司，并在其职业生涯期间开创了 RCA 大量不同的业务。(《纽约时报》)

August 21, 1930

NBC 申请电视执照

华盛顿，8 月 20 日——NBC 今天向联邦无线电委员会（Federal Radio Commission）递交了更新其新泽西州邦德布鲁克（Bound Brook）5 000 瓦便携电台试验性电视执照的申请。根据这封编号为 W3XAK 的申请，该电台将提供 2 000 ~ 2 100 千赫波段的短波电视频道信号。

Feburary 8,1950

THE STORY OF AMERICAN BUSINESS

FROM THE FRONT PAGES OF THE NEW YORK TIMES

电视对家庭的影响日益深入

• 华盛顿地区的调查表明，电视是继汽车之后对人们生活习惯影响最大的发明 •

华盛顿，2 月 7 日—— 一项涉及 400 个家庭的调查表明，自汽车发明以来，电视是对家庭生活习惯影响最大的发明。

在今天发布的题为《电视对华盛顿家庭生活习惯的影响》的报告中，查尔斯·奥尔德雷奇（Charles Alldredge）和一组研究人员给出了关于成年人如何看待电视对家庭带来的影响的统计数字。报告说，电视减少了人们去电影院、阅读、收听广播、玩牌、织毛衣和烫衣服的时间。调查者认为：“电视的影响远比广播大，与这种媒介的历史影响力相当”。

做这份调查的原因是三位剧院经理希望获得关于电视影响力的数据。400 户接受调查的家庭报告说，在购买电视机以前，成年人平均每月会去电影院 4.51 次；买了电视机之后，去电影院的次数为 1.27 次，下降了 72%；对于儿童来说，去电影院的次数从 5.13 次降到了 2.75 次，降幅为 46%。

在拥有电视机超过两年的成年人中，杂志阅读时间下降了 18.9%，图书阅读时间下降了 33.7%，看报时间下降了 4.7%，每天听广播的时间从白天 2 小时 30 分钟、晚上 3 小时 30 分钟下降到白天 1 小时 55 分钟，晚上则只有 15 分钟。

在几项运动的上座率变化中，美式橄榄球上座率下降了30%，棒球下降了30.9%，摔跤和拳击下降了53.7%。

拥有电视机超过两年的家庭成员所报告的居家时间要比拥有电视机不足两年的家庭成员更长。报告预测，未来起居室将越来越像是剧院。“自从大腹取暖炉消失以来，起居室第一次成为家庭的中心，”报告称，“目前，电视正在霸占典型美国家庭的起居室，将许多家什从原来的位子上赶走。毫无疑问，未来建筑师和设计师必须把电视机纳入考虑范围。”

调查者还说，在最低收入家庭中很少看到有电视机的例子，但这并不说明未来会不会有。

逆势而上，电视网努力赢回观众

理查德·史蒂文森（Richard W. Stevenson）

看电视已不再像从前那样简单了。

全家人坐在电视机前，自动调到三大电视网之一——这样的日子一去不复返了。如今，看电视的选择多得令人眩目。技术进步，特别是有线电视和录像带，让人们不再受老式电视节目表的束缚。这些变化正在给电视网、在电视广告投放者带来新问题，甚至看电视的习惯也有可能因此改变。

“20世纪70年代末80年代初以来，人们使用电视的方式逐渐发生了变化。”电视评级机构AC尼尔森（A. C. Nielsen）执行副总裁威廉·哈米尔（William S. Hamill）说。上周，尼尔森宣布将开始尝试新的电视收视跟踪方法，该方法将更好地考虑公众选择的多元化。将于明年3月开始使用的新系统基于一个被称为“人工收视记录仪”的装置。这是一个带按钮的手持式盒子，家庭成员可以确认自己的身份，尼尔森公司可以了解谁在看电视、看了什么节目，还可以记录换台频率以及哪些广告被跳过了。

专家表示，观众正在支配媒体。他们不再消极地接受少数几家电视网所提供的节目，他们已成为活跃的参与者。消费者拥有广泛的选择，技术使他们可以轻松地同一个台换到另一个台，录像带可以让他们观看可能错过的节目或广播电视看不到的电影节目，从根本上创建属于自己的个性化节目单。

“电视就像是婴儿保姆，不但可以照看婴儿，还可以照看成人，”扬罗必凯广告公司（Young & Rubicam）负责媒体研究的高级副总裁小劳伦斯·斯托达德（Laurence R. Stoddard Jr.）说，“电视网决定你看什么，你只能接受它给你看的节目。我们正在告别这种模式，走向新的模式，电视可以用于多种用途，观众可以有更大的选择权。”

研究者指出了多个发展方向来解释这场革命。

最重要的变化是收视选择的增加。除了三大电视网，观众还可以选择日渐增加的独立电视台、数量众多的有线电视节目以及新出现的卫星电视，还有价格越来越大众的录像机。

分线盒和录像机正在成为美国家庭的标配。除了增加电视频道数量之外，有线电视和录像机都带有遥控器，人们躺在床上就可以跳过广告，不再需要忍受起床换台的痛苦了。

人口结构的变化，如职业女性数量的增加，也在影响节目收视的时间和方式。比如，录像机能够让众多职业妇女录制午间肥皂剧场节目，等到下班后再开始观赏，还可以用快进跳过广告。

暂且不论其他影响，这些变化至少让电视更加普及了。美国家庭周平均收视时间从 1982 年的 47 小时 44 分钟增至去年的 49 小时 58 分钟，也就是说，每周 7 天、每天 7 个多小时被花在了电视上。这个数字包括了用录像机录制电视节目的时间，但不包括看录像的时间。

这些变化的最大输家是电视网。据扬罗必凯广告公司的数据，1977—1978 年收视季，ABC、CBS 和 NBC 占据着黄金时段收视率的 91%，而在 1984—1985 年的收视季只有 73%。这一变化的原因不难找出。独立广播电视台，即那些不与主要电视网合作的电视台，从 3 年前的 160 家增加到了如今的近 250 家。此外，安装有线电视的家庭数量从 1982 年的 2 900 万户预计将增加到今年年底的 4 100 万户，增长将近一倍。

录像机大行其道，更令人瞩目的是录像机市场的增长。录像机于 20 世纪 70 年代中期首次出现在市场中，如今已经走入美国超过 25% 的家庭。根据美国电子工业协会（EIA）的数据，录像机的月销量高达 100 万台。

到目前为止，电视网和广告商还没有找到重新吸引观众眼球的良策。对电视网来说，最显而易见的解决方案正是最困难的一个——开发更多人希望收看的节目。类似地，对广告商来说，解决之道是让广告更具娱乐性、更具视觉冲击力，这样就不会那么容易被人们关闭或跳过了。尽管广告商宣称正在开发这样的广告，但大部分也承认，到目前为止成果十分有限。

但电视网并没有向趋势低头。设计更具视觉吸引力的节目已经取得了一些进展，特别是针对 MTV（音乐电视）的成功秘诀——关注喜欢看视频节目的年轻观众的需求。电视台高管认为 NBC 的《迈阿密风云》（*Miami Vice*，一个带摇滚乐的快节奏警察秀节目）代表着电视网应该多方位利用的创新方向。

但随着替代技术的进步和非电视网节目质量的不断改善，ABC、CBS 和 NBC 可能会发现，未来竞争将愈演愈烈。

电子计算机能力超群，或将助力工程师

T.R. 小肯尼迪（T.R.Kennedy Jr.）

费城，2 月 14 日——今晚，在这里，陆军部门公布了战时最高机密之一，首次用电子元件的速度完成了对人力来说极其困难、繁琐的数学求解问题的机器。首次目睹这一装置工作的领袖们预言，它将成为开启科学新纪元和新基础的工具。

据称，这个新工具将对现代工程学产生革命性影响，打开工业设计的新时代，并最终将目前仍被视为精密仪器制造过程中不可或缺工序的费时费力的试错法彻底淘汰。迄今为止，艰深的数学难题经常迫使设计者不得不接受次优方案来解决问题，导致更高的成本和更多的耗时。

这台新机器名叫“ENIAC”，它完成这些工作的时间可以忽略不计，发明者说，它可以以比任何已知手段快 1 000 倍的速度计算数学问题。这台机器正被用于解决核物理问题。

ENIAC 的全称是“电子数字积分计算机”，它并不具有任何活动的机械零件。它包括了 1 800 个真空管和数公里长的电线，除了最微小的物质元素——电子之外，没有一样东西会活动。但是，它配有将人类数学语言翻译或“解读”为它所能理解的形式（及其相反过程）的机械装置。

ENIAC 由来自宾夕法尼亚州摩尔电子工程学院的两名年轻科学家——38 岁的物理学家兼业余气象学家约翰·威廉·莫奇利博士（John William Mauchly）和他的

搭档、26 岁的项目总工程师小普莱斯珀·埃克特（J. Presper Eckert Jr.）发明并完善，其他学院工作人员也提供了大量帮助。

美国陆军军械部门一直在寻找能够帮助进行大量弹道计算的机器，弹道计算是编制新型出口进攻武器的火力和轰炸表的过程中所遇到的瓶颈问题。没有这张表，枪械就无法最有效地使用。

30 个月便顺利完工

当时还在摩尔学院的陆军军械数学家戈德斯坦上尉（H. H. Goldstine）听说了莫奇利博士的想法，并报告给阿伯丁试验场的保罗·吉伦中校（Paul N. Gillon），他们对这一项目表示热烈支持，于是该项目成为政府资助项目。30 个月后，ENIAC 完工并投入使用，轻松地完成了原本需要大量训练有素的人员费尽全力才能完成的任务。ENIAC 很快就被永久地安装在阿伯丁。

安装完成后，“一个极其难解的战争问题”马上被输入了 ENIAC 的复杂电路之中，两小时后，ENIAC 找到了答案。要不是 ENIAC，这个问题得耗费 100 名训练有素人员一整年的时间。这玩意儿太聪明了，以至于其开发者不久之后就不再试图寻找它所不能解决的问题了。

这一难题解决器被计算专家称为“数字计算机”，不过从本质上说，它干的无非是加减乘除的活儿。它通过产生维持时间极其精确的脉冲完成计算，脉冲每秒产生 10 万次，做一次运算需要耗费 20 次脉冲，因此，它每秒可以做 5 000 次加法运算。

所有数学问题，不管多么深奥和复杂，只要有充分的时间，都可以通过基本算术解决。因此，ENIAC 可以逆转这个过程，在极短的时间内获得几乎所有问题的答案，其发明者如是说。

机器也有记忆

ENIAC 可以做的还有很多。它拥有“记忆”的人类功能，具有四类记忆，并根据任务的不同调用；它还具备“控制”的要素，在某种程度上可以自主决定行为。比如，它可以比较两个数字，以哪个数字大为依据选择两个可行方案之一。

首先，ENIAC从一系列被打了孔的表示问题的“初始条件和约束条件”的卡片中获得原始数字，其“意识”之一会完成这一工作。问题被打孔在卡片上后，会将卡片插入“阅读器”插槽，然后就可以坐等结果出来了。通常等待不会太久，对绝大多数问题，ENIAC几秒钟就能给出答案。一个被称为“主要编程器”的单元负责管理整个计算过程，并确保能得出结果。

ENIAC有40块2.7米左右高的面板，上面密密麻麻插着各种控制和显示元件。按下按钮，某些面板上的粉色霓虹灯就会闪烁，数字在霓虹灯旁被打印出来。一个9米 ×18米的房间中绝大部分空间都被计算机占据着，可想其体积之大。

制造经费高达40万美元

制造ENIAC花费了20万个工时，包括了50多万个焊接点，总花费约40万美元，让它运转起来所需要的电力是最大广播装置的三倍——150千瓦。在和平时期，莫奇利预测，它可以用于预报几个月后的天气，也可以用于制造更好的飞机、汽轮机、微波无线电真空管、电视、原动机、以超音速平稳前进的推进器，甚至可以用于更精确地研究地球运动。

微处理器蓄势待发

维克多·麦克尔赫尼（Victor K. McElheny）

在电子业多年的大肆宣传之后，微处理器，这种基于一片指甲盖大小硅片的微型计算单元，眼看就要进入大众市场了。这款所谓的“芯片上的计算单元”，其价格较1971年发明以来大为下降，其使用范围正在越拓越广，预计将在未来几年中成为10亿美元规模的市场。它已经在袖珍计算器、电子游戏和微波炉中为大家服务多时，能帮助企业加快销售、控制成本、帮助商品种类繁多的商店管理存货、检查油管和销售终端（即“智能”现金出纳机）。

如今，微处理器即将进入满足个人消费者基本需求的市场，比如汽车、电话、电表等。微处理器系统去年销量近2亿美元，今年预计可达4亿美元，如此看来，电子业销售额飙升的时代马上就要来了。

“临门一脚”由美国最大汽车商（包括通用汽车和福特汽车）在过去几个月中完成。几天前，福特宣布将和两家主要半导体生产商——德州仪器公司和英特尔公司合作，为1980年及以后生产的汽车悉数安装微处理器。

放眼未来，这类设备预计将在几乎所有新车上安装，其作用并不限于为火花塞点火计时和控制化油器中的瓦斯流量（控制燃料成本），也包括控制污染控制系统的废气利用、操纵汽车操作的仪表盘显示信息、控制防滑刹车系统以及最重要的——控制传动装置。

人们普遍预期，这些相对复杂的微处理器系统价格将降至10美元以下，生产这些微处理器的经验将有助于拉低用于电话听筒、电表等产品的微处理器的价格。

电话中的微处理器能够记住频繁通话的号码，这样你只需要拨一两个键，就可以自动拨号以及在占线时自动重拨了。

微处理器行业的真正开端是1971年英特尔公司一名工程师开发的电路，他当时的目的是为了使用一个由日本贝斯卡公司（Busicom，现已破产）生产的袖珍计算器。

IBM进军台式机领域

• 台式机为其带来新形象 •

安德鲁·波拉克

很晚才意识到电脑正越变越小的IBM显然不想在方兴未艾的个人电脑市场重蹈覆辙。20世纪60年代，IBM在小型电脑领域姗姗来迟，结果让其他公司，特别是数字设备公司夺走了市场的大头，成为年收入数十亿美元的大公司。

昨天，IBM宣布它将发售一款面向家庭、学校和企业的台式机。一些分析师认为，此举是为了及早挺进目前由苹果电脑公司、坦迪公司（Tandy）无线电器材部门主导的市场。

“我认为IBM是不想看到在个人电脑市场上崛起另一家数字设备公司。”专注于计算机行业的投资顾问公司高德纳咨询公司（Gartner Group）分析师托马斯·柯罗提（Thomas J. Crotty）说。

尽管IBM进入个人电脑领域的举动在几个月前就已被预料，但业界对此仍然反响不小。除了宣布进入消费电子领域外，人们预计，可以作为“电脑”代名词的IBM之所以支持个人电脑，意在进一步刺激已然快速增长的业务。但在助推这一业务的同时，IBM也对苹果和坦迪构成了严重威胁，后两者加起来占据了去年总销售额为24亿美元的个人电脑市场份额的39%。

“现在，人们已经明白，个人电脑不会是昙花一现的时尚。”将加入IBM新产品市场销售的连锁零售商电脑世界（Computerland）执行副总裁迈克尔·麦康奈尔（Michael McConnell）说。

IBM 的新电脑将从 1 565 美元起跳，这个价格只包括一个简单的系统，用户需要自己配备和电视差不多的显示器以及盒式磁带，包括全部所需设备的豪华版售价超过 6 000 美元。

越来越多的美国公司正在采购台式机以提高公司员工和管理者的工作效率。

在昨天的发布会之前，IBM 最便宜的电脑是售价达 10 000 美元、面向小企业的台式机，这种电脑可以协助医生和小公司完成收账、记录等任务。这款电脑也只是在两周前才发布。

"定价并不像我预料的那样激进，"高德纳分析师柯罗提说，"显然，IBM 并没有对苹果和坦迪赶尽杀绝。"

许多分析师相信，更大的可能是，所有公司都能找到生存空间。个人电脑市场正呈现出爆炸式增长。不过，由于家用电脑、其他用途的个人电脑和商用台式机之间不存在明确界限，所以你很难得到准确的增长数字。

国际数据公司（IDG）估计，1980 年美国共卖出 32.7 万台个人电脑，价格从几百美元到 20 000 美元不等。IDG 估计，到 1985 年，总销量将增至 130 万台。用美元衡量，到 1985 年，销售额将从现在的 24 亿美元增加到 90 亿美元。根据 IDG 和其他方面的估计，目前大约有 100 万台个人电脑在使用。实际上，个人电脑大多被用于商业和专业用途。家庭和教育市场仍然较小，但预计会有快速增长，尽管在未来几年可能依然不会有太大起色。

对 IBM 来说，进入个人电脑市场进一步证明，IBM 正在改变公司形象和业务模式，这一改变在多年前就已经开始。

对相信"不要信任你举不起的电脑"的个人电脑用户来说，IBM 有时是个敌人，《*Byte*》（微型计算机杂志）的一篇社论如是说。该杂志说，毕竟，IBM 是靠大型机获得电脑业霸主地位的。大型机体积庞大，各种成排的指示灯令人眼花缭乱，需要专门的房间来存放，还需要技术专家来操作。

IBM 醉心于这种大机器，以至于在 20 世纪 60 年代，它压根儿没有关注小型机的崛起。尽管 IBM 最后还是成为小型机市场的主导者，但那已是“暴发户们”——特别是数字设备公司，捷足先登占领大块市场并成长为大公司以后的事了。不过，数字设备公司（其在小型机市场上的份额仍然高于 IBM）去年总收入只有 24 亿美元，而 IBM 有 2 620 亿美元。

过去几年中，随着电脑和办公用品价格的下降以及潜在市场的扩大，IBM 已开始着手改变过去的业务模式，走上一条和当下电脑价格高昂、只有大公司才用得起的时代不同的道路。

IBM 开始更多地依靠大众营销市场，开设一批零售店，也开始向其他供货商采购更多的零部件甚至整机产品，比如现在由 IBM 销售的美能达复印机。IBM 进入个人电脑市场以及如何在该市场上动作将检验这一趋势。特别是，IBM 将允许非 IBM 厂商出售个人电脑，这种行为在过去只能悄悄进行。此外，按照 IBM 以前的传统，其产品和软件与其他厂家是不兼容的，这种情况在个人电脑市场也将不复存在。

IBM 现在还允许任何人编写 IBM 机器适用的程序，只要他愿意，IBM 公司将对其程序进行评估。如果该程序被市场接受，编程者还可以得到程序销售的版税。

Mac 向 IBM 阵地进军

• 苹果寻找商用需求 •

安德鲁·波拉克

加利福尼亚库珀蒂诺，11 月 21 日——当苹果电脑公司天马行空、目中无人的 29 岁总裁史蒂夫·乔布斯今年早些时候出现在美国各大公司数据处理部门主管面前时，其情景像是终极对决一触即发的镜头。

“坦白说，让他来我挺紧张的。”娜奥米·塞利格曼（Naomi Seligman）说。她是由 50 家美国大公司的数据处理业务主管组成的低调团体纽约研究会（Research Board）的高级合伙人。“这些客户都是些最狡猾、最难对付、最喜欢挑刺的大用户，我甚至见过他们把 IBM 副总裁生吞活剥的情景。”

但乔布斯成功通过了考验。“他们从来没有对哪个人这样印象深刻过，”塞利格曼说，“自此以后，苹果就收到了新订单，每笔都有几百万美元那么多，不过还尚未公告。”

办公电脑的市场份额

乔布斯出现在研究会是为了给苹果打前哨战，“大战”将在未来数年打响。苹果公司在家用、教育和独立职业人士市场表现抢眼，正在策划用易于使用的 Mac 电脑进军公司市场，进攻更大、更强对手——IBM 的阵地。能取得多大成功将决定苹果公司可以成为多大规模的电脑公司。用美元规模衡量的话，商用电脑市场规模是个人电脑的67%。此外，苹果必须在公司电脑市场上取得成功，这样才能吸引其生存所必需的独立软件，《加州技术股通讯》（*California Technology Stock Letter*）编辑迈克尔·墨菲（Michael Murphy）这样认为。

“这是1985年价值百万美元的大问题。”罗斯柴尔德公司（L.F. Rothschild, Unterberg, Towbin）的米歇尔·普雷斯顿（Michele Preston）说。

无线电话未来之辨

安东尼·拉姆雷兹（Anthony Ramirez）

美国正在发生一场价值数十亿美元、所有人惊奇不已的电话革命，这场革命对于通信方式的意义不亚于电报和晶体管收音机。关于如何分配收益和成本问题的激烈争论可能会导致政府延迟批准新系统，估计在克林顿执政之前不可能有结果。

如今，千百万美国人在购买无线电话——每天都可以卖出约 7 000 部，远高于预期，人们将它们带上汽车、放进手袋和公文包中。几乎可以肯定的是，数以百万计的美国人将会对新开发出来的系统趋之若鹜：体积很小的无线电话，看起来和狄克崔西（Dick Tracy）的手持收音机没什么区别。

10 年内建成的超级帝国

这一系统就是个人通信服务（PCS），它比蜂窝通信用途更广，而且也许（这得视政府未来决策而定）还更便宜。手机还可以作为无线电脑，向另一台电脑传送数据或接收传真。“关于 PCS，我们所知道的一件事是，它可以起到电子管家和秘书的作用，”贝尔公司旗下贝尔通信实验室（Bellcore）的人事社会学家詹姆斯·卡茨（James E. Katz）说，“它向中产阶级的传播之势只有强盗资本家可以与之相提并论。”

不到 10 年，移动通信业务已经形成了比麦当劳快餐帝国更大的规模。上周，世界最大通信公司美国电话电报公司出资 38 亿美元押注移动通信的未来，表示将寻求收购美国最大移动运营商麦考蜂窝通信公司（McCaw Cellular Communications）

1/3 的股份。

高昂的通信成本

尽管如此，用户们仍然发现，用手机打电话的费用非常高——在某些情形中达到了传统电话的 80 倍。而新 PCS 系统的部分吸引力就在于能够改变这一状况。“无线电话并不是基于成本，而是基于‘白日梦’。”马里兰州银泉市（Silver Spring）通信行业顾问赫舍尔·肖斯塔克（Herschel Shostek）说。也有人说，移动通信业的历史应该成为今后规避的教训。

移动通信业否认人为提高价格，并指出，建设无线电传播基站和维持设备的成本让该业务难以获利。

PCS 的成功因素——消费成本、行业利润、推广系统的速度等，都要取决于政府如何看待移动通信业的经验以及新市场如何组织，市场上有多少公司、多少消费者、覆盖的地理区域多大。

美国联邦通信委员会计划从今年年底开始行动。但随着政府的换届以及包括主席阿尔弗雷德·塞克斯（Alfred C. Sikes）在内的五名委员中的至少两名将换人，政府的决定毫无疑问会被推迟。

随时随地都可使用的便携电话

像无线电话这样的新设备从本质上说是电池驱动的无线电。它通过将呼叫送入世界有线电话网络的接收和传播基站实现通信。

与通信范围 32 公里的无线电话不同，PCS 的传输长度单位只有一两公里。但它可以将信号传输给远比蜂窝基站更小、更便宜、更易于安装的发射基站。如果一个城市可以有几十座蜂窝基站，则 PCS 系统可以拥有几百个基站，就可以实现低压传输。这是因为用户在建筑物和隧道里使用这种设备时不可能距离发射基站很远。

由于电子器件微型化和计算能力的增强，电话的制造成本也将相对更便宜。

目前，PCS 还不会马上让无线电话过时，因为 PCS 的传输距离很短。但在未来，随着技术的发展，可能会出现人人都能在任何地方使用的简单无线电话。人们可以随时随地随身携带电话，只消一个号码，就能在家中、办公室里和高尔夫球场上被找到。

蜂窝理论已经过时

无线电话行业的批评者说，无线电话掌握了公共资源——稀缺的电器频谱中的无线电频段，这就好比是立约转让了布鲁克莱恩大桥，并允许它向所有过桥者收费。蜂窝通信行业高管反驳说，对无线电的使用需以大手笔投资为前提，他们并没有从中获利。

1982 年，联邦通信委员会制定了蜂窝通信市场规则，将全美划为 374 个区域，每个区域的运营商不超过两家。这样划分的理论依据是，每个市场都有两家公司竞争的最终效果将是压低价格，同时没有多少人会愿意在每个区域不超过两个公司生存的情况下带着电话到处溜达。然而情况并非如此。

蜂窝通信行业协会说，有 1 000 万人订购了蜂窝通信服务，人们原本预计到 20 世纪末才会达到这一水平。今年的行业收入将轻松突破 70 亿美元。人们预计，不出几年，个人通信系统年收入会再增加 300 亿美元。

繁荣反而让价格高不起来。

经济和技术公司的李·塞尔温（Lee L. Selwyn）认为："没有任何内在原因要求无线电话价格不能达到每分钟 10 美分甚至 15 美分的水平。"但实际价格从每分钟 25 美分到 90 美分以上不等。

在近 67% 的划分区域中，两家蜂窝运营商所制定的价格一样或几乎一样。美国总审计署（国会调查机构）在 7 月份发现了这一现象，但表示无从推断原因，这部分是因为该行业并没有提供有关收入和成本的详细数据的要求。

批评者和行业分析师说，消费者为他们所得到的服务付出太多，好比是在帮助蜂窝通信公司花数十亿美元收购竞争对手。蜂窝通信业也不否认这一点，但再次强调是高成本导致了高收费。

"我们今天的市场是竞争性市场，"太平洋电信公司（Pacific Telesis）高管布莱恩·基德尼（Brian D. Kidney）说，"没有一家公司会因为制定高价而致富。"

让竞争更激烈一些

如果说现在的移动电话领域是竞争性的，那么联邦通信委员会似乎急不可耐地要让新型个人通信服务竞争更加激烈。

联邦通信委员会前高级官员、20世纪80年代中期美国最高电话监管者艾伯特·哈尔普林（Albert Halprin）说：“竞争激烈程度还没有达到我所希望的水平。倒不是说我们的行动是‘错误’的，绝非如此，但肯定是不完美的。从事后诸葛亮的角度看，我们应该允许第三家运营商的加入。”

联邦通信委员会长期官员、现任委员会移动通信服务司司长的约翰·齐穆克（John Cimko）同意哈尔普林的看法，“两个竞争者不是最优数量”，并指出委员会已决定设置至少三个竞争者。

联邦通信委员会将美国划分为734个区域之后，各公司进一步将这些市场划分为更小的服务区，或曰“蜂窝”——这就是蜂窝移动通信的由来。每个蜂窝直径16~32公里，具体数字取决于该地区山峦和摩天大楼等障碍物的数量，每个蜂窝都有一个发射和接收基站。

在每个市场，联邦通信委员会的两张执照中有一张发给本地电话公司，通常是美国通用电话电子公司（GTE）旗下公司或本地区的贝尔公司，如纽新电话公司（Nynex Corporation）。委员会认为，在每个市场中都设有一家老牌通信公司有助于通信服务的迅速建立。情况确实如此。

在大部分市场，第二张执照由抽签决定，这一安排形成了总数达120家的不同蜂窝通信公司——他们都是巨人国中的小侏儒。10家运营商（其中7家属于贝尔公司）为95%的人口提供通信服务。

由于美国被分割成如此众多的小块，因此全美性服务很难建立起来，这些区域就好比是几百个利益彼此不同的公爵领地。在跨市场使用无线电话时，顾客必须与众多公司签订昂贵的“漫游协议”。

互联网助力在线贸易

彼得·刘易斯（Peter H. Lewis）

今年早些时候，《纽约客》杂志的一幅漫画这样描述互联网，即由连接起来的电脑网络组成的万维网：两只狗坐在一台电脑前，大狗一边在键盘上敲打，一边转头对小狗说："在网上，没人知道你是条狗。"

但许多企业高管在抱怨互联网太复杂。互联网设计时本没有考虑商业应用，它最初是为学者和研究者服务的，最近才成为电脑迷、政府研究者和教育者的活动舞台，他们愿意主动学习复杂的Unix操作系统，有足够耐心进行深度学习从而在数百万页电子数据中找到自己想要的信息。

上周在曼哈顿举行的互联网世界年会提供的数据表明，互联网每个月都会新增15万用户，目前总用户大约在1 500万以上。这些新用户中，有很多都是企业用户。它们认为上"网"很重要——独具吸引力的电子邮件之重要性显而易见，但并不知道为什么重要。

"这就像是魔术，像是咒语，"亚拉巴马州塔斯卡卢萨市（Tuscaloosa）互联网培训和咨询服务公司（Internet Training and Consulting Services）董事伊丽莎白·劳利（Elizabeth Lane Lawley）说，"你不必知道它有什么意义。你只要提一下'互联网'，所有人都会边笑边点头说：'哦，是的，这就是未来潮流。'"

互联网世界年会吸引了3 500来人聚集在雅各布·贾维斯特会议中心（Jacob K.

Javits Convention Center)，随机抽样表明，许多人来自商界而不是学术界。互联网对企业的吸引力有多大？看看玛丽·克罗宁（Mary J. Cronin）周围骚动的人群就行了。克罗宁的新作《在互联网上做生意》(*Doing Business on the Internet*)，成为此次大会上两大热门书籍之一；另一本是《呆瓜宝典之互联网》(*The Internet for Dummies*)，一位与会者说，这本书“两分钟就卖光了”。

许多人会后仍未离去，等着参加“互联网体验”等特别节目，该节目为初学者准备，参与者将在专家的指导下进行网上探索。不过，这些节目太热门了，大部分人只能在键盘前待上几分钟。我们可以从一小组亲身体验者那里一窥这一商业趋势，菜鸟们相互自我介绍，并告诉对方自己为什么会在那儿：

> “我在费城一家制药公司的世界战略产品开发部门工作，我的职责是分析未来趋势。”
>
> “我是IBM公司的，我们认为互联网是获得供给信息、传播产品信息的方式。”
>
> “我是某公司信息和技术部门主管，我们公司销售医学书籍，也为大学和图书馆供货。我们还拥有和经营书店，也卖软件包。我们认为互联网帮助公司增加了我们与客户的联系，也能将我们的书店连接起来。”
>
> “我在泽西市一家经纪公司工作，我们公司将通过互联网提供经纪服务。”

长岛贝维尔镇的鲍尔斯研究和培训中心（Powers Research and Training Institute）总裁南希·鲍尔斯（Nancy M. Powers）豪情万丈：“我经营着一个‘思维大师’团队，为企业家提供头脑风暴服务，我认为互联网就是终极思维大师。”思维大师是商业人士经常参加的启发性和支持性讨论会。

互联网的吸引力之源是每个上网者都可以发布和接收信息，但实际结果通常会令习惯于逻辑层次和秩序的企业感到沮丧，因为网上发布的信息没有传统那般定义清晰、必须遵守的结构。

因此，即使是经验丰富的互联网使用者在筛选信息时都会手忙脚乱。比如，某公司可能需要最新的北美自由贸易协定文本，并分析它对汽车业的影响。这些信息互联网上都有，但若该公司在搜索这些信息的过程中陷得太深，那么它可能会听到“巨大的吸食声”①。

通过计算服务网（Compuserve）、美国在线和MCI邮件服务等流行的在线信息服务获得互联网电子邮件服务相对来说更简单、更廉价，这些网站被称为互联网“门户”。但对渴望直接进入富有深度的互联网的个人执行者或电脑菜鸟来说，这更像是一场灾难。

基本可以肯定的是，随着商业互联网提供商为满足企业需求而发展起来，上网将变得越来越容易；越来越强大的电脑和软件也将改变Unix命令行系统的面貌，将它改造成图形化、所点即所得的界面，就像Mosaic浏览器（美国联邦出资、美国超级计算应用中心开发的免费软件程序），甚至微软公司的Windows一样。

图形界面仍然非常新奇和稀少，用户仍得学习一些Unix命令和TCP/IP、Gopher、Veronica和Archie之类的术语。即使是最简单的互联网地址，看上去也像是火星文，比如bigk9@avm l.hq.umars.edu。

让人更加不解的是，传统上，互联网老鸟都讨厌“他们的”系统涉及商业。这一传统可以追溯到互联网刚诞生的时候，那时政府对网络有补贴，从根本上保证了互联网是纯粹的信息聚集地，理应不受商业机会主义的侵蚀。

时代变化了。1991年，第一批商业互联网接入服务出现，一夜之间，系统朝所有人开放了，而不仅限于学术界和计算机专家。随着数百万新用户的上网，他们把互联网视作一种服务，而不是一种电子公社。

目前，仍有很多人抵制商业化，任何利用系统来进行垃圾邮件营销的人都会被电子社区居民挂出来示众，并受到被称为“火焰”（flame）的义愤回复邮件的反击。但人们对非侵略性营销和广告的接受度正在增加，尽管如何处理这类广告的网络争论还在继续。

① a giant sucking sound，1992年罗斯·佩罗在竞选美国总统时评价《北美自由贸易协定》的用语，意思是美国的就业将被墨西哥替代。——译者注

电子产品全方位入侵生活

艾米·哈曼（Amy Harmon）

孩子们扣好了安全带，收音机调到了另类摇滚频道，而杰克·艾斯（Jake Ice）的手机响个不停。这一切都发生在他们全家从圣马特奥（San Mateo）开往加利福尼亚州棕榈泉享受暑假的路上。不顾妻子瓦莱丽（Valerie）反对带着寻呼机和手机上路的艾斯先生在驾车途中一共打了 5 个电话、收到 4 次寻呼。

但艾斯夫人——她是位销售员，同时也主持着一个在线讨论小组，也带上了便携电脑。那天晚上，她在酒店收电子邮件，玩最喜欢的在线游戏 Slingo。

“我更希望我们专注于度假，在这段时间里不再担心生活之外的一切，”35 岁的技术经理艾斯先生在回忆上个月的度假之旅时说道，“但这似乎成了不可能的任务。”或者说，在这些天里变得极端困难了。暑假曾经是躲开日常生活的神圣之旅，现在却被电子产品包围了。开车数百公里远离一切已经不够了，业务需求、个人习惯以及低廉的技术成本等，让很多美国人在度假时也开启着个人联系方式。

工作通过电话线渗透到生活中已经不是一天两天了，晚间的电子邮件也常常受到数码迷的欢迎。但最近，移动通信和计算机设备对个人、夫妻和家庭的私人空间发起了全方位的入侵，甚至连假期都不放过——你得认真决定是否以及怎样划定在线时间和离线时间了。

在这个问题上的讨论常常会引起旅行伴侣间的矛盾，甚至比以前的在哪里吃饭、谁把路指错了之类的问题更具杀伤力。但是，社会批评家说，在争吵中我们或许会得出“你给我走开”和真的走开之间的新界线。

“对于这项技术，目前还没有规则可以规定何时停止，”研究技术对社会关系影响的哥伦比亚大学社会学家凯利·摩尔（Kelly Moore）说，“而这可能导致‘度假’一词名不副实。”

但是，这个侵犯“野外钓鱼远征队”的小玩意儿可以让众多工作压力巨大的美国人放心地外出度假而不必担心落于人后，也可以让他们与朋友和家人时刻保持联系。

美国消费电子行业协会（CEIA）说，25% 以上的美国家庭拥有寻呼机，比一年前增加了一倍，同时 1/3 以上的美国家庭使用手机。马萨诸塞州弗雷明汉市 IDC 研究公司报告说，有 800 万美国人会定期在办公室之外查看工作电子邮件。

而只有在暑假期间——此时你远离家中，时间似乎会过得更慢，人们对能缩小空间感的技术的利弊之争才最为明显。

今年夏天，28 岁的安德鲁·科恩（Andrew Cohen）和 5 位朋友参加了纽约州阿马甘塞特（Amagansett）的露营周末，他发现有必要立一套规矩。“我们的规矩是不能把手机带到活动中去。”科恩说。但一位营友还是在山地骑行时带上了手机。

往好了说，团队旅行中的电子产品礼仪仍有待完善。亚利桑那大学校董雷·乌玛山卡尔（Ray Umashankar）计划早早地预订他的度假航班，并要求预定临过道的座位。因为今年早些时候，坐在他旁边的乘客在飞机上使用笔记本电脑，把座位上的折叠餐桌变成了办公室，导致他无法方便进出座位。“我的内心在不断地斗争，因为我不得不以上厕所之类的事情打扰他。”

不过，不管度假者是否从他人身上看到高技术礼节，最尖锐的冲突通常发生在他们自己身上。在最近一次前往蒙特利尔的旅行中，居住在缅因州波特兰市、通过电子邮件与三五好友保持联系的 38 岁的谢莉尔·莫罗（Cheryl Moreau）利用互联网偷窥着房东的房子。她还记得去年夏天在布拉格一家咖啡馆收发消息的乐趣。但莫罗对于自己沉迷于互联网很是担心。“在布拉格，”她说，“我开始对自己说：

‘我在这个没有窗户的鬼地方已经待了一个小时了，外面的城市那么有趣，我在做什么呢？’”

人们热切地渴望保持随时联系部分是因为雇主和客户的期望值在变化，他们对待神圣不可侵犯的度假时间的态度似乎因为侵犯变得越来越容易而有所轻视了。

“他们并没有把这写进政策和程序手册，”美国管理协会（AMA）的玛吉·扬克（Marge Yanker）说，“但各大公司提供了更为电子化的联系方式，潜台词是希望可以随时联系到你，即使在你的私人时间。”

乔恩·斯泰普尔顿（Jon Stapleton）是纽约的一名律师，有时会在罗得岛度假屋度周末时在电话和电脑上花费几个小时时间。他说，技术已经彻底改变了客户对他在度假期间的需求。尽管他早已用上了手机，文件也可以通过传真或隔夜快递送达，但如今使用电子邮件只是几分钟的事。“客户认为你马上就能看到，而我做的是服务业，服务的一部分就是随叫随到。”斯泰普尔顿说。有时候他在想，自己住在办公室是不是会对妻子和 11 岁的儿子更好些。

许多人之所以养成了在线的习惯，仅仅是因为想时刻处在社会关系之中，并对信息有着永无止境的追求。“保持连线状态的感觉可比你必须时刻工作震撼多了。”《信息烟尘：在信息爆炸中求生存》（*Data Smog: Surviving the Information Glut*）一书的作者戴维·申克（David Shenk）说。

有时，甚至高科技的铁杆拥趸也觉得有必要禁止联网。比如，马萨诸塞州米尔福德县的米歇尔（Michelle）和马克·克伦普（Mark Crump）上周在缅因州阿卡迪亚国家公园（Acadia National Park）露营时的情景。克伦普女士开发了一个网站，而身为计算机系统管理员的克伦普先生则喜欢在网上玩电脑游戏。“我们把笔记本电脑留在了家里，把寻呼机留在了家里。”克伦普女士在距离公园几公里处的艾斯沃斯（Ellsworth）在电话中说。

当他们在艾斯沃斯发现了网络咖啡馆（Cafe Cyberway）后，所有的决心都被抛进了大西洋。在那里，很多人等着使用咖啡馆的 7 台电脑。“我们根本没想到会在这儿看到这些东西，我们得停下来，”克伦普说，“马克想在网上玩游戏。我喝着卡布奇诺，但或许会查看一下电子邮件。”

■2008 年，ATSA 工作人员在安检处扫描某航空公司雇员的黑莓手机，他们在展示电子登机程序。2005 年，移动设备已得到广泛应用，各公司纷纷在开发、寻找通过手机、寻呼机和电脑与客户互动的新方法。（迈克尔·斯特拉瓦多 [Michael Stravato] 为《纽约时报》供图）

再快不过 E-mail

艾米·哈曼

当他们停止打电话时，你就知道，他们有一部黑莓。

黑莓手机上的键盘很小，你得学会高中学不到的拇指输入法才行，这算不了什么；边开车边在寻呼机大小的屏幕上读信息对你的健康是一大损害，这也没有关系。对快速增长的黑莓手机粉丝群来说，在远离家庭和办公室的地方收发信息要比在任何时候保持语音联系更加重要。

“黑莓手机教导我们，你在电话上干得最多的事情就是瞎扯淡。”楠塔基特果汁公司（Nantucket Nectars）主席汤姆·斯科特（Tom Scott）说。和许多新近加入黑莓阵营的粉丝一样，他的电话费大大下降了：“我不喜欢带着手机说、说、说。这玩意儿总是在输入和输出。我老是担心得癌症。坦白说，有时候我宁愿和更少而不是更多的人说话。”

在黑莓教徒的电子通信中，他们可不会问你“吃了吗”之类的问题。当你走近的时候，他们也不会正眼看你一下，因为手上寻呼机大小的屏幕上所闪现出来的信息需要他们快速浏览，有时还需要回复；但他们可以马上回复你的邮件，不管身在何方。

让用户一心二用

答案或许并不重要。黑莓是一种先驱性工具，它可以让你在不用开口的情况下与他人建立不间断的联系。根据波士顿通信业咨询公司扬基集团（Yankee Group）的数据，大约有 100 万美国人使用了无线电子邮件服务，黑莓是其中的翘楚。

最近几个月以来，黑莓成了美国商界人士的最爱，他们追求的是随时随地可以与同事和客户保持联络。而且其关键吸引力在于，与显然会分神的手机不同，黑莓可以让用户一心二用。

互联网高管热衷于一边安排生意，一边关注弹出的信息。在去年春天所罗门美邦公司（Salomon Smith Barney）初级分析师向上司所提的要求中，加薪、管家服务和黑莓位列前三甲。即使是以电子邮件进行业务往来的律师们（要知道他们以对电子邮件反应迟缓著称）也对黑莓着了迷。

“我听同事们说，当他们养成了在卧室回电邮的坏习惯时，这可不是件好事，”纽约 GDC 律师事务所的戴维·格莱斯（David Grais）说，“显然，这会让你成为电邮瘾君子。”

格莱斯不管在不在办公室都用黑莓接收信息。“如果我在办公楼外时来了一个电话，我秘书就知道随时可以找到我，”他说，“这玩意儿绝对是必备良药。”

很难理解为何普通消费者也渴望拥有这种时时刻刻保持联系的需求，或是甘愿为此掏腰包。生产标准版（349 美元和 399 美元）和扩展版（499 美元）黑莓的加拿大动态研究公司（RIM）成功地向企业客户推广了其月费 40 美元的电子邮件服务，目前大约有 5 000 家公司掏钱为员工购买该服务。个人用户可以在线购买黑莓，RIM 说，不久，史泰博（Staples）等零售店也将有黑莓出售。美国在线宣布，将提供可以通过黑莓等设备收发的电子邮件和即时短信服务。美国第二大互联网服务提供商地球连线公司（Earthlink）正在进行航空黑莓服务测试。

“我也不知道人们离开家还心急火燎地想发邮件的原因是什么，”地球连线高级产品经理罗兰·韦尔科克斯（Roland Wilcox）说，“但他们就是如此，我们则希望为他们提供这一服务。”

来自手机短信的竞争

黑莓很快就将面临更大的竞争，特别是来自手机的竞争。手机可以让用户在一个设备上实现谈话和收发文字短信的功能，也是欧洲和日本的年轻人热衷的移动电子邮件收发方式。

由于美国的蜂窝通信网络由子网络拼接而成，且子网络标准之间经常彼此不兼容，因此使用为双向信息传递而设的无线数据网络的黑莓，能够比绝大部分电话服务以更低的价格提供更大覆盖范围的服务。

但即使美国移动通信提供商找到了将网络合二为一的办法，美国人也未必愿意用手机的数字键盘来打字，如按两下才能打出一个字母 B。

黑莓的 QWERTY 键盘及其日程表和通讯录功能也让它在与 Palm 和 Handspring Visor 个人数据助理的无线模式竞争中胜出。Palm 和 Handspring Visor 用户必须登录才能收邮件，而黑莓只要开机，就会自动推送邮件。小型号的黑莓搭载可连续使用时间长达两周的 AA 电池，用户大可以不必关机。

黑莓的最大竞争对手是摩托罗拉，后者的新款 T900 机型堪称精简版黑莓，而且价格要低得多。摩托罗拉还推出了 P935，意在竞争黑莓的核心市场——公司市场。

但在目前，黑莓还站在足以和 20 世纪 80 年代无线电话的诞生相媲美的通信设备变革的最前沿，这两次变革的唯一不同之处是，这一次变革速度要快得多，变革的维度也更广了。无线电邮改变了电邮本身的性质，形成了一种不同于典型手机通话的更短、更快捷的信息交换方式；但它也改变了整个通信业，因为人们现在可以一直选择发电邮而不打电话。

一把黑莓双刃剑

“黑莓后遗症”已经产生。加利福尼亚州桑尼维尔市响云互联网公司（Loudcloud）便禁止员工带黑莓进入会议室。“人人都在玩拇指打字游戏，员工会议就没有开下去的必要了。”响云公司首席执行官本·霍洛维茨（Ben Horowitz）说。

宏道公司（Broadvision）会为所有员工配备黑莓，其资深董事豪伊·塔（Hoai Ta）说，他即使在周末钓鱼时也带着黑莓。“我总是黑莓不离身，看看老板给我发短信了没有，”豪伊·塔说，“保持联系、掌握全局对我更重要。否则我就得迟些时候才能处理问题，而这会造成你行动不够迅速的感觉。”

并非所有人都这样认为。32 岁的金 · 史密斯（Kim Smith）说，她的未婚夫乔纳森 · 古尔斯特（Jonathan Guerster）是个十足的黑莓粉。“有次我们开车差点车毁人亡。显然，黑莓会造成了注意力不够集中的问题。在商谈结婚和买房问题时，古尔斯特老是回去捣鼓电邮，这真是烦人。”在前往马萨诸塞州楠塔基特岛的路上（这对新人最近在那儿买了套房子），古尔斯特一直在用黑莓发邮件，直到黑莓“罢工”为止。回程途中，他还把黑莓放在大腿上，等待回复跳出屏幕。

身为风险资本家的古尔斯特承认自己有点儿黑莓瘾，但他说，在灵感涌上大脑时能够发邮件可以让他工作效率更高，也更专注，因为他无需再用脑子把灵感记下来。不过，他说，黑莓在楠塔基特岛无法工作仍然让他很高兴：“我喜欢终于可以摆脱工作的那种感觉。”

但这种状况可以维持多久就不得而知了。史密斯听说斯科特和其他人已经开始要求 RIM 将黑莓服务覆盖到这个岛上。“我希望他们最终会失败。”她说。

苹果发布 iPod

马特·里奇特尔（Matt Richtel）

加利福尼亚库珀蒂诺，10 月 23 日——今天，苹果公司发布了一款便携式音乐播放器，称这个被称为 iPod 的小玩意更易于使用，将极大扩展方兴未艾的音乐播放器市场——正如当初 Mac 电脑让更多的人接触到了个人电脑那般。

尽管行业分析师表示，该设备似乎确如苹果公司所称的那样具有相当强的消费者友好度，但他们也指出，这款产品的潜在受众有限，大概只限于最新款 Mac 电脑的 700 万用户。苹果公司称还未决定是否发布与 Windows 操作系统兼容的 iPod（Windows 系统占据个人电脑市场的 90%）。

“对 Mac 电脑用户来说，这是极好的产品，”电子商务研究集团 Gartner G2 高级分析师麦克尼利（P. J. McNealy）说，“但对余下的 Windows 用户来说，并不会造成什么不同。”

苹果公司 CEO 乔布斯反驳了关于 iPod 市场有限的担忧，并称该公司倒是有无法满足假期需求之虞。他预测，在 iPod 上实现的技术进步将刺激消费者为了使用 iPod 而掏钱购买 Mac 电脑。

电子音乐播放设备有好几种类型，使用闪存的播放器是其中一种，其特征是小而贵。与之竞争的是硬盘播放器，通常容量和个头更大一些，因此封装也会更大。整个音乐播放设备市场正在成长中，市场研究公司 IDC 预计，到 2005 年，音乐播放设备总出货量将达到 1 800 万台左右。

售价 399 美元的 iPod 将于 11 月 10 日开始发售，它是现有产品的混合品。其长为 10 厘米、宽约 6 厘米、厚度只有 2 厘米，和闪存播放器一样小，但它使用的是容量 5G 的硬盘，足以储存 1 000 首歌曲。该设备的一大卖点是使用了一项叫作火线连接的苹果技术，只需 1 秒便能在该设备和电脑之间传输一首歌曲，比其他任何便携式播放器都要快，苹果公司说。

乔布斯说，其他重大改进还包括它使用了更便利、续航时间达 10 小时的可充电锂电池，这也是所有苹果电脑和设备中最给力的电池。

但 MP3 播放器用起来到底有多方便是唱片业担心的问题。唱片业已经表现出了担忧——MP3 格式的歌曲很容易通过 Napster 等服务进行盗版和免费交换。不过乔布斯说，苹果公司已经采取了一些措施防止该设备使用盗版歌曲。比如，他说，从一台 Mac 电脑上复制到 iPod 上的歌曲不能从 iPod 上再复制到另一台 Mac 电脑中，这样就能防止人们向其他人传播自己已下载的音乐了。

美国唱片业协会目前拒绝评论 iPod 这一产品。

IDC 数字音乐行业分析师苏珊·科沃基安（Susan Kevorkian）赞扬了 iPod 的设计，说它集易用性、便携性和超大储量等优点于一身，未来将影响到竞争对手。“它提高了竞争门槛。”她说。

美国商业简史

塞缪尔·莫尔斯从华盛顿向马里兰州巴尔的摩发出了人类历史上的第一份电报："上帝创造了何等奇迹？" **1844**

亚历山大·贝尔获得电话专利。 **1876**

美国第一个商业电影展开展。 **1896**

美国无线电公司（RCA）开始宣传个人收音机，宣称"广播进入家庭"。 **1922**

《1934 年通信法案》（*Communications Act of 1934*）规定，美国联邦通信委员会（FCC）负责监管非联邦政府对无线电和州际通信的利用。在一年内，2/3 的美国家庭拥有了收音机，可以一天 24 小时收听到 24 个不同的调幅频道（其中 4 个国家级频道，以及 20 个地区性频道）。 **1934**

工程师威廉·休利特（William Hewlett）和戴维·帕卡德（David Packard）在加利福尼亚州的一个汽车车库里开始了创业。他们推出的第一个产品是一个音频振荡器，产生用于生产如电话和无线电设备等机器的纯频率。 **1939**

世界上第一台数字计算机 ENIAC 亮相美国宾夕法尼亚大学。 **1946**

美国全国广播公司（NBC）播放了第一则电视广告。 **1941**

1954 RCA 开始大规模生产彩色电视。

1971 泰德·霍夫发明了微处理器——一个充当电子计算器、计算机和其他机器的中央处理单元的硅芯片。

1974 使用 8080 英特尔微处理器，亨利·爱德华·罗伯茨开发出了第一台个人电脑，并为之取名“牛郎星”。

1977 史蒂夫·沃兹尼亚克（Steve Wozniak）、史蒂夫·乔布斯和迈克·马库拉（Mike Markkula）推出了 Apple II，一经推出，就因其非常好用备受消费者欢迎。

1981 IBM 推出了第一台个人电脑。该个人电脑的操作系统来自一家年轻的西雅图公司——微软。这家公司是由两名大学辍学生创办的，其中一名是来自哈佛大学的辍学生比尔·盖茨，另一名则是来自华盛顿州立大学的辍学生保罗·艾伦。

1992 万维网诞生，互联网的应用迅速普及。

2005 哈佛大学辍学生马克·扎克伯格将他在哈佛时创建的社交网站应用程序从“the facebook”更名为“Facebook”。2009 年，Facebook 成为互联网上的第二大社交网站。

2007 有报告称估计有 80%的成年人使用了互联网。

FROM THE FRONT PAGES OF
THE NEW YORK TIMES

THE STORY
OF AMERICAN
BUSINESS

结 语

从过去走向未来

1942 年，经济学家约瑟夫·熊彼特发明了“创造性破坏”一词，用以描述资本主义无穷无尽的活力。之后，他进一步把创造性破坏的过程定义为：“从内部革命经济结构，不停地摧毁旧结构、不停地创造新结构。”在过去的 50 年中，这股创造性破坏风潮从未像 2008 年金融危机所开启的那一次那样凶猛。这场肇始于美国的经济危机将资本市场和比之更大的全球银行系统推向了崩溃边缘，引发了全球性的影响深远的经济衰退。

当这一不同寻常的时刻开始尘埃落定时，我们发现，它扫除了不少旧产品、旧组织、旧结构、旧观点和旧行为。随着本书的付梓，消费者、投资者、贷款人、政府以及各行各业的商业领袖都在竞相探究过去一年发生了什么，对他们各自的未来又有什么影响。几乎每一个个人和组织——从最贫穷的小市民到最富有的社会名流，从沃尔玛到哈佛大学，都受到了这场变革大风暴的影响。

当然，大范围衰退并不是什么新鲜事。与其他工业化国家一样，自 18 世纪晚期以来，美国经受了各种各样不同程度的商业周期的考验，比如，过去 30 年就发生了至少 4 次衰退。而这一次我们所处时代的不同点在于大范围经济变革的过程和变革的广度和深度——这其中包括政治的、人口的以及技术的变革。

从政治上来说，2008 年底奥巴马当选美国第 44 任总统，激起了一场席卷全球的集体理想主义。与此同时，不断发酵的经济危机导致美国政府更多地干预全球市场，而这反过来又影响了许多国家（也包括美国在内）的政治力量平衡。

与此同时，在公司、大学、传统社区和其他领域，1978—1991 年出生的一代已经成人。这群“千禧一代”或“Y 世代”中有许多人自视为世界公民，有着共同的命运，面对着共同的挑战，许着同样的愿望；这一代人不甘沉默、行动积极、懂得技术，他们十分看重自己所效力的公司（或其他组织）是否能为社会带来积极影响。

老一代人，即出生于 1946—1964 年间的婴儿潮一代，正在艰难地为生活的下一个阶段而奋斗。对他们中的许多人来说，他们需要面对因金融危机而导致的退休储蓄大幅缩水甚至蒸发的局面。退休储蓄的损失与不断延长的寿命（美国人平均寿命已达 78 岁）让婴儿潮一代在 65 岁之后仍不得不继续活跃于工作场所。这一形势与千禧一代的崛起一道，重新构造了 21 世纪初的工作结构和制度目标。

在经济、政治和人口的变迁过程中，30 多年前开始的信息革命有所加速并成为中流砥柱。放眼全球，个人和组织都在致力于理解并使用效力无边的互联网。正如 140 年前的铁路那样，互联网以及助其成长和产生影响的传输技术开始以持久的方式改变着市场、产品和公司，更不用说对距离和时间的改变了。从购买音乐到交易股票再到医疗服务，我们生活的方方面面都在受着信息技术突破的影响。

决定所有这些创造性破坏的可能性和挑战的，是两个更大的体系：全球金融体系和地球环境。此时此刻，各行各业各组织的领袖能够找到创造稳定可持续的金融体系的方向和能量、共识和才华，并且同时以可持续和正义的眼光来看待地球自然资源吗？在新世纪第一个 10 年之际，这样的问题极为迫切。它们的答案事关我们所有人的未来，并且无法确定。毫无疑问的是，这不是人类第一次面临动人心魄的高风险变革。过去 150 年的美国历史曾多次面临重要拐点：美国南北战争的结束是一次，大萧条是又一次，第二次世界大战的结束也是一次。在所有这些时刻，美国企业在面向未来、推动国家方面无不扮演着关键角色。理解这些故事能够为我们所面临的希望、焦虑和枯竭时刻提供有益视角。

我们从过去中走来，更不可忽视过去。

FROM THE FRONT PAGES OF
THE NEW YORK TIMES

THE STORY OF AMERICAN BUSINESS

致谢

本书终于付梓，许多人为此作出了重大贡献。

一场严重的金融危机已经演变为范围更广、更为严重的经济危机：股票指数跳水、银行系统摇摇欲坠、商业活动也显著放缓。在许多国家，房产抵押赎回权剥夺案大大增加，失业率快速上升，而个人养老金和退休账户也在缩水。几乎在地球的每个角落，恐慌都在蔓延，个人、家庭和组织竭力想弄明白到底发生了什么：我们损失了什么？未来会怎样？得怎样做才能抵御这场风暴？

在这样的时刻，我非常感谢历史所提供的视角，也因此大受鼓励。历史告诉我们曾经发生过什么，对我们当前的情形有什么意义，让我们更深地理解我们曾经做过的事以及过去的人们（领袖、工人、消费者等）是如何一步一步走到今天的。

我们并不是第一批领教不确定性和暴风雨的人。事实上，本书既是关于过去的动荡时刻的，也是关于了不起的成功和重要突破的。从更根本的角度来看，本书还是关于人和机构的联系的：组成公司、政府、顾客、工会和其他组织的个人和集体是如何联系起来的，彼此的义务和责任又意味着什么。编写这样一本书是一次奇妙之旅，能将不同观点与美国商业联系起来更好地呈现给大家。

这也是一次难得的机会，可以近距离考察范围极广的一系列报道。呈现在我们面前的信息越多，它们运动得就越快；这些数据和形象越是相互交错，我对报道的力量就越是深信不疑——报道能够启发我们、教导我们、帮助我们理解这个世界和我们自己，也能够帮助我们以持续而有意义的方式彼此联系起来。因此，编写这部书也是一次从《纽约时报》的丰富素材中了解、筛选，有时甚至是讲述第一流报道的过程。

在编写过程中，我从很多人的专业知识和帮助中获益良多。在《纽约时报》，我要感谢帮助检索报道的亚历克斯·沃德（Alex Ward）和检索图片并争取刊登许可的菲利斯·科尔祖（Phyllis Collazo）。在哈佛大学出版社，能与杰奎琳·墨菲（Jacqueline Murphy）和艾妮雅·维考斯基（Ania Wieckowski）共事让我深感幸运。本书能够面世，他们的编辑功力和组织眼力功不可没。感谢他们的热情投入和热心肠，这些特质极大地帮我将诸多内容组合在了一起。

我还想感谢哈佛商学院研究部为本书编写提供的财务支持。我的两门MBA课程（“管理资本主义的到来”和“企业领导力”）的学生帮助我检验了关于企业史和商业机构的一些想法，扩展了我对是什么刺激了个人领袖以及为何这种刺激对今天依然有意义的理解。我在哈佛商学院企业管理组的同事为我提供了大量关于创业过程的工具、视角等，同时也感谢他们对我的鼓励。

能与各行各业的众多高管共事也使我深感荣幸，包括广告、化妆品、电视制造、私募股权等诸行业。这些先生和女士可谓翩翩君子、胸怀壮志，他们对我更好地思考、写作和教授领导力——这些也是本书的基石，作出了重要贡献。在此，我要特别感谢蒂姆·贝内特（Tim Bennett）、费布·波特（Phebe Farrow Port）、琳恩·格林（Lynne Greene）、雷富礼（A. G. Lafley）、伦纳德·兰黛（Leonard Lauder）、威廉·兰黛（William Lauder）、安迪·麦克莱恩（Andy McLean）、珍妮特·瓦格纳（Jeanette Wagner）和汤姆·沃森（Tom Watson），他们让我理解了人性在高效能领导力中的作用。

三位与我关系密切的女士帮我解决了本书编写过程中的诸多难题，她们是我的研究助理艾瑞卡·赫尔姆斯（Erica Helms）、凯蒂·米勒（Katy Miller）和瑞秋·威尔科克科（Rachel Wilcox）。她们为本书以及撑起本书内容的广泛研究倾注了自己的才干、敏锐的智识和出色的组织能力。在我们的合作过程中，她们给我的工作带来了极大裨益，衷心感谢她们。与这些杰出人士共同完成这项工程让我感到非常荣幸和愉快。

哈佛大学出版社几年前首次和我商谈编写此书时，我正在经历一场风暴，但我的风暴与眼下这场“蹂躏”全球经济的风暴截然不同。过了很长时间，生活中的风雨才停歇下来，让我能够思考发生了什么以及更重要的——我能用风暴过后的持续价值打造些什么。在此过程中，我严重依赖着（远比我当时意识到的更加严重）波士顿城外弗洛农场（Volo Farm）的人们和马儿。我发现这个地方、认识这里的人们纯属偶然。我此前从来没有骑过马；4 年前的秋天，我妹妹爱丽丝设法让我尝试了一下，于是我和一些学童们一起上了第一堂骑术课——骑在一匹良种矮马上由人牵引着绕圈。

我第一堂骑术课很成功。从此我便一发而不可收，体验着这项运动和竞技，参加训练、体验其中的柔韧性、相信自己的直觉、体会对马儿的信任以及与马儿令人震惊的相通，这种感觉来自你对骑马的认真、对坐骑的尊重甚至来自坐骑教给你的东西。在练习骑术的每一天所遇到的挑战和乐趣（拥有坐骑、展示坐骑）中，我学到大量关于团队合作，高效领导，如何处理忍耐、处理恐惧、失败和原谅，如何用语言和心灵交流以及如何获得尊严和同情的技巧，也学会了把我的生命航程引向光明的方向。我向来是勤奋的学生，但如果没有弗洛农场的奇遇，我实在不能肯定自己能得到这些教训和经验并使之在我的生活中大放异彩。这是一个建立在核心价值基础之上的地方：尊重、责任、沟通、共鸣、想他人（包括马儿）之所想、努力做好每件事带来的无限满足感以及嘲笑者的重要性。我要感谢弗洛农场给我带来的这些感受以及让我感受到这些价值的意义，它们影响我的每一天；感谢那些在助我前行，并在我重塑自我的过程中对我影响深远的人们、可爱的马儿。感谢你们：琳达、汉娜、杰茜、康妮、加布里尔、塔克以及其他所有弗洛农场的朝圣者们。

湛庐文化 Cheers Publishing a mindstyle business 与思想有关

湛庐，与思想有关……

如何阅读商业图书

商业图书与其他类型的图书，由于阅读目的和方式的不同，因此有其特定的阅读原则和阅读方法，先从一本书开始尝试，再熟练应用。

阅读原则1 二八原则

对商业图书来说，80%的精华价值可能仅占20%的页码。要根据自己的阅读能力，进行阅读时间的分配。

阅读原则2 集中优势精力原则

在一个特定的时间段内，集中突破20%的精华内容。也可以在一个时间段内，集中攻克一个主题的阅读。

阅读原则3 递进原则

高效率的阅读并不一定要按照页码顺序展开，可以挑选自己感兴趣的部分阅读，再从兴趣点扩展到其他部分。阅读商业图书切忌贪多，从一个小主题开始，先培养自己的阅读能力，了解文字风格、观点阐述以及案例描述的方法，目的在于对方法的掌握，这才是最重要的。

阅读原则4 好为人师原则

在朋友圈中主导、控制话题，引导话题向自己设计的方向去发展，可以让读书收获更加扎实、实用、有效。

阅读方法与阅读习惯的养成

（1）回想。阅读商业图书常常不会一口气读完，第二次拿起书时，至少用15分钟回想上次阅读的内容，不要翻看，实在想不起来再翻看。严格训练自己，一定要回想，坚持50次，会逐渐养成习惯。

（2）做笔记。不要试图让笔记具有很强的逻辑性和系统性，不需要有深刻的见解和思想，只要是文字，就是对大脑的锻炼。在空白处多写多画，随笔、符号、涂色、书签、便签、折页，甚至拆书都可以。

（3）读后感和PPT。坚持写读后感可以大幅度提高阅读能力，做PPT可以提高逻辑分析能力。从写读后感开始，写上5篇以后，再尝试做PPT。连续做上5个PPT，再重复写三次读后感。如此坚持，阅读能力将会大幅度提高。

（4）思想的超越。要养成上述阅读习惯，通常需要6个月的严格训练，至少完成4本书的阅读。你会慢慢发现，自己的思想开始跳脱出来，开始有了超越作者的感觉。比拟作者、超越作者、试图凌驾于作者之上思考问题，是阅读能力提高的必然结果。

好的方法其实很简单，难就难在执行。需要毅力、执著、长期的坚持，从而养成习惯。用心学习，就会得到心的改变、思想的改变。阅读，与思想有关。

[特别感谢：营销及销售行为专家 孙路弘 智慧支持！]

我们出版的所有图书，封底和前勒口都有“湛庐文化”的标志

并归于两个品牌

找“小红帽”

为了便于读者在浩如烟海的书架陈列中清楚地找到湛庐，我们在每本图书的封面左上角，以及书脊上部 47mm 处，以红色作为标记——称之为**“小红帽”**。同时，封面左上角标记**“湛庐文化 Slogan”**，书脊上标记**“湛庐文化 Logo”**，且下方标注图书所属品牌。

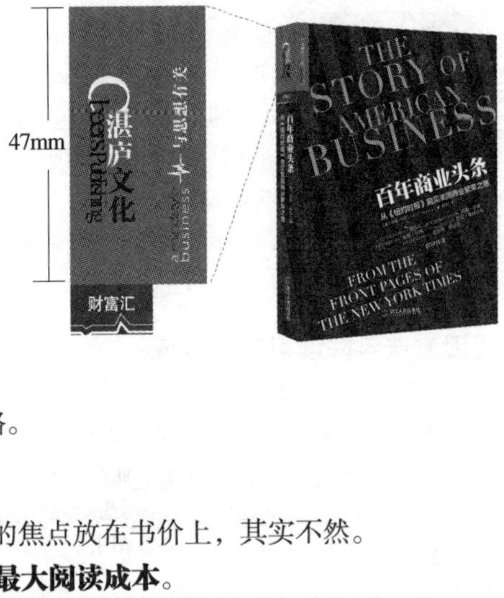

湛庐文化主力打造两个品牌：**财富汇**，致力于为商界人士提供国内外优秀的经济管理类图书；**心视界**，旨在通过心理学大师、心灵导师的专业指导为读者提供改善生活和心境的通路。

阅读的最大成本

读者在选购图书的时候，往往把成本支出的焦点放在书价上，其实不然。

时间才是读者付出的最大阅读成本。

阅读的时间成本=选择花费的时间+阅读花费的时间+误读浪费的时间

湛庐希望成为一个“与思想有关”的组织，成为中国与世界思想交汇的聚集地。通过我们的工作和努力，潜移默化地改变中国人、商业组织的思维方式，与世界先进的理念接轨，帮助国内的企业和经理人，融入世界，这是我们的使命和价值。

我们知道，这项工作就像跑马拉松，是极其漫长和艰苦的。但是我们有决心和毅力去不断推动，在朝着我们目标前进的道路上，所有人都是同行者和推动者。希望更多的专家、学者、读者一起来加入我们的队伍，在当下改变未来。

湛庐文化 Cheers Publishing
a mindstyle business 与思想有关

湛庐文化获奖书目

《大数据时代》
国家图书馆“第九届文津奖”十本获奖图书之一
CCTV“2013中国好书”25本获奖图书之一
《光明日报》2013年度《光明书榜》入选图书
《第一财经日报》2013年第一财经金融价值榜“推荐财经图书奖”
2013年度和讯华文财经图书大奖
2013亚马逊年度图书排行榜经济管理类图书榜首
《中国企业家》年度好书经管类TOP10
《创业家》“5年来最值得创业者读的10本书”
《商学院》“2013经理人阅读趣味年报•科技和社会发展趋势类最受关注图书”
《中国新闻出版报》2013年度好书20本之一
2013百道网•中国好书榜•财经类TOP100榜首
2013蓝狮子•腾讯文学十大最佳商业图书和最受欢迎的数字阅读出版物
2013京东经管图书年度畅销榜上榜图书，综合排名第一，经济类榜榜首

《爱哭鬼小隼》
国家图书馆“第九届文津奖”十本获奖图书之一
《新京报》“2013年度童书”
《中国教育报》“2013年度教师推荐的10大童书”
新阅读研究所“2013年度最佳童书”

《牛奶可乐经济学》
国家图书馆“第四届文津奖”十本获奖图书之一
搜狐、《第一财经日报》2008年十本最佳商业图书

《影响力》（经典版）
《商学院》“2013经理人阅读趣味年报•心理学和行为科学类最受关注图书”
2013亚马逊年度图书分类榜心理励志图书第八名
《财富》鼎力推荐的75本商业必读书之一

《影响力》（教材版）
《创业家》“5年来最值得创业者读的10本书”

《大而不倒》
《金融时报》•高盛2010年度最佳商业图书入选作品
美国《外交政策》杂志评选的全球思想家正在阅读的20本书之一
蓝狮子•新浪2010年度十大最佳商业图书，《智囊悦读》2010年度十大最具价值经管图书

《第一大亨》
普利策传记奖，美国国家图书奖
2013中国好书榜•财经类TOP100

《卡普新生儿安抚法》（最快乐的宝宝1•0~1岁）
2013新浪“养育有道”年度论坛养育类图书推荐奖

《正能量》
《新智囊》2012年经管类十大图书，京东2012好书榜年度新书

《认知盈余》
《商学院》“2013经理人阅读趣味年报•科技和社会发展趋势类最受关注图书”
2011年度和讯华文财经图书大奖

《神话的力量》
《心理月刊》2011年度最佳图书奖

《真实的幸福》
《职场》2010年度最具阅读价值的10本职场书籍

延伸阅读

《管理百年（珍藏版）》

◎ 管理史专家、Thinkers50 创始人斯图尔特·克雷纳经典著作再版升级。

◎ 这不仅是一部现代管理学史，更是一部现代商业进化史。一本书，梳理百年管理变迁，洞悉未来管理趋势。

◎《哈佛商业评论》中文版副主编程明霞、北京大学光华管理学院教授张志学等重磅推荐，著名管理学家、领导大师沃伦·本尼斯倾情推荐。

扫码直达本书购买链接

《火柴大王》

◎ 揭示业界内幕与潜规则的金融畅销书《泥鸽靶》作者弗兰克·帕特诺伊作品，一部金融创新与金融监管的启示录。

◎《金融时报》·高盛年度图书入选作品，中国银行业协会首席经济学家巴曙松，美国知名财经记者罗杰·洛温斯坦联袂推荐。

扫码直达本书购买链接

《三位一体》

◎ 迄今为止关于英特尔公司最完整、最权威的作品，收录了公司发展各时期珍贵照片。

◎ 英特尔公司全球副总裁兼中国区总裁杨旭专文推荐，英特尔中国研究院院长吴甘沙全程倾情导读，英特尔（中国）有限公司运营商事业部业务发展经理黄亚昌担纲翻译。

扫码直达本书购买链接

《第一大亨》

◎ 迄今为止关于美国商业史、经济史与金融史最权威作品。荣膺两项顶级图书大奖普利策传记奖、美国国家图书奖，横扫 10 大图书榜单。

◎ 作者斯泰尔斯整合了经济、科技、思想和政治等多维度史料，为读者呈现了一段恢弘壮阔的社会变迁史、一段跌宕起伏的金融发展史、一段惊心动魄的创业史。

扫码直达本书购买链接

The story of American business:from the front pages of the New York Times by Nancy F. Koehn,editor.

图书在版编目（CIP）数据

百年商业头条：从《纽约时报》窥见美国商业繁荣之路 /（美）科恩编；施铁译．—杭州：浙江人民出版社，2015.6

ISBN 978-7-213-06733-4

Ⅰ.①百… Ⅱ.①科… ②施… Ⅲ.①商业史－美国 Ⅳ.①F737.129

中国版本图书馆 CIP 数据核字（2015）第 112063 号

浙江省版权局
著作权合同登记章
图字：11-2015-94 号

上架指导：商业史

百年商业头条：从《纽约时报》窥见美国商业繁荣之路

作　　者：[美]南希·科恩　编
译　　者：施铁　译
出版发行：浙江人民出版社（杭州体育场路 347 号　邮编　310006）
市场部电话：（0571）85061682　85176516
集团网址：浙江出版联合集团　http://www.zjcb.com
责任编辑：罗　旭
责任校对：张彦能　杨　帆　王欢燕
印　　刷：北京鹏润伟业印刷有限公司
开　　本：720 mm × 965 mm 1/16　　**印　　张：**29
字　　数：43.7 万　　**插　　页：**2
版　　次：2015 年 6 月第 1 版　　**印　　次：**2015 年 6 月第 1 次印刷
书　　号：ISBN 978-7-213-06733-4
定　　价：89.90 元